D1693256

Ahmet Cavuldak [Hrsg.]

Hans Maier

Werk und Wirken in Wissenschaft und Politik

Nomos

Onlineversion
Nomos eLibrary

Die Deutsche Nationalbibliothek verzeichnet diese Publikation in
der Deutschen Nationalbibliografie; detaillierte bibliografische
Daten sind im Internet über http://dnb.d-nb.de abrufbar.

ISBN 978-3-8487-7164-6 (Print)
ISBN 978-3-7489-1211-8 (ePDF)

1. Auflage 2021
© Nomos Verlagsgesellschaft, Baden-Baden 2021. Gesamtverantwortung für Druck
und Herstellung bei der Nomos Verlagsgesellschaft mbH & Co. KG. Alle Rechte, auch
die des Nachdrucks von Auszügen, der fotomechanischen Wiedergabe und der Übersetzung, vorbehalten. Gedruckt auf alterungsbeständigem Papier.

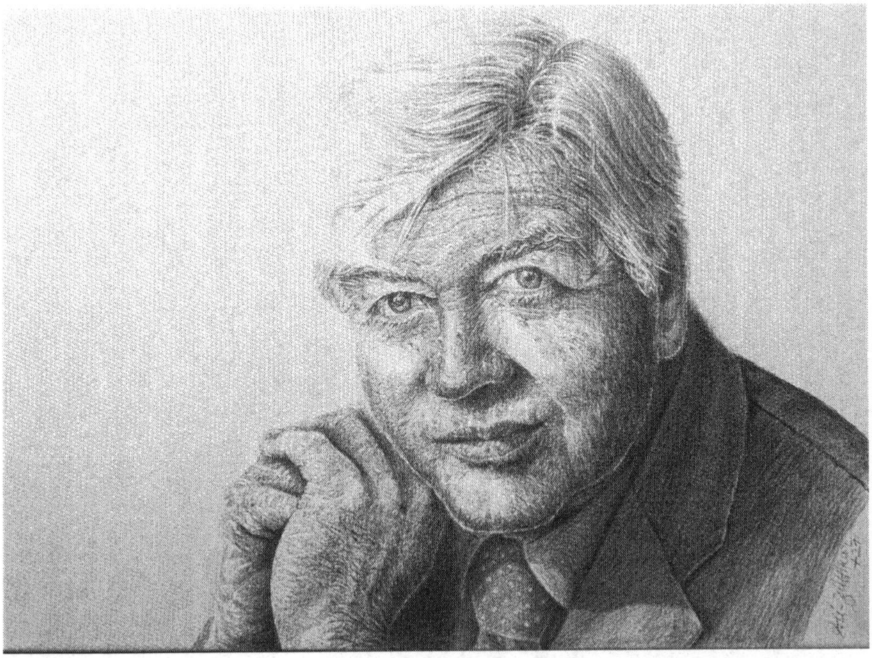

Vorwort

Am 18. Juni dieses Jahres ist der Politikwissenschaftler und ehemalige bayerische Kultusminister Hans Maier neunzig Jahre alt geworden. In der deutschsprachigen Öffentlichkeit wurde er als „geachteter Intellektueller" und „gläubiger Freigeist" gewürdigt. Die großen Zeitungen des Landes, allen voran die „Süddeutsche" und die „Frankfurter Allgemeine", führten mit dem Gelehrten längere Interviews und besprachen respektvoll seine letzte Aufsatzsammlung über „Deutschland. Wegmarken seiner Geschichte". Auch in den wissenschaftlichen Zeitschriften hat man den runden Geburtstag zum Anlass genommen, um an seine bedeutenden wissenschaftlichen und politischen Beiträge dankend zu erinnern. Darüber hinaus wurde er in den letzten Jahren und Jahrzehnten vielfach für sein Werk und Wirken ausgezeichnet. Erwähnt sei nur der Karl Jaspers-Preis, der Hans Maier im Januar 2014 in der Universität Heidelberg verliehen wurde; die Auszeichnung galt seinem wissenschaftlichen Werk von internationalem Rang, das von einem philosophischen Geist getragen sei und die Grenzen der Disziplinen zugunsten einer interdisziplinären Verständigung überschreite.

Mit dem wissenschaftlichen Werk Hans Maiers kam ich noch im Studium in Berührung. Meine Magisterarbeit schrieb ich im Fach Politikwissenschaft unter der Obhut meines akademischen Lehrers Peter Graf Kielmansegg an der Universität Mannheim über die verspätete französische Totalitarismusdebatte der Linksintellektuellen, die vor allem durch den Gulag-Schock Solschenizyns im Jahr 1974 ausgelöst wurde. Im Zuge meiner Recherchen wurde ich damals erstmals auf die Arbeiten Hans Maiers zu dem Themenkreis „Totalitarismus und Politische Religionen" aufmerksam. Es blieb aber vorerst einmal bei einem flüchtigen Hineinschnuppern. Die eigentliche Entdeckung seines Oeuvres erfolgte später im Rahmen meiner Dissertation über die Geschichte und Legitimität der Trennung von Religion und Politik in der Demokratie. Seine Schriften über das Verhältnis von Staat und Kirche, Katholizismus und Demokratie, gaben mir eine verlässliche Orientierung durch das Dickicht der Geschichte. Als meine Dissertation im Januar 2015 unter dem Titel „Gemeinwohl und Seelenheil" erschien, fand sie dankenswerterweise auch die Aufmerksamkeit Hans Maiers, der sie in der „Neuen Zürcher Zeitung" wohlwollend besprach. Da ihm bei der Lektüre aufgefallen war, dass ich von seinen Arbeiten über Staat und Kirche profitiert hatte, fragte er mich eines Tages, ob ich bereit und willens wäre, auf dem Symposion zu seinem 85. Geburtstag in München einen Vortrag zu halten. Ich sagte zu im Bewusstsein, dass dies für mich einer Ehre gleichkam und würdigte ihn als „Vordenker des liberalen Katholizismus" in Deutschland.

Vorwort

Mich selbst treibt seit einiger Zeit die Frage um, ob und inwiefern die religionspolitischen Lernprozesse des europäischen, lateinchristlich geprägten Erfahrungsraumes auf andere Regionen und Religionen der Welt übertragen werden können. Aus naheliegenden Gründen denke ich hier vor allem an den Islam, der im Nahen Osten und darüber hinaus eine massive Politisierung und eine damit einhergehende Entfesselung von Gewalt erfährt. Ich bin der Überzeugung, dass die Muslime in erster Linie einen kritischen Umgang mit den politischen und theologischen Erblasten ihrer Geschichte und Gegenwart an den Tag legen müssen; an einer tiefergehenden und schmerzhaften Selbsterforschung jedenfalls führt kein Weg vorbei, wenn wir lernen wollen, in Frieden und Freiheit zusammenzuleben. Dabei sollten auch die Muslime die religionspolitischen Konflikte und Aushandlungsprozesse in Europa einer genaueren Betrachtung unterziehen, denn sie enthalten eine Reihe von Einsichten, die auch für sie von großer erhellender Kraft sein können, seien es am Ende auch nur Warnungen! Hans Maier hat die reichen deutschen und europäischen Erfahrungen im Mit- und Gegeneinander von Religion, Politik und Kultur vielfach reflektiert und verarbeitet; in den letzten Jahren geht er punktuell sogar auf den Islam ein, wenn er etwa den Begriff des Märtyrers oder allgemein das Gewaltproblem in den Weltreligionen erörtert. Der Politikwissenschaftler gibt historisch fundierte und theologisch durchdachte Antworten auf Fragen, die sich heute auch viele Muslime stellen, wenn nicht, stellen sollten. Ich habe jedenfalls aus Hans Maiers gelehrten Übungen in Nachdenklichkeit ein Problembewusstsein von den Gefahren und Chancen im Spannungsfeld von Religion, Politik und Kultur gewonnen, für das ich sehr dankbar bin.

Auf dem Symposion anlässlich des 85. Geburtstages von Hans Maier, das am 23. Juni 2016 an einem sehr warmen Tag im wunderschönen Orff-Zentrum in München stattgefunden hat, sprach zunächst Patrick Horst und bemühte einen sportlichen Streifzug durch die Bibliographie des Geburtstagkindes, auf ihn folgte der Vortrag von Jens Hacke über „Hans Maier und die deutsche politische Wissenschaft", anschließend sprach ich zum Thema „Wahrheit und Freiheit. Hans Maier als Vordenker des liberalen Katholizismus" und schließlich würdigte Markus Zimmermann in einem einfühlsamen Vortrag die Schriften Hans Maiers zur Musik, der wohl auch ein Orgelliebhaber ist wie Hans Maier. Die ausgearbeiteten Vorträge sind mit den freundlichen Dankesworten des Geehrten und einer kurzen, aber rührenden „nicht gehaltenen Rede" seiner langjährigen Mitarbeiterin Angelika Mooser-Sainer in einem Privatdruck gebündelt worden. Sie sind mit Ausnahme des Vortrags von Patrick Horst, dem ich zur Bearbeitung ein anderes Thema vorschlug, das er dankenswerterweise aufgegriffen hat, in die jeweiligen Beiträge des vorliegenden Sammelbandes eingeflossen.

Die Idee zu dem vorliegenden Sammelband kam mir zuerst gegen Ende 2016 als mir klar wurde, dass das wissenschaftliche Werk und politische Wirken Hans Maiers längst nicht die verdiente Beachtung gefunden hatte. Es gibt zwar in der

Forschungsliteratur einige Texte über das politische Denken und Wirken Hans Maiers, aber bis heute noch keine größere Studie, die sich etwa an einer Gesamtwürdigung seines Lebenswerkes versuchte. Es wäre schon viel gewonnen, wenn die Beiträge des vorliegenden Bandes, die unterschiedliche Aspekte des wissenschaftlichen Werkes und politischen Wirkens von Hans Maier thematisieren und würdigen, den Weg für eine vertiefte wissenschaftliche Auseinandersetzung mit seinem Lebenswerk ebnen könnten. Zu wünschen wäre auch, dass die Lektüre der folgenden Beiträge in den Leserinnen und Lesern ein neues Interesse an dem Werk Hans Maiers erwecken, so dass sie sich in ein anregendes Gespräch mit ihm begeben mögen.

Derweil sind die Beiträge des Sammelbandes teilweise schwierigen Umständen der Corona-Pandemie abgerungen worden. Umso größer ist meine Dankesschuld gegenüber den Wissenschaftlern und Politikern, die meiner Einladung gefolgt sind, Hans Maiers Werk und Wirken in Wissenschaft und Politik kritisch zu würdigen. Es sollte eigentlich keine Festschrift oder Freundesgabe im herkömmlichen Sinne sein, gleichwohl stehen die Beiträge vor allem der politischen Weggefährten im Zeichen einer freundschaftlich-festlichen Würdigung, die hoffentlich das Tableau des Bandes sinnvoll ergänzen. Im Übrigen hätte ich gerne auch noch so manchen Aspekt der akademischen und politischen Wirksamkeit von Hans Maier vertieft und gewürdigt gesehen, um damit das Deutungstableau des Bandes zu vervollständigen; Hans Maier als öffentlichen Intellektuellen der Bundesrepublik, seine wichtige Rolle in der Gründung des „Bundes Freiheit der Wissenschaft", seine einflussreiche Bildungspolitik als bayerischer Kultusminister, seine Zeit und Wirkung als Präsident des Zentralkomitees der deutschen Katholiken, sein menschlich-intellektuelles Verhältnis zu seinen Lehrern und einigen bekannten Fachkollegen wie Wilhelm Hennis und Dolf Sternberger, die Frage einer eigenen Schulgründung bzw. Schülerschaft oder sein literarischer Stil verdienten mehr Beachtung.

Meiner Freude über das Gelingen des Bandes ist aber aus einem anderen Grund Trauer beigemischt: am 18. März dieses Jahres ist der große Rechtsgelehrte Michael Stolleis von uns gegangen. Umso glücklicher bin ich aber darüber, dass ich ihn davon überzeugen konnte, einen Text über die Entstehung und Rezeption der mit Hans Maier konzipierten und herausgegebenen „Bibliothek des deutschen Staatsdenkens" zu verfassen. In seiner letzten Mail Ende August letzten Jahres, in der Stolleis mir seinen rasch verfassten Text schickte, schrieb er, das sei nur die „Erstfassung" und er pflege an seinen Texten bis zur Veröffentlichung „herumzubessern".

Stolleis wollte mit dem Essay, der die Signatur seiner unverwechselbaren Gelehrsamkeit trägt und wahrscheinlich nun sein letzter geworden ist, Hans Maier eine kleine Überraschung bereiten. Das ist ihm gelungen. Er war wohl nicht nur für Hans Maier ein Glücksfall.

Vorwort

Allen Autoren sei gedankt für ihren Einsatz und ihre Geduld. In dem Fall handelt es sich tatsächlich nur um Autoren, denn ich konnte leider keine Wissenschaftlerin gewinnen für einen Beitrag. In der Zeit, in der Hans Maier als Politikwissenschaftler gewirkt hat, gab es an deutschen Universitäten kaum Kolleginnen, inzwischen ist das zum Glück anders, auch wenn es diesbezüglich noch einigen Nachholbedarf gibt. Einen besonderen Dank schulde ich Prof. Dr. Hans Günter Hockerts, der mir bei der Durchsicht einiger Texte durch präzise Kommentare weitergeholfen hat. Schließlich habe ich Prof. Dr. Dr. h.c. Hans Maier von Herzen zu danken für seine Offenheit, Geistesgegenwart und Unterstützung. Von ihm stammt auch die Bibliographie, die eine Auswahl seiner wichtigsten Schriften enthält und den Band am Ende abrunden sollte. Hans Maier als Menschen und Gelehrten kennengelernt zu haben, zähle ich zu den schönsten und glücklichsten Fügungen meines Lebens. So erlaube ich mir doch mit dem letzten Satz meiner Laudatio aus dem Jahr 2016 zu schließen, mit dem ich ein anatolisches Gebet anverwandelte, das mir meine Großmutter in meiner Kindheit oft nachgerufen hat, wenn ich spielen ging: Mögen Ihre Füße nicht treffen einen Stein auf den Wegen, auf denen Sie hoffentlich auch weiterhin frohen Mutes wandeln werden!

Die Portraitzeichnung von Hans Maier stammt von meinem Künstlerfreund Ali Zülfikar Doğan aus Köln, dem eine Aufnahme der Fotografin Isolde Ohlbaum als Vorlage diente. Beiden sei herzlich gedankt für ihre feinsinnige Arbeit; sie haben einen Wissenschaftler porträtiert, dem es selbst immer wieder wunderbar gelungen ist, mit wenigen Worten Menschenportraits zu zeichnen.

Einen Dank schulde ich schließlich auch dem Nomos Verlag und Dr. Martin Reichinger für die wunderbare Zusammenarbeit.

Berlin, 26. September 2021
Ahmet Cavuldak

Inhaltsverzeichnis

Ahmet Cavuldak
Hans Maier: Werk und Wirkung in Wissenschaft und Politik 13

Hans Günter Hockerts
Verborgen in Hans Maiers Werk:
Zehn goldene Regeln für Historiker 67

Peter Graf Kielmansegg
Wenn Hans Maier eine „Deutsche Geschichte" geschrieben hätte
Über ein ungeschriebenes Buch 83

Horst Möller
Hans Maier als Zeithistoriker 97

Michael Stolleis †
Die „Bibliothek des deutschen Staatsdenkens" (1994–2005) im Rückblick 107

Jens Hacke
Tradition, Erfahrung, Vernunft
Hans Maier und die deutsche politische Wissenschaft 113

Udo Bermbach
Über den Tag hinaus
Überlegungen zu einigen Schriften zu Politik und Kultur von Hans Maier 127

Patrick Horst
Hans Maiers Kritik der politischen Sprache 143

Henning Ottmann
Totalitarismus und Politische Religionen 159

Horst Dreier
Hans Maier über „Politische Religionen"
Eine Miszelle 181

Oliver Hidalgo
Kritik der politischen Theologie: Hans Maier und ein vorbelasteter Diskurs 191

Inhaltsverzeichnis

Hermann-Josef Große Kracht
Keine religionsfreie tabula rasa
Hans Maier in den bundesrepublikanischen Kontroversen um Kirche und
Staat. 211

Mark Edward Ruff
Hans Maier's Reflections on Church-State Relations: Lessons from the
Liberal Tradition in France and the United States 231

Thomas Brose
Hans Maier und Romano Guardini
Politische Vernunft – Historischer Verstand – Christliche Weltanschauung 255

Hans Otto Seitschek
Hans Maiers Vorlesungen auf dem Guardini-Lehrstuhl 271

Heinrich Oberreuter
Kompetenz – Geradlinigkeit – Engagement
Hans Maiers Ausstrahlung als akademischer Lehrer 279

Markus Zimmermann
Auf der Tonspur
Hans Maiers Schriften zur Musik 287

Theo Waigel
Hans Maier: Nestor und Mentor der bayerischen Politik 297

Bernhard Vogel
Erinnerungen eines Weggefährten an Hans Maier 301

Bibliographie 307
Autorenverzeichnis 317

Hans Maier: Werk und Wirkung in Wissenschaft und Politik

Ahmet Cavuldak

Hans Maier ist eine glückliche Ausnahmeerscheinung in der deutschen Intellektuellenlandschaft. Er hat in seinem Leben Aufgaben und Ämter übernommen und mit großem Erfolg erfüllt, die sonst selten in dieser breiten Bündelung zusammenkommen. Als Gelehrter hat Hans Maier ein politikwissenschaftlich reifes, historisch profundes, theologisch gebildetes, literarisch und musikalisch hochsensibles Werk erschaffen, mit dem er sich in die Ideengeschichte der Bundesrepublik eingeschrieben hat. Als bayerischer Staatsminister für Unterricht und Kultus hat er zwischen 1970 und 1986 in der Bildungs- und Kulturpolitik des Landes Weichen gestellt und darin stets Augenmaß und Weitsicht zugleich bewiesen. Und als Vorsitzender des Zentralkomitees der deutschen Katholiken hat Hans Maier von 1976 bis 1988 wesentlich dazu beigetragen, dass der Katholizismus hierzulande die Herausforderungen der Zeit bewältigen konnte. Schließlich hat er als öffentlicher Intellektueller immer wieder das Gewicht seines Wortes in die Waagschale geworfen, wenn es um das Gemeinwohl in der Demokratie und Kirche ging. Dabei hat Hans Maier Geist und Macht, Theorie und Praxis der Politik in einer Art höheren Ordnung spielerisch zusammengeführt und gegen so manche Wahrscheinlichkeit miteinander versöhnt, wie dies nur wenigen Menschen gelungen ist; vita contemplativa und vita activa sind bei ihm eine kunstvolle Einheit eingegangen, was nicht zuletzt auf das musisch-religiöse Temperament des begnadeten Organisten zurückgehen dürfte.

Im Folgenden kann diese kunstvolle Einheit, die das ungewöhnlich reiche Lebenswerk Hans Maiers im Kern auszeichnet, nicht einmal angedeutet werden. Davon bekommt man vielleicht noch am ehesten in der wunderbaren Autobiographie Hans Maiers einen bleibenden Eindruck, soweit ein Leben überhaupt mit Wörtern eingefangen werden kann. Hier sollen Hans Maiers Werk und Wirkung in Wissenschaft und Politik lediglich umrissen werden, um den Boden zu bereiten für die Beiträge in diesem Band, die verschiedene Aspekte seines Oeuvres ins Blickfeld rücken und kritisch würdigen. Dabei liegt der Schwerpunkt eindeutig auf dem wissenschaftlichen Werk und Wirken Hans Maiers.

Abgesehen von der großen Festschrift für Hans Maier, die ihm seine Schüler, Freunde, Kollegen und Weggefährten unter dem titelgebenden Wortfeld „Politik-Bildung-Religion" zum 65. Geburtstag gewidmet haben[1], gibt es in der Forschungsliteratur zwar eine Reihe kleinerer Beiträge über das politische Denken und Wirken Hans Maiers, aber bis heute fehlt eine Monographie, die sich an einer historischen Einordnung und Gesamtwürdigung versuchte.[2] Es kann nicht ausgeschlossen werden, dass gerade die Fülle seines Werkes und Breite seines Wirkens auf die jüngeren Wissenschaftler/innen etwas abschreckend wirken, letztlich dürfte es aber eine Frage der Zeit sein, bis jemand Mut fasst und sich an eine größere Studie über Hans Maier heranwagt.

Am 18. Juni 1931 erblickte Hans Maier in Freiburg im Breisgau das Licht der Welt. Seine Familie stammte aus einfachen Verhältnissen, die bekanntlich eigene Schwierigkeiten hervorbringen können. Er war noch kaum ein Jahr alt, als er zunächst seinen achtjährigen Bruder und wenig später seinen Vater verlor. Diese Schicksalsschläge haben wohl die Mutter und mit ihr auch die Kinder zutiefst gezeichnet. In den großen Augen des Kindes Hans Maier sieht man die Unschuld umrahmt von Ernst und Traurigkeit.[3] Seine Kindheit verbrachte er im bleiernen Schatten der nationalsozialistischen Katastrophe. Die Kriegsschrecken erlebte er mit ganzer Wucht: als dreizehnjähriger überlebte er den Luftangriff der britischen Royal Air Force am 27. November 1944 im Keller des zerstörten Familienhauses, der „das schöne Freiburg" in Schutt und Asche legte.[4] Inmitten der Trümmerlandschaften packte ihn, wie Hans Maier sich rückblickend erinnert, ein „sinnloser wilder Zorn", der mit der Frage einherging: „Warum war ich, gerade ich, hineingerissen in etwas, was ich nicht begonnen hatte, wofür ich keine Verantwortung trug und was sich wie ein Naturereignis meinem Willen entzog?"[5] Die Antwort auf diese umfassende Sinnfrage gab ihm wohl am ehesten noch sein katholischer Glaube. Überhaupt bot ihm der Erfahrungsraum der Kirche – neben der Schule – eine sichere Zufluchtsstätte und kostbare Stütze, zumal sie auch seiner künstlerisch-musischen Begabung ein Betätigungsfeld eröffnete; er wurde in der Mariahilf-Pfarrei Ministrant und lernte mit Leidenschaft die Orgel zu spielen.

---

1 Stammen, Theo, Oberreuter, Heinrich/Mikat, Paul (Hg.), 1996: Politik – Bildung – Religion. Hans Maier zum 65. Geburtstag, Paderborn, Schöningh.
2 Noetzel, Thomas, 1994: Traditionsbestände des summum bonum, in: Rupp, Karl Rupp/Noetzel, Thomas (Hg.): Macht, Freiheit, Demokratie, Bd. 2, S. 99–110; Oberreuter, Heinrich, 2009: Verantwortung in Gesellschaft, Staat und Kirche: Hans Maier, in: Schwab, Hans-Jürgen (Hg.): Eigensinn und Bindung. Katholische deutsche Intellektuelle im 20. Jahrhundert, 39 Porträts, S. 617–630; Seitschek, Hans Otto, 2014: Hans Maier (geboren 1931), in: Jesse, Eckhard/ Liebold, Sebastian (Hg.): Deutsche Politikwissenschaftler – Werk und Wirkung. Von Abendroth bis Zelletin, S. 525–537; Oberreuter, Heinrich (Hg.), 2002: Ein reiches Leben: Hans Maier. Reden zum 70. Geburtstag, S. 26–34. Seitschek, Hans Otto (Hg.), 2007: Christ und Zeit. Hans Maier zum 75. Geburtstag, München, Akademischer Verlag.
3 Maier, Hans, 2011: Böse Jahre, gute Jahre. Ein Leben 1931 ff., München, Beck, siehe das Foto auf Seite 23.
4 Ebenda, S. 44.
5 Ebenda, S. 48.

Eine andere frühe lebensgeschichtliche Weichenstellung besteht darin, dass Hans Maier seit 1948 regelmäßig für Jugendzeitschriften und Zeitungen Berichte und Rezensionen schrieb. Das Schreiben lag ihm so sehr, dass er zeitweilig in Betracht zog, eine journalistische Laufbahn einzuschlagen. Als freier Mitarbeiter des Südwestfunks lernte er etwa den ebenfalls vielseitig begabten Günter Gaus und Hans Magnus Enzensberger kennen, die sich den schöpferischen Umgang mit der Sprache zum Beruf machten. Später sollte Hans Maier denn auch zumindest im Nebenberuf als Journalist arbeiten und wirken. An die Freiheit seiner schriftstellerischen Anfänge erinnert sich der Gelehrte mit leiser Wehmut, denn: „Nie mehr schreibt man so leicht und frech, so unbekümmert und selbstsicher wie zu Schülerzeiten, wenn das Leben noch vor einem liegt und kein Zweifel über die Schulter lugt."[6] Im Sommer 1951 legte Hans Maier am Berthold-Gymnasium das Abitur ab. Als Gewinner des Scheffel-Preises für Deutsch durfte er bei der Abiturfeier die Rede halten. Nicht nur der Umstand, dass er sich bei der Wahl des Themas gegen Bedenken des Direktors durchsetzen konnte, verdient Beachtung, sondern auch das Thema selbst: wegen des europäischen Bezugs sprach er nämlich über „Die Christenheit oder Europa" von Novalis.[7] Mit „Christentum" und „Europa" sind immerhin zwei der wichtigsten Orientierungsgrößen im Leben und Denken Hans Maiers markiert, deren Verständnis er später im Studium vertiefen sollte.

Im Wintersemester 1951/52 begann Hans Maier als erster in seiner Familie mit dem Studium an der Universität seiner Heimatstadt Freiburg. Er hatte sich für die Fächer Geschichte, Deutsch und Französisch entschieden und strebte das gymnasiale Lehramt an. Schon im Gymnasium gehörte der Geschichte seine „ganze Liebe", folgerichtig hatte er sie bewusst zu seinem Hauptfach gewählt.[8] Trotz dieser Schwerpunktsetzung versuchte Hans Maier in Vorlesungen und Seminaren alle bedeutenden Forscher an der Universität kennenzulernen, ohne auf Fakultäts- und Fachgrenzen zu achten. Zu seinen prägenden Lehrern im weitesten Wortsinn gehörten die Historiker Gerhard Ritter, Gerd Tellenbach und Franz Schnabel, der Romanist Hugo Friedrich, der Theologe Romano Guardini und vor allem der Politikwissenschaftler Arnold Bergstraesser. Ein Studienaufenthalt in München verschaffte ihm zwar einige bereichernde Abwechslung, doch begnügte er sich nicht damit, sondern suchte von Freiburg aus nach Wegen, um mit einigen geistigen Größen seiner Zeit Fühlung aufzunehmen – etwa mit Karl Barth und Karl Jaspers in Basel, mit Max Horkheimer und Theodor W. Adorno in Frankfurt am Main oder mit Otto Brunner in Hamburg.[9] Schon im Studium ist deutlich zu erkennen, wie sehr die Neugierde Hans Maiers gleichsam ins Universelle ausgreift, auch wenn

---

6 Ebenda, S. 52.
7 Ebenda, S. 61.
8 Ebenda, S. 71.
9 Ebenda, S. 83.

dieses Universelle noch sehr europäisch geprägt ist. Auf welche Umwege gelangte er aber dann zur Politikwissenschaft?

Der Entschluss, sich noch im Studium auf das neue und zugleich sehr alte Fach Politik einzulassen, verdankt sich wohl auch einem Zufall, der – wie oft in der Geschichte – so manches zusammenfügte. Als Hans Maier aus München nach Freiburg zurückkehrte, sprach ihn eines Tages der Assistent von Arnold Bergstraesser Kurt Sontheimer an und fragte ihn, ob er nicht mithelfen wolle, die politikwissenschaftliche Seminarbibliothek aufzubauen.[10] Hans Maier war bis dahin bereits mit politischer Bildung in Berührung gekommen, vor allem durch seine Erfahrungen in der Jugendarbeit und bei den Wohlfahrtspflegern der Caritas, wo er als Werkstudent gearbeitet und Geschichte unterrichtet hatte. Außerdem machte ihm wohl die „Pattsituation" zwischen seinen bevorzugten historischen Lehrern in Freiburg und München, Gerhard Ritter und Franz Schnabel, etwas zu schaffen. Ein Gespräch mit dem Mediävisten Gerd Tellenbach half ihm schließlich, seine Bedenken zu entkräften, denn, so das entscheidende Argument, auch innerhalb der wissenschaftlichen Politik könne man historisch arbeiten und das neu eingeführte Schulfach „Gemeinschaftskunde" habe zwischen Geschichte und Sprachen durchaus seinen berechtigten Platz. Nach reiflichem Nachdenken gab Hans Maier denn auch Kurt Sontheimer sein Einverständnis und widmete sich von da an intensiv der „Politischen Wissenschaft". Nach der nationalsozialistischen Katastrophe widerstrebte es ihm, Politik einfach als „Schicksal" hinzunehmen, dem man ausgeliefert sei oder gar nur als „Kunst" zu betrachten, die einem geschenkt werde. An der Erkenntnis führte kein Weg vorbei, dass Politik „Menschenwerk" sei und als solches gelingen oder scheitern, aber auch gestaltet und verbessert werden könne. Ihn faszinierte wohl der Gedanke, wie er in seinen Erinnerungen schreibt, dass man die Politik erforschen, ihre Gesetzlichkeiten verstehen lernen konnte: „Es gab nicht nur politische Historie mit dem Blick zurück in die Vergangenheit, es gab auch politische Wissenschaft mit dem Blick auf Gegenwart und Zukunft – bezogen auf all das, was ringsherum geschah und was in Zukunft zu erwarten war".[11]

Die Politikwissenschaft wurde bekanntlich nach dem Zweiten Weltkrieg von den Alliierten im Kern als Demokratiewissenschaft begründet in der Erwartung, dass sie eine staatsbürgerliche Erziehungsaufgabe erfüllen möge. Zu den Gründungsvätern des Faches gehörten etwa Wolfgang Abendroth, Ernst Fraenkel, Eugen Kogon, Theodor Eschenburg, Dolf Sternberger, Eric Voegelin und Arnold Bergstraesser. Bergstraesser kehrte nach dem Krieg aus dem US-amerikanischen Exil zurück nach Deutschland und hatte an der Albert-Ludwigs-Universität Freiburg seit 1954 einen Lehrstuhl für „Wissenschaftliche Politik und Soziologie" inne. Er hatte sich 1928 in Heidelberg bei dem Kultursoziologen Alfred Weber

---

10 Ebenda, S. 79.
11 Ebenda, S. 133.

mit einer soziologischen Studie über Frankreich habilitiert. Und verlor nach der Machtübernahme der Nazis seine Lehrbefugnis, weil er jüdische Vorfahren hatte. In den Jahren des Exils von 1937 bis 1950 lehrte er an verschiedenen amerikanischen Universitäten deutsche Kulturgeschichte; er verfasste neben einer kurzen deutschen Geschichte (mit George N. Schuster) Studien über Goethe, die damals einige Beachtung gefunden haben, heute aber weitgehend in Vergessenheit geraten sind.[12] Man darf vermuten, dass die Auseinandersetzung mit der schönen deutschen Literatur ihm einen gewissen Halt im Exil bot, um wenigstens die geistigen Verbindungen mit der Heimat nicht zu kappen.

In den fünfziger Jahren veröffentlichte Bergstraesser einige programmatische Aufsätze, in denen er sein Verständnis von Politikwissenschaft gerade auch im Verhältnis zu den Nachbarfächern skizzierte. Darin erklärte er die „Vorbereitung des politischen Urteilens und Handelns der Staatsbürger" und das „Vordenken für die politische Entscheidung aus der Sorge um das Gemeinwohl" zur Aufgabe der „Politischen Wissenschaft".[13] Die Rechtfertigung der Politik als Wissenschaft liege in ihrer „Konzentration auf die res gerendae", ihre Spezialisierung vollziehe sich in ihrer „Arbeit an einem ihrer Fragestellung entsprechenden Verfahren der Synopsis, welches Einzelanalyse und Synthese in ein eigenes Gleichgewichtsverhältnis" bringe.[14] Das damit angedeutete, in der Literatur zur Fachgeschichte oft als „normativ-ontologisch" apostrophierte Forschungsprogramm bot gerade aufgrund seiner Vagheit Anschlussmöglichkeit in verschiedenen Richtungen.[15] Dabei gab es kein größeres Werk von Bergstraesser, das klassischen Rang erlangt und die Grundlage für eine Schulgründung hätte abgeben können. Umso erstaunlicher ist es aber, dass er in Freiburg mit großem Erfolg eine eigene Schule gegründet hat, die zu den einflussreichsten in der deutschen Politikwissenschaft zählt. Eine plausible Erklärung gibt Hans Maier in seinem Nachruf auf seinen Lehrer, wenn er schreibt: „Genaugenommen war es aber gar nicht so sehr das Medium des wissenschaftlichen Werkes, durch das Bergstraesser gewirkt hat. Er wirkte unmittelbar: durch seine Persönlichkeit, sein rhetorisches Temperament, seine menschliche Fülle und Großzügigkeit, die jeden in Bann schlugen, der in seine Nähe kam. Dieser Mann, der der leisen Ermahnung und Ermunterung ebenso mächtig war wie des blitzenden Spotts und des jupiterhaften Zorns, verstand es in besonderer Weise, Menschen anzuziehen und unmerklich zu formen – die weite Ausstrahlung seiner Vorlesungen und Seminare, die große Zahl von Schülern legen dafür Zeugnis

---

12 Sie dazu: Liebold, Sebastian, 2014: Arnold Bergstraesser (1896–1964), in: Jesse, Eckhard/ Liebold, Sebastian (Hg.): Deutsche Politikwissenschaftler – Werk und Wirkung, S. 99–112.
13 Bergstraesser, Arnold, 1966: Politik in Wissenschaft und Bildung. Schriften und Reden, Darmstadt, Wissenschaftliche Buchgesellschaft, S. 22.
14 Ebenda, S. 29.
15 Schmitt, Horst, 1995: Politikwissenschaft und freiheitliche Demokratie. Eine Studie zum „politischen Forschungsprogramm" der „Freiburger Schule" 1954–1970, Baden-Baden, Nomos, S. 29 ff.

ab."¹⁶ Ähnlich formuliert es Kurt Sontheimer in seinem Nachruf: „Die historische Konstellation, in die Bergstraesser sich geworfen sah, traf auf besondere Gaben seiner individuellen Natur: eine produktive Phantasie, künstlerische Sensibilität, rhetorische Begabung, persönlichen Charme, oder, in einer einzigen Formel ausgedrückt: geistvolle Humanität. [...] Alle diese Züge verbanden sich zum Bild einer geistigen Persönlichkeit von großer Ausstrahlungskraft, einem Menschen, der unablässig die Dinge vorantrieb, auf die es ihm ankam."¹⁷

Tatsächlich erwies sich das Seminar Bergstraessers als eine „Pflanzstätte" für die verschiedensten Talente, die später als Politikwissenschaftler ihre eigenen Wege gehen sollten; zu der großen Schar von Schülern zählen neben Kurt Sontheimer und Hans Maier Dieter Oberndörfer, Alexander Schwan, Hans-Peter Schwarz, Manfred Hättich und Gottfried-Karl Kindermann. Ihnen allen gemeinsam ist der lebensgeschichtliche Erfahrungshintergrund in der nationalsozialistischen Diktatur und die daraus schmerzhaft gefolgerte Notwendigkeit eines demokratischen Lernprozesses in der Bundesrepublik, der auch mit den Mitteln der Wissenschaft untermauert werden musste. Sie haben denn auch bedeutende Beiträge zum Verständnis des demokratischen Staates, seines Scheiterns und Gelingens, seiner Genese und Geltung, seiner Institutionen, Normen und Akteure vorgelegt.

Was Bergstraesser selbst angeht, muss man wohl sagen, dass er erst durch seine Erfahrungen mit dem totalitären Nazi-Regime und die Exiljahre in den USA für die „Segnungen" der Demokratie empfänglich wurde; in der Weimarer Zeit gab es zwar eine vernunftrepublikanische Orientierungsphase, aber später auch Sympathien für Brünings Präsidialregierung bis hin zur nationalsozialistischen Versuchung.¹⁸ Gerade diese verschlungenen Umwege eines alten Nationalliberalen zur Demokratie machten Bergstraesser wohl zu einem glaubwürdigen Lehrer, der zwischen Epochen und Kulturen vermitteln konnte. Es war ihm ein besonderes Anliegen, Deutschland nach dem Zivilisationsbruch wieder in die abendländische „Wertegemeinschaft" zu integrieren und damit zur „normativen" Verwestlichung des Landes beizutragen. Es ist bezeichnend, dass Bergstraesser in einem Aufsatz über deutsche und amerikanische Soziologie aus dem Jahr 1953 zu der Einschätzung gelangte: „Westliches Naturrecht und deutsche Humanitätsidee kehren uns heute eher ihre gemeinsame Seite zu anstatt der trennenden, wie sie noch vor drei Jahrzehnten als ausschlaggebend betont wurde. Ihre gemeinsamen Ursprünge in der abendländischen Überlieferung werden, historisch wie philosophisch gesehen, stärker sicht-

---

16 Maier, Hans, 1964: In Memoriam Arnold Bergstraesser, in: Zeitschrift für Politik, Jg. 11, Heft 2, S. 99.
17 Sontheimer, Kurt, 1964: Politische Vierteljahresschrift, Bd. 5, Heft 1, S. 150.
18 Schmitt, Horst, 1995: Politikwissenschaft und freiheitliche Demokratie. Eine Studie zum „politischen Forschungsprogramm" der „Freiburger Schule" 1954–1970, S. 64; siehe auch: Behrmann, Günter C., 2013: Deutsche Nachkriegspolitologie in der Nationalsozialistischen Diktatur: Arnold Bergstraesser, in: Buchstein, Hubertus (Hg.): Die Versprechen der Demokratie, S. 431–466, hier S. 440.

bar."[19] Ernst Fraenkel, der mit Bergstraesser die Amerikastudien hierzulande mitbegründet und die Politikwissenschaft als eine „Integrationswissenschaft" konzipiert hat, sagte in seiner Gedenkrede am 14. Juli 1964: „Die Freiburger Schule der Politikwissenschaft hat einen Meister besessen, der die erregendsten Fragen gestellt hat, die im letzten Jahrzehnt in der politischen Wissenschaft in Deutschland aufgeworfen worden sind. Sie zu beantworten, ist ihm versagt geblieben; durch die Schulung eines in seinen Denkmethoden geübten Nachwuchses die Möglichkeit ihrer Beantwortung geschaffen zu haben, ist nicht das geringste seiner dauernden Verdienste um die Wissenschaft von der Politik."[20] Der zwei Jahre zuvor erschienene, von Dieter Oberndörfer herausgegebene Band mit dem programmatischen Titel „Wissenschaftliche Politik. Eine Einführung in Grundfragen ihrer Tradition und Theorie" zeigte eindrucksvoll, welches Potenzial die Freiburger Schule besaß. Hans Maier war in dieser „locker gefügten Bibel der Freiburger politischen Schule"[21] mit einer Abhandlung über „die Lehre der Politik an den deutschen Universitäten vornehmlich vom 16. bis 18. Jahrhundert" vertreten, die aus Vorarbeiten zu seiner Habilitationsschrift hervorging.[22] Bevor wir aber darauf eingehen, sollten wir zuvor noch seine bedeutende Dissertation über die „Frühgeschichte der christlichen Demokratie" würdigen, die ebenfalls unter der Obhut Bergstraessers entstanden ist.

1. Zur Frühgeschichte der christlichen Demokratie

Es gibt im Leben und Denken Hans Maiers eine bemerkenswerte Kontinuität; nimmt er einen Faden zur Hand, wird dieser fortgesponnen, bis daraus oft ein Lebensthema geworden ist. So gesehen überrascht es gar nicht, dass er das Thema seiner Staatsexamensarbeit über „die Vorgeschichte der Démocratie chrétienne in Frankreich" zum Gegenstand seiner Dissertation machte. Er suchte in der Nachkriegszeit, in der nichts mehr einfach vorhanden und verfügbar war, nach einem Stück Orientierung und Sicherheit in der Wissenschaft. Er wollte „erkennen, was ringsum vorging und wissen, wohin die Zeit sich bewegte".[23] Ein Promotionsstipendium der Studienstiftung des deutschen Volkes ermöglichte ihm die Realisierung seines Traums. Zum Zwecke der Forschung hielt er sich ab 1957 mehrfach

---

19 Bergstraesser, Arnold, 1966: Politik in Wissenschaft und Bildung. Schriften und Reden, S. 247.
20 Fraenkel, Ernst, 1965: Arnold Bergstraesser. 14. Juli 1896 – 24. Februar 1964, in: Jahrbuch für Amerikastudien, Bd. 10, S. 14.
21 So die Formulierung Hans Maiers in seinen Erinnerungen, S. 83.
22 Oberndörfer, Dieter (Hg.), 1962: Wissenschaftliche Politik. Eine Einführung in Grundfragen ihrer Tradition und Theorie, Darmstadt, Wissenschaftliche Buchgesellschaft; die Abhandlung Maiers findet sich darin auf S. 59–116.
23 ̀ ' ¹ ' Böse Jahre, gute Jahre. Ein Leben 1931 ff., S. 86.

in Paris auf und vertiefte sich im Nationalarchiv und in der Nationalbibliothek in die Quellen zur Geschichte der Französischen Revolution. Dort fand er die ältesten Belege für Begriff und Bewegung der christlichen Demokratie, sie lagen am „linken Rand der theologischen Zeitströmungen, des revolutionären Parteienspektrums".[24] Im Sommer 1957 wurde Hans Maier mit der Dissertation „Revolution und Kirche. Studien zur Entstehungsgeschichte der christlichen Demokratie in Frankreich (1789–1859)" in Freiburg summa cum laude promoviert. Zwei Jahre später erschien das Buch in der Reihe der „Freiburger Studien zu Politik und Soziologie", das sechs Auflagen erfahren und in mehrere Sprachen übersetzt werden sollte. Die sechste Auflage, die als erster Band der fünfbändigen „Gesammelten Schriften" Hans Maiers 2006 bei C. H. Beck in München erschienen ist, stellt die vielfach überarbeitete Fassung des ursprünglichen Textes dar; sie enthält auch mannigfache Exkurse, in denen verschiedene Aspekte des Themas variiert und vertieft werden. In dem Zusammenhang verdient eine weitere Besonderheit in der Herangehensweise Hans Maiers hervorgehoben zu werden, nämlich dass er die kritischen Anregungen der Forschung immer wieder in die eigene Arbeit aufnimmt und einarbeitet, so dass vor allem der Anmerkungsapparat Züge eines fortgesetzten Gesprächs unter Wissenschaftlern über Orte und Zeiten hinweg erhält.

Die Dissertation besteht aus vier Kapiteln, in denen die historischen Stationen der christlichen Demokratie von 1789 bis etwa 1900 in Frankreich rekonstruiert und analysiert werden. Zunächst einmal aber gibt es ein längeres Einführungskapitel, in dem das Thema im Lichte der Gegenwart verortet und die Fragestellung formuliert wird. Darin werden historische und parteisoziologische Erörterungen mit einigen Ausführungen über den Forschungsstand, die Methode und Terminologie verknüpft, um den konzeptionellen Rahmen der Arbeit abzustecken. In seinem Forschungsbericht lobt Hans Maier die wichtige Vorgängerstudie zum Thema aus der Feder von Waldemar Gurian dafür, dass sie „geistesgeschichtliche und kirchenhistorische Forschung mit soziologischen Methoden und mit der Fähigkeit zu philosophisch-theologischer Analyse verband".[25] Diese Würdigung enthält Elemente einer Selbstbeschreibung, denn ähnliches gilt auch für seine „frühreife" Untersuchung über die Vorgeschichte der christlichen Demokratie. Nur müsste man dem Gesagten noch hinzufügen, dass in der Art, wie Hans Maier Fragen stellt und Antworten sucht, eine genuin politikwissenschaftliche Perspektive sichtbar wird, die im Übrigen von ihm selbst nicht als solche bezeichnet wird; er nutzt das historische Anschauungsmaterial zur Beantwortung der Frage, ob und wie die Französische Revolution und Kirche, Demokratie und Katholizismus sich mitein-

---

24 Ebenda, S. 87.
25 Maier, Hans, 2006: Revolution und Kirche. Zur Frühgeschichte der Christlichen Demokratie, München, C. H. Beck, S. 66.

ander ins Benehmen gesetzt haben und was man daraus für die Gegenwart und Zukunft lernen könne.

Gleich zu Beginn erinnert Hans Maier an den Beitrag christlich-demokratischer Parteien in Italien, Frankreich und Deutschland zur Sozialgesetzgebung und der folgenreichen Europapolitik Schumans, De Gasperis und Adenauers, um das Interesse an dem Thema zu rechtfertigen.[26] Erst die veränderte Lage nach dem Zweiten Weltkrieg und die engere Verbindung der Konfessionen, die im Kampf gegen den Totalitarismus entstanden sei, hätten Bedingungen geschaffen, die der christlichen Demokratie den Vorstoß über die Grenzen der Konfession, den Durchbruch zur Massenpartei erlaubten.[27] Die Vorläufer der christlich-demokratischen Parteien seien nicht aus evangelischen Kreisen entstanden, sondern aus dem politischen und sozialen Katholizismus hervorgegangen. Der Beitrag des europäischen Protestantismus zur Bildung der christlichen Demokratie sei nur gering gewesen; erst seit den siebziger und achtziger Jahren seien verstärkt protestantische Anstöße bei der Bildung christlich-demokratischer Parteien zu verzeichnen, so etwa in den skandinavischen Ländern und in den Niederlanden.

Der Grund dafür dürfte sein, dass die Auseinandersetzungen mit der Demokratie im Protestantismus „weniger dramatisch" gewesen seien als im Katholizismus. Das gelte nicht nur für die angelsächsische Welt mit ihrem vergleichsweise blasseren Kirchenbegriff und ihrer freieren Auffassung der Demokratie, sondern auch für den kontinentaleuropäischen Protestantismus: in keinem Land (vielleicht mit Ausnahme Hollands und der Schweiz) habe der Aufstieg der modernen Demokratie zu einer religiösen Gewissenskrise ähnlich derjenigen geführt, die der Katholizismus nach 1789 durchlebte. Freilich habe sich im Protestantismus der Übergang vom kirchlichen Mittelalter zur Neuzeit auch nicht mit der gleichen Wucht vollzogen wie in der Französischen Revolution; die „schroffe Zäsur der Säkularisation" sei den protestantischen Kirchen erspart geblieben, nicht zuletzt deshalb, weil hier ein längerer Prozess der Säkularisierung schon vorweggenommen habe, was dem Katholizismus in einem jähen Schlage widerfuhr. Dazu weiter ausführend, schreibt Hans Maier: „Ein großer Teil der neuen Ideen, die in den amerikanischen und französischen Revolutionen aufstiegen, war im Protestantismus bereits heimisch gewesen, und wo die evangelischen Länder mit den demokratischen und liberalen Ideen in Berührung kamen, verschmolzen sie diese vielfach mit ihrem religiösen Ethos; nur der politische Absolutismus des Jakobinerstaates – ein übergestülpter und laisierter Katholizismus, wie man empfand – verfiel allgemeiner Ablehnung. Aber eine grundsätzliche, religiös fundierte Demokratie- und Revolutionskritik hat sich nur im Luthertum entwickelt, wo die liberalen Ideen auf einen festgefügten Kirchenbegriff und wenig biegsame Auffassungen über die Pflichten des Christen

---

26 Ebenda, S. 16.
27 Ebenda, S. 18.

gegenüber der weltlichen Obrigkeit stießen, während die dem Calvinismus entstammenden freikirchlichen Gemeinschaften der angelsächsischen Welt der Demokratie nicht nur keinen Widerstand geleistet, sondern ihr im Gegenteil vorgearbeitet haben."[28] In dem Zusammenhang erwähnt Maier Tocquevilles Urteil, nichts im Christentum sei der demokratischen Gesellschaft fremd und manches darin ihr sogar gewogen, das als Leitspruch dem Buch vorangestellt ist; es sei geboren aus amerikanischen Erfahrungen und wie sehr es zutreffe, gehe schon aus der Tatsache hervor, dass die angelsächsische Welt das typisch kontinentaleuropäische Phänomen des Kulturkampfs nicht kenne. In den USA sei zwar die christliche Demokratie als Idee stets lebendig gewesen, wenn ihr aber in neuerer Zeit keine politische Bewegung oder Partei entsprochen habe, so deswegen, weil deren Aufgabe – die Versöhnung von Revolution und Kirche – dort bereits geleistet worden sei.[29] Ganz anders sei die Entwicklung in Deutschland verlaufen, wo der fürstliche Summepiskopat Thron und Altar zur Einheit verschmolzen hatte: nach dem Zerfall des alten Staates habe die protestantische Kirche weitgehend an dem obrigkeitsstaatlichen Charakter festgehalten, so dass die Anpassung an die demokratische Umwelt sich allmählich als „Erschöpfungs- und Ermattungsprozess" vollzogen habe.[30]

Hans Maier richtet den Blick vorrangig auf Frankreich, weil das Land mit der Revolution von 1789 eine Art Laboratorium für die Moderne, ihre Probleme und Lösungsansätze darstellt. Dies gilt gerade auch für die religionspolitischen Macht- und Deutungskämpfe, die in Frankreich zur Entstehung der christlich-demokratischen Theorie geführt haben. Die Frühgeschichte der christlichen Demokratie rekonstruiert Hans Maier in seiner minutiösen Studie mit großem Einfühlungsvermögen – von dem revolutionären Verschmelzungsversuch zwischen Staat und Kirche (1789–1794) über den traditionalistischen Widerspruch gegen die Revolution etwa von de Maistre und de Bonald bis hin zu den liberal-demokratischen Ansätzen im Katholizismus von Lamennais und Buchez und der Ralliementspolitik unter Leo XIII. (1891–1901). Dabei sei es in diesen Macht- und Deutungskämpfen immer wieder um ein grundsätzliches Ja oder Nein zu den Prinzipien der Revolution gegangen, was die Neigung hervorgebracht habe, die Staatsform zu „dogmatisieren". Und damit sei im Ergebnis eine Mitarbeit der Katholiken innerhalb der politischen Ordnung eher erschwert worden. Die Bildung des liberalen Katholizismus und der christlichen Demokratie wäre in Frankreich beinahe ein „Ereignis ohne Folgen" geblieben, gibt Maier zu bedenken, wenn nicht unter Leo XIII. in der Kirche erneut eine lebhafte Auseinandersetzung mit der Demokratie eingesetzt hätte.[31] Den späteren christlich-demokratischen Parteien Europas habe denn auch nicht die französische démocratie chrétienne, sondern der politische Katholizismus Bel-

---

28 Ebenda, S. 34.
29 Ebenda, S. 18.
30 Ebenda, S. 36.
31 Ebenda, S. 265.

mit einer soziologischen Studie über Frankreich habilitiert. Und verlor nach der Machtübernahme der Nazis seine Lehrbefugnis, weil er jüdische Vorfahren hatte. In den Jahren des Exils von 1937 bis 1950 lehrte er an verschiedenen amerikanischen Universitäten deutsche Kulturgeschichte; er verfasste neben einer kurzen deutschen Geschichte (mit George N. Schuster) Studien über Goethe, die damals einige Beachtung gefunden haben, heute aber weitgehend in Vergessenheit geraten sind.[12] Man darf vermuten, dass die Auseinandersetzung mit der schönen deutschen Literatur ihm einen gewissen Halt im Exil bot, um wenigstens die geistigen Verbindungen mit der Heimat nicht zu kappen.

In den fünfziger Jahren veröffentlichte Bergstraesser einige programmatische Aufsätze, in denen er sein Verständnis von Politikwissenschaft gerade auch im Verhältnis zu den Nachbarfächern skizzierte. Darin erklärte er die „Vorbereitung des politischen Urteilens und Handelns der Staatsbürger" und das „Vordenken für die politische Entscheidung aus der Sorge um das Gemeinwohl" zur Aufgabe der „Politischen Wissenschaft".[13] Die Rechtfertigung der Politik als Wissenschaft liege in ihrer „Konzentration auf die res gerendae", ihre Spezialisierung vollziehe sich in ihrer „Arbeit an einem ihrer Fragestellung entsprechenden Verfahren der Synopsis, welches Einzelanalyse und Synthese in ein eigenes Gleichgewichtsverhältnis" bringe.[14] Das damit angedeutete, in der Literatur zur Fachgeschichte oft als „normativ-ontologisch" apostrophierte Forschungsprogramm bot gerade aufgrund seiner Vagheit Anschlussmöglichkeit in verschiedenen Richtungen.[15] Dabei gab es kein größeres Werk von Bergstraesser, das klassischen Rang erlangt und die Grundlage für eine Schulgründung hätte abgeben können. Umso erstaunlicher ist es aber, dass er in Freiburg mit großem Erfolg eine eigene Schule gegründet hat, die zu den einflussreichsten in der deutschen Politikwissenschaft zählt. Eine plausible Erklärung gibt Hans Maier in seinem Nachruf auf seinen Lehrer, wenn er schreibt: „Genaugenommen war es aber gar nicht so sehr das Medium des wissenschaftlichen Werkes, durch das Bergstraesser gewirkt hat. Er wirkte unmittelbar: durch seine Persönlichkeit, sein rhetorisches Temperament, seine menschliche Fülle und Großzügigkeit, die jeden in Bann schlugen, der in seine Nähe kam. Dieser Mann, der der leisen Ermahnung und Ermunterung ebenso mächtig war wie des blitzenden Spotts und des jupiterhaften Zorns, verstand es in besonderer Weise, Menschen anzuziehen und unmerklich zu formen – die weite Ausstrahlung seiner Vorlesungen und Seminare, die große Zahl von Schülern legen dafür Zeugnis

---

12 Sie dazu: Liebold, Sebastian, 2014: Arnold Bergstraesser (1896–1964), in: Jesse, Eckhard/ Liebold, Sebastian (Hg.): Deutsche Politikwissenschaftler – Werk und Wirkung, S. 99–112.
13 Bergstraesser, Arnold, 1966: Politik in Wissenschaft und Bildung. Schriften und Reden, Darmstadt, Wissenschaftliche Buchgesellschaft, S. 22.
14 Ebenda, S. 29.
15 Schmitt, Horst, 1995: Politikwissenschaft und freiheitliche Demokratie. Eine Studie zum „politischen Forschungsprogramm" der „Freiburger Schule" 1954–1970, Baden-Baden, Nomos, S. 29 ff.

ab."¹⁶ Ähnlich formuliert es Kurt Sontheimer in seinem Nachruf: „Die historische Konstellation, in die Bergstraesser sich geworfen sah, traf auf besondere Gaben seiner individuellen Natur: eine produktive Phantasie, künstlerische Sensibilität, rhetorische Begabung, persönlichen Charme, oder, in einer einzigen Formel ausgedrückt: geistvolle Humanität. [...] Alle diese Züge verbanden sich zum Bild einer geistigen Persönlichkeit von großer Ausstrahlungskraft, einem Menschen, der unablässig die Dinge vorantrieb, auf die es ihm ankam."¹⁷

Tatsächlich erwies sich das Seminar Bergstraessers als eine „Pflanzstätte" für die verschiedensten Talente, die später als Politikwissenschaftler ihre eigenen Wege gehen sollten; zu der großen Schar von Schülern zählen neben Kurt Sontheimer und Hans Maier Dieter Oberndörfer, Alexander Schwan, Hans-Peter Schwarz, Manfred Hättich und Gottfried-Karl Kindermann. Ihnen allen gemeinsam ist der lebensgeschichtliche Erfahrungshintergrund in der nationalsozialistischen Diktatur und die daraus schmerzhaft gefolgerte Notwendigkeit eines demokratischen Lernprozesses in der Bundesrepublik, der auch mit den Mitteln der Wissenschaft untermauert werden musste. Sie haben denn auch bedeutende Beiträge zum Verständnis des demokratischen Staates, seines Scheiterns und Gelingens, seiner Genese und Geltung, seiner Institutionen, Normen und Akteure vorgelegt.

Was Bergstraesser selbst angeht, muss man wohl sagen, dass er erst durch seine Erfahrungen mit dem totalitären Nazi-Regime und die Exiljahre in den USA für die „Segnungen" der Demokratie empfänglich wurde; in der Weimarer Zeit gab es zwar eine vernunftrepublikanische Orientierungsphase, aber später auch Sympathien für Brünings Präsidialregierung bis hin zur nationalsozialistischen Versuchung.¹⁸ Gerade diese verschlungenen Umwege eines alten Nationalliberalen zur Demokratie machten Bergstraesser wohl zu einem glaubwürdigen Lehrer, der zwischen Epochen und Kulturen vermitteln konnte. Es war ihm ein besonderes Anliegen, Deutschland nach dem Zivilisationsbruch wieder in die abendländische „Wertegemeinschaft" zu integrieren und damit zur „normativen" Verwestlichung des Landes beizutragen. Es ist bezeichnend, dass Bergstraesser in einem Aufsatz über deutsche und amerikanische Soziologie aus dem Jahr 1953 zu der Einschätzung gelangte: „Westliches Naturrecht und deutsche Humanitätsidee kehren uns heute eher ihre gemeinsame Seite zu anstatt der trennenden, wie sie noch vor drei Jahrzehnten als ausschlaggebend betont wurde. Ihre gemeinsamen Ursprünge in der abendländischen Überlieferung werden, historisch wie philosophisch gesehen, stärker sicht-

---

16 Maier, Hans, 1964: In Memoriam Arnold Bergstraesser, in: Zeitschrift für Politik, Jg. 11, Heft 2, S. 99.
17 Sontheimer, Kurt, 1964: Politische Vierteljahresschrift, Bd. 5, Heft 1, S. 150.
18 Schmitt, Horst, 1995: Politikwissenschaft und freiheitliche Demokratie. Eine Studie zum „politischen Forschungsprogramm" der „Freiburger Schule" 1954–1970, S. 64; siehe auch: Behrmann, Günter C., 2013: Deutsche Nachkriegspolitologie in der Nationalsozialistischen Diktatur: Arnold Bergstraesser, in: Buchstein, Hubertus (Hg.): Die Versprechen der Demokratie, S. 431–466, hier S. 440.

bar."[19] Ernst Fraenkel, der mit Bergstraesser die Amerikastudien hierzulande mitbegründet und die Politikwissenschaft als eine „Integrationswissenschaft" konzipiert hat, sagte in seiner Gedenkrede am 14. Juli 1964: „Die Freiburger Schule der Politikwissenschaft hat einen Meister besessen, der die erregendsten Fragen gestellt hat, die im letzten Jahrzehnt in der politischen Wissenschaft in Deutschland aufgeworfen worden sind. Sie zu beantworten, ist ihm versagt geblieben; durch die Schulung eines in seinen Denkmethoden geübten Nachwuchses die Möglichkeit ihrer Beantwortung geschaffen zu haben, ist nicht das geringste seiner dauernden Verdienste um die Wissenschaft von der Politik."[20] Der zwei Jahre zuvor erschienene, von Dieter Oberndörfer herausgegebene Band mit dem programmatischen Titel „Wissenschaftliche Politik. Eine Einführung in Grundfragen ihrer Tradition und Theorie" zeigte eindrucksvoll, welches Potenzial die Freiburger Schule besaß. Hans Maier war in dieser „locker gefügten Bibel der Freiburger politischen Schule"[21] mit einer Abhandlung über „die Lehre der Politik an den deutschen Universitäten vornehmlich vom 16. bis 18. Jahrhundert" vertreten, die aus Vorarbeiten zu seiner Habilitationsschrift hervorging.[22] Bevor wir aber darauf eingehen, sollten wir zuvor noch seine bedeutende Dissertation über die „Frühgeschichte der christlichen Demokratie" würdigen, die ebenfalls unter der Obhut Bergstraessers entstanden ist.

1. Zur Frühgeschichte der christlichen Demokratie

Es gibt im Leben und Denken Hans Maiers eine bemerkenswerte Kontinuität; nimmt er einen Faden zur Hand, wird dieser fortgesponnen, bis daraus oft ein Lebensthema geworden ist. So gesehen überrascht es gar nicht, dass er das Thema seiner Staatsexamensarbeit über „die Vorgeschichte der Démocratie chrétienne in Frankreich" zum Gegenstand seiner Dissertation machte. Er suchte in der Nachkriegszeit, in der nichts mehr einfach vorhanden und verfügbar war, nach einem Stück Orientierung und Sicherheit in der Wissenschaft. Er wollte „erkennen, was ringsum vorging und wissen, wohin die Zeit sich bewegte".[23] Ein Promotionsstipendium der Studienstiftung des deutschen Volkes ermöglichte ihm die Realisierung seines Traums. Zum Zwecke der Forschung hielt er sich ab 1957 mehrfach

---

19 Bergstraesser, Arnold, 1966: Politik in Wissenschaft und Bildung. Schriften und Reden, S. 247.
20 Fraenkel, Ernst, 1965: Arnold Bergstraesser. 14. Juli 1896 – 24. Februar 1964, in: Jahrbuch für Amerikastudien, Bd. 10, S. 14.
21 So die Formulierung Hans Maiers in seinen Erinnerungen, S. 83.
22 Oberndörfer, Dieter (Hg.), 1962: Wissenschaftliche Politik. Eine Einführung in Grundfragen ihrer Tradition und Theorie, Darmstadt, Wissenschaftliche Buchgesellschaft; die Abhandlung Maiers findet sich darin auf S. 59–116.
23 Maier, Hans, 2011: Böse Jahre, gute Jahre. Ein Leben 1931 ff., S. 86.

in Paris auf und vertiefte sich im Nationalarchiv und in der Nationalbibliothek in die Quellen zur Geschichte der Französischen Revolution. Dort fand er die ältesten Belege für Begriff und Bewegung der christlichen Demokratie, sie lagen am „linken Rand der theologischen Zeitströmungen, des revolutionären Parteienspektrums".[24] Im Sommer 1957 wurde Hans Maier mit der Dissertation „Revolution und Kirche. Studien zur Entstehungsgeschichte der christlichen Demokratie in Frankreich (1789–1859)" in Freiburg summa cum laude promoviert. Zwei Jahre später erschien das Buch in der Reihe der „Freiburger Studien zu Politik und Soziologie", das sechs Auflagen erfahren und in mehrere Sprachen übersetzt werden sollte. Die sechste Auflage, die als erster Band der fünfbändigen „Gesammelten Schriften" Hans Maiers 2006 bei C. H. Beck in München erschienen ist, stellt die vielfach überarbeitete Fassung des ursprünglichen Textes dar; sie enthält auch mannigfache Exkurse, in denen verschiedene Aspekte des Themas variiert und vertieft werden. In dem Zusammenhang verdient eine weitere Besonderheit in der Herangehensweise Hans Maiers hervorgehoben zu werden, nämlich dass er die kritischen Anregungen der Forschung immer wieder in die eigene Arbeit aufnimmt und einarbeitet, so dass vor allem der Anmerkungsapparat Züge eines fortgesetzten Gesprächs unter Wissenschaftlern über Orte und Zeiten hinweg erhält.

Die Dissertation besteht aus vier Kapiteln, in denen die historischen Stationen der christlichen Demokratie von 1789 bis etwa 1900 in Frankreich rekonstruiert und analysiert werden. Zunächst einmal aber gibt es ein längeres Einführungskapitel, in dem das Thema im Lichte der Gegenwart verortet und die Fragestellung formuliert wird. Darin werden historische und parteisoziologische Erörterungen mit einigen Ausführungen über den Forschungsstand, die Methode und Terminologie verknüpft, um den konzeptionellen Rahmen der Arbeit abzustecken. In seinem Forschungsbericht lobt Hans Maier die wichtige Vorgängerstudie zum Thema aus der Feder von Waldemar Gurian dafür, dass sie „geistesgeschichtliche und kirchenhistorische Forschung mit soziologischen Methoden und mit der Fähigkeit zu philosophisch-theologischer Analyse verband".[25] Diese Würdigung enthält Elemente einer Selbstbeschreibung, denn ähnliches gilt auch für seine „frühreife" Untersuchung über die Vorgeschichte der christlichen Demokratie. Nur müsste man dem Gesagten noch hinzufügen, dass in der Art, wie Hans Maier Fragen stellt und Antworten sucht, eine genuin politikwissenschaftliche Perspektive sichtbar wird, die im Übrigen von ihm selbst nicht als solche bezeichnet wird; er nutzt das historische Anschauungsmaterial zur Beantwortung der Frage, ob und wie die Französische Revolution und Kirche, Demokratie und Katholizismus sich mitein-

---

24 Ebenda, S. 87.
25 Maier, Hans, 2006: Revolution und Kirche. Zur Frühgeschichte der Christlichen Demokratie, München, C. H. Beck, S. 66.

ander ins Benehmen gesetzt haben und was man daraus für die Gegenwart und Zukunft lernen könne.

Gleich zu Beginn erinnert Hans Maier an den Beitrag christlich-demokratischer Parteien in Italien, Frankreich und Deutschland zur Sozialgesetzgebung und der folgenreichen Europapolitik Schumans, De Gasperis und Adenauers, um das Interesse an dem Thema zu rechtfertigen.[26] Erst die veränderte Lage nach dem Zweiten Weltkrieg und die engere Verbindung der Konfessionen, die im Kampf gegen den Totalitarismus entstanden sei, hätten Bedingungen geschaffen, die der christlichen Demokratie den Vorstoß über die Grenzen der Konfession, den Durchbruch zur Massenpartei erlaubten.[27] Die Vorläufer der christlich-demokratischen Parteien seien nicht aus evangelischen Kreisen entstanden, sondern aus dem politischen und sozialen Katholizismus hervorgegangen. Der Beitrag des europäischen Protestantismus zur Bildung der christlichen Demokratie sei nur gering gewesen; erst seit den siebziger und achtziger Jahren seien verstärkt protestantische Anstöße bei der Bildung christlich-demokratischer Parteien zu verzeichnen, so etwa in den skandinavischen Ländern und in den Niederlanden.

Der Grund dafür dürfte sein, dass die Auseinandersetzungen mit der Demokratie im Protestantismus „weniger dramatisch" gewesen seien als im Katholizismus. Das gelte nicht nur für die angelsächsische Welt mit ihrem vergleichsweise blasseren Kirchenbegriff und ihrer freieren Auffassung der Demokratie, sondern auch für den kontinentaleuropäischen Protestantismus: in keinem Land (vielleicht mit Ausnahme Hollands und der Schweiz) habe der Aufstieg der modernen Demokratie zu einer religiösen Gewissenskrise ähnlich derjenigen geführt, die der Katholizismus nach 1789 durchlebte. Freilich habe sich im Protestantismus der Übergang vom kirchlichen Mittelalter zur Neuzeit auch nicht mit der gleichen Wucht vollzogen wie in der Französischen Revolution; die „schroffe Zäsur der Säkularisation" sei den protestantischen Kirchen erspart geblieben, nicht zuletzt deshalb, weil hier ein längerer Prozess der Säkularisierung schon vorweggenommen habe, was dem Katholizismus in einem jähen Schlage widerfuhr. Dazu weiter ausführend, schreibt Hans Maier: „Ein großer Teil der neuen Ideen, die in den amerikanischen und französischen Revolutionen aufstiegen, war im Protestantismus bereits heimisch gewesen, und wo die evangelischen Länder mit den demokratischen und liberalen Ideen in Berührung kamen, verschmolzen sie diese vielfach mit ihrem religiösen Ethos; nur der politische Absolutismus des Jakobinerstaates – ein übergestülpter und laisierter Katholizismus, wie man empfand – verfiel allgemeiner Ablehnung. Aber eine grundsätzliche, religiös fundierte Demokratie- und Revolutionskritik hat sich nur im Luthertum entwickelt, wo die liberalen Ideen auf einen festgefügten Kirchenbegriff und wenig biegsame Auffassungen über die Pflichten des Christen

---

26 Ebenda, S. 16.
27 Ebenda, S. 18.

gegenüber der weltlichen Obrigkeit stießen, während die dem Calvinismus entstammenden freikirchlichen Gemeinschaften der angelsächsischen Welt der Demokratie nicht nur keinen Widerstand geleistet, sondern ihr im Gegenteil vorgearbeitet haben."[28] In dem Zusammenhang erwähnt Maier Tocquevilles Urteil, nichts im Christentum sei der demokratischen Gesellschaft fremd und manches darin ihr sogar gewogen, das als Leitspruch dem Buch vorangestellt ist; es sei geboren aus amerikanischen Erfahrungen und wie sehr es zutreffe, gehe schon aus der Tatsache hervor, dass die angelsächsische Welt das typisch kontinentaleuropäische Phänomen des Kulturkampfs nicht kenne. In den USA sei zwar die christliche Demokratie als Idee stets lebendig gewesen, wenn ihr aber in neuerer Zeit keine politische Bewegung oder Partei entsprochen habe, so deswegen, weil deren Aufgabe – die Versöhnung von Revolution und Kirche – dort bereits geleistet worden sei.[29] Ganz anders sei die Entwicklung in Deutschland verlaufen, wo der fürstliche Summepiskopat Thron und Altar zur Einheit verschmolzen hatte: nach dem Zerfall des alten Staates habe die protestantische Kirche weitgehend an dem obrigkeitsstaatlichen Charakter festgehalten, so dass die Anpassung an die demokratische Umwelt sich allmählich als „Erschöpfungs- und Ermattungsprozess" vollzogen habe.[30]

Hans Maier richtet den Blick vorrangig auf Frankreich, weil das Land mit der Revolution von 1789 eine Art Laboratorium für die Moderne, ihre Probleme und Lösungsansätze darstellt. Dies gilt gerade auch für die religionspolitischen Macht- und Deutungskämpfe, die in Frankreich zur Entstehung der christlich-demokratischen Theorie geführt haben. Die Frühgeschichte der christlichen Demokratie rekonstruiert Hans Maier in seiner minutiösen Studie mit großem Einfühlungsvermögen – von dem revolutionären Verschmelzungsversuch zwischen Staat und Kirche (1789–1794) über den traditionalistischen Widerspruch gegen die Revolution etwa von de Maistre und de Bonald bis hin zu den liberal-demokratischen Ansätzen im Katholizismus von Lamennais und Buchez und der Ralliementspolitik unter Leo XIII. (1891–1901). Dabei sei es in diesen Macht- und Deutungskämpfen immer wieder um ein grundsätzliches Ja oder Nein zu den Prinzipien der Revolution gegangen, was die Neigung hervorgebracht habe, die Staatsform zu „dogmatisieren". Und damit sei im Ergebnis eine Mitarbeit der Katholiken innerhalb der politischen Ordnung eher erschwert worden. Die Bildung des liberalen Katholizismus und der christlichen Demokratie wäre in Frankreich beinahe ein „Ereignis ohne Folgen" geblieben, gibt Maier zu bedenken, wenn nicht unter Leo XIII. in der Kirche erneut eine lebhafte Auseinandersetzung mit der Demokratie eingesetzt hätte.[31] Den späteren christlich-demokratischen Parteien Europas habe denn auch nicht die französische démocratie chrétienne, sondern der politische Katholizismus Bel-

---

28 Ebenda, S. 34.
29 Ebenda, S. 18.
30 Ebenda, S. 36.
31 Ebenda, S. 265.

giens, Hollands und Deutschlands den Weg geebnet, mögen sie auch von dorther einige Anregungen bezogen haben. Hans Maier sucht durch das historische Dickicht der Konflikte und Reibungen zwischen Revolution und Kirche nach Möglichkeiten des friedlichen Ausgleichs und der fruchtbaren Verständigung. Was er zu Tage fördert und zu einem Deutungstableau zusammenfügt, sind Bruchstücke eines langen und schmerzvollen Lernprozesses, in dem die Republik und der Katholizismus im Ringen miteinander sich verwandeln und im Zeichen der Freiheit annähern. In diesem Sinne stellt Hans Maier fest: „Solange die Revolution ´Kirche` blieb, war eine Verständigung mit dem Katholizismus ausgeschlossen. Sie konnte erst eintreten, als der jakobinische Monismus des Politischen sich in den liberalen Dualismus von staatlicher Macht und staatsfreier Gewissenssphäre aufzulösen begann. Im gleichen Maß, in dem die zunächst innerstaatlich aufgefaßten *Bürger*rechte sich in vorstaatliche *Menschen*rechte des Individuums verwandelten, rückten katholische und demokratische Gesellschaftsauffassung einander näher. Gestützt auf das Prinzip der Gewissensfreiheit, konnte der liberale Katholizismus die Kirche in die Demokratie (und die Demokratie in die Kirche) zurückführen, in dem er den Zugriff des Staates auf die Religion zurückwies und neben den Freiheiten des *civis politicus* die des *civis christianus* postulierte".[32]

Das Erstlingswerk Hans Maiers markiert die Geburtsstunde eines jungen Gelehrten. Er verfügt über große Wissensbestände, die er durch konzeptionelle Raffinesse bündelt und bändigt, seine Gedankenführung ist präzise und abwägend, sein Stil ist vornehm, ruhig und klar, was in der Zusammenschau von einer außergewöhnlich frühreifen intellektuellen Begabung zeugt. Daher ist es nicht verwunderlich, dass das Buch in der Öffentlichkeit und Wissenschaft eine bemerkenswerte Beachtung gefunden hat und mit viel Lob bedacht wurde; es hat längst den Rang eines Klassikers erlangt, was man nicht zuletzt auch daran ablesen kann, dass es in mehrere europäische Sprachen übersetzt worden ist, darunter ins Englische und Französische. Die Studie gehört zweifellos zu den erfolgreichsten Dissertationen in der deutschen Politikwissenschaft, aber auch in den benachbarten Fächern wie Geschichte, Soziologie oder Theologie sucht sie ihresgleichen. Ein Blick in die Rezensionen könnte einigen Aufschluss über die Gründe dieses außerordentlichen Erfolges geben, wobei wir uns hier mit einer Auswahl begnügen müssen.

Die Historiker waren die ersten, die auf Hans Maiers Studie zur Frühgeschichte der christlichen Demokratie reagierten. In der „Historischen Zeitschrift" erschien Oktober 1961 eine längere und kundige Besprechung aus der Feder des Historikers Kurt Jürgensen, der selbst mit einer Untersuchung über „Belgien und Lamennais" bei Karl Dietrich Erdmann promoviert worden war. Am Ende wurde eine deutliche

---

32 Ebenda, S. 137, kursiv im Original.

Empfehlung ausgesprochen: „Alle, die interessiert sind an dem geistigen Ursprung der heutigen christlichen Demokratie, sollten das Buch von Maier zur Hand nehmen. Ein kritischer Leser wird verschiedentlich Einwände machen, wie sie auch in dieser Betrachtung zum Ausdruck gekommen sind. Er wird aber anerkennen müssen, daß ein reiches, allerdings ausschließlich gedrucktes Quellenmaterial klar und übersichtlich verarbeitet ist und daß eine umfassende wissenschaftliche Literatur Berücksichtigung gefunden hat. Ein sorgfältig angelegtes Register erleichtert die Orientierung. Jeder Leser wird Maiers präzise Diktion und seine Gabe, abgewogen und überschauend zu urteilen, zu würdigen wissen."[33] Zu den möglichen Einwänden zählte Jürgensen, dass Maier in seiner Studie die entscheidende Rolle Belgiens in der europäischen Frühgeschichte der christlichen Demokratie nicht gesehen habe, wo die Ideen Lamennais' begeistert aufgenommen worden seien. Eine weitere ausgesprochen positive Besprechung des Buches stammt von Hans-Ulrich Wehler, der ja bekanntlich später zu einem der einflussreichsten Historiker der Bundesrepublik avancieren sollte. Er würdigte die „ungemein kluge Arbeit" Maiers und die „ungewöhnlich subtile Analyse des gedanklichen Experimentierens in allen seinen vielfältigen Abschattierungen, denen das eine gemeinsam ist: die Stellung der Kirche im nachrevolutionären Staat und das Verhältnis der Mitglieder zu ihm zu bestimmen."[34] Die einzelnen Abschnitte seien „mit großer sprachlicher Kraft" sehr dicht formuliert, so dass die ganze Fülle des nuancenreichen politischen und sozialen Denkens der katholischen Theoretiker in der modernen Umbruchsepoche aufleuchte. Seine Würdigung fasste Wehler mit den Worten zusammen: „Die Stärke des Verfassers liegt in seiner Fähigkeit, das Widerspiel der Ideen, das Versinken und Aufsteigen alter und neuer Denkmotive, die wechselseitige Befruchtung und Verschränkung durchsichtig werden zu lassen. Dennoch ist seine Untersuchung kein rein ideengeschichtlicher Entwurf, sondern auch sorgfältig historisch und soziologisch untermauert. Die glänzende Beherrschung eines verstreuten und oft diffusen Quellenmaterials besticht ebenso wie der Mut zu pointierten Urteilen. Daß es sich bei diesen Studien um eine Dissertation handelt, läßt die Reife und Ausgewogenheit der Arbeit als umso bemerkenswerter erscheinen."[35]

Mit einiger Verzögerung erschien 1963 an etwas entlegener Stelle eine beachtenswerte Rezension von Ernst-Wolfgang Böckenförde, der bekanntlich später als Staatsrechtler und Bundesverfassungsrichter zu Ruhm gelangen sollte. Als engagierter katholischer Intellektueller hat er – ähnlich wie Hans Maier – schon sehr früh für die Versöhnung der Kirche mit dem säkularen demokratischen Staat plä-

---

33 Jürgensen, Kurt, 1961: Rezension zu Hans Maier: Revolution und Kirche. Studien zur Frühgeschichte der christlichen Demokratie (1789–1850), in: Historische Zeitschrift, Bd. 193, Heft 2, S. 409–414, hier S. 414.
34 Wehler, Hans-Ulrich, 1961: Rezension zu Hans Maier: Revolution und Kirche. Studien zur Frühgeschichte der christlichen Demokratie 81789–1850), in: Kölner Zeitschrift für Soziologie und Sozialpsychologie, Jg. 13, Heft 4, S. 726- 727, hier S. 726.
35 Ebenda, S. 727.

diert; 1957 erschien in der Zeitschrift „Hochland" sein vielbeachteter Aufsatz über „das Ethos der Demokratie und die Kirche", den übrigens Hans Maier in seiner Dissertation erwähnt.[36] In seiner Besprechung des Buches wird denn auch deutlich, dass Böckenförde eine kritische Perspektive auf das Verhältnis zwischen Staat und Kirche in der Neuzeit hat, die mit einer eigenen Begrifflichkeit verbunden ist und Einflüsse von Hegel, Joachim Ritter und Carl Schmitt erkennen lässt. Eingangs stellte Böckenförde fest, die Vorgeschichte und die geistigen Wurzeln der christlich-demokratischen Parteien Europas seien ein wenig erschlossenes Feld, das für Theologie und Staatstheorie in gleicher Weise von historisch-systematischer wie auch aktueller Bedeutung sei. Sodann hebt er hervor, dass das Buch Hans Maiers „über das Niveau einer Dissertation erheblich hinausragt". Betrachte man die Untersuchungen Maiers im Ganzen, so beeindruckten sie „durch den steten Rückgang zu den Quellen, durch das Hineinstellen der einzelnen Lehren und Bewegungen in ihr geistesgeschichtliches Umfeld, durch die umsichtige und abwägende Art der Darstellung und Interpretation".[37] Gerade wegen dieser „vielfachen Vorzüge" bedauerte er eine gewisse „Uneinheitlichkeit" in der Anlage der Arbeit, denn nirgends werde jene Grundgegebenheit der modernen Welt, nämlich Entzweiung, reflektiert und zum Interpretationshorizont genommen. Die „Entzweiung" habe ihren realgeschichtlichen Ausgang, als der heraufkommende moderne Staat in den konfessionellen Bürgerkriegen genötigt gewesen sei, sich gegenüber den politischen Absolutheitsansprüchen der Religionsparteien in der Wahrheitsfrage neutral zu erklären, und seine Prinzipien wie innerer Friede, Sicherheit und Ordnung unabhängig von den Forderungen des Glaubens zu suchen. Das habe in der Revolution zur Emanzipation und später zur Privatisierung der Religion in den Menschenrechten geführt, derart, dass die Religion „vom Bauprinzip des Staates her gesehen kein integrierender Bestandteil der politischen Ordnung mehr war und nicht mehr zur Substanz des Öffentlichen gehörte". Gegenüber dieser veränderten Wirklichkeit, die sich in Frankreich am deutlichsten durchgesetzt habe, seien die Antworten der politischen Theologie, die aus dem Erfahrungshorizont der Einheit von Religion und Politik kamen, „inkommensurabel".[38] Von dieser Warte aus betrachtet zeigten die von Hans Maier behandelten Lehren und Bewegungen, wie die neue Wirklichkeit der entzweiten Welt erst sehr allmählich ins Bewusstsein der Katholiken getreten sei, wie stark die Abwehr und das Bestreben der Kirche gewesen sei, die Antworten auf die neue Frage noch aus der alten Einheitswelt heraus zu geben, und wie man schließlich einem Kompromiss zustrebte, der zwar das Problem verschob, aber keine sachliche Lösung brachte.

---

36 Maier, Hans, 2011: Böse Jahre, gute Jahre. Ein Leben 1931 ff., S. 31.
37 Böckenförde, Ernst-Wolfgang, 1963: Rezension zu Hans Maier: Revolution und Kirche. Studien zur Frühgeschichte der christlichen Demokratie 1789–1850, in: Theologische Revue, Jg. 59, Heft 1, S. 43–47, hier. S. 46.
38 Ebenda.

Nur zwei Jahre später sollten die Beschlüsse des Zweiten Vatikanischen Konzils, vor allem die Anerkennung der Religionsfreiheit als Individualrecht, eine „kopernikanische Wende" in der Geschichte der katholischen Kirche bringen. Sie wurde in Deutschland nicht zuletzt auch durch die kritische Reflexionsarbeit von Hans Maier und Ernst-Wolfgang Böckenförde[39] begleitet und unterstützt. Nur am Rande sei bemerkt, dass Hans Maier nach dem Tod Böckenfördes einen kleinen Erinnerungstext geschrieben hat, in dem er mitteilt, sich zwar heftig mit Böckenförde über Carl Schmitt gestritten zu haben, aber im Grundsätzlichen eine große Übereinstimmung feststellt: „Wir dachten ähnlich über die Lage der Christen in der modernen Welt, über den säkularen Staat, über Autorität und Gewissen. Uns verband auch die Lust am öffentlichen Engagement, an der Diskussion, am Streit. So haben wir uns in den folgenden Jahren und Jahrzehnten immer wieder zu Wort gemeldet, einige Mal auch gemeinsam."[40] Als Rom die deutschen Bischöfe zwang, aus dem staatlichen System der Schwangerschaftskonfliktberatung auszusteigen, haben Maier und Böckenförde mit anderen katholischen Laien den bürgerlichen Verein „donum vitae" gegründet, um die Lücke zu füllen. Auch haben beide katholischen Gelehrten sich gegen ein generelles Kopftuchverbot der Musliminnen im öffentlichen Raum ausgesprochen mit dem Argument, dass das Grundgesetz eine offene und religionsfreundliche Neutralität begründet habe.

Auch wenn die Studie Hans Maiers über die Frühgeschichte der christlichen Demokratie vor allem als ein Beitrag zu Selbstverständigungsdebatten der Katholiken gelesen werden muss und als solcher Wirkung erzielt hat: sie hat natürlich auch unter den Protestanten Beachtung gefunden. Als Beispiel sei lediglich die Besprechung des evangelischen Kirchenhistorikers Karl Kupisch erwähnt.[41] Maier habe gezeigt, dass die katholische Gesellschaftslehre mit ihrem auf das „christlich-stoische Naturrecht" zurückgehenden Prämissen weit günstigere Voraussetzungen für eine christlich-demokratische Parteibildung biete als der Protestantismus. Die Lage des deutschen Protestantismus habe Maier in seinem Buch sehr zutreffend dargestellt, sowohl was die geschichtlichen Voraussetzungen als auch die heutige Diskussion anbelangt, und zwar unter sorgfältiger Auswertung der entsprechenden theologischen Literatur. Die Untersuchung als Ganzes könne mit ihrem vorwiegend

---

39 Böckenförde, Ernst-Wolfgang, 2007: Kirche und christlicher Glaube in den Herausforderungen der Zeit. Beiträge zur politisch-theologischen Verfassungsgeschichte 1957–2002, Berlin, LIT. Siehe zu Böckenförde auch den Sammelband: Große Kracht, Hermann Josef/Große Kracht, Klaus (Hg.): Religion – Recht – Republik. Studien zu Ernst-Wolfgang Böckenförde, Paderborn, Schöning.
40 Maier, Hans, 2019: Schonzeiten, Kirchenärger, Kopftücher – Erinnerungen an Gespräche mit Ernst Wolfgang Böckenförde, in: Der Staat, Jg. 58, S. 471–473, hier S. 472.
41 Kupisch, Karl, 1961: Rezension zu Hans Maier: Revolution und Kirche. Studien zur Frühgeschichte der christlichen Demokratie 1789–1850, in: Theologische Literaturzeitung, Heft 3, S. 211–212.

historisch-soziologischen Charakter auch innerhalb der protestantischen Theologie zu einer Belebung und Vertiefung der Debatten über die politischen Implikationen des Christentums beitragen. Anlässlich der Veröffentlichung der zweiten Auflage des Buches 1965 schrieb Kupisch in einer kurzen Würdigung: „unter der historisch-politischen Gegenwartsliteratur zählt dieses Buch zu den hervorragenden Leistungen. Das vornehme Verständnis, das der Verfasser auch [...] protestantischen Auffassungen entgegenbringt, sollte gerade diese Kreise reizen, seinen Studien mit derselben Liberalität nachzugehen."[42]

Von Seiten der deutschen Politikwissenschaft gab es 1965 eine längere Sammelbesprechung zu den Studien Hans Maiers unter der Überschrift „Kirche und Demokratie", die bezeichnenderweise von dem engagierten Katholiken und späteren politischen Weggefährten Bernhard Vogel stammt. Der Schüler Dolf Sternbergers hatte nach seiner Promotion eine wissenschaftliche Laufbahn in Erwägung gezogen, sich aber dann für den politischen Weg entschieden; Vogel wurde in Rheinland-Pfalz zunächst Kultusminister, später Ministerpräsident, zudem von 1972 bis 1976 Präsident des Zentralkomitees der deutschen Katholiken. In seiner Würdigung hebt er die Vielfalt der Perspektiven Hans Maiers besonders hervor und rechnet ihm hoch an, dass er seine historischen Studien über die Frühgeschichte der christlichen Demokratie in mehreren Aufsätzen vertieft und ergänzt habe; in wohltuendem Gegensatz zu immer häufiger werdenden Gepflogenheiten gebe er darin nicht altes wieder, sondern biete neue und „bemerkenswerte Einsichten" über die Situation der Katholiken in der Demokratie, wobei er im gegenseitigen Verhältnis Erreichtes anerkenne und noch Mögliches anmahne.[43]

Auch die englische Übersetzung der Dissertation von Hans Maier, die von Emily Maria Schossberger besorgt und 1969 bei University of Notre Dame Press veröffentlicht wurde, fand einige Resonanz. Schon 1965 erschien eine scharfsinnige und gehaltvolle Besprechung des Buches vom renommierten Soziologen Thomas Luckmann, der einen ausgeprägten Sinn für die Relevanz und den Formwandel der Religion in modernen Gesellschaften hatte.[44] Zunächst stellte der Soziologe allgemein anerkennend fest, die Studie sei ein wichtiger Beitrag zum Verständnis der dramatischen Transformationsprozesse in modernen Gesellschaften, die mit der Französischen Revolution begonnen und eben auch die Kirche und den Katholizismus erfasst hätten. Maier habe darin die Bandbreite der theologischen und

---

42 Kupisch, Karl, 1966: Rezension zu Hans Maier: Revolution und Kirche. Studien zur Frühgeschichte der christlichen Demokratie 1789–1901, in: Theologische Literaturzeitung, Heft 6, S. 445.
43 Vogel, Bernhard, 1965: Sammelbesprechung zu Hans Maier: Kirche und Demokratie, in: Politische Vierteljahresschrift, Bd. 6, Heft 1, S. 87–91, hier S. 90.
44 Luckmann, Thomas, 1966: Review of Hans Maier: Revolution und Kirche. Studien zur Frühgeschichte der christlichen Demokratie, 1789–1901, in: Journal for the Scientific Study of Religion, Bd. 5, Heft 3, S. 472–474.

politischen Reaktionen der Katholiken auf die Revolution kompetent erhellt und dargelegt, warum die liberalen Ansätze innerhalb des Katholizismus in Frankreich einen ausgesprochen schwierigen Stand hatten: "The enterprise failed politically, was rejected by French Catholicism as a whole, and was denounced by Rome. Subsequently French Catholicism, with few exceptions, resigned itself to a 'reactionary' defensive stance in the political realm. Interestingly, it was in this situation – as Maier seems to think, because of it – that some men endowed with imagination and social awareness began to formulate a program of 'social Catholicism'. [...] Maier's painstaking account of this movement is especially useful because it is set against the background of the earlier phases of ideological experimentation in post-Revolutionary French Catholicism."[45] Sodann betont Luckmann, dass Maiers Perspektive auf das Thema zwar durchaus eine katholische Prägung erkennen lässt, aber dies nicht auf Kosten der gebotenen Sachlichkeit zu Buche schlage: "Moreover, despite Maier's acknowledged Catholic perspective which occasionally intrudes (not, I hasten to add, by distorting his descriptive analysis but by influencing his sense of socio-historical relevance), his study tends to be more dispassionate than those of his predecessors, most of whom took sides either with the apologists or with 'progress'". Daraufhin gibt der Wissens- und Religionssoziologe zu bedenken, dass die Wirkungsmacht von politischen und religiösen Ideen in den gesellschaftspolitischen Transformationsprozessen nicht überschätzt werden dürfte; Maier wisse das, dennoch entstehe in seiner konzisen Darstellung des katholischen Denkens zuweilen der Eindruck eines „disembodied process of thought": "This may have led Maier to overemphasize – despite the divergences he clearly recognizes – what appears to him as a basic unity and continuity linking the first attempts to merge the Catholic religion and the Revolution to the contemporary Christian Democracies of today. But what seems to appear, in Maier's account, as the progressive, 'creative' articulation of a theologically and socio-politically consistent position may be viewed, from a different perspective, as a patchwork of adaptations (if I may overstate the point), imposed from the 'outside' and slowly finding an ideological expression. [...] The challenges to Catholicism – and Christianity – came from the 'outside': global political and economic transformations and profound changes in social stratification. And the responses – so brilliantly described by Maier in the realm of ideas – were completely immersed in the 'vocabulary' of the 'challenge'."[46] Er hoffe aber, selbst seine kritischen Bemerkungen zeigten, dass dieses Buch von Historikern und Sozialwissenschaftlern gelesen werden sollte, die sich für das Verhältnis von Religion und Gesellschaft interessierten.

---

45 Ebenda, S. 473.
46 Ebenda, S. 474.

In den sechziger und siebziger Jahren des vergangenen Jahrhunderts erschien eine Reihe weiterer Rezensionen in englisch- und französischsprachigen Zeitschriften, auf die hier nur noch summarisch hingewiesen werden kann. In der angesehenen „American Political Science Review" schrieb der Politikwissenschaftler Guenter Lewy eine kritische Würdigung der Studie Hans Maiers, in der er sich eine stärkere historische Kontextualisierung der Ralliementspolitik und eine Erweiterung des Blickfeldes um den politischen Katholizismus in Belgien, Holland und Deutschland wünschte.[47] Der Soziologe Rocco Caporale lobte in seiner Rezension die Monografie Hans Maiers als „exzellent", mit der er die bisherige Forschungsliteratur zum Thema „christliche Demokratie" ungemein bereichert habe; er hebt insbesondere hervor, wie bedeutend die Vielfalt des katholischen Vereinswesens für die Entstehung einer konfessionellen Partei aus dem Geiste des Christentums gewesen sei.[48] William Rauch zeigte sich in seiner Besprechung beeindruckt davon, wie eigenwillig Hans Maier in seiner Studie manche Deutungslinien zieht, so etwa, wenn er eine historische Verbindung zwischen der christlichen Demokratie und dem katholischen Traditionalismus herstelle.[49] Auch erwähnte er einige neuere Forschungsarbeiten aus Frankreich, etwa von René Rémond und Jean-Marie Mayeur, die Beachtung verdienten und ergänzend herangezogen werden sollten.

Tatsächlich nahmen denn auch die bedeutendsten französischen Forscher die Studie Hans Maiers mit Interesse und Respekt zur Kenntnis, noch bevor die französische Übersetzung 1992 erschien. Der Historiker Jean-Marie Mayeur schrieb in seiner Besprechung aus dem Jahr 1966, Hans Maier biete mit seiner Studie nicht weniger als einen allgemeinen historischen Überblick über den französischen Katholizismus, weil er seiner Analyse einen umfassenden Begriff der christlichen Demokratie zugrunde gelegt habe.[50] Der liberale Katholizismus antworte auf die Probleme, die der Liberalismus der Kirche bereitet habe, wohingegen der soziale Katholizismus auf die Herausforderungen der industriellen Revolution antworte; und der Erfolg der christlichen Demokratie bestünde just darin, dass er diese beiden Bewegungen verbunden habe zu einer Synthese. Der Religionssoziologe Jean Séguy widmete dem „inspirierenden" Buch 1975 eine ausführliche Würdigung; er lobte darin die große Literaturkenntnis des Autors, seinen angenehmen Stil

---

47 Lewy, Guenter, 1970: Review of Hans Maier: Revolution and Church: The Early History of Christian Democracy 1789–1901, in: American Political Science Review, Bd. 64, Heft 3, S. 929–930.
48 Caporale, Rocco, 1972: Review of Hans Maier: Revolution and Church: The Early History of Christian Democracy 1789–1901, in: Political Science Quarterly, Bd. 87, Heft 2, S. 299–301.
49 Rauch, William R., 1972: Review of Hans Maier: Revolution and Church: The Early History of Christian Democracy 1789–1901, in: The Catholic Historical Review, Bd. 57, Heft 4, S. 676–677.
50 Mayeur, Jean-Marie, 1966: Hans Maier: Revolution und Kirche. Studien zur Frühgeschichte der christlichen Demokratie (1789–1901), in: Revue Historique, Bd. 236, Heft 2, S. 501–502.

und die Klarheit in seiner Darstellung.[51] Nur an dem „Glauben" Maiers, dass die politischen Ideen unabhängig von ihren Trägern eine Geschichte hätten, meldete er Zweifel an. Emile Poulat schließlich gab in seiner knappen Besprechung zu bedenken, dass die Geschichte der christlichen Demokratie nur geschrieben werden könne, wenn man neben Frankreich auch Belgien, Deutschland und Italien in die Betrachtung einbeziehe und zudem die gegenseitigen Beeinflussungen berücksichtige.[52] Als das Buch 2006 im Rahmen der „Gesammelten Schriften" Hans Maiers wieder aufgelegt wurde, schrieb der Politikwissenschaftler Otto Kallscheuer: „Nicht viele Dissertationen sind auch ein halbes Jahrhundert nach ihrer Niederschrift noch lesenswert. Zu den Ausnahmen gehört 'Revolution und Kirche`, die zuerst 1959 publizierte politik- und ideengeschichtliche Studie des damals 28-jährigen Hans Maier. [...] Man möchte sagen, das Buch sei in dieser sechsten Auflage noch aktueller geworden."[53] In der Tat: Wiewohl die interdisziplinären Forschungen zum Thema „christliche Demokratie" inzwischen kaum noch zu überblicken sind, hat sich die Studie Hans Maiers als ein Standardwerk behauptet, deren wissenschaftliches Anregungspotenzial immer noch nicht ausgeschöpft sein dürfte; man könnte etwa nach Gemeinsamkeiten und Unterschieden zwischen christlichdemokratischen Ideen und Parteien in Europa und den entsprechenden Erscheinungen im islamischen Erfahrungsraum fragen. Ähnliches lässt sich wohl auch von der Habilitationsschrift Hans Maiers sagen, die in der deutschen Politikwissenschaft einen kleinen Forschungskontinent entdeckt und erschlossen hat.

2. Die ältere deutsche Staats- und Verwaltungslehre

Im Frühsommer 1962 wurde Hans Maier mit der Arbeit über „Die Entstehung der älteren deutschen Staats- und Verwaltungslehre (Polizeiwissenschaft)" an der Philosophischen Fakultät der Albert-Ludwigs-Universität Freiburg von Arnold Bergstraesser habilitiert. Auf die Spuren seines zweiten Lebensthemas – dem Staat nämlich – kam er in Paris als er sich 1958 in der Nationalbibliothek aufhielt, um seine Dissertation über die christliche Demokratie für die Buchausgabe zu überarbeiten. Dort stieß er auf Nicolas De la Mares monumentalen „Traité de la Police" (1705–1719), dessen Lektüre ihn fesselte, weil er ihm ein nahezu vollständiges „Maschinenbuch der französischen Staatsverwaltung des 17. Jahrhunderts" bot – vom Personenstand bis zu Markt und Handel, von den Kleiderordnungen bis

---

51 Séguy, Jean, 1975: Hans Maier: Revolution und Kirche. Zur Frühgeschichte der christlichen Demokratie, in: L`année sociologique, Bd. 26, S. 431–434.
52 Poulat, Emile, 1973: Hans Maier: Revolution and Church. The Early History of Christian Democracy (1789–1901), in: Archives de sciences sociales des religions, Jg,.18, Nr. 35, S. 203.
53 Kallscheuer, Otto, 2008: Christliche Demokratie, politische Religion, in: Neue Zürcher Zeitung, 25. Juni 2008.

zu den Reglements für Wohnung, Nahrung und Verkehr. Im Buchstabenmeer des Traktates erblickte der passionierte Leser Hans Maier die Umrisse des im Werden begriffenen modernen Staates: er bekam einen nachhaltigen Eindruck davon, in welchem Ausmaß die Tätigkeiten des Staates über die mittelalterliche Rechts- und Friedenswahrung hinauswuchsen und wie dieser sein Tun theoretisch und politisch rechtfertigte. Mit dem altgriechischen Wort „Police" und „Policey" wurde in Frankreich und später in ganz Europa die „Summe der immer umfangreicher werdenden staatlichen Verwaltungstätigkeiten" umschrieben. Als Hans Maier nach Deutschland zurückkehrte, suchte er nach Parallelen zu dieser literarischen Gattung und stieß auf die „Polizeiordnungen", wie sie sich seit dem Mittelalter in den Städten, später in den Territorien und im Reich entwickelt hatten. Diese Gebote und Verbote normierten das alltägliche Leben der Menschen in der frühen Neuzeit, ihre sozialen Beziehungen, Gewohnheiten und Pflichten. In Deutschland hatte die „gute Policey" einen besonders fruchtbaren Boden gefunden. Es gab hier nicht nur eine reiche Überlieferung an Polizeiliteratur, sondern auch eine akademische „Polizeiwissenschaft", die Maier landesweit in den älteren Beständen der Universitätsbibliotheken zu erkunden sich anschickte. Der Aufwand lohnte sich, denn der akademische Ertrag seines Suchens und Sichtens der verstaubten Quellen war groß: „Was ich fand", erinnert sich der reife Gelehrte rückblickend mit stolzer Freude, „war weit mehr als die übliche 'Forschungslücke'. 'Policey' – das war ein ganzes Universum, ein kleiner Kontinent. Ich war – fast als erster – unterwegs auf einem weiten, noch kaum erschlossenen Gelände. Nachdem Otto Brunner die alteuropäische Ökonomik wiederentdeckt und in den Blick der Forschung gerückt hatte, machte ich mich kühn – und im Voraus vom Gelingen überzeugt – an die Wiederentdeckung der alteuropäischen 'Policey'."[54]

In der Tat: Hans Maier ist in seiner erstmals 1966 erschienenen Habilitationsschrift vorzüglich gelungen, den kleinen Kontinent der „älteren deutschen Staats- und Verwaltungslehre" auszugraben und zu vermessen; ihn dem historischen Vergessen zu entreißen und Leben einzuhauchen. Die Studie besteht aus drei Hauptteilen, in denen die Entstehungsgeschichte der Polizeiwissenschaft als Antwort auf die Krise der altständischen Ordnung über ihre Wirksamkeit im 18. Jahrhundert bis hin zu ihrem Ausklang im 19. Jahrhundert rekonstruiert wird. Auch sie beginnt aber mit einer längeren Einleitung, in der die Polizeiwissenschaft als „Forschungsaufgabe" umrissen, Problem- und Fragestellung formuliert werden. Hans Maier führt zunächst Klage darüber, dass die Polizeiwissenschaft im Ganzen eine *terra incognita* der Wissenschaft geblieben sei, ihre Behandlung stünde jedenfalls in einem Missverhältnis zu ihrer Bedeutung. Man habe auf die Zeiten einer rechtlich ungebundenen, aus vagen Antrieben wie Wohlfahrt und Glückseligkeit legitimierenden Verwaltung mit deutlichem Misstrauen zurückgeblickt; die Zeit des aufge-

---

54 Maier, Hans, 2011: Böse Jahre, gute Jahre. Ein Leben 1931 ff., S. 91.

klärten Absolutismus sei als Polizeistaat „ideologisiert" und in ein antithetisches Verhältnis zu Gegenwart gebracht worden.[55] Die liberale Bewegung habe im 19. Jahrhundert „Rechtstaat" polemisch gegen den „Polizeistaat" in Stellung gebracht mit der Folge, dass die staatliche Tradition des 17. und 18. Jahrhunderts ziemlich pauschal in Misskredit geraten sei.[56] Die groben Maßstäbe des politischen Macht- und Deutungskampfes dürften aber nicht auf die Wissenschaft übertragen werden, gibt Hans Maier sinngemäß zu verstehen; die Polizeiwissenschaft dürfe jedenfalls nicht aus der veränderten Problemlage späterer Zeiten vorschnell abgewertet, sondern müsse von der „Höhenlinie" des 18. Jahrhunderts betrachtet werden, wenn man ihr Gerechtigkeit widerfahren lassen und ihr politisches Reflexionspotenzial angemessen würdigen möchte. Daher erblickt er die methodische Herausforderung im Ringen um die Möglichkeit, ein historisches Material, dessen Verbreitung und Einfluss weitreichend und dessen politischer Aussagewert offenkundig sei, in einer sachgemäßen, den Quellen angemessenen Weise zum Sprechen zu bringen – zumal damit die Schwierigkeit verbunden sei, dass das ursprüngliche Fächerganze dieser Wissenschaft sich aufgelöst habe und die Teile ihren sozialethischen Bezugspunkt verloren hätten. Hans Maier spricht in entfernter Anlehnung an seinem Lehrer Bergstraesser von einer „synoptischen" Betrachtung der Polizeiwissenschaft, und tatsächlich verbindet er in seiner Herangehensweise Begriffsgeschichte, politische Ideengeschichte, Sozialgeschichte und Wissenschaftsgeschichte virtuos miteinander, ohne davon im Übrigen viel Aufhebens zu machen.[57] Da er in der älteren deutschen Staats- und Verwaltungslehre nichts anderes als eine „zeitbedingte Modifikation des alten aristotelischen Politikbegriffs" erblickt, verwendet er einigen Aufwand darauf, sie als Glied einer gemeineuropäischen Tradition des politischen Denkens sichtbar werden zu lassen.

Gleich mit dem ersten Satz seiner Einleitung bestimmt Hans Maier die Polizeiwissenschaft als die „wissenschaftliche Lehre von der inneren Politik des älteren deutschen Territorialstaates", um dann fortzufahren mit den Sätzen: „Die Polizeiwissenschaft war eine spezifisch deutsche Erscheinung. In ihrer eigentümlichen, aus besonderen geschichtlichen Umständen erwachsenen Prägung hatte sie in anderen europäischen Ländern kein ebenbürtiges Gegenstück. Entstanden im ersten Drittel des 18. Jahrhunderts, ist diese Wissenschaft in Deutschland auf der Höhe der Aufklärung ausgebaut und systematisiert worden, bis sie im 19. Jahrhundert in mehrere Gebiete auseinanderbrach: in ihre Nachfolge teilten sich einerseits die politischen Fächer der Nationalökonomie, anderseits die Verwaltungslehre und die Verwaltungsrechtswissenschaft."[58] Die besondere Bedeutung der Polizeiwis-

---

55 Maier, Hans, 2009: Die ältere deutsche Staats- und Verwaltungslehre, München, C. H. Beck, S. 29.
56 Ebenda, S. 23.
57 Ebenda, S. 41.
58 Ebenda, S. 14.

senschaft in Deutschland erwachse nicht zuletzt daraus, dass sich in den meist kleinen Territorialstaaten das neue Regiment des absoluten Fürstentums durch die Wahrnehmung von Aufgaben der inneren Verwaltung legitimiert habe – bei gleichzeitigem Fehlen der Handlungsfreiheit nach außen und einer das Volk als Ganzes ansprechenden Staatsidee.[59] Auch die Übernahme bis dahin von der Kirche wahrgenommener erzieherischer und sozial-caritativer Funktionen in den evangelischen Fürstenstaaten habe eine bedeutsame Rolle bei der Entstehung der Verwaltungslehre gespielt. Die peinliche gebotsmäßige Regelung aller Lebensverhältnisse, die minutiös ausgestaltete „gute Ordnung und Policey" erscheine geradezu als „Signum" des deutschen Territorialstaates der Neuzeit. So sei es denn auch kein Zufall, dass viele der bedeutendsten deutschen Staatslehrer im Grunde Verwaltungslehrer seien. Auch der deutsche Liberalismus von Mohl bis zu Max Weber habe ein gutes Stück dieser „obrigkeitsstaatlichen" Tradition in sich aufgenommen. Der Grund für diese traditionalistische Tiefenströmung liege letzten Endes darin, dass „weder der Absolutismus noch der Liberalismus in Deutschland die radikale Konsequenz der Emanzipation von den älteren politischen Ordnungen" gezogen habe, wie dies etwa in Frankreich geschehen sei.[60]

Dass die ältere deutsche Staats- und Verwaltungslehre im Ganzen „weit eher konservativ als revolutionär" gewesen ist, bedeutet aber nicht, dass ihr jegliche Bedeutung für die Zukunft abgeht. Hans Maier wäre nicht der Politikwissenschaftler, der er ist, wenn er aus der Beschäftigung mit der Geschichte des deutschen politischen Denkens nicht einen Erkenntnisgewinn für die Gegenwart erwarten, begründen und liefern würde. Noch in der Einleitung gibt er seiner Hoffnung Ausdruck, dass eine „Besinnung auf die politische Tradition des 18. Jahrhunderts zur Meisterung vieler aktueller Aufgaben heutiger Innen- und Sozialpolitik nicht unerheblich beitragen" könnte.[61] Der Betrachter entdecke in der älteren deutschen Staats- und Verwaltungstradition immer wieder aufs Neue „überraschende Gegenwartsbezüge", denn in Bezug auf die gute Ordnung des Gemeinwesens berührten sich die Fragen des alten Wohlfahrstaates mit denen des sozialen Rechtsstaates unserer Tage vielfach in einer „echten Problemkongruenz".[62] Als ein besonders aktuelles Beispiel sei das ganze Instrumentarium der Medizinalpolizei erwähnt – von der Ausbildung der Ärzte und deren angemessener Verteilung über das ganze Staatsgebiet bis hin zur Sorge für Arzneimittel, Gesundbrunnen, der Hilfe bei Seuchen und der Rettung von Scheintoten.[63] Darüber hinaus lässt sich wohl sagen, dass in den umstrittenen Antworten auf die grundlegende Frage, welche Zwecke der Staat zu erfüllen habe – von Ordnung, Frieden, Seligkeit, Glück, Sittlichkeit

---

59 Ebenda, S. 347.
60 Ebenda, S. 348.
61 Ebenda, S. 44.
62 Ebenda, S. 52.
63 Ebenda, S. 298.

über Gemeinnutzen, Wohlfahrt und Sicherheit bis hin zur Freiheit und Gleichheit – ein normativ-politisches Reflexionspotenzial geborgen liegt, das für die zeitgenössischen Selbstverständigungsdebatten fruchtbar gemacht werden könnte.

Hans Maier hat den Forschungsertrag seiner Habilitationsschrift in seiner Münchener Antrittsvorlesung vom 21. Juni 1965 unter dem Titel „Ältere deutsche Staatslehre und westliche politische Theorie" vertieft und erweitert. Nur nebenbei sei bemerkt, dass dieser anregende und brillante Text zum eisernen Bestand der deutschsprachigen Politikwissenschaft gehören sollte. Darin zieht der junge Autor mutig lange Gedankenlinien, um das Besondere an der Tradition des politischen Denkens in Deutschland hervorzuheben: „Deutschland ist den Lehren der Staatsraison und des modernen Naturrechts nur zögernd gefolgt, es bleibt in seinem politischen Denken bis zum 18. Jahrhundert konservativ. Dann aber holt es, nach langer Stauung, beide Bewegungen in einer radikalisierenden Spätrezeption in wenigen Jahrzehnten nach. Diese Rezeption führt im Falle des *Naturrechts* zu einer eigentümlichen Umbiegung der politischen Freiheitslehre des Westens in den Gedanken einer staatsfreien Sphäre des Individuums; im Falle der *Staatsräson* um die Wende vom 18. zum 19. Jahrhundert zu einer eruptiven Aufnahme der lange abgelehnten Lehre Machiavellis im deutschen Denken bei Herder, Hegel und Fichte. Im Angesicht des untergehenden Reiches nimmt die Staatstheorie, resignierend an Vernunft und Wissenschaft, die Farbe eines ultrakonkreten, oft zynischen Realismus an – im Schwanken zwischen unpolitischer Staatsfremdheit und ebenso unpolitischer Machtanbetung das kommende Jahrhundert mit seinen *incertitudes allemandes* vorwegnehmend."[64] Und einige Seiten weiter heißt es in einer denkwürdigen Formulierung, die hier wiedergegeben zu werden verdient: „Es ist wohl ein noch nie im Zusammenhang gewürdigtes, ja noch kaum bemerktes Faktum, daß die großen deutschen Staatslehrer der Neuzeit – von Osse, Obrecht und Seckendorff über Justi und Sonnenfels bis zu Gneist und Lorenz von Stein – eigentlich allesamt Verwaltungslehrer, Wohlfahrttheoretiker gewesen sind. Deutschland hat den großen westlichen Staatslehrern des 16. und 17. Jahrhunderts – einem Machiavelli, Bodin und Hobbes – außer Pufendorf keinen ebenbürtigen Namen an die Seite zu stellen; weder der Gedanke der Staatsräson noch der des modernen Naturrechts haben hier zunächst eine Heimstatt gefunden; aber an den sittlichen Zweck des Staates, an die Schaffung ´gemeiner Wohlfahrt` und ´guter Polizei` hat man immer gedacht. Hier liegt der eigentümliche Beitrag Deutschlands zum modernen Staatsgedanken: es ist ein Denken, das zur offenen Distanznahme, zum naturrechtlichen Messen des Staates an einer über ihm stehenden Ordnung ebenso unfähig ist, wie es sich zur langsam-bedächtigen Reform des Bestehenden in hohem Maße eignet. Der deutsche Fürstenstaat, aus lutherisch-reformatorischem Antrieb erwachsen, ist so nicht nur der Anfang des modernen kontinentalen Staatskirchen-

---

64 Ebenda, S. 383.

tums geworden, sondern zugleich auch eine erste Ausprägung des neuzeitlichen Kultur- und Wohlfahrtsstaates. Hier entstand ein christlicher Amtsgedanke, eine religiöse Berufsauffassung, die dem deutschen politischen Leben für Jahrhunderte eine besondere Färbung gegeben hat, indem sie eine Erscheinung wie das Berufsbeamtentum hervorgebracht und die Formen der Herrschaftsübung mit ihrem Geiste imprägniert hat."[65] Hans Maier begegnet in der Auseinandersetzung mit der älteren deutschen Staats- und Verwaltungslehre auf Schritt und Tritt seinem ersten großen Lebensthema, nämlich der Religion und Kirche; die Besonderheit der deutschen politischen Tradition erklärt er „letztlich aus der besonderen Konstellation von Kirche und Politik, religiöser und politischer Welt im älteren, vornehmlich lutherischen deutschen Territorialstaat".

Am Ende seiner Antrittsvorlesung empfiehlt Hans Maier der deutschen Politikwissenschaft, sich die Traditionssubstanz der älteren deutschen Staatslehre anzueignen; wolle sie nicht, wie Karl Loewenstein mit einem gewissen Vorwurf formuliert habe, von den „Brosamen der Reichen" leben, wolle sie also nicht nur englische oder amerikanische Modelle kopieren, sondern an eigenen Forschungsproblemen eigene Methoden und eine eigene Sprache entwickeln, so werde sie die ideengeschichtliche Tradition des deutschen Staates zwar kritisch, aber mit historischem Verständnis in ihre Betrachtungen einbeziehen müssen. Andernfalls liefe sie Gefahr, warnt Hans Maier, nur aktuelle Sozialpädagogik für den politischen Katastrophenfall zu sein, mit einem kurzen Gedächtnis, das nicht hinter 1945 oder 1919 zurückreiche, oder bloße ahistorische Modelltheorie und ideologische Repristination, die sich in der triumphierenden Erledigung von Scheinproblemen durch Leerformeln gefalle. Und rundet seine Ausführungen mit den Sätzen ab, in denen er eine Einladung an das eigene Fach ausspricht, sich seiner selbst zu besinnen: „Die politische Wissenschaft wird, falls sie diesen Weg begeht, in der älteren Tradition des deutschen politischen Denkens nichts entdecken, was ihr fremd wäre – sie wird im Gegenteil in ihr Elemente einer gemeineuropäischen Überlieferung des Politischen wiederfinden, die bei uns erst 19. Jahrhundert verschüttet und teilweise zerstört wurden. Die Begegnung mit diesem Traditionsbestand könnte in einem doppelten Sinne hilfreich werden; einmal im Sinn der Aufnahme dieses Stoffes in unser geschichtliches Denken [...], zum anderen aber im Sinne eines besseren Verständnisses der Stellung und Aufgabe der politischen Wissenschaft selbst. Denn diese ist bei uns keineswegs ein so neues Fach, wie sie meint, sondern kann gerade in Deutschland an den Universitäten auf eine lange Vergangenheit zurückblicken – eine nicht unrühmliche Vergangenheit, wie ich Ihnen darzustellen versuchte."[66] Damit wird noch einmal deutlich, dass Hans Maier seine Studien über die ältere Staatslehre als Beitrag zur Traditionsstiftung der deutschen Politikwissenschaft und

---

65 Ebenda, S. 389 f.
66 Ebenda, S. 393.

ihrer Wiedereingliederung in die gemeineuropäische Überlieferung des politischen Denkens verstanden haben möchte.

Fand Hans Maier mit diesem Anliegen Beachtung in der deutschen Politikwissenschaft und ihren Nachbardisziplinen? Damit ist die Frage nach der Rezeption der Habilitationsschrift aufgeworfen, auf die hier nur kurz eingegangen werden kann.

Hans Maiers wissenschaftshistorische Studie über die ältere deutsche Staats- und Verwaltungslehre wurde – seiner interdisziplinären Herangehensweise entsprechend – von Historikern, Staatsrechtlern und Politikwissenschaftlern wahrgenommen und kritisch gewürdigt. In der „Historischen Zeitschrift" erschien im August 1968 eine kundige Besprechung aus der Feder des ausgewiesenen Historikers Gustav Clemens Schmelzeisen. Er beginnt seine Würdigung mit der Feststellung, die Polizeiwissenschaft sei bislang noch nicht im Ganzen erforscht und dargestellt worden; dieser harrenden Aufgabe habe sich Hans Maier mit seiner Studie dankenswerterweise angenommen: „Ihre Bewältigung erforderte eine große Umsicht und eine gründliche Beschäftigung mit dem überlieferten polizeilichen wie staatsphilosophischen Schrifttum. Dazu mußten die geschichtlichen Bedingungen und das weitreichende neuzeitliche Schrifttum zur Wissenschafts-, Sozial-, Wirtschafts- und Rechtsgeschichte berücksichtigt werden. An all dem hat der Verfasser nicht fehlen lassen. So konnte er ein breit angelegtes Bild der neueren Staats- und Verwaltungslehre gewinnen, das auch für die Geschichte des neuzeitlichen deutschen Verwaltungsstaates recht aufschlußreich ist und der weiteren Forschung unentbehrlich sein wird. Denn hier ist erstmals ein ansehnliches, vielschichtiges literargeschichtliches Material zusammengetragen und unter bespielhaften Gesichtspunkten ausgewertet."[67] Wenn das Buch in einigen Teilen nicht jene „plastische Linienführung" aufweise, die sich vielleicht mancher Leser wünsche, so liege dies gewiss daran, dass der Stoff eben doch recht spröde sei. Inhaltlich diskutiert Schmelzeisen manche Detailfrage, um zum Schluss sein Einverständnis mit der Kritik Hans Maiers an der These des konservativen Staatsrechtlers Ernst Forsthoff, wonach die Begriffe Rechtsstaat und Sozialstaat sich widersprächen, zu erklären. Er begrüße es, wenn Maier betont, es gelte überhaupt, von einem Gegensatzdenken in den Begriffen Staat und Gesellschaft wegzukommen.

Auch Ernst Forsthoff schrieb eine kurze, aber ausgesprochen positive Rezension der Studie Hans Maiers, von der er meinte, sie käme gerade zur rechten Zeit; denn auch das rechtsstaatliche Schrifttum zur Verwaltung habe keinen sonderlichen Wert daraufgelegt, intensiveren geistigen Umgang mit dem – zu Unrecht – überwunden geglaubten Polizeirecht zu pflegen. Forsthoff würdigte das Werk mit den

---

67 Schmelzeisen, Gustav Clemens, Rezension zu Hans Maier: Die ältere deutsche Staats- und Verwaltungslehre (Polizeiwissenschaft); Hans Maier: Ältere deutsche Staatslehre und westliche politische Tradition, in: Historische Zeitschrift, Bd. 207, Heft 1, S. 118–122, hier S. 119.

Worten: „Maier beschränkt sich nicht darauf, die Staats- und Verwaltungslehren der wesentlichen Autoren von Olderndorp bis v. Mohl zu referieren, sondern er schildert die Fortbildung der Polizeiwissenschaft im engen Zusammenhang mit den politischen Zuständen. Dadurch entsteht ein volles, farbiges Bild dieser bedeutsamen Epoche unserer Staatsgeschichte; die Darstellung beruht auf einem reichen Quellenmaterial und gewinnt ihren besonderen Wert durch deren verständnisvolle Würdigung. Damit ist dem Werk ein hervorragender Platz im Schrifttum gesichert und es bleibt der Wunsch, daß die moderne Verwaltungswissenschaft aus ihm den Nutzen ziehen werde, den es in so reichem Maße anbietet".[68] Deutlich kritischer fiel die Einschätzung eines anderen bedeutenden Staatsrechtlers aus, nämlich von Peter Badura. In seiner prägnant formulierten Besprechung stellt Badura zunächst fest, Maier rede in Übereinstimmung mit Wilhelm Hennis einer „größeren Beachtung der aristotelischen Tradition politischer Philosophie" das Wort, die sich um die Ermittlung der Prinzipien und Institutionen der guten Ordnung des Gemeinwesens bemühe.[69] Auch fällt ihm positiv auf, dass Maier sich in seiner Untersuchung von den Prämissen des historischen Idealismus wie des historischen Materialismus freihalte; die sorgfältig verzeichneten Änderungen in Begriff und Theorie der Polizei würden „als Ergebnisse einzelner Krisen" gedeutet, deren Ursachen allerding letztlich im Dunkeln blieben. Vereinfacht gesagt werde die Polizeiwissenschaft in der Darstellung Maiers im späten Mittelalter durch eine institutionelle Ordnungskrise auf den Plan gerufen und im 19. Jahrhundert durch eine philosophische Krise zerstört, namentlich durch den kantischen Kritizismus, die moderne Volkswirtschaftstheorie der englischen Klassiker und den Positivismus. Seinen eigentlichen Widerspruch provoziert aber die aktualisierende These Maiers, der absolutistische Staat sei eine erste Ausprägung des neuzeitlichen Kultur- und Wohlfahrtsstaates; der absolutistische Territorialstaat sei vielmehr, wendet Badura gegen diese starke Kontinuitätsthese ein, das Gegenteil des modernen demokratischen Wohlfahrtsstaates: „Die Sozialverantwortung der demokratisch zum Staat organisierten Gesellschaft und die durch sie mit dem Ziel sozialer Gerechtigkeit benutzten rechtlichen Techniken der Sozialgestaltung besitzen sozial, rechtlich und philosophisch Grundlagen, die von dem patriarchalischen Eudämonismus der polizeiwissenschaftlichen Tradition derart abweichen, daß eine Belehrung durch diese Tradition tatsächlich das Absehen von den entsprechenden Lehrstücken des demokratischen Wohlfahrtsstaates bedeuten würde. Die evolutionäre Aufhebung der liberalen Grundsätze und Einrichtungen nähert den sozialen Rechtsstaat nicht dem früheren Gegner des Liberalismus wieder an, weil dieser wie jener ihre Zwecke

---

68 Forsthoff, Ernst, 1967: Rezension zu Hans Maier. Die ältere deutsche Staats- und Verwaltungslehre. In: Das historisch-politische Buch, Jg. 15, Heft 7, S. 206.
69 Badura, Peter, 1968, Rezension zu Hans Maier. Die ältere deutsche Staats- und Verwaltungslehre (Polizeiwissenschaft). Ein Beitrag zur Geschichte der politischen Wissenschaft in Deutschland, in: Juristenzeitung, Jg. 23, Heft 2, S. 77.

administrativ verwirklichen. [...] Der Grund des wohlfahrtstaatlichen Verwaltungsstaates liegt nicht in ´sozialen Spannungen` und Krisen, sondern in den Bedingungen und Bedürfnissen der demokratischen Gesellschaft."[70]

In die gleiche Richtung zielt auch die Kritik des Politikwissenschaftlers Klaus Kröger in seiner Auseinandersetzung mit der Studie Hans Maiers.[71] Die Parallelen zwischen kameralistischem Wohlfahrts- und modernem Sozialstaat dürften mehr in Äußerlichkeiten liegen, eine beide tragende politische Theorie könne es jedenfalls nicht geben. Die aus dem „Polizeistaat" stammenden Vorstellungen vom guten Leben seien durchweg von der Exekutive hergedacht und setzten den Staat als gegebene, in sich ruhende Einheit voraus. Sie könnten den Aufgaben der modernen Gesellschaften nicht gerecht werden, da der vom Grundgesetz her gewiesene Zusammenhang von Sozialstaat und freiheitlicher Demokratie jede Anknüpfung an traditionell begründete Theorien der guten Polizei zutiefst in Frage stellen müsse. Dessen ungeachtet zeigt sich aber auch Kröger von der Studie Maiers beeindruckt; mit der Rückbesinnung auf die ältere deutsche Staatslehre und die Gehalte des politischen Denkens in Deutschland habe sich Maier das Verdienst erworben, einen verschütteten Teil des geschichtlichen Fundaments nicht nur der Politischen Wissenschaft, sondern auch der Staatstheorie freigelegt zu haben. Der wohl bedeutsamste Gewinn der Untersuchung Maiers liege darin, dass sie uns das Staats- und politische Denken des 17. und 18. Jahrhunderts nähergebracht habe. Er habe ein „eindrucksvolles Bild der älteren deutschen Staatslehre ausgebreitet, das gleichsam wie ein unbekanntes, altes Fresko hinter neueren Kalkschichten zum Vorschein" komme. Er wünschte sich dieses Bild allerdings ergänzt durch die Einbeziehung der Reichspublizistik, jener staatsrechtlichen Gutachtertätigkeit, die von der Staatslehre des 17. und 18. Jahrhunderts nicht wegzudenken sei. In dem Zusammenhang berührt Kröger einen weiteren kritischen Punkt, wenn er schreibt: „Hier ließe sich zeigen, dass die These Maiers, die großen deutschen Staatsrechtler seien eigentlich allesamt Verwaltungslehrer gewesen, in dieser Allgemeinheit wohl nicht aufrechtzuerhalten ist. Die seit der Anerkennung der ´ständischen Libertät` im Westfälischen Frieden nicht mehr zur Ruhe gekommene Streit über die Stellung von Kaiser und Reichsständen, beginnend mit den Traktaten von Dietrich Reinking einerseits und Johannes Limnäus andererseits, sowie der bis zur Auflösung des Reiches dauernde Disput über die Verfassung des Reiches [...] enthüllen eine Fülle von Zeugnissen auch der älteren deutschen Staatslehre. Namentlich hat die Reichspublizistik zur Weiterentwicklung des Föderalismus und der Theorie des föderativen Staatsverbandes nicht unwesentlich beigetragen. Das ist umso bemer-

---

70 Ebenda, S. 78.
71 Kröger, Klaus, 1968: Zur älteren deutschen Staatslehre und Staatsanschauung, in: Neue Politische Literatur, Jg. 13, Heft 3, S. 328–336.

kenswerter, als gerade hier bisher wenig erforschte Ansätze einer nahezu ungebrochenen politischen Tradition sichtbar werden."[72]

Eine weitere Besprechung der Studie Hans Maiers stammte aus der Feder des deutsch-amerikanischen Politik- und Verwaltungswissenschaftlers Fritz Morstein Marx. Marx betonte eingangs, man müsse wohl Verständnis dafür aufbringen, „daß für das deutsche Bewußtsein Geschichte ein fragwürdiger Besitz geworden ist, der im übrigen in unrechten Händen eine zeitgerechte Einstellung gegenüber heutigen Realitäten ernstlich hemmen könnte".[73] Obwohl der Kameralismus ein wissenschaftliches Interesse auch im Ausland wachzuhalten vermocht habe, habe die liberale Staatsidee des 19. Jahrhunderts ihn so sehr mit antithetischen Bewertungen bedeckt, dass er darunter zu verschwinden drohte. Dass er in dem Werk mit überzeugender Begründung als „die ältere deutsche Staats- und Verwaltungslehre" wiedererstehe, sei das große Verdienst Hans Maiers. Ungeachtet der großen Aufmerksamkeit, die Maier den Quellen gewidmet habe, trage er „den Mantel der Gelehrsamkeit sozusagen unzeremoniell über den Arm geschlagen". Und: „Die Darstellungsweise ist ansprechend, von mustergültiger Klarheit und ohne effekthaschende Höhenflüge."[74]

Aus dem Kreis derjenigen, die die Studien Maiers über die ältere deutsche Staats- und Verwaltungslehre rezipiert haben, verdient der bedeutende, vor kurzem verstorbene Rechtshistoriker Michael Stolleis eine besondere Erwähnung. Er hat zunächst im Jahre 1981 die zweite, überarbeitete und ergänzte Auflage der Studie Hans Maiers in einer juristischen Fachzeitschrift besprochen. Gleich im ersten Satz heißt es darin, die Habilitationsschrift des Münchener Politologen sei ein „vielgerühmtes Buch" geworden: „Sie war 1966 eine ausgesprochene Pionierleistung, da sie den Blick auf die lange vernachlässigte Staats- und Verwaltungslehre der frühen Neuzeit, ihre historischen Entstehungsbedingungen und ihre Entwicklung im Kontext der Jurisprudenz, der Lehre von der Politik und der Theologie lenkte."[75] Anschließend historisiert Stolleis die Wirkung des Werkes ein Stück weit, wenn er feststellt: „Der bei der Abfassung dieses Buches leitende Grundgedanke, durch historische Aneignung und Bewußtmachung der deutschen ´aristotelischen` Tradition zur Fundierung der politischen Theorie des modernen Wohlfahrtsstaates beizutragen, tritt bei erneuter Lektüre eher in den Hintergrund. Was bleibt, ist eine heute unentbehrlich zu nennende handbuchartige Darstellung jener älteren deutschen Staats- und Verwaltungslehre. Vor allem durch diese Monographie sind

---

72 Ebenda, S. 330.
73 Marx, Fritz Morstein, 1967: Rezension zu Hans Maier: Die ältere deutsche Staats- und Verwaltungslehre (Polizeiwissenschaft), in: Zeitschrift für Politik, Bd. 14, Heft 4, S. 499–501, hier S. 499.
74 Ebenda.
75 Stolleis, Michael, 1981: Rezension zu Hans Maier: Die ältere deutsche Staats- und Verwaltungslehre (Polizeiwissenschaft), in: Neue Juristische Wochenschrift, S. 1652–1653, hier S. 1652.

die Fürstenspiegel, Regimentstraktate und Lehrbücher der Politischen Wissenschaft als zusammengehörige Gattung erst wirklich bewußt geworden. Es zeigt sich tatsächlich eine 'Tradition', die es später wieder erleichtern sollte, ab 1878 zum sozialen Interventionsstaat überzugehen."[76]

Im Sommer 2006 hat Michael Stolleis auf dem Symposion anlässlich des 75. Geburtstages von Hans Maier eine Rede über dessen *magnum opus* gehalten;[77] eine überarbeitete Fassung seines Vortrags ist 2009 als Nachwort zu der Studie im Rahmen des vierten Bandes der Gesammelten Schriften Maiers erschienen. Darin erzählt Stolleis zunächst, wie er persönlich als junger Adept der Rechtsgeschichte in Berührung kam mit diesem Werk, das ihn dazu inspirierte, in diese Gegenden der Staats- und Verwaltungslehre in der frühen Neuzeit zu reisen. Bevor er als einer der wenigen großen Kenner der Materie den Forschungsstand in der Diskussion mit der Studie Maiers rekonstruiert, würdigt er nochmals die Leistung des Autors. Das zweite Buch von Hans Maier sei zwar formal eine Qualifikationsschrift, in Wirklichkeit aber der eigentliche Auftakt für ein reiches Leben in Forschung, Lehre und Politik: „Der junge Autor, der dieses Buch zwischen 1958 und 1962 schrieb, muß nicht nur intelligent und fleißig gewesen sein; daran ist ohnehin kein Zweifel. Er war auch lesehungrig, speicherte alles, was er aufnahm, und er verfügte über eine erstaunliche systematisierende Kraft. Das Buch hat nicht den geringsten anfängerhaften Zug. Hier arbeitete ein reifer, souverän ordnender und Übersicht schaffender Autor. Eine solche Übersicht war vor ihm nicht da. Die Lage war vielmehr die eines Dschungels."[78]

Inhaltlich macht der Rechtsgelehrte auf der Grundlage des neueren Forschungsstandes einige Korrekturen geltend, nur zwei davon seien hier erwähnt: zum einen sei das *ius publicum* nicht erst im 19. Jahrhundert in den juristischen Ausbildungskanon aufgenommen worden, sondern schon in der ersten Hälfte des 17. Jahrhunderts; und zum anderen sei der Aktionsraum der Policey und Policeywissenschaft damals noch zu sehr als mitteleuropäischer, wenn nicht gar deutscher Raum gesehen worden: „Die großen europäischen Denker wie Machiavelli, Bodin oder Hobbes bleiben in der damaligen Sicht von Maier vom konservativen 'Teutschen Fürstenstaat' ausgeschlossen. Doch gab es im vergleichsweise stark akademisierten Deutschland intensive Rezeptionen der spanischen Spätscholastiker, von Machiavelli, Bodin, Botero, Lipius, Grotius und Hobbes."[79] Wie viel davon aber in die ältere deutsche Staats- und Verwaltungslehre eingegangen sei, harre noch der Klärung durch die Rezeptionsforschung. Die Forschung werde weiter gehen und Neu-

---

76 Ebenda.
77 Stolleis, Michael, 2007: „Die ältere deutsche Staats- und Verwaltungslehre" – vierzig Jahre danach, in: Seitschek, Hans Otto (Hg.): Christ und Zeit. Hans Maier zum 75. Geburtstag, S. 55–72.
78 Stolleis, Michael, 2009: Nachwort, in: Maier, Hans: Die ältere deutsche Staats- und Verwaltungslehre, S. 404–419, hier S. 406.
79 Ebenda, 415.

es zu Tage fördern, doch werde sie dabei noch lange in den Spuren Hans Maiers wandeln, sei es differenzierend, sei es in Einzelheiten widersprechend. Und Stolleis rundet seine Würdigung mit den Worten ab: „Aber im Ganzen wird das Buch ein dauerhafter Besitz der Wissenschaft bleiben, also ein Klassiker. Hans Maier hat sich mit diesem Werk in die Wissenschaftsgeschichte eingeschrieben. Er hat über vier Jahrzehnte lang der Politikwissenschaft, der Geschichte und Rechtsgeschichte reiche Anregungen gegeben, die Jüngeren durch sein Niveau herausgefordert, und er war offenen Blicks und jederzeit bereit, die eigenen Positionen zu diskutieren und zu revidieren, ganz im Sinne jenes berühmten Münchner Textes über ´Wissenschaft als Beruf´".[80]

Michael Stolleis war wohl für Hans Maier ein Glücksfall, und dies nicht nur, weil er dessen Studien über die ältere deutsche Staatslehre in eigenen Forschungen würdigen und vertiefen konnte wie sonst kaum ein anderer, sondern auch, weil sie gemeinsam die „Bibliothek des deutschen Staatsdenkens" konzipiert und herausgegeben haben. Hans Maier berichtet in seinen Erinnerungen, dass im April 1989 bei einem Abendgespräch mit Stolleis nach einer Tagung über das „Grundgesetz" in Washington die Idee einer Neuausgabe klassischer Schriften der deutschen Staatslehre geboren wurde.[81] 2006 wurde das Werk mit 21 Bänden abgeschlossen, in denen das große Corpus des deutschen Staatsdenkens in Umrissen erschlossen wurde – von Pufendorf bis Möser, von Althusius bis Besold, Leibniz, Christian Wolff, von den Fürstenspiegeln, dem reformatorischen Denken, den Kameralisten bis zu Hegels Frühschrift über die Reichsverfassung. Den Beitrag von Stolleis zum Gelingen des Unternehmens schätzt Maier denkbar hoch ein: „Aber den Durchbruch von der Idee zur Realität brachte erst Michael Stolleis zuwege mit seiner Kenntnis der historischen Zusammenhänge, seinem Blick für das Wichtige, seinem Formulierungs- und Organisationstalent. Ohne ihn wäre die ´Bibliothek des deutschen Staatsdenkens` nicht zustandegekommen, die dann in den Jahren nach 1994 endgültig Gestalt annahm."[82]

Hans Maier und Michael Stolleis haben sich mit diesem monumentalen Werk große Verdienste um die Erforschung der deutschen Tradition des Staats- und Rechtsdenkens erworben. Sie erhielten denn auch viel Anerkennung und Beifall von Fachleuten, zu denen auch der Soziologe Niklas Luhmann gehörte. In seiner gelehrten Besprechung der ersten vier Bände sprach er von einem anspruchsvollen Unternehmen, das nicht nur für Historiker, sondern vor allem auch für Soziologen und Politikwissenschaftler von Interesse sein dürfte. Allerdings solle man nicht mit der Erwartung an die Lektüre gehen, aus der Geschichte für die gegenwärtig zu treffenden Entscheidungen Lehren ziehen zu können. Man könne aber lernen, dass

---

80 Ebenda, 419.
81 Maier, Hans, 2011: Böse Jahre, gute Jahre. Ein Leben 1931 ff., S. 327.
82 Ebenda, S. 328.

„Begriffsapparate und Unterscheidungen, also Instrumente der Konstruktion von Wirklichkeit, teils von Traditionen bestimmt sind, deren Relevanz man überprüfen müßte, und teils so offensichtlich unanwendbar geworden sind, daß man fragen muß: Was war das Problem, und wo ist es geblieben? Geschichte lehrt nicht unbedingt erfolgversprechende Praktiken. Sie lehrt vor allem Kontext und Kontingenz."[83] Und am Ende stellt er fest, man könne in der Bibliothek des deutschen Staatsdenkens „reiche Anregungen" finden und antwortet auf die selbst gestellte Frage, wie man sie am besten nutzen könne: „Mit Hilfe von Theorie und mit Hilfe von Latein".

Gleichwohl hatten sich die beiden Herausgeber des Werkes doch mehr Resonanz in der Öffentlichkeit erhofft. In seiner Autobiographie spricht Hans Maier von einer „leisen Enttäuschung": „Aber eine leise Enttäuschung schwang doch mit, als Michael Stolleis und ich mit Wolfgang Beck am 25. April 2006 im Historischen Kolleg in München den Abschluss feierten: Der Anteil, den die Öffentlichkeit, die Wissenschaft und Politik, an dieser Edition nahm, hielt sich im üblichen Rahmen, die Verkaufszahlen blieben – gemessen am Einsatz der vielen Autoren, Herausgeber, Übersetzer – in den Grenzen gelehrter Publikationen, und vor allem: Ein neues historisches Bewusstsein, das an jene ältere, vornationale, humanitäre und freiheitliche Denken anknüpfte, entwickelte sich kaum."[84]

Tatsächlich hat die von Hans Maier und Michael Stolleis mit viel Sorgfalt und Aufwand herausgegebene „Bibliothek des deutschen Staatsdenkens" bisher nur eine überschaubare Rezeption erfahren, gerade auch in der Politikwissenschaft. Wilhelm Hennis wurde 1999 in einem Gespräch nach den Gründen für seinen langanhaltenden Verdruss über die Entwicklung der deutschen Politikwissenschaft gefragt und er antwortete darauf mit der ihm eigenen Schärfe zunächst Folgendes: „Ich weiß gar nicht, wo ich anfangen soll. Als erstes nenne ich den kompletten und gewollten Abbruch der Tradition des älteren deutschen politischen Denkens. Außer mir und Hans Maier hat sich doch niemand dafür interessiert. Man lebte also vom Import, von aufgelesenen Brocken."[85] Im Hintergrund dieser Rezeptionsschwierigkeiten dürfte vor allem der tiefe Bruch der nationalsozialistischen Katastrophe stehen, auch wenn so manche Besonderheit des älteren deutschen politischen Denkens zusätzlich eine Rezeption unter demokratischem Vorzeichen erschwert haben dürfte. Dabei ist auch zu bedenken, dass die Politikwissenschaft selten so lange Wege zurück in die Geschichte auf sich nimmt, um Erkenntnisse zu suchen und zu finden, und sollte dies einmal doch der Fall sein, dann eben nicht in der deutschen

---

83 Luhmann, Niklas: Die Herrschaft der Natur in ihren späten Tagen. Im frühen deutschen Staatsdenken steht das Recht an der Schwelle zur Geschichtlichkeit, in: Frankfurter Allgemeine Zeitung, 21. 11. 1994, Nr. 270, S. L13.
84 Maier, Hans, 2011: Böse Jahre, gute Jahre. Ein Leben 1931 ff., S. 328.
85 Hennis, Wilhelm, 1999: Politikwissenschaft als Disziplin. Zum Weg der politischen Wissenschaft nach 1945. Gespräch mit Gangolf Hübinger, in: Neue Politische Literatur, Jg. 44, S. 365–379, hier S. 373.

Geschichte. So gesehen nimmt es kein Wunder, dass Hans Maiers Studien über die ältere deutsche Staatslehre mehr von Historikern (wie Horst Dreitzel[86] oder Peter Blickle[87]) und Rechtshistorikern als von Politikwissenschaftlern rezipiert worden sind. Gleichwohl haben sie auch bei einigen Vertretern der deutschen Politikwissenschaft, die sich mit der Geschichte des eigenen Faches auseinandergesetzt haben, respektvolle Beachtung gefunden; erwähnt seien nur Wilhelm Bleek[88] und Herfried Münkler[89]. Außerhalb des deutschsprachigen Raumes hat die Habilitationsschrift Maiers kaum Spuren hinterlassen, da sie bedauerlicherweise nicht ins Englische oder Französische übersetzt worden ist, was aber hoffentlich in naher Zukunft nachgeholt werden kann.

Von den älteren deutschen Fachkollegen gab es wohl nur bei Wilhelm Hennis eine große Nähe zu Hans Maier, ja man kann sogar davon sprechen, dass es zwischen beiden Gelehrten seit ihrer gemeinsamen Herausgeberschaft der Reihe „Politica" bei Luchterhand – ab 1963 – eine intellektuelle Freundschaft gab. Maier hat sich bereits in seiner Habilitationsschrift zustimmend auf Hennis bezogen[90],

---

86 Dreitzel, Horst, 1971: Das deutsche Staatsdenken in der Frühen Neuzeit, in: Neue Politische Literatur, S. 17–42; S. 256–271; S. 407–422; Dreitzel, Horst, 1970: Protestantischer Aristotelismus und absoluter Staat. Die „Politica" des Henning Arnisaeus (ca. 1575–1636), Wiesbaden, Franz Steiner; Dreitzel, Horst, 1992: Absolutismus und Ständische Verfassung in Deutschland. Ein Beitrag zu Kontinuität und Diskontinuität der politischen Theorie in der Frühen Neuzeit, Mainz, Verlag Philipp von Zabern.
87 Blickle, Peter, 1981: Deutsche Untertanen – ein Widerspruch, München, C. H. Beck; Blickle, Peter, 2006: Von der Leibeigenschaft zu den Menschenrechten. Eine Geschichte der deutschen Freiheit, München, C. H. Beck. Siehe dazu auch die aufschlussreichen Ausführungen von Peter Blickle in seinem Beitrag in der Festschrift für Hans Maier: Blickle; Peter, 1995: Gute Polizei oder Sozialdisziplinierung, in: Stammen, Theo/Oberreuter, Heinrich/Mikat, Paul (Hg.): Politik – Bildung – Religion, S. 97–107. Das vom Historiker Gerhard Oestreich entwickelte Konzept der „Sozialdisziplinierung" habe in der Geschichtswissenschaft eine steile Karriere gemacht, das von Hans Maier entwickelte Konzept „Gute Polizei" hingegen aber nicht, und umgekehrt genieße die „Gute Polizei" unter Juristen und Politologen ein merklich höheres Ansehen als unter Historikern. Zum Teil liege dies daran, argumentiert Blickle überzeugend, dass die Soziologie mit den großen Narrativen der Moderne durch Rationalisierung, Zivilisierung und Disziplinierung (etwa bei Max Weber, Norbert Elias oder auch Michel Foucault) die Stellung einer Leitwissenschaft unter den Geschichts- und Gesellschaftswissenschaften innehabe. Auch dürfe man nicht vergessen, dass in den 1970er und in den 1980er Jahren, als die Legitimität des zivilen Ungehorsams theoretisch und praktisch erprobt worden sei, Konnotationen mit „Polizei" nur abwehrende Assoziationen hervorgerufen hätten (S. 104). Dem habe Hans Maier in gewisser Weise Rechnung getragen, indem er seit der zweiten Auflage des Buches den präzisierenden Begriff „Polizei" aus dem Titel herausgenommen habe.
88 Bleek, Wilhelm, 2001: Geschichte der Politikwissenschaft in Deutschland, München, C. H. Beck. Bleek orientiert sich bei der Rekonstruktion der älteren Geschichte des Faches stark an den Arbeiten Hans Maiers, er spricht explizit davon, dass seine Darstellung der frühen Universitätslehre der Politik vor allem „durch die Arbeiten von Hans Maier angeregt worden" sei (S. 42, Fußnote 17).
89 Münkler, Herfried, 2003: Geschichte und Selbstverständnis der Politikwissenhaft in Deutschland, in: derselbe (Hg.): Politikwissenschaft. Ein Grundkurs, S. 13 – 54.
90 Vor allem der Aufsatz von Wilhelm Hennis „Zum Problem der deutschen Staatsanschauung", der 1959 in den „Vierteljahresheften für Zeitgeschichte" erschienen ist, scheint Hans Maier

sich auch später dankbar dafür gezeigt, von ihm so manche bedeutende Anregung erhalten zu haben[91], Hennis wiederum hat der „schönen, für alle weitere Forschung grundlegenden Arbeit von Hans Maier" seine Anerkennung gezollt[92] und ihn später sogar als Kandidat für politische Ämter der Aufmerksamkeit von Helmut Kohl empfohlen[93].

Beiden ist auch eine gewisse Distanz zu der einflussreichen Frankfurter Schule gemeinsam – so auch zu ihrem letzten bekannten Vertreter Jürgen Habermas. Habermas hat in seiner Marburger Antrittsvorlesung über „die klassische Lehre von der Politik in ihrem Verhältnis zur Sozialphilosophie" 1961 die Habilitationsschriften von Hennis und Maier noch respektvoll erwähnt.[94] Im Oktober 1975 gab es dann auf einem Kongress der Deutschen Vereinigung für Politische Wissenschaft über die „Legitimationsprobleme" einen Disput zwischen Hennis und Habermas, in dem Habermas apodiktisch und abschätzig beschied: „Heute legitimieren weder vorletzte noch letzte Gründe – wer das behauptet, bewegt sich auf mittelalterlichem Niveau."[95]

Die wissenschaftlichen Positionierungen und Debatten waren damals wohl stärker in politische Deutungs- und Machtkämpfe verstrickt als heute. Die Verwechselung der Register zwischen Macht und Wahrheit konnte erst recht zu einem Problem werden, wenn ein renommierter Wissenschaftler wie Hans Maier ein bedeutendes politisches Amt übernahm und sich in die Niederungen der Parteipolitik begab.

Als die Philosophische Fakultät der Ludwig-Maximilians-Universität im November 1973 den Antrag von Jürgen Habermas auf eine Honorarprofessur ablehnte, sahen darin viele auch eine politische Intervention des bayerischen Kultusministers Hans Maier.[96] Dieser hat aber in einem längeren Brief an Habermas von Pfingsten 1973 klargestellt, dass er in keiner Weise gegen dessen Berufung als Honorarprofessor interveniert habe, auch wenn er die Konsequenzen dafür tragen müsse, sich für ein Bundesland entschieden zu haben, in dem man hochschulpolitisch einen anderen Weg gegangen sei als den, für den sich Habermas in Hessen

---

inspiriert zu haben (Bd. 7, S. 1–23); Maier, Hans, 2009: Die ältere deutsche Staats- und Verwaltungslehre, S. 28, 39.
91 Im Gespräch mit Horst Schmitt sagte Hans Maier 1989, er sei manchmal mit der historischen Sonde den „intuitiv-genialischen Anregungen" von Wilhelm Hennis nachgegangen und habe denn auch einiges gefunden; Schmitt, Horst, 1995: Politikwissenschaft und freiheitliche Demokratie, S. 277.
92 Hennis, Wilhelm, 2000: Politikwissenschaft und politisches Denken, Tübingen, Mohr Siebeck, S. 118.
93 Schlak, Stephan, 2008: Wilhelm Hennis. Szenen einer Ideengeschichte der Bundesrepublik, München, C. H. Beck, S. 174.
94 Habermas, Jürgen, 1971: Die klassische Lehre von der Politik in ihrem Verhältnis zur Sozialphilosophie, in: derselbe: Theorie und Praxis, S. 48–88, hier S. 84.
95 Habermas, Jürgen, 1976: Legitimationsprobleme im modernen Staat, in: derselbe: Zur Rekonstruktion des Historischen Materialismus, S. 271–303, hier S. 281.
96 Müller-Doohm, Stefan, 2014: Jürgen Habermas. Eine Biographie, Suhrkamp, S. 241.

eingesetzt habe. In seiner Antwort verwahrt sich Habermas gegen den moralischen Ton des bayerischen Kultusministers, der ihn dazu auffordere, die „Suppe einer hessischen Hochschulgesetzgebung auszulöffeln und sich gleichzeitig darüber beschwere, dass er sich in die reine Forschung zurückziehen" wolle. Sein Wille, sich auf die Forschungsarbeit zu konzentrieren sei begründet, schreibt Habermas und fügt hinzu: „Er bedarf in meinen Augen einer Rechtfertigung nicht, und erst recht nicht gegenüber ressentimentgeladenen Mitgliedern eines Bundes Freiheit der Wissenschaft."[97] Dieser Seitenhieb verdeutlicht nochmals, in welchem Ausmaß die Studentenbewegung die Atmosphäre auch unter den Wissenschaftlern bzw. an den Universitäten politisiert hatte. Tatsächlich hatte Hans Maier 1970 in Reaktion auf die Unruhen und ideologischen Verhärtungen der 68er-Bewegung, die auch die Wissenschaftsfreiheit tangierten, mit anderen Hochschullehrern den „Bund Freiheit der Wissenschaft" gegründet. Die Programmerklärung formulierte Hans Maier mit Richard Löwenthal, Wilhelm Hennis und Hermann Lübbe, aber die bundesweite organisatorische Vorbereitung des Gründungskongresses war vor allem sein Werk.[98]

Dass Hans Maier just in dem Jahr in Bayern zum Kultusminister ernannt wurde und bis 1986 blieb, dürfte seine öffentliche Wahrnehmung als Wissenschaftler nachhaltig geprägt, teilweise auch getrübt haben. Was das Verhältnis zwischen Hans Maier und Jürgen Habermas angeht: Vier Jahrzehnte später sollte es zu einer Nähe zwischen beiden Denkern kommen, die man damals schlicht für unmöglich gehalten hätte, nämlich bezüglich der Rolle der Religion in der demokratischen Öffentlichkeit. In diesem Fall hat allerdings Habermas religionspolitische Lernprozesse philosophisch nachvollzogen, die Hans Maier als Religionsintellektueller in seinem Werk längst ausbuchstabiert hatte.

3. Religion und Politik – Staat und Kirche

Der Themenkreis „Religion und Politik", „Staat und Kirche" fand in der deutschen Politikwissenschaft nach dem Zweiten Weltkrieg kaum Beachtung. Das hat sich erst in den letzten Jahren geändert, weil vor allem der Islam als eine gefährliche politische Kraft in Erscheinung getreten ist – wie überhaupt von der sichtbaren Präsenz der Muslime in Deutschland und Europa auch eine gewisse Macht der intellektuellen Infragestellung ausgeht. Es sind schwierige kulturelle und religionspolitische Anpassungs- und Akklimatisierungsprozesse im Gang, die durch einen öffentlichen Reflexionsprozess begleitet und untermauert werden müssen, wenn im

---

97 Ebenda, S. 242.
98 Maier, Hans, 2011: Böse Jahre, gute Jahre. Ein Leben 1931 ff., S. 172. Sie dazu auch die gründliche Studie: Wehr, Nikolai, 2014: Protest der Professoren. Der „Bund Freiheit der Wissenschaft" in den 1970er Jahren, Göttingen, Wallstein.

Zusammenleben nicht Gewalt und Angst das letzte Wort behalten sollen. Und hier können wir viel von Hans Maier lernen. Denn Hans Maier ist der einzige deutsche Politikwissenschaftler von Rang, der das religionspolitische Thema von Anfang an im Blick hatte.[99] Sein religionspolitisches Werk ist so reich und vielschichtig, dass das Exzellenzcluster „Religion und Politik" an der Universität Münster mit ihm das Forschungsprogramm – jedenfalls in einigen Grundzügen – hätte entwerfen können. Das ist wohl aus verständlichen Gründen nicht geschehen; immerhin hat Hans Maier aber dort im Oktober 2013 einen gelehrten Vortrag über „Kirche und Menschenrechte – Menschenrechte in der Kirche" gehalten.[100]

Hans Maier ist als Chronist, Analytiker und Akteur religionspolitischer Wandlungsprozesse im letzten halben Jahrhundert eine öffentliche Instanz in Deutschland. Einen ähnlich vielseitigen und einflussreichen katholischen Gelehrten wird man so leicht nicht finden. Richtet man etwa den Blick auf das Nachbarland, das ihm besonders am Herzen liegt, so lässt sich Hans Maier vielleicht noch am ehesten vergleichen mit dem französischen Historiker und Politikwissenschaftler René Rémond, der als engagierter Katholik sich ebenfalls zeitlebens für eine Verständigung zwischen der Kirche und der säkularen Republik einsetzte.[101]

Hans Maier gehört zu den Vordenkern und Repräsentanten des liberalen Katholizismus in Deutschland. Bekanntlich hat er sich aber nicht mit dem Denken begnügt, sondern ist in den siebziger Jahren in die Niederungen der Politik hinabgestiegen; er hat bedeutende politische und kirchenpolitische Ämter übernommen und bekleidet, mit denen er wohl so manchen Gedanken Leben einhauchen konnte. Das Zusammengehen von politischer Theorie und Praxis im Allgemeinen und von religionspolitischem Denken und Handeln im Besonderen ist in Deutschland

---

99 Im Folgenden greife ich teilweise auf Formulierungen meiner Laudatio zurück, die ich am 23. Juni 2016 auf dem Symposion zum 85. Geburtstag Hans Maiers im Orff-Zentrum München gehalten habe.

100 Der ausgearbeitete Vortrag ist gedruckt in: Maier, Hans, 2016: Christentum und Gegenwart. Gesammelte Abhandlungen, S. 263–274.

101 René Rémond hat in der vergangenen Jahrhunderthälfte als einer der ganz wenigen seiner Zunft eine Reihe bedeutender Arbeiten über das schwierige Verhältnis von Staat und Kirche, Religion und Politik in Frankreich und Europa verfasst und herausgegeben. Erwähnt seien hier nur: Rémond, René, 1948: Lamennais et la démocratie; Rémond, René (Hg.), 1965: Forces religieuses et attitudes politiques dans la France contemporaine; Rémond, René, 1976: L'anticlericalisme en France de 1815 à nos jours; Rémond, René, 2000: Religion und Gesellschaft in Europa. Von 1789 bis zur Gegenwart; Rémond, René (Hg.), 1999: Les grandes inventions du christianisme. Ein Vergleich allein des religionspolitischen Werks von René Rémond und Hans Maier verdiente zum Gegenstand einer politikwissenschaftlichen Dissertation erhoben zu werden; neben gewissen Unterschieden gäbe es wohl auch viele Gemeinsamkeiten im Hinblick auf den methodischen Zugriff und die inhaltlichen Positionen. Ein solcher Vergleich wäre nicht zuletzt auch deshalb interessant, weil das Werk beider Denker von Rang über die Besonderheiten der wissenschaftlichen, politischen und religiösen Tradition „Deutschlands und Frankreichs und ihre gegenseitige Wahrnehmung einigen Aufschluss geben könnte. Kurzum: Hier liegen noch intellektuelle Schätze geborgen, die darauf warten, gehoben zu werden.

bis heute eine Seltenheit, zumal wenn wir bedenken, dass Hans Maier nach dem Ausscheiden aus dem Ministeramt Mitte der achtziger Jahre den Weg in die Wissenschaft zurückfand, ohne ins Rutschen zu geraten. Der Mensch Hans Maier ist – trotz allen Begabungen, Rollen und Tätigkeiten – natürlich eine Einheit; er sollte denn auch nicht künstlich auseinanderdividiert werden in den Wissenschaftler, den Politiker, den Musiker und den Fürsprecher und Vordenker des Laienkatholizismus etc.

Dabei haben die vielen Begabungen und Tätigkeiten Hans Maiers vermutlich einer noch stärkeren Rezeption in der deutschen Politikwissenschaft im Wege gestanden, wenn wir einmal von den politischen Gründen absehen, die womöglich bis heute in bestimmten Kreisen ein Hindernis darstellen. Erschwerend kam wohl noch der Umstand hinzu, dass die Vertreter des Faches in ihrer überwältigenden Mehrheit „religiös unmusikalisch" waren und sind, und zwar mit einem gewissen Berufsstolz; eine solche Haltung gilt denn auch bis heute als eine unabdingbare Voraussetzung des wissenschaftlichen Ethos. Doch die Religiosität eines Menschen muss keineswegs auf Kosten der wissenschaftlichen Erkenntnis gehen; der Denkhorizont und die wissenschaftlichen Bemühungen können sogar von der Leidenschaft und dem Wissen des Gläubigen profitieren, weil der Mensch letztlich auf beiden Wegen nach Wahrheit und Wahrhaftigkeit sucht, wenn auch mit unterschiedlichen Mitteln. Und sollten sich beide Zugänge bzw. Stellungnahmen zur Bestimmung des Menschen in der Welt ins Gehege kommen, ist es natürlich möglich, dass der Wissenschaftler von seinem Glauben ein Stück weit Abstand nimmt, um ihn analytisch zu durchdringen. In jedem Fall wird aber die konfessionelle Prägung eines Autors seinen wissenschaftlichen Arbeiten eine gewisse Färbung verleihen, wobei dies nicht mit einer Trübung des Blicks verwechselt werden sollte. Dafür ist Hans Maier ein bemerkenswertes Beispiel.

Das Thema „Religion" und „Kirche" prägte das Schaffen und Wirken Hans Maiers von Anfang an. Auf dessen „frühreife" Dissertation über die Frühgeschichte der Christlichen Demokratie sind wir bereits eingegangen. Seiner Habilitationsschrift über die ältere deutsche Staatslehre folgten später eine Reihe von Aufsätzen und Abhandlungen über religionspolitische Aspekte; zwischen 1983 und 1985 erschien eine dreibändige Ausgabe von Hans Maiers „Schriften zu Kirche und Gesellschaft" bei Herder.[102]

Im Mittelpunkt seiner Aufmerksamkeit steht das Ringen der katholischen Kirche bzw. des Katholizismus mit der Moderne und der Demokratie. Der Protestantismus wird nur vereinzelt zu Vergleichszwecken herangezogen und betrachtet; dementsprechend sind auch die zitierten Autoren und Autoritäten eher katholischer Provenienz. Es fällt etwa auf, dass ein großer protestantischer Gelehrter wie Ernst

---

102 Maier, Hans, 1983: Katholizismus und Demokratie; Maier, Hans, 1984: Staat – Kirche – Bildung; Maier, Hans, 1985: Religion und moderne Gesellschaft.

Troeltsch von Hans Maier eher zurückhaltend rezipiert worden ist. Aber vermutlich war diese Konzentration auf die eigene Tradition die Voraussetzung dafür, dass Hans Maier mit seinen Schriften gerade bei den Katholiken in Deutschland viel Resonanz finden konnte. Wenn man als Außenstehender an die deutsche Geschichte herantritt, kann man zuweilen den Eindruck bekommen, bei den Katholiken und Protestanten handele es sich um Parallelgesellschaften, die Selbstgespräche führen, in denen sie über die Andersheit der anderen sprechen, um sich ihrer selbst zu vergewissern. Das gilt allerdings nicht für Hans Maier, denn er hat nicht nur ein feines Gespür für die historischen und theologischen Besonderheiten des Protestantismus und seiner vielfältigen und widersprüchlichen Wirkungen in Politik und Kultur, sondern sucht immer wieder auch nach Möglichkeiten des Gesprächs zwischen Katholiken und Protestanten. Hans Maier hat lange vor Habermas, nämlich bereits 1959, in seinen Ausführungen zum „Problem katholischer und evangelischer Politik" von der demokratischen Notwendigkeit einer „rationalen" Übersetzung religiöser Sinngehalte gesprochen, und zwar nicht nur zwischen den Konfessionen, sondern auch im politischen Umgang mit den säkularen Bürgern.[103]

Die traditionell eher schwierige Minderheitenstellung der Katholiken im vereinten, seit Bismarck kulturprotestantisch vereinnahmten Deutschland hat den Katholiken eine besondere Reflexionsanstrengung abverlangt. Aus der defensiven Stellung einer kulturell und politisch schwächeren Gruppe mussten sie sich permanent erklären und rechtfertigen, was mich etwas an die heutige Situation der Muslime in Deutschland und Europa erinnert. In der Adenauer-Ära hatten die Katholiken erstmals in der Geschichte des Landes das Gefühl, dass sie nicht mehr nur die zweite Geige spielen müssen; sie konnten den Protestanten ebenbürtig begegnen, was eine Voraussetzung dafür war, dass die Gründung der christlichen Unionsparteien erfolgreich über die Bühne gehen konnte. Diese politische Ausgangssituation hat wohl den jungen Hans Maier ermutigt, die Anfänge der christlichen Demokratie in Frankreich zu erforschen, um seine Gegenwart zu verstehen.

Hans Maier vergegenwärtigt und konsultiert die deutsche und europäische Geschichte, um auf die Herausforderungen seiner Zeit Antworten zu geben. Er ist als Wissenschaftler immer auch engagierter Katholik geblieben, der sich um eine Vermittlung zwischen Wahrheit und Freiheit in der Demokratie bemüht. Dabei hat er als gebranntes Kind der deutschen Katastrophengeschichte ein hellwaches Bewusstsein von den religionspolitischen Gefahrenpotentialen in der Moderne. Die Konturen seines eigenen Lösungsansatzes des religionspolitischen Problems in der Demokratie werden in der Kritik an problematischen, ja pathologischen Erscheinungen des religionspolitischen Komplexes sichtbar. Er hat seine Konzeption der demokratischen Verhältnisbestimmung von Staat und Kirche an keiner Stelle seines Werkes abstrakt und programmatisch formuliert. Er bevorzugt den

---

103 Maier, Hans, 1985: Religion und moderne Gesellschaft, S. 64.

mühsamen Umweg, zunächst einmal den Schutt und die Asche der Geschichte aus dem Weg zu räumen; den politischen Trümmerhaufen der deutschen und europäischen Geschichte auch intellektuell zu bewältigen, und zwar möglichst redlich zu bewältigen, war ja seiner Generation als Lebensaufgabe gestellt bzw. mitgegeben. Sowohl die prononcierte Kritik der politischen Theologie als auch der politischen Religionen sind solche Versuche der intellektuellen Bewältigung einer politisch verhängnisvollen Erbschaft der Geschichte.

Einige Aspekte des religionspolitischen Werkes von Hans Maier seien wenigstens kurz berührt; zunächst seine Kritik der politischen Theologie, sodann seine Kritik der politischen Religionen, ferner sein Plädoyer für eine freundschaftliche und kooperative Trennung von Staat und Kirche und schließlich sein Eintreten für mehr Demokratie in der katholischen Kirche. Alle vier Aspekte sind eng miteinander verwoben; sie sind liberale Ortsbestimmungen und Grenzmarkierungen in einem verminten Gelände, mit denen Hans Maier gewissermaßen Lehren aus der schmerzvollen religionspolitischen Konfliktgeschichte Deutschlands und Europas zieht. Er will die Abgründe zuschütten, damit der Weg zur Wahrheit Gottes von den Menschen in Freiheit eingeschlagen und gefunden werden kann. Freiheit ist der Atemzug der Wahrheit, ohne Freiheit erstickt die Wahrheit Gottes. Eine Wahrheit, zu der sich Menschen zähneknirschend bekennen, weil sie dazu genötigt und gezwungen werden, ist Gottes nicht würdig. Denn wenn der Allmächtige gewollt hätte, hätte er längst alle seine Kinder um sich geschart und mit einem Mund und einer Zunge sprechen lassen. Das, was Gott unterlassen hat, sollten sich die Erdenkinder nicht anmaßen. Die religionspolitische Geschichte Europas beweist auf Schritt und Tritt: Druck, Zwang oder gar Terror führen früher oder später zu Heuchelei, Widerspenstigkeit und Abfall vom Glauben. Heute genügt ein flüchtiger Blick in den Nahen Osten, der von konfessionell aufgeladenen Kriegen heimgesucht ist, um dessen gewahr zu werden: durch Töten und Getötet-Werden kommt man der Wahrheit Gottes um keinen Schritt näher, sondern ertränkt sie in Blut und Tränen.

Die prononcierte Kritik Hans Maiers an der politischen Theologie ist sowohl gegen die „Übergriffe" von rechts außen als auch gegen die Vereinnahmungsversuche von links außen gerichtet. Mit dem ersteren ist vor allem die alte reaktionär-autoritäre katholische Front gemeint, die mit der Demokratie und Menschenrechten nichts Gutes anfangen kann und am liebsten die absolute Monarchie mit dem Gottesgnadentum wiederhaben will; de Maistre, de Bonald, Donoso Cortes und später Carl Schmitt wären hier zu nennen. Hans Maier hat aus diesem erlauchten Kreis vor allem Carl Schmitt als Widersacher empfunden, der noch im hohen Alter vom Plettenberger Exil aus die jüngere Generation für sich zu gewinnen suchte. Der alte Carl Schmitt zitiert in seinem Spätwerk „Die Politische Theologie II" aus dem Jahr 1970, in der er die „Erledigung" der Politischen Theologie als eine Legende entlarven wollte, auch die Kritik des „führenden Münchner Politologen" Hans Maier, um sich dann aber auf die Widerlegung der These Erik Petersons zu konzentrieren.[104] Carl Schmitts einflussreicher Schüler, Ernst-Wolfgang Böckenförde, der ebenfalls engagierter liberaler Katholik ist und in vielem mit Hans Maier an einem Strang gezogen hat, fragt diesen im Februar 1971, ob er nicht die Schrift seines Lehrers rezensieren wolle.[105] Hans Maier aber lehnt ab. Man kann darin von heute aus gesehen einen weiteren Beleg für die charakterliche Stärke und intellektuelle Reife Hans Maiers erblicken, dass er diesen schillernden Hasardeur sich souverän vom Leibe hielt.

Auf der anderen Seite kämpft Hans Maier auch entschieden gegen eine linke politische Theologie der Befreiung, die das Erlösungswerk Gottes bereits auf Erden vollbringen will. In diesem Fall sind es die Armen, Entrechteten und Beleidigten, die um Gottes willen gerettet werden sollen, sei es auch um den Preis einer gewaltsamen Revolution. Die linke, marxistisch inspirierte Variante der politischen Theologie ist hierzulande vor allem von Johann Baptist Metz vertreten worden.[106] In den letzten Jahren konnte man ja beobachten, dass Jürgen Habermas gegenüber der theologischen Stimme von Metz eine gewisse Hörbereitschaft signalisiert; das galt wohl bereits in den sechziger Jahren für Adorno, wie ich einem früheren Hinweis Böckenfördes im Rahmen einer Diskussion zum Thema „politische Theologie" entnehmen konnte.[107] Habermas hat sich ja bereits in den neunziger Jahren in einem Aufsatz unter dem Titel „Israel oder Athen: Wem gehört die anamnetische Vernunft?" mit dem theologischen Anliegen von Metz auseinandergesetzt. Dort heißt es gleich zu Beginn: „Die Gedankengänge von Johann Baptist Metz faszinieren mich auch deshalb, weil ich darin über eine gewisse Distanz hinweg gemeinsame Intentionen wiedererkenne."[108] Einige Zeilen weiter nennt Habermas das Gemeinsame beim Namen: „Wenn die biblische Vision der Rettung nicht nur Erlösung von individueller Schuld, sondern auch die kollektive Befreiung aus Situationen des Elends und der Unterdrückung einschließt (und insofern neben dem mystischen immer auch ein politisches Element enthält), berührt sich der eschatologische Aufbruch zur Rettung der ungerecht Leidenden mit Impulsen der Freiheitsgeschichte der europäischen Neuzeit." Ganz anders geht Habermas mit der politischen Theologie rechter Provenienz um; neuerdings warnt er explizit vor „allen Versuchen einer Erneuerung der Politischen Theologie" im Anschluss an Carl

---

104 Schmitt, Carl, 2008: Politische Theologie II. Die Legende von der Erledigung jeder Politischen Theologie, S. 26.
105 Mehring, Reinhard, 2009: Carl Schmitt. Aufstieg und Fall. Eine Biographie, S. 558.
106 Metz, Johann Baptist, 1997: Zum Begriff der neuen Politischen Theologie 1967–1997.
107 Böckenförde, Ernst-Wolfgang, 1970: Redebeitrag im Rahmen der Diskussion über die Vorträge von Prof. Hans Maier und Prof. Karl Lehmann, in: Krautscheidt, Joseph/Marré, Heiner (Hg.): Essener Gespräche zum Thema Staat und Kirche, S. 192.
108 Habermas, Jürgen, 1997: Israel oder Athen: Wem gehört die anamnetische Vernunft? Johann Baptist Metz zur Einheit in der multikulturellen Vielfalt, in: derselbe: Vom sinnlichen Eindruck zum symbolischen Ausdruck, S. 98–111, hier S. 98.

Schmitt, dessen „klerikofaschistischen Begriff des Politischen" er seit Jahrzehnten dezidiert bekämpft.[109]

Hans Maier hingegen wendet sich gleichermaßen gegen die politisch-theologischen Übergriffe und Kurzschlüsse von rechts außen und links außen; gegen sie macht er mit Augustinus den eschatologischen Vorbehalt des Christentums geltend. Für Hans Maier hat Augustinus mit der in seinem Hauptwerk „Vom Gottesstaat" (De civitate dei) von eschatologischer Warte aus getroffenen Unterscheidung zweier „Bürgerschaften" jeder Art von politischer Theologie den Boden entzogen: civitas dei bzw. civitas caelesti und civitas terrena, die erste ist die himmlische Stadt bzw. Bürgerschaft unter der Herrschaft Gottes, die zweite ist die irdische Bürgerschaft unter der des Teufels. Der Begriff „politische Theologie", der aus der griechisch-römischen Antike stammt, meint die Theologisierung existierender Staat- und Gesellschaftsformen, ihre religiöse Verklärung bzw. Vergötzung im Sinne eines Ineinander von Staatlichem und Göttlichem. Solches Ineinander von Kult und Politik sei dem antiken Menschen ein ganz selbstverständliches Denk- und Empfindungsmuster gewesen; polis und civitas hätten im antiken Verständnis eine göttliche Qualität gehabt. Erst das Christentum habe den Zusammenhang theologisch-politischer Immanenz durch seinen welttranszendenten Gottesbegriff durchbrochen. Der christliche Gott sei kein „innergeschichtlicher Glücksbürge" und Heilsbringer, der sich in einer als Weltgericht verstandenen Geschichte fortschreitend enthülle. Und dem entsprechend sei es in der christlichen Zeit immer wieder zu einer Kritik an der politischen Theologie gekommen – so sehr, dass die Geschichte der politischen Theologie im christlichen Zeitalter zugleich „die Geschichte ihrer fortwährenden Destruktion" sei.[110] Die Lehre von der göttlichen Monarchie etwa sei am trinitarischen Dogma gescheitert, die Interpretation der *Pax Augusta* im Sinn eines ewigen Friedens habe ihre Grenzen an der christlichen Eschatologie gefunden, der christliche Kaiser habe seine numinose Qualität im Investiturstreit verloren und in der Neuzeit seien nacheinander die monarchische Geschichtstheologie Bossuets und ihr Gegenstück, die theologische Demokratielehre der Konstitutionalisten, in der Französischen Revolution entzaubert worden. Das Politische könne für Christen nicht den Daseinssinn des Menschen bestimmen und beherrschen, es gewinne vielmehr als Nicht-Absolutes und Vor-Letztes Dienst- und Instrumentscharakter. In diesem Sinn sei der Philosoph John Locke ein guter Christ gewesen, als er gegenüber der überlieferten theokratischen Doktrin das *civil government* proklamiert habe.[111]

---

109 Habermas, Jürgen, 2012: Nachmetaphysisches Denken II. Aufsätze und Repliken, S. 250.
110 Maier, Hans, 2007: Politische Religionen, S. 19.
111 Ebenda, S. 20.

Neben Augustinus bezieht sich Hans Maier in seiner Kritik der politischen Theologie auf den Theologen Erik Peterson.[112] In seiner einflussreichen Abhandlung „Der Monotheismus als politisches Problem" aus dem Jahr 1935 entwickelte Peterson die Kernthese, „nur auf dem Boden des Heidentums oder Judentums" könne es „so etwas wie eine politische Theologie" geben, da es nach der christlichen Verkündigung „das Geheimnis der Dreieinigkeit nur in der Gottheit selber, aber nicht in der Kreatur" geben könne. Peterson spricht explizit davon, dass „die politische Theologie die christliche Verkündigung zur Rechtfertigung einer politischen Situation" missbrauche.[113] Die Kritik ist natürlich auch vor dem Hintergrund des Nationalsozialismus zu verstehen, der einiges an Anschauungsmaterial bot für die unheilvolle Vermengung der Register zwischen Religion und Politik. In dem Versuch der Nationalsozialisten, der evangelischen Kirche eine an Reich, Volk und Führer angelehnte Struktur zu geben, erkannte Peterson eine „unzulässige Übertragung politischer Begriffe auf die Kirche".[114] Peterson hatte seine Kritik an der politischen Theologie nicht von ungefähr in Bezug auf Carl Schmitt formuliert, was den Bruch der Freundschaft mit ihm zu Folge hatte. In der Widmungszeile seines Buches „Kirche und Gesellschaft" aus dem Jahr 1972 nennt und würdigt Hans Maier neben Erik Peterson den amerikanischen Jesuiten John Courtney Murray und den französischen Thomisten Jacques Maritain als Lehrer, die ihm die „Kenntnis und Unterscheidung des Geistlichen und Weltlichen" beigebracht hätten.[115]

Hans Maier wäre aber nicht Hans Maier, hätte er sich in der Kritik an der politischen Theologie mit historischen und theologischen Argumenten begnügt. Die legitime Eigenständigkeit und Nicht-Vermischbarkeit von Geistlichem und Weltlichem, Kirche und Staat begründet er auch mit dem genuin politischen, erfahrungsgesättigten Argument, wonach „theologische Begründungen für eine rationale Politik nicht nötig sind, eine irrationale Politik jedoch gefährlich aufladen und dämonisieren können, indem sie jeden Konflikt in die Sphäre ´letzter Entscheidungen` ziehen, wo selbst die Tagespolitik zum Kreuzzug wird".[116]

Die Argumente, die Maier als „Grenzposten" eines katholischen Laien gegen die politische Theologie markiert, tragen auch seine Kritik an den totalitären Ordnungen des 20. Jahrhunderts, die religiöse Wahrheitsansprüche anmeldeten und vom ganzen Menschen Besitz ergreifen wollten. Im Fall der politischen Theo-

---

112 Maier, Hans, 2007: Politische Religionen, S. 73. In dem Band ist auch ein lesenswerter Aufsatz über „Erik Peterson und das Problem der politischen Theologie" gedruckt, S. 74–89.
113 Peterson, Erik, 1935: Der Monotheismus als politisches Problem. Ein Beitrag zur Geschichte der politischen Theologie im Imperium Romanum, S. 99.
114 Maier, Hans, 2007: Politische Religionen, S. 79.
115 Maier, Hans, 1972: Kirche und Gesellschaft, S. 5.
116 Maier, Hans, 2007: Politische Religionen, S. 47. Siehe dazu eingehend: Cavuldak, Ahmet, 2015: Gemeinwohl und Seelenheil. Die Legitimität der Trennung von Religion und Politik in der Demokratie, Bielefeld, Transcript.

logie bricht die Theologie in die Politik ein und „übernimmt" sich dabei, und im Fall der politischen Religionen macht sich die politische Ordnung einer Grenzüberschreitung schuldig, indem sie das religiöse Feld usurpiert, um sich höhere Weihen zu verleihen. Hans Maier hat in den neunziger Jahren ein anspruchsvolles interdisziplinäres Forschungsprogramm konzipiert und realisiert, mit dem er die Auslegungstradition des „Totalitarismus" und der „politischen Religionen" systematisch rekonstruiert, miteinander verknüpft und vertieft hat. Der Ertrag dieser Forschungen findet sich in den drei Sammelbänden über „Totalitarismus und politische Religionen", die im Jahre 1996, 1997 und 2003 erschienen sind und weit über Deutschland hinaus rezipiert wurden, wohl auch deshalb, weil sie dank einer Initiative des britischen Historikers Michael Burleigh ins Englische übersetzt worden sind.[117] Auch der Sammelband über „Wege in die Gewalt. Die modernen politischen Religionen" gehört thematisch zu der Trilogie, der ebenfalls aus einer Tagung hervorgegangen ist und einen europäischen Diskussionszusammenhang erkennen lässt.[118] Im Übrigen lässt sich der inhaltliche Zusammenhang zwischen der Kritik an der politischen Theologie und den politischen Religionen nicht zuletzt auch daran ablesen, dass die jeweiligen Abhandlungen Hans Maiers unter dem Titel „Politische Religionen" als zweiter Band seiner Gesammelten Schriften gebündelt worden sind.

Hans Maier analysiert „Totalitarismus" und „politische Religionen" als Konzepte des Diktaturvergleichs. Dabei geht es ihm um die Frage, wie man die Gemeinsamkeiten der despotischen Regime des 20. Jahrhunderts, konkret des Faschismus, Nationalsozialismus und Kommunismus, benennen kann. Vor allem müsste in der Analyse der totalitären Ordnungen die Maschinerie des Terrors ebenso wie die Psychologie der Täter, die Logik der Macht ebenso wie die sie überdeckende Logik der Rechtfertigung erklärt werden. Das sei bisher nur in Ansätzen gelungen – am beeindruckendsten wohl in den Arbeiten von Raymond Aron, Hannah Arendt und Eric Voegelin.[119] Der Totalitarismusbegriff sei zwar umfassend, er passe auf alle Regime, welche die Grenzen autoritärer Herrschaft in Richtung auf eine dauerhafte, nicht mehr ablösbare Gewalt überschreite. Aber zugleich sei er in hohem Maße formal und daher auslegungsbedürftig. Umgekehrt beziehe sich das Konzept der „politischen Religionen" zwar unmittelbar auf die Logik der Rechtfertigung moderner Despotie, dafür vernachlässige er aber die technischen Aspekte des Machterwerbs und der Machtbehauptung. Gleichwohl hegt Hans Maier keinen Zweifel an dem analytischen Mehrwert des Konzepts der politischen Religion. Denn als Historiker glaubt er bei der Betrachtung totalitärer Ordnungen auf Schritt

---

117 Maier, Hans (Hg.), 1996: Totalitarismus und politische Religionen. Konzepte des Diktaturvergleichs.
118 Maier, Hans (Hg.), 2000: Wege in die Gewalt. Die modernen politischen Religionen, Frankfurt a. M., Fischer.
119 Maier, Hans, 2007: Politische Religionen, S. 141.

und Tritt religiösen Phänomenen zu begegnen: „Ob es sich nun um Feste und Feiern handelt, um den überall allgegenwärtigen Personenkult (und Totenkult!), um die Mystik des ′Großen Plans`, um religionsähnliche Zeichen, Symbole, Embleme, aber auch um den Alltag, der mit forderndem Anspruch – in Abhebung von christlichen Traditionen – neugestaltet wird, überall streben die totalitären Regime einer fast antiken Nähe des Kultischen und des Politischen zu, überall sind sie bestrebt, die im Christentum wurzelnden Dualismen von Individuum und Öffentlichkeit, Gesellschaft und Staat rückgängig zu machen."[120] Dieses Bild ergänzt Maier um eine wichtige Schattierung, wenn er hinzufügt, dass die totalitären Ordnungen auch christliche Elemente verarbeitet hätten, zum Teil in usurpatorischem Zugriff.

Gegen den vorweggenommenen Einwand, man könne doch in dem Fall kaum von „Religion" sprechen, ohne den Begriff zu entleeren, hält Maier an der Redeweise fest; denn viele der Aktivisten, Helfer und Mitläufer totalitärer Parteien hätten ihren Dienst nicht als „Anti-Religion" oder „Religionsersatz", sondern als Religion verstanden: „Sie fühlten sich als Täuflinge einer neuen Kircher, als Adepten einer neuen Rechtgläubigkeit. Daraus erklärt sich ihr Eifer, ihre Dienstwilligkeit, ihre Leidenschaft, die über politische Erwägungen und Rationalitäten weit hinausging. Ohne diesen religiösen oder jedenfalls religionsähnlichen Eifer ist vieles nicht zu erklären, was der Geschichte der modernen Despotien ihr Gepräge gibt: Die hohe Loyalität und Gehorsamsbereitschaft vieler, die nicht allein aus Terror und Angst erklärt werden kann, die Unempfindlichkeit gegenüber Kritik und Zweifeln, das Gefühl, eine Mission zu erfüllen, die Gefolgschaftstreue und Leidensbereitschaft."[121] Die Religion sei nun einmal nichts Harmloses, gibt Hans Maier zu bedenken, sie habe gewinnende und schreckliche Züge, anziehende und abstoßende Seiten. Die totalitären Ordnungen hätten eben auch unsere Begriffe von Religion und Politik gehörig durcheinandergewirbelt; und er begreift wohl als eine noble Aufgabe der Geschichts- und Politikwissenschaft, wie er sie betreibt, dieses Durcheinander verstehend zu bannen.

In seinen Schriften zur Kritik der politischen Religionen orientiert sich Hans Maier vor allem an den Arbeiten von Eric Voegelin und Raymond Aron. Auch erwähnt er anerkennend Waldemar Gurian als einen „der maßgeblichen Schlüsselfiguren im Austausch der Konzepte und Theorien"[122]. Gurian hat auf einer wichtigen Konferenz über Totalitarismus im März 1953 in Boston unter der Leitung von Carl J. Friedrich einen Vortrag über „Totalitarianism as Political Religion" gehalten, mit dem er in die Geschichte der Totalitarismustheorie eingegangen ist.[123] An der

---

120 Ebenda, S. 194.
121 Ebenda, S. 196 f.
122 Ebenda, S. 130.
123 Gurian, Waldemar, 1954: Totalitarianism as Political Religion, in: Friedrich, Carl J. (Hg.): Totalitarianism. Proceedings of a Conference held at the American Academy of Arts and Sciences March 1953, Cambridge, Harvard University Press, S. 119–129. Dieser Text findet sich auch in der wichtigen französischen Anthologie: Traverso, Enzo, (Hg.), 2001: Le totali-

Diskussion nahm auch Hannah Arendt teil, die nur ein Jahr später ein sehr einfühlsames Nekrolog auf Gurian verfassen sollte;[124] sie betonte zwar die Bedeutung der Ideologie, sie schlug sogar vor, statt von „Ideocratie" von „Logocracy" zu sprechen, zeigte aber gar keinen Sinn für die mystisch-religiöse Dimension des Totalitarismus.[125]

Interessanterweise hat man zwar das Konzept des Totalitarismus rückblickend auf die Französische Revolution angewandt, wohl aber kaum dasjenige der politischen Religion, obwohl es in der Geschichtsschreibung der Revolution dafür durchaus Ansätze gibt, angefangen mit Edmund Burke über Tocqueville bis Jacob Talmon. Noch erstaunlicher ist es aber, dass bisher noch nicht bemerkt worden ist, dass dieses Konzept von Seiten der revolutionären Akteure in kritischer Absicht gebraucht wurde. Ausgerechnet der glühende Rationalist Nicolas Marquis de Condorcet verwendet das Konzept, um vor einer gefährlichen Überhöhung der revolutionären Ideale im Sinne einer Sakralisierung zu warnen, wie sie in der Verfassung niedergelegt waren. In seinen "Cinq mémoires sur l'instruction publique" aus dem Jahr 1791 schreibt er: "On a dit que l'enseignement de la constitution de chaque pays devait y faire partie de l'instruction nationale. Cela est vrai, sans doute, si on en parle comme d'un fait; si on se contente de l'expliquer et de le développer; si, en l'enseignant, on se borne à dire: Telle est la constitution établie dans l'État et à laquelle tous les citoyens doivent se soumettre. Mais si on entend qu'il faut l'enseigner comme une doctrine conforme aux principes de la raison universelle, ou exciter en sa faveur un aveugle enthousiasme qui rende les citoyens incapables de la juger; si on leur dit: Voilà ce que vous devez adorer et croire, alors c'est *une espèce de religion politique* que l'on veut créer; c'est une chaîne que l'on prépare aux es-

---

tarianism. Le XXe en débat, Paris, Seuil, S. 448–459. In der Bibliographie werden zwar einige Arbeiten von Hans Maier über Totalitarismus und politische Religionen genannt, aber der Band enthält keinen Text von ihm. Die von Eckhard Jesse herausgegebene Anthologie über den Totalitarismus hingegen enthält den wichtigen Aufsatz Hans Maiers über „Totalitarismus und Politische Religionen. Konzepte des Diktaturvergleichs"; Jesse, Eckhard, (Hg.), 1999: Totalitarismus im 20. Jahrhundert. Eine Bilanz der internationalen Forschung, S. 118 – 134.

124 Arendt, Hannah, 2001: Waldemar Gurian, in: dieselbe: Menschen in finsteren Zeiten, München, Piper, S. 304–317. Sie würdigt Gurian als einen „außergewöhnlich seltsamen Mann" und lobt seinen kompromisslosen Realismus gerade als „natürliches Ergebnis der christlichen Lehre und katholischen Erziehung". Über den Exilierten heißt es noch: „Er blieb ein Fremder, und wann immer er kam, war es, als träfe er einen Nirgendwo ein.", S. 317.

125 Friedrich, Carl J. (Hg.), 1954: Totalitarianism, S. 134. Brigitte Gess kommt in ihrem Beitrag zu dem Ergebnis, dass Arendt den Terminus der säkularen oder weltlichen Religion zur Wesensbestimmung totalitärer Ideologie ablehnt; Gess, Brigitte, 1996: Die Totalitarismuskonzeption von Raymond und Hannah Arendt, in: Maier, Hans (Hg.): Totalitarismus und Politische Religionen S. 265–274, hier S. 270. Auch Katrin Mey kommt zu dem Schluss, dass Politische Religionen weder bei Hannah Arendt noch bei Leo Strauss in ihren Interpretationen totalitärer Phänomene eine Rolle spielten: Mey, Katrin, 2003: Übergreifende Ansätze: Leo Strauss und Hannah Arendt, in: Maier, Hans (Hg.): Totalitarismus und Politische Religionen. Konzepte des Diktaturvergleichs, Band III: Deutungsgeschichte und Theorie, S. 193–213, hier S. 213.

prits, et on viole la liberté dans ses droits les plus sacrés, sous prétexte d'apprendre à la chérir. Le but de l'instruction n'est pas de faire admirer aux hommes une législation toute faite, mais de les rendre capables de l'apprécier et de la corriger. Il ne s'agit pas de soumettre chaque génération aux opinions comme à la volonté de celle qui la précède, mais de les éclairer de plus en plus, afin que chacune devienne de plus en plus digne de se gouverner par sa propre raison."[126] Die Rede von „einer Art politischen Religion" in kritischer Absicht setzt voraus, dass man die Trennung von Religion und Politik bzw. zwischen Staat und Kirche als Norm gutheißt. Das ist bei Condorcet der Fall gewesen, er wird denn auch in Frankreich mitunter als erster Theoretiker der Laïcité genannt und gewürdigt. Tatsächlich hat die Französische Revolution nach einigen Irrungen und Wirrungen durch ein Dekret vom 21. Februar 1795 erstmals in der Geschichte des Landes die Trennung von Staat und Kirche verfügt.[127]

Hans Maiers allzu kritische Sicht auf die Französische Revolution ist tendenziell geprägt von der traditionell katholischen „Opferperspektive", für die der Terror wesentliches über die Revolution aussagt. Sie dürfte auch bestärkt worden sein durch das Studium des rousseauschen Gesetzgebungsstaates bzw. dem politisch-religiösen Monismus der jakobinischen Demokratie; schließlich lässt sie aber auch gewisse Einflüsse von Hannah Arendt, Jacob Talmon und John Courtney Murray erkennen, wenn wir bedenken, dass auch Hans Maier die Amerikanische Revolution im Gegensatz zu der Französischen Revolution ziemlich positiv einschätzt. Gerade in religionspolitischer Hinsicht hat es gewiss einen wichtigen Unterschied zwischen beiden demokratischen Revolutionen gegeben, nur war die Französische Revolution doch komplexer und schöpferischer sowohl im Guten als auch im Bösen als manches davon im Nachhinein entworfene Bild wahrhaben und erkennen lassen will. Die Französische Revolution hat selbst ihren großen Hoffnungen – etwa in Gestalt der Erklärung der Menschen- und Bürgerrechte vom August 1789 – einen Schrecken eingejagt, der bis heute von ihr nicht gewichen ist. Ihr kommt jedenfalls das Verdienst zu, einen der langwierigsten und schwierigsten religionspolitischen Lernprozesse in Gang gesetzt zu haben.

Das Lernen aus der Geschichte und zwischen den Konfessionen und Religionen scheint im politischen Denkhorizont Hans Maiers immer wieder als eine Hoffnung auf – gleichsam wie das zittrige Licht einer Laterne in einem dunklen Meer. Von Hans Maier wiederum können wir lernen, wie komplex, schmerzhaft und verlustreich der Lernprozess war, im Zuge dessen der Katholizismus sich in Deutschland und Europa allmählich liberalisierte. Die katholische Kirche hat sich nach dem blutigen Bruch mit der Französischen Revolution einem politischen Gegenprogramm

---

126 Condorcet, 1994: Cinq mémoires sur l'instruction publique, Flammarion, Paris, S. 93, kursiv AC.
127 Cavuldak, Ahmet, 2015: Gemeinwohl und Seelenheil, S, 66.

verschrieben; Demokratie, Menschenrechte und Trennung von Staat und Kirche wurden relativ pauschal verworfen. In der zweiten Hälfte des 19. Jahrhunderts verschärfte die Kirche ihren Kurs gegen die Errungenschaften der Moderne, der in der berühmten Enzyklika „Quanta cura" vom 8. Dezember 1864 seinen Höhepunkt erreichte. Darin wurden unter anderem auch die Religionsfreiheit und Trennung von Staat und Kirche zu den „Irrtümern der Zeit" gezählt und als „der katholischen Kirche und dem Seelenheil höchst verderbliche Meinung" abgelehnt.[128] Die katholische Kirche hat denn auch erst nach schmerzhaften Erfahrungen der politischen Verfolgung und Verführbarkeit durch totalitäre Regimes das demokratische Angebot der Freiheit als eine Chance für die Wahrheit wertzuschätzen gelernt; sie hat die Religionsfreiheit nach langem internem Ringen erst auf dem Zweiten Vatikanischen Konzil (1962–1965) anerkannt, bezeichnenderweise in einem zähen theologischen Reflexionsprozess, in dem die amerikanischen Bischöfe eine herausragende Rolle gespielt haben; erwähnt sei nur der Jesuit John Courtney Murray.

Aber auch in Europa hatten die Katholiken zu dieser Zeit längst positive Erfahrungen mit demokratischem Rechtsstaat und Menschenrechten gemacht; allein die Geschichte des politischen Katholizismus in Deutschland zeigt, dass die Praxis der Laien der offiziellen Lehre der katholischen Kirche weit vorausging.[129] Insofern hat die Kirche mit der epochalen Kurskorrektur auf dem Zweiten Vatikanischen Konzil den demokratischen Lernprozess lediglich nachgeholt, den viele Katholiken als Bürger, Politiker und Wissenschaftler in Auseinandersetzung mit den Erfordernissen der Zeit bereits zuvor vollzogen hatten. So konnte Hans Maier in seiner Rede auf dem 81. Katholikentag in Bamberg im Juli 1966 bemerken, der deutsche Katholizismus dürfe nicht ohne Stolz feststellen, dass „einige der wichtigsten Prinzipien für das Verhältnis von Kirche und politischer Welt, wie sie das Konzil verkündet hat, in seinem Schoß entwickelt und erprobt wurden, ehe sie zum Gemeingut der Gesamtkirche wurden. Er darf hierin eine Bestätigung und Anerkennung seines bisherigen Weges und eine Aufforderung zu weiteren Initiativen sehen."[130] In dem Kapitel über die Aneignung der Demokratie heißt es dann: „Heute findet die Demokratie im deutschen Katholizismus weit günstigere Voraussetzungen vor als in der Weimarer Republik – vom Kaiserreich und der älteren Zeit ganz zu schweigen. Der alte Streit um Monarchie oder Volkssouveränität, Legitimität oder Republik scheint endgültig der Vergangenheit anzugehören; es wäre undenkbar, daß hierüber heute auf einem Katholikentag gestritten würde

---

128 Schnatz, Helmut (Hg.), 1973: Päpstliche Verlautbarungen zu Staat und Gesellschaft. Originaldokumente mit deutscher Übersetzung, S. 5.
129 Maier, Hans, 1983: Katholizismus und Demokratie, S. 155. Siehe dazu eingehend: Uertz, Rudolf, 2005: Vom Gottesrecht zum Menschenrecht. Das katholische Staatsdenken in Deutschland von der Französischen Revolution bis zum II. Vatikanischen Konzil (1789–1965).
130 Maier, Hans, 1966: Unser politischer Auftrag, in: Auf dein Wort hin. 81. Deutscher Katholikentag in Bamberg, Paderborn, Bonifacius, S. 150–182, hier S. 160.

wie 1922 in München zwischen Adenauer und Faulhaber. [...] die Katholiken stehen heute, von wenigen Ausnahmen abgesehen, loyal zur Verfassung, während sie in der Weimarer Republik zu einem gewichtigen Teil den neuen Staat nur teilweise, als Provisorium und kleineres Übel bejahten und ringsum Fluchtwege in eine monarchische Vergangenheit oder eines in die 'schönere Zukunft' eines christlichen Ständestaates oder eines christlichen Sozialismus offengehalten hatten. Deutliches Zeichen dieses Ernüchterungs- und Genesungsprozesses, der nach dem zweiten Weltkrieg einsetzte, ist das Abschmelzen der politischen Utopien auf der Rechten und Linken des deutschen Katholizismus, das Abschleifen der Ränder, die Konzentration auf praktikable Lösungen."[131] Auch deutete er an, dass das Leben für Katholiken in einer pluralistischen Demokratie mit gewissen Zumutungen einhergehen könne. Denn die freiheitliche Demokratie sei kein christlicher Staat, sie beschränke sich darauf, die innerweltlichen Voraussetzungen für ein christliches Leben zu erfüllen, stünde aber grundsätzlich vielen Bekenntnissen und Überzeugungen offen: „Das spricht sich sehr leicht aus, ist aber für uns Katholiken nicht immer leicht einzusehen und noch schwerer innerlich anzunehmen. Unbewußt ertappen wir uns ja immer wieder dabei, daß wir vom Staat etwas fordern, was man allenfalls vom mittelalterlichen corpus christianium fordern konnte; unbewußt steckt in uns allen so etwas wie ein Ketzerrichter oder doch ein Ketzerriecher."[132]

Nur wenige Jahre später sollte Hans Maier auch der Frage nachgehen, wieviel Demokratie die katholische Kirche ihrerseits braucht bzw. vertragen kann. Dazu hat er 1970 mit Joseph Ratzinger, dem späteren Papst Benedikt XVI, ein Buch veröffentlicht, das nichts von seiner Aktualität verloren hat. Er geht von der Beobachtung aus, dass die Kirche in ihrer Geschichte sich schon immer die Lebensformen ihrer Umwelt angeeignet und anverwandelt habe; gerade ihre Leistungen für Gesellschaft und Kultur beruhten auf dieser Nähe zur jeweiligen Zeit und Sozialität.[133] Sodann stellt er mit Nachdruck klar, dass die heutige Demokratie eine verfassungsstaatliche und nicht totalitäre Demokratie sei, dass es dem demokratischen Souverän keineswegs freistehe, über alles zu befinden, dass es auch und gerade in der Demokratie Dinge gebe, über die nicht abgestimmt werden könne; und daher sollte die Rede von Analogien zwischen politischer und kirchlicher Demokratie die Kirchenglieder nicht mehr abschrecken. Hans Maier sieht zwischen Kirche und Demokratie in vier Bereichen „Analogiemöglichkeiten": der kirchlichen Grundverfassung, dem Rechtsstaatsprinzip, der Gewaltengliederung und der Mitwirkung der Laien.[134] Mit der Gewaltengliederung meint er sowohl eine deutlichere Scheidung der Gewalten der Gesetzgebung, der Exekutive und der Judikative in der Kirche als

---

131 Ebenda, S. 173.
132 Ebenda, S. 174.
133 Ratzinger, Joseph/Maier, Hans, 1970: Demokratie in der Kirche. Möglichkeiten, Grenzen, Gefahren, Limburg, Lahn-Verlag, S. 69.
134 Ebenda, S. 71.

auch eine Trennung der „heiligen Gewalt", die unaufgebbar sei und mit dem Stiftungscharakter der Kirche zusammenhänge, und jeder anderen politischen Gewalt in der Kirche. So sei die Regierung eines Bistums sicher ein Akt geistlicher Gewalt, kirchliche Amtsverantwortung sei nun einmal gebunden an die Weihe, aber diese sei nicht vonnöten für die kirchlichen Finanzen, für die Caritas und Soziallehre oder das Presse- und Nachrichtenwesen. Am weitesten sei aber der Prozess der Demokratisierung im Bereich der sogenannten Räte vorangeschritten; die „Synodalisierung" auf Pfarrei-, Dekanats- und Diözösanebene sei in vollem Gange. Vom 3. Januar 1971 bis zum 23. November 1975 tagte im Dom zu Würzburg die „Gemeinsame Synode der Bistümer" in der Bundesrepublik. Von den 312 Synodalen waren 140 Laien, zu diesen gehörte auch Hans Maier.

Im Jahr 1976 wurde Hans Maier zum Vorsitzenden des Zentralkomitees der deutschen Katholiken gewählt; damit wurde er zum wichtigsten Sprecher und Repräsentanten des deutschen Laienkatholizismus[135]. Dem Prozess der Neugestaltung der Kirche nach dem Zweiten Vatikanischen Konzil kamen seine Vermittlerkünste zugute; er suchte und fand eine Balance zwischen Tradition und Erneuerung, Kirche und Welt, Politik und Religion, baute Brücken zwischen Kirche und Kunst und suchte den ökumenischen Dialog mit den Protestanten, kümmerte sich aber auch um das Verhältnis mit den anderen Weltreligionen.[136]

Noch Jahrzehnte später sollte der Gelehrte über notwendige Reformen in der katholischen Kirche nachdenken, wie etwa seine kritischen Überlegungen aus dem Jahr 2001 zur Frage, ob Rom eine Regierung brauche, zeigen. In dem Aufsatz kommen die analytischen Stärken Hans Maiers auf engstem Raum voll zum Zuge; er verbindet darin das Wissen des Historikers, die Sensibilität des Theologen mit dem nüchternen und systematischen Zugriff des Politikwissenschaftlers. Er vergleicht das Regierungssystem des Vatikans mit demjenigen der USA, benennt offen Probleme und Übelstände in der Kirche, begnügt sich aber nicht damit, sondern macht am Ende konstruktiv institutionelle Reformvorschläge – stets geleitet von der Überzeugung, dass bei aller Vorbestimmung durch Gott eben „manches auch Menschenwerk ist"[137]. Im Ergebnis ist nicht zu übersehen, dass Hans Maier für eine stärkere Einbeziehung der Laien auch in der Kirche plädiert, da die Wahrheit Gottes auf Dauer nicht gegen die Menschen, sondern nur mit ihnen verkündet und gelebt werden kann. Diese Kernüberzeugung ist es wohl auch, die Hans Maiers

---

135 Maier, Hans, 2011: Böse Jahre, gute Jahre. Ein Leben 1931 ff., S. 264 ff.
136 Siehe dazu auch die Ausführungen von: Meyer, Hans Joachim, 2002: Hans Maier als Repräsentant des deutschen Laienkatholizismus, in: Oberreuter, Heinrich (Hg.): Ein reiches Leben: Hans Maier. Reden zum 70. Geburtstag, S. 26–34. Hans Joachim Meyer, der selbst zwischen 1997 und 2009 Präsident des Zentralkomitees der deutschen Katholiken war, bezeichnet Hans Maier als Vordenker und Wegbereiter, Brückenbauer und Vermittler, Seher und Warner des deutschen Katholizismus.
137 Maier, Hans, 2016: Braucht Rom eine Regierung?, in: derselbe: Christentum und Gegenwart. Gesammelte Abhandlungen, S. 275–293, hier S. 292.

Haltung in dem Streit über die sogenannte Schwangerschaftskonfliktberatung begründet, die er bis heute mutig gegen die offizielle Linie seiner geliebten Kirche verteidigt.

Hans Maier hat die Wechselwirkungen und Einflüsse zwischen Christentum, Politik und Kultur in vielen Anläufen zum Gegenstand gelehrter Erörterung erhoben. Dabei ist der religiös musikalische Gelehrte stets bemüht, die Spreu vom Weizen zu trennen: die Auseinandersetzung mit den Schattenseiten der religionspolitischen Geschichte Europas ist die eine Seite der Medaille; sie findet ihr Gegenstück in der Auseinandersetzung mit den positiven, fruchtbaren und hellen Seiten des Miteinanders von Christentum, Kultur und Politik. Hans Maier hat in einer Reihe kleiner Arbeiten die kulturelle und politische Prägekraft und Bedeutung des Christentums für die europäische Neuzeit herausgearbeitet; namentlich dessen Beitrag zur Entstehung des heutigen Menschenbildes, des Verständnisses von Zeit, Arbeit, Natur, Staat und Künsten gewürdigt.[138] Hier sei nochmals das Beispiel der Demokratie genannt. Hans Maier ist intellektuell redlich genug, um zunächst allgemein festzustellen, dass der Katholizismus zum „innersten Bildungsgesetz der Demokratie, zur neuzeitlichen Emanzipation des Subjekts, nicht die gleiche innere Beziehung" habe wie der Protestantismus, der diese Staatsform in der Neuzeit geschichtlich emporgetragen habe. Gleichwohl aber habe die katholische Kirche auf die Demokratie keineswegs „nur retardierend und domestizierend eingewirkt", differenziert Maier in einem zweiten Schritt seine Überlegungen: „Indem die Kirche ihr Recht (und zugleich das der vordemokratischen Körperschaften) gegenüber einer schrankenlosen Volkssouveränität verteidigte; indem sie die Freiheit nicht abstrakt, sondern innerhalb des Gefüges menschlicher Sozialverhältnisse und in Wechselbeziehung zu mitmenschlichen Bindungen sehen lernte, indem sie die Utopien der Herrschaftslosigkeit und einer in freier Interessenkonkurrenz automatisch sich ergebenden sozialen Harmonie aus der Tiefe ihrer geschichtlichen Erfahrung und ihres strengen Wissens von der gestörten Natur des Menschen widersprach, hat sie auch dazu beigetragen, die Demokratie ihres utopischen Charakters zu entkleiden und sie zu einer vernünftigen, praktikablen Staatsform zu machen."[139]

Mit seinen Versuchen, zu zeigen, wieviel Gutes und Wertvolles Politik und Kultur auch noch in modernen Gesellschaften dem Christentum schulden, steht Hans Maier in einer langen und ehrwürdigen Tradition; sie beginnt etwa mit Tocqueville, wird später von Max Weber und Ernst Troeltsch vertieft und in der vergangenen Jahrhunderthälfte hierzulande von Ernst-Wolfgang Böckenförde oder neuerdings überraschenderweise auch von Jürgen Habermas fortgesetzt. Diese Herangehens-

---

138 Siehe dazu vor allem: Maier, Hans, 1999: Welt ohne Christentum – was wäre anders?, Freiburg, Herder.
139 Maier, Hans, 1983: Katholizismus und Demokratie, S. 29.

und Betrachtungsweise der europäischen Geschichte ist eine intellektuelle Strategie der Rechtfertigung des Christentums; sie ist sicherlich nicht zufällig in Zeiten aufgekommen, in denen der Wahrheitsanspruch des Christentums mannigfachen Anfechtungen ausgesetzt war. Heute finden die ideenpolitischen „Erzählungen" von der christlichen Herkunft und Prägung Europas in der breiten Öffentlichkeit nicht zuletzt deshalb einige Resonanz, weil die Abgrenzung vom Islam im Selbstverständnis vieler Europäer eine immer größere Bedeutung erlangt. Hans Maier gehört freilich nicht zu denen, die das christliche Abendland romantisch verklären, um die Muslime aus dem deutschen und europäischen „Identitätshaushalt" höflich, aber bestimmt hinaus zu komplimentieren. Dazu ist er nicht nur seiner selbst zu gewiss, sondern wohl auch zu offen und neugierig auf Menschen.

2016 ist eine Auswahl der älteren und neueren Abhandlungen Hans Maiers unter dem weiträumigen Titel „Christentum und Gegenwart" bei Herder veröffentlicht worden. Sie zeugen nicht nur von der bemerkenswerten Bandbreite seiner Interessen und der Weite und Reife seines Horizontes, sondern auch von der Sicherheit seines Urteils. Hans Maier erweist sich auch hier als ein Meister der Klarheit – sowohl in der Gedankenführung als auch in der Formulierung. Fast könnte man meinen, Hans Maier schreibe ein französisches Deutsch; seine Prosa wirkt auf den Leser niemals streng oder gar anstrengend, im Gegenteil: sie ist bei allem Ernst der behandelten Themen getragen von einem hohen heiteren Ton, ja im Kern menschenfreundlich „gestimmt". Dies lässt sich wohl zu einem guten Teil zurückführen auf die Herkunft Hans Maiers aus einfachen Verhältnissen, da sie stets mit der Notwendigkeit einherging, sich möglichst vielen Menschen gut und verständlich mitzuteilen. Klarheit ist aber nicht mit Einfachheit zu verwechseln, jedenfalls dann nicht, wenn sie stilistisch so ausgefeilt ist wie bei Hans Maier.

In diesem Kontext drängt sich mir die Frage auf, ob und inwiefern der Katholizismus als Lebensmacht nicht nur die Themen Hans Maiers, sondern auch dessen Denkweise und Stil geprägt haben mag. Sie verdiente eine eigene Studie. Erwähnt sei lediglich der Umstand, dass Hans Maier einen ausgeprägten Sinn für die Musikalität und Schönheit der Sprache und des Christentums aufweist. Hans Maier handelte in seiner Abschiedsvorlesung im Jahr 1999 von der „Schönheit des Christentums" und lieferte gleich mit seinen feinsinnigen Ausführungen einen Schönheitsbeweis.[140] Bei der nochmaligen Lektüre des Textes fragte ich mich, ob es in der europäischen Geschichte auch einen ästhetischen Gottesbeweis gegeben hat und wenn nicht, warum eigentlich. Der persisch-deutsche Orientalist und Schriftsteller Navid Kermani, der über „das ästhetische Erleben des Koran" promoviert hat, stimmte 2015 einen Lobgesang auf die Schönheit der christlichen

---

140 Die Abschiedsvorlesung ist abgedruckt in: Maier, Hans, 2016: Christentum und Gegenwart. Gesammelte Abhandlungen, S. 125–136.

Bilderwelten an und fand damit auch viel Beachtung in der Öffentlichkeit.[141] In seiner anerkennenden Besprechung des Buches hat der namhafte Protestant Wolfgang Huber etwas bedauert, dass darin der Protestantismus nicht die ihm gebührende Aufmerksamkeit gefunden habe;[142] Huber vermutet, dass die „kindliche Sozialisation Kermanis im pietistischen Siegerland" Wahrnehmungsblockaden hinterlassen haben könnte, da er dort die evangelische Frömmigkeit als „sinnenfeindlich" erlebt haben muss. Zudem könnte man annehmen, der Blick Kermanis auf den Katholizismus sei durch den Umstand bedingt und begünstigt, dass er seit vielen Jahren im rheinisch-katholisch geprägten Köln lebt. Die unterschiedliche Beachtung könnte aber auch einfach daran liegen, dass der Katholizismus viel stärker als der Protestantismus die Sinne der Menschen anspricht und beansprucht; der Katholizismus ist von Hause aus um einen deutlichen Zug ästhetischer und formvollendeter als der Protestantismus.

So gesehen kommt es vielleicht auch nicht ganz von ungefähr, dass Hans Maier so viele literarische Mitteilungsformen beherrscht wie kaum ein zweiter in unseren Reihen – von der großen gelehrten Monographie und der Autobiographie über unzählige Aufsätze und Abhandlungen bis hin zu den Zeitungsartikeln, Interviews, fiktiven Dialogen und nicht zuletzt auch der poetischen Gedichtinterpretationen. Dabei ist es faszinierend zu sehen, mit welcher Leichtigkeit Hans Maier sich vor allem der „kleinen Form", der Glosse, der Anekdote, der aphoristischen Sentenz bedient, um die allzu menschlichen Züge der Zeit zu enthüllen, ohne die Menschen bloßzustellen.[143] Der Kommunikationswissenschaftler Otto B. Roegele, der Hans Maier aus der journalistischen Praxis in der gemeinsam herausgegebenen Wochenzeitung „Rheinischer Merkur" gut kannte, hat dazu einmal mit Bewunderung bemerkt: „Hans Maier hat und übt die seltene Gabe, das Wichtige, das Schwierige, das Lastende auch einmal ganz leicht zu sagen, ohne daß es unernst oder banal wird. Die alemannische Variante dieser Kunst ist vielleicht die menschenfreundlichste; sie hat nicht die funkelnde Bosheit eines Karl Kraus, nicht den melancholischen Hintersinn eines Karl Valentin, nicht den schnippischen Witz eines Tucholsky. Sie ist ganz anders. Durchsichtig, unmißverständlich im Grundsätzlichen, aber voller Anteilnahme an dem Menschen wie er geht und steht, einsichtsvoll und nachsichtig zugleich, hilfreich und warnend, ermutigend und mahnend. Und bei alldem keine Sekunde langweilig."[144] In einem seiner

---

141 Kermani, Navid, 2015: Ungläubiges Staunen. Über das Christentum, München, C. H. Beck.
142 Huber, Wolfgang, 2015: Vom heiligen Rom ins heilige Köln und wieder zurück, in: FAZ, 22. 8.2015.
143 Eine repräsentative Auswahl seiner Texte dieser Gattung findet man in: Maier, Hans, 1985: Nachruf auf die Tinte und andere Streiflichter durch die Zeit, Freiburg, Herder; Maier, Hans, 2012: Reisen durch die Zeit. Glossen, Ausgewählt von Markus Zimmermann.
144 Roegele, Otto B., 1996: Weggenossenschaft – Begegnungen in Wissenschaft, Kirche und Presse, in: Stammen, Theo/Oberreuter, Heinrich/Mikat, Paul (Hg.): Politik – Bildung – Religion. Hans Maier zum 65. Geburtstag, S. 53.

kurzen und schönen Texte aus dem Jahr 1980, in dem Hans Maier die Frage aufwirft, warum wir noch Deutsch sprechen, gibt es eine Charakterisierung der deutschen Sprache, die im Grunde die eigenen Stilansprüche beschreibt: „Mehr als andere Sprachen", heißt es dort, „braucht das Deutsche Helligkeit und Kürze – Dunkel und Umständlichkeit hat es schon genug. Reich und präzis zu sein, stolz und anmutig, in vielen Zwischentönen leuchtend vom Konkret-Farbigen bis zur philosophischen Abstraktion, von jean-paulischen Metaphern-Ketten bis zu mäandernden kantischen Sätzen, die in alle Windungen eines Gedankens dringen – das ist das Privileg des Deutschen; und glücklich der, der ein wenig davon in seine eigene Sprache hereinholen kann."[145]

Es liegt auf der Hand, dass Hans Maier zu diesen sprachverliebten Glücklichen gehört, die dem Deutschen Leben einhauchen. Seine Prosa ist präzis, reich, reif, hell und anmutig. Besonders hervorgehoben seien etwa seine Essays zur Literatur und Musik; Maiers Ausführungen etwa über „Mozart in seinen Briefen" oder Goethes „Faust" als Drama der Deutschen kommen so spielerisch und wohlklingend daher und entfalten doch große Gelehrsamkeit.[146] Auch die zahlreichen Interpretationen von Gedichten von Hermann Lenz, Peter Gan über Hölderlin und August Stöber bis Dantes „Göttlicher Komödie" gehören zu den schönsten Texten Hans Maiers; geradezu auf unnachahmliche Weise gelingt es ihm, mit wenigen Worten viel zu sagen.[147]

Wenn es um Hans Maier und seine Sprache geht, sollte auch das gesprochene Wort und die kunstvolle und geschliffene Rede als ein Medium der Verständigung und der Erkenntnis wenigstens kurz erwähnt werden. In seinen Erinnerungen heißt es einmal, er habe auch als Kultusminister mit dem Pfund wuchern müssen, über das er verfügte: mit dem Wort, der wissenschaftlichen Analyse, der politischen Rede: „Die freie, offene, unkontrollierte Rede wurde zu meinem politischen Lebenselixier."[148] Neben seinen Landtagsreden, die in dreizehn Bänden gesammelt sind, wären auch unzählige politische und wissenschaftliche Vorträge in der Öffentlichkeit

---

145 Maier, Hans, 1985: Die Deutschen und die Freiheit. Perspektiven der Nachkriegszeit, S. 109.
146 Maier, Hans, 2005: Cäcilia. Essays zur Musik, Frankfurt am Main, Insel, S. 106–121. Der Aufsatz über den „Faust" als Drama der Deutschen findet sich in der neuesten Aufsatzsammlung: Maier, Hans, 2021: Deutschland. Wegmarken seiner Geschichte, München, C. H. Beck, S. 54–79.
147 Sie sind erschienen in der bekannten „Frankfurter Anthologie" der Frankfurter Allgemeinen Zeitung, die vor beinahe fünf Jahrzehnten von Marcel Reich-Ranicki begründet wurde und inzwischen auch die nichtdeutsche Poesie würdigt; etwa unter dem Titel „Lieder aus Glas" in der FAZ vom 6. 12. 1997, über das Gedicht „Leben und Kunst" von Hermann Lenz in der FAZ vom 9. 11. 2018, das Gedicht „An Zimmern" von Hölderlin in der FAZ vom 22. 5. 2020, das Gedicht „Die Tonleiter" von August Stöber in der FAZ vom 16.7. 2021 oder die Interpretation zu Dantes Versen über die Vorhölle in der FAZ vom 20. 6. 2021.
148 Maier, Hans, 2011: Böse Jahre, gute Jahre. Ein Leben 1931 ff., S. 188.

zu nennen.[149] Dabei ist eine besondere Gattung, die Hans Maier meisterhaft beherrscht, die Lobrede; die Anzahl der Laudationes, die er auf bedeutende Persönlichkeiten des öffentlichen Lebens in Deutschland gehalten hat, sind kaum noch zu überschauen; genannt seien nur stellvertretend der Schriftsteller Martin Walser und der Ägyptologe Jan Assmann. Aber auch die Reden, die er bei der Entgegennahme von Preisen, mit denen seine Leistungen als Wissenschaftler und öffentliche Persönlichkeit gewürdigt wurden, gehalten hat, verdienen Beachtung; so etwa die Rede über seine „Erfahrungen mit interdisziplinären Studien", die er bei der Verleihung des Karl Jaspers-Preises in der Aula der Universität Heidelberg am 31. Januar 2014 gehalten hat[150] oder seine ebenfalls dort gehaltene Rede bei der Entgegennahme des Dolf Sternberger-Preises für Politische Rede im November 2016, in der er im Dialog mit dem Werk Sternbergs darüber nachdachte, „wie das Volk zur Sprache kommt"[151]. Zuvor hatte er auch den Eugen-Kogon-Preis 2005 erhalten und bei der Gelegenheit über das, was sich nicht mehr von selbst versteht, eine Rede gehalten.[152] Schließlich sollte auch noch die Lehrtätigkeit des redegewandten Gelehrten nicht vergessen werden, mit der er ganze Generationen von Schülern beeinflusst haben dürfte.

Heinrich Oberreuter, ein einflussreicher Schüler Hans Maiers, spricht in einer Porträtskizze, in der er seinen Lehrer als katholischen Intellektuellen von Rang würdigt, auch von dessen „brillanter Rhetorik", ohne aber weiter darauf einzugehen.[153] Ich selbst würde die Neigung und Begabung Hans Maiers zur Redekunst mit seinem starken pädagogischen Impetus in Verbindung bringen. Denn Hans Maier ist mit allem, was er sagt, schreibt und tut, immer auch ein Pädagoge, der mit seiner Stimme an die Vernunft und das Gewissen der Menschen appelliert, um sie zu demokratischen Staatsbürgern zu erziehen, die zu Freiheit und Gemeinwohl fähig und willens sind.

Eine der bittersten Lektionen der deutschen Geschichte im vergangenen Jahrhundert ließe sich ja dahingehend zusammenfassen, dass eine liberale Demokratie nur dann eine Lebenschance hat, wenn eine Mehrheit der Bürger eine gewisse

---

149 Eine Auswahl seiner öffentlichen Reden und Stellungnahmen findet man in: Maier, Hans,1978: Anstöße. Beiträge zur Kultur und Verfassungspolitik, Stuttgart, Seewald; Maier, Hans, 1978: Stellungnahmen. Reden – Vorträge – Interviews, München, Kösel.
150 Maier, Hans, 2014: Notwendige Übergriffe. Erfahrungen mit interdisziplinären Studien, in: Stimmen der Zeit, Heft 5, S. 313–325.
151 Eine gekürzte Fassung der Rede erschien in der FAZ; Maier, Hans, 2017: Wie das Volk zur Sprache kommt, in: FAZ, 13. März 2017, Nr. 61, S. 13.
152 Maier, Hans, 2005: Was sich nicht mehr von selbst versteht. Rede des Preisträgers, in: Frankfurter Hefte/Neue Gesellschaft, Heft 10, S. 82–90. Die ebenfalls in dem Heft abgedruckte Laudatio auf Hans Maier hielt der ehemalige Bürgerrechtler Jens Reich, der die Bedeutung der Arbeiten Hans Maiers über den Totalitarismus und die politischen Religionen hervorhob.
153 Oberreuter, Heinrich, 2009: Verantwortung in Gesellschaft, Staat und Kirche: Hans Maier, in: Schwab, Hans-Rüdiger (Hg.): Eigensinn und Bindung. Katholische deutsche Intellektuelle im 20. Jahrhundert, S. 617.

politische Urteilskraft und damit einhergehend Widerstandskraft gegen totalitäre Verführungskünste besitzt. Und dies ist weitgehend eine Aufgabe der demokratischen Erziehung, die der Staat in Zusammenarbeit mit gesellschaftlichen Gruppen zu erfüllen hat. Dabei weiß Hans Maier, dass die Erziehung zur Demokratie keineswegs nur eine intellektuelle Übungs- und Einsichtssache ist, sondern auf politische Erfahrungen des Zusammenlebens angewiesen ist. Er hegt eine gesunde, lebensgeschichtlich begründete Skepsis gegenüber einem übersteigerten und verstiegenen Intellektualismus; „jene heilsame Skepsis, die die Nachbarin des Glaubens ist", wie er einmal gewohnt prägnant schreibt.[154] In seinen Erinnerungen erzählt Hans Maier, er habe Martin Heidegger immer wieder mit seinem Großvater verglichen; der Landwirt August Kingler sei ein Mann von einfachster Schulbildung gewesen und habe sich über die Nazis nie getäuscht während der große Philosoph sich grotesken Illusionen hingegeben hatte. Aus der Berührung mit der Person und dem Weg Heideggers rühre sein abgründiges Misstrauen gegen die politische Urteilskraft von Intellektuellen.[155] Dass Hans Maier auch die Grenzen der Wissenschaften stets bewusst waren, dürfte ihn überhaupt in die Lage versetzt haben, ihre Möglichkeiten gelassener und beherzter zu nutzen als andere. Seine schier unerschöpfliche Neugierde auf den Menschen, der trotz aller Wissenschaften ein Rätsel geblieben ist, bestimmte ihn wohl zu einem Reisenden und Grenzgänger zwischen den Kontinenten der Wissenschaft und Politik, des Staates und der Kirche, der Musik, Literatur und Kunst. Hans Maier hat mit seiner historisch geerdeten, religiös und philosophisch aufgeklärten, literarisch und musikalisch hochsensiblen Politikwissenschaft einen wesentlichen Beitrag zum Gelingen des demokratischen Freiheitsexperimentes in der Bundesrepublik geleistet. Und sein vielschichtiges Werk hält nach wie vor ein reiches Anregungspotenzial für die Wissenschaften bereit, an dem wir nur zu unserem eigenen Schaden vorbeigehen können.

---

154 Maier, Hans, 1970: Vom Ghetto der Emanzipation. Kritik der „demokratisierten" Kirche, in: Ratzinger, Joseph/Maier, Hans: Demokratie in der Kirche. Möglichkeiten, Grenzen, Gefahren, S. 77.
155 Maier, Hans, 2011: Böse Jahre, gute Jahre. Ein Leben 1931 ff., S. 104.

Verborgen in Hans Maiers Werk: Zehn goldene Regeln für Historiker

Hans Günter Hockerts

Mit leiser Ironie sagte Hans Maier einmal, er verfüge als Historiker nur über die „niederen Weihen".[1] Damit spielte er auf das Staatsexamen an, mit dem er in sehr jungen Jahren das Studium der Geschichte abschloss. Die weiteren Qualifikationen – Promotion und Habilitation – erwarb er bekanntlich in der damals neu entstehenden Politikwissenschaft. Was ihn dorthin zog, hat Hans Maier mehrfach dargelegt.[2] Nicht zuletzt reizte es ihn, an der Grundlegung einer akademischen Disziplin mitzuwirken, die sich als Demokratiewissenschaft verstand. Das gilt besonders für die „Freiburger Schule" seines aus dem Exil zurückgekehrten Lehrers Arnold Bergstraesser: Sie betrachtete es als ihre Aufgabe, den Deutschen bei ihrem zweiten Anlauf zur Demokratie ein Orientierungswissen zur Verfügung zu stellen, das dabei helfen konnte, nicht noch einmal in die Barbarei abzustürzen. Die Wahl des Fachs verweist also auf die politische Grundhaltung, mit der Hans Maier den akademischen Hain betrat: Als einer von der „Generation 49", für die das Grundgesetz prägende Bedeutung gewann, fühlte er sich mitverantwortlich für den Neubeginn und die Stabilisierung der Demokratie nach dem Krieg.[3]

„Die geschätzte, geliebte Geschichte – musste ich sie aufgeben?"[4]. Diese Frage stellte sich bei der Hinwendung zur Politikwissenschaft, doch erkannte und nutzte Hans Maier die Möglichkeit, unter dem Dach dieses Fachs eben nicht nur gegenwartsnah, sondern auch historisch zu arbeiten. So ging er der Geschichtswissenschaft durchaus nicht „von der Fahne", wie Gerhard Ritter, der Freiburger Historiker, anfangs argwöhnte. Im Gegenteil: Kaum ein anderer deutscher Politikwissenschaftler hat die Fahne der Historie in seinem Gesamtwerk so hoch gehalten wie Hans Maier. Dabei pflegte er stets enge Beziehungen zur Zeitgeschichte und zu Zeithistorikern.[5] Wie einige andere Politikwissenschaftler, man denke nur an

---
1 Vom Beruf des Historikers. Laudatio auf Konrad Repgen, Rede an der Universität Bayreuth, 26. Mai 1995, Broschüre der Kulturwissenschaftlichen Fakultät der Universität Bayreuth.
2 Vgl. Hans Maier, Böse Jahre, gute Jahre. Ein Leben 1931 ff, München 2011, S. 79f., 132f. (im Folgenden zitiert als „Jahre").
3 Zum Selbstverständnis als „Neunundvierziger" vgl. Jahre, S. 174.
4 Jahre, S. 79, das folgende Zitat: Jahre, S. 92.
5 Vgl. dazu den Beitrag von Horst Möller in diesem Band.

Karl-Dietrich Bracher und Hans-Peter Schwarz, zählt er somit zu den großen Brückenbauern zwischen seiner Zunft und dem jüngsten Zweig der Geschichtswissenschaft. Doch seine Haupt- und einige Nebenwerke schlagen weitaus größere Zeitbögen: Sie führen zurück ins Europa der Frühen Neuzeit und der französischen Revolution.[6] Die Weite des historischen Horizonts gibt ihm unter seinen Fachgenossen einen besonderen Platz.

Ein eigentümlicher Reiz liegt nun darin, dass Hans Maier das Systematische der Politikwissenschaft und das Historische der Geschichtswissenschaft vorzüglich miteinander zu verbinden versteht. Beim systematischen Zugriff geht es, grob gesagt, um die Beobachtung von Regelmäßigkeiten in der Beziehung zwischen einer bestimmten Anzahl von Variablen, während alle weiteren veränderlichen Größen unter eine Art ceteris-paribus-Klausel fallen, also gewissermaßen stillgestellt werden. Gerade diese Faktoren bringt der historisch-konkrete Blick jedoch in Bewegung – mit der Folge, dass Kategorien wie Kontingenz und Komplexität mehr Gewicht erhalten. Neben die funktionale Erklärung von Sachverhalten tritt der Blick auf ihr zeitliches Gewordensein, das zumeist keiner Gesamtlogik folgt. Die Aufmerksamkeit für das Einzelne und Besondere steigt. Daher kann man Hans Maiers Methodik wohl auf diese Formel bringen: so viel Systematisierungskraft wie nötig, um zu übergreifenden Einsichten zu gelangen (das „Zerfließen in Hunderte von Einzelheiten"[7] wird man bei ihm nicht finden), aber so viel Aufsprengen der ceteris-paribus-Klausel wie sinnvoll möglich.

So wird der Blick frei für „immer wieder sich verändernde Gemengelagen". Erkennbar wird das, was „bunter, individueller und nach Zeit und Ort stärker variierend" ist, als die große Linie erfassen kann. Daher auch die Skepsis gegenüber allzu „großflächigen Begriffen", die das historisch Besondere oder Mehrdeutige verschwinden lassen. Oder, um abermals Hans Maier zu zitieren: „Statt durch glatte Formeln ‚Komplexität zu reduzieren'" solle der Historiker „die Komplexität der Verhältnisse erst einmal herausarbeiten, sichtbar machen und vor dem Leser aufbauen"[8]. Von dem Wirtschaftshistoriker Knut Borchardt stammt die Sentenz, Historiker seien „Spezialisten für Komplexität".[9] Hans Maier würde dem nicht widersprechen, zumal er tatsächlich praktiziert, was daraus folgt: An den Gegenständen, die er bearbeitet, zeigt er mit Vorliebe, wie vielseitig sie sind.

---

6 Hans Maier, Gesammelte Schriften, Bd. I: Revolution und Kirche. Zur Frühgeschichte der Christlichen Demokratie, München 2006; Bd. II: Politische Religionen, München 2007; Bd. III: Kultur und politische Welt, München 2008; Bd. IV: Die ältere deutsche Staats- und Verwaltungslehre, München 2009; Bd. V: Die Deutschen und ihre Geschichte, München 2010 (im Folgenden zitiert als „GS I – V").
7 Dies kritisierte Hans Maier am Werk Robert von Mohls, vgl. GS V, S. 158.
8 In der Reihenfolge der Zitate: GS V, S. 189, GS IV, S. 147, GS IV, S. 400, GS IV, S. 397.
9 Spezialist für Komplexität – Knut Borchardt im Gespräch, in: ifo-Studien 38 (1992), S. 107-131.

Verborgen in Hans Maiers Werk: Zehn goldene Regeln für Historiker

Gegen Ende der 1960er Jahre wurde Hans Maier gebeten, an dem von führenden Historikern, voran Reinhart Koselleck, herausgegebenen Lexikon „Geschichtliche Grundbegriffe" mitzuwirken, das dem Wandel der politisch-sozialen Sprache im Übergang von der alten zur modernen Welt nachspürt. Für den 1972 erschienenen ersten Band verfasste er den Artikel „Demokratie" mit Schwerpunkten in der Frühen Neuzeit und im 19. Jahrhundert. Dieser Beitrag verweist nochmals auf die zeitliche Spannweite seines historischen Denkens und die Bedeutung der Demokratie als eines seiner Lebensthemen. Spätestens mit dem Eintritt in den Autorenkreis dieses historiographischen Grundlagenwerks, das längst klassischen Rang erlangt hat, erhielt Hans Maier indes auch – um im Bild der akademischen Weihehandlungen zu bleiben – in der Zunft der Historiker die „höheren Weihen".

So verwundert es nicht, dass man bei Streifzügen durch sein Gesamtwerk auf Einsichten und Aussagen stößt, die sich wie goldene Regeln im Metier des Historikers betrachten und beachten lassen. Es sind zufällig deren zehn, so dass man sie nach Art eines Dekalogs zählen und pointieren kann. Schauen wir also näher hin.

1. Die Grundkategorie der Geschichte ist die Zeit

Geschichte ist, um Marc Bloch zu zitieren, die „Wissenschaft von den Menschen in der Zeit"[10]. Historische Phänomene können daher immer nur in ihrem zeittypischen Kontext erklärt werden. Sonst würde man den Sinn historischen Denkens fundamental verfehlen und sich anachronistisch verirren. Aus der Bindung an die Zeit folgt auch das „Ein-für-allemal"[11] des historischen Geschehens: Es ist unumkehrbar, lässt sich nicht wiederholen, also auch keiner veränderten Versuchsanordnung unterwerfen. Experimentelle Methoden, mit denen Naturwissenschaften ihre Aussagen präzisieren können, fehlen somit im Handwerkskasten der Historiker. Wenn es um kausale Verknüpfungen geht, müssen sie sich deshalb öfter als ihnen lieb ist mit Wahrscheinlichkeitsaussagen begnügen.

Hans Maier belässt es nicht bei elementaren Hinweisen dieser Art, sondern befasst sich darüber hinaus mit Grundfragen der Zeitmessung und Zeitdeutung.[12] So erklärt er, wie voraussetzungsvoll die uns heute so vertraute Zeitrechnung ab Christi Geburt ist. Wie und warum hat sie sich von herkömmlichen Zählweisen gelöst und wann hat sie sich verbreitet? Hier ist nicht der Ort, die Ergebnisse zu referieren, nur ein Hinweis: Während die Zählung „nach Christus" seit dem sechsten Jahrhundert ziemlich rasch im christlichen Europa üblich wurde, kam

---

10 Marc Bloch, Apologie der Geschichte oder Der Beruf des Historikers, München 1985, S. 26 (Originalausgabe: Paris 1949).
11 Hans Maier, Welt ohne Christentum – was wäre anders? 5. Aufl. Freiburg i. Br. 2012, S. 33 (Kapitel „Zeit").
12 Die christliche Zeitrechnung, 6. Aufl. Freiburg i. Br. 2008.

die Zählung „vor Christus" paradoxerweise erst in der Aufklärung in allgemeinen Gebrauch. Ebenso spürt er der christlichen Umformung der von der jüdischen Woche sowie dem römischen Monat und Jahr bestimmten Zeitkonzeption nach: mit dem Sonntag als neuem Mittelpunkt und einem Festkalender, der das Jahr mit einem ganz eigenen und spezifischen Sinn gliedert.

Dass Zeitbegriffe und die Wahrnehmung von Zeit sich im Laufe der Geschichte ändern, hat Hans Maier auch am Beispiel des französischen Revolutionskalenders verdeutlicht.[13] Auf eine gründliche Auswertung der Protokolle des revolutionären Nationalkonvents gestützt, zeichnet er die Entstehung eines „autonomen Zeitgefühls" nach, das mit einem Gegenentwurf zur christlichen Zeitrechnung auftrumpfte. Von der Zählung der Jahre bis zur Einteilung der Woche, von der Gliederung der Arbeitszeit bis zum Rhythmus der Feste und Feiern schufen die Revolutionäre gleichsam eine neue, eine eigene Zeit – bis die christliche Zeitrechnung 1805 in Frankreich zurückkehrte. Hans Maiers Studien zur Kategorie der Zeit machen darauf aufmerksam, dass es neben der kalendarischen Zeit stets auch sozialkulturell bestimmte Zeitvorstellungen gibt und dass diese auch selbst als Triebkraft der Geschichte wirken können.

2. Ad fontes!

„Ad fontes – Zurück zu den Quellen": Dieser Leitsatz der frühneuzeitlichen Humanisten lässt sich bekanntlich auf das Kerngeschäft der Historiker übertragen, denn historische Erkenntnis ist immer auch quellenabhängig. „Der Historiker denkt sich in eine Geschichte hinein, die schon existiert", sagt Hans Maier, fügt aber hinzu, das sei „sehr vereinfacht gesprochen".[14] Denn sie existiert allein in den Überlieferungsspuren der Vergangenheit, bevor der Geschichtsschreiber ihr mit seinen eigenen Konstitutionsleistungen neues Leben einhaucht. Wie man geeignete Spuren = Quellen finden, sie mit Fragen zum Sprechen bringen und ihr Beziehungsgefüge erschließen kann, dafür bietet sein wissenschaftliches Oeuvre glänzende Beispiele. „Revolution und Kirche", das Meisterstück über die Frühgeschichte der Christlichen Demokratie seit der französischen Revolution von 1789, beruht auf der Auswertung einer Fülle zeitgenössischer Quellenzeugnisse, insbesondere in den Fundgruben der Nationalbibliothek Paris. Das fundamentale Werk über die Staats- und Verwaltungslehre in den Territorien des Alten Reiches basiert auf der Entdeckung einer Quellengattung, die zuvor fast verschollen war. „Zu den Quellen zurückgehen": So lautete auch ein Leitsatz des von Hans Maier geleiteten

---

13 Über revolutionäre Feste und Zeitrechnungen, in: GS I, S. 271-292.
14 GS III, S. 280.

Forschungsprojekts „Totalitarismus und politische Religionen", das der Geschichte von Deutungskonzepten zur Erfassung moderner Gewaltregime nachspürte.[15]

Bei seiner charakteristischen Nähe zu Kunst und Literatur überrascht es nicht, dass Hans Maier auch visuelle (Bild, Film) und literarische Zeugnisse, insbesondere den Roman als Geschichtsquelle zu schätzen weiß: In „kaum einem Roman der letzten 200 Jahre, der literarische Qualität beansprucht, fehlt das Element des Zeitgenössischen, Zeitgeschichtlichen: fast jeder muss daher dem Historiker als Quelle nützlich, kostbar, unersetzlich sein".[16]

Die Forschung durch Quelleneditionen zu fördern, auch daran liegt ihm. Das bezeugt die voluminöse „Bibliothek des deutschen Staatsdenkens", die er mit Michael Stolleis herausgegeben hat.[17] Besondere Hervorhebung verdient zudem die Publikation des von Hannah Arendt hinterlassenen „Denktagebuchs" (1950 bis 1973), das im Rahmen des vorhin erwähnten Forschungsprojekts editorisch bearbeitet wurde.

Interessant sind Hans Maiers Hinweise auf „unerwartete Funde" bei den Quellenrecherchen. So überraschte es ihn, den bis heute ältesten greifbaren Beleg für den Begriff „Christliche Demokratie" ausgerechnet in den Parlamentsakten der Französischen Revolution zu finden, und zwar in einer Stellungnahme des Bischofs von Lyon (1791). „Fast zufällig"[18] kam er bei der Lektüre französischer Polizeischriften – schwerer Folianten, 1705-1719 erschienen, von Saaldienern der Nationalbibliothek zu seinem Arbeitstisch gebracht – einem Thema auf die Spur, das er dann zu dem großen Werk über die ältere deutsche Staats- und Verwaltungslehre ausbaute. Solche Erfahrungen ermuntern zu historischer Neugierde und zur Offenheit gegenüber unvermuteten Quellenaussagen! Aber man beachte das einschränkende „fast". Denn mit „bloßem Herumtappen" ist es zumeist nicht getan.[19] Nur „auf dem Boden ganz harter Arbeit bereitet sich" – Max Weber zufolge – „normalerweise der Einfall vor", und dies gilt in der Regel auch für das Finderglück.[20]

---

15 Jahre, S. 324. – Zu diesem Projekt vgl. den Beitrag von Henning Ottmann in diesem Band.
16 Vgl. z. B. Die politischen Religionen und die Bilder, in: GS II, S. 199-212; GS V, S. 299 (Film); Der Roman als Geschichtsquelle: Hermann Lenz, in: GS III, S. 281-290, Zitat S. 282.
17 Vgl. dazu den Beitrag von Michael Stolleis in diesem Band.
18 GS IV, S. 9.
19 Um Immanuel Kants Lieblingswort zur Kennzeichnung einer von ihm verworfenen Arbeitsweise zu zitieren. Vgl. z. B. Kritik der reinen Vernunft, hrsg. von Wilhelm Weischedel, Bd. 1, Frankfurt/M 1996, S. 20, 22, 24, 33.
20 Max Weber, Wissenschaft als Beruf, in: Ders., Gesammelte Aufsätze zur Wissenschaftslehre, hrsg. von Johannes Winckelmann, 7. Aufl. Tübingen 1988, S. 582-613, Zitat S. 589f.

3. Geschichte ist immer auch Sprachgeschichte

Es bedurfte nicht erst des „linguistic turn", um Hans Maier auf die hohe Bedeutung der Sprache als Indikator und Faktor politisch-sozialen Wandels aufmerksam zu machen. Während des Studiums beeindruckte ihn der Historiker Franz Schnabel, der „die Sprechweisen der Zeit" zu analysieren verstand.[21] Bei Hugo Friedrich, einem seiner philologischen Lehrer, lernte er, wie man Worte und ganze Wortfelder untersuchen kann. Und seine akademischen Qualifikationsschriften, 1959 und 1966 erschienen, wandten eine Methode an, die später unter dem Titel Historische Semantik einen großen Aufschwung in der Geschichtswissenschaft erlebte. Beide Schriften spüren nämlich der Historizität von Begriffen nach: „Christliche Demokratie" im einen Fall, „Policey" (als staatliches Ordnungsdenken) im anderen. So wird deutlich, welche Erfahrungen, Absichten und Sachverhalte damit sprachlich gespeichert wurden, wie sich die Aussagekraft im Zeitverlauf veränderte und welche Neben- und Gegenbegriffe emporkamen. Wie oben bereits erwähnt, führte diese Methodik ihn mit dem Artikel „Demokratie" in den Autorenkreis des Standardwerks zum Wandel der politisch-sozialen Sprache in Deutschland. Das in den frühen 1990er Jahren auf den Weg gebrachte Projekt „Totalitarismus und Politische Religionen" bezog ebenfalls eine historisch-semantische Frage ein: Wann und wo, von wem und wie sind die neuartigen Gewaltherrschaften des 20. Jahrhunderts ‚auf den Begriff gebracht' worden?

Sprache kann die Wahrnehmung der Wirklichkeit nicht nur spiegeln, sondern auch prägen und verändern: Das hat Hans Maier als politischer Akteur in den späten 1960er und den 1970er Jahren leibhaftig und heftig erlebt, als die Sprache der neuen Linken weithin dominant wurde. Die teilnehmende Beobachtung als Kontrahent im Kampf um die Besetzung von Begriffen hat sein Sensorium für die Macht der Sprache geschärft.[22] Im zeithistorischen Rückblick auf die Geschichte der Bundesrepublik konnte er daraus heuristischen Nutzen ziehen.[23]

„Die vielen Sprachen und die Eine Welt": Mit diesem Thema rückt Hans Maier die Globalisierung unter sprachgeschichtlichen Aspekten ins Blickfeld.[24] Da geht es vor allem um das Spannungsfeld zwischen Vereinheitlichungstendenzen (voran die Lingua Franca des Englischen) und dem gegenläufigen Prozess der Beharrung, sogar der weiteren Vervielfältigung von Sprachen – erkennbar an der wachsenden Zahl ‚autorisierter' Sprachen, an der inneren Pluralisierung von Sprachen und

---

21 Jahre, S. 76.
22 Vgl. u.a. Aktuelle Tendenzen der politischen Sprache, 2. Aufl. München 1974; Sprache und Politik. Essay über aktuelle Tendenzen. Briefdialog mit Heinrich Böll, Zürich 1977.
23 Insbesondere: Die Nachkriegszeit im Spiegel der Sprache, in: GS V, S. 325-333; vgl. auch den Abschnitt „Sprache und Zeitgefühl" in: Fortschrittsoptimismus oder Kulturpessimismus? Die Bundesrepublik Deutschland in den siebziger und achtziger Jahren, in: GS V, S. 296-324.
24 GS III, S. 330-351.

Sprechweisen und am Vordringen von Regio- und Soziolekten. Wo aber Einheit ist, wächst das Besondere auch, ließe sich (frei nach Hölderlin) sagen. Welche „sozialen, ethnischen, nationalen, religiösen Wirkkräfte" führen im Zeitalter der Vereinheitlichung zur „Selbstbehauptung durch Sprache"? Mit dieser Frage benennt und umreißt Hans Maier ein weites Feld für zeithistorische Forschungen.[25]

4. Sei übergriffig (was Fächer- und Ländergrenzen betrifft)

Die Historie gilt als „die anlehnungsbedürftigste und aufnahmefähigste" unter allen „humanities".[26] Denn nicht selten, ja fast immer hat sie es mit Problemlagen zu tun, zu denen auch etliche Nachbardisziplinen etwas Wichtiges zu sagen haben. Folglich hat Hans Maier das Hineinlangen in die Wissensspeicher anderer Fächer als „notwendige Übergriffe" bezeichnet.[27] Auch sein eigener Weg war immer wieder von solchen „Übergriffen" gekennzeichnet. Ging es bei „Revolution und Kirche" um eine enge Berührung mit der Theologie, so bei den Studien zur innenpolitischen Entfaltung des frühmodernen Staates um eine Liaison mit der Jurisprudenz und der Volkswirtschaftslehre. Als Adept der Rechtswissenschaften war Hans Maier so erfolgreich, dass seine rechtsgeschichtlichen Arbeiten am Ende sogar mit zwei juristischen Ehrendoktoraten belohnt wurden. Dass seine musikgeschichtlichen Untersuchungen im Blickkontakt mit Musikwissenschaftlern geschrieben wurden, versteht sich von selbst.[28] Bei den Studien zur Zeitrechnung kam es zu einem Flirt mit der Astronomie.

Um eine große, koordinierte Kooperationsleistung verschiedener Disziplinen handelt es sich bei dem bereits genannten Forschungsprojekt zu den politischen Religionen und dem Totalitarismus. Daran arbeiteten neben Historikern und Politikwissenschaftlern auch Philosophen, Theologen und Literaturwissenschaftler aus

---

25 GS III, S. 333, 335. An anderer Stelle verbindet Hans Maier die Aspekte ‚Exil und Sprache' und erläutert am Beispiel von Hans Sahl, dass die Sprache für Exilschriftsteller oft der einzige „Rückhalt" blieb, auf den sie sich verlassen konnten. Vgl. Die Überlegenheit des Verfolgten: Hans Sahl, in GS III, S. 275-280, Zitat S. 276. Immer wieder begegnet man in seinem weitverzweigten Werk sprachgeschichtlichen Blickwinkeln, vgl. z. B. zu Luther als Sprachschöpfer und zu den Wirkungen des Pietismus auf die Sprache der Klassik: Literatur und Konfession in Deutschland, in: Deutschland. Wegmarken seiner Geschichte, München 2021, S. 39-53 (im Folgenden zitiert als „Wegmarken").
26 Jürgen Osterhammel, Einleitung zur Neuausgabe, in: Moderne Historiker. Klassische Texte von Voltaire bis zur Gegenwart, hrsg. von Fritz Stern/Jürgen Osterhammel, München 2011, S. 43-65, Zitat S. 63.
27 Notwendige Übergriffe. Erfahrungen mit interdisziplinären Studien, in: Stimmen der Zeit, Jg. 2014/Heft 5, S. 313-325.
28 Hervorgehoben sei der kulturgeschichtliche Aspekt in: Die Orgel. Instrument und Musik, München 2015.

mehreren europäischen Ländern mit.[29] So ertragreich diese Zusammenarbeit auch war und so sehr Hans Maier interdisziplinär angelegte Forschung zu schätzen weiß, so rät er doch mit gutem Grund, „in einem Fach fest verankert zu ein, es gründlich zu beherrschen". Nur so erwerbe man genug handwerkliche Solidität und strukturiertes Wissen, um auch interdisziplinär verlässlich arbeiten zu können. Sonst drohe „zielloses Herumrühren im diffusen Stoff".[30] Oder anders gesagt: Sonst arbeitet man undiszipliniert.

Es muss kaum hervorgehoben werden, dass die „notwendigen Übergriffe" sich auch auf nationale Grenzen beziehen, die ja alles andere als Grenzen der Erkenntnis sind. Hans Maier hat mit Vorliebe den französischen Nachbarn im Blick. „Revolution und Kirche" spielt sich nahezu ganz im Frankreich des 19. Jahrhunderts ab, weil das 1789 und wieder 1830 und 1848 revolutionär erschütterte Land zum Versuchsfeld für die ersten Verbindungen von Kirche und Demokratie wurde. Die Studien zur älteren deutschen Staatslehre arbeiten Unterschiede (aber auch einen Sockel von Gemeinsamkeiten) im Vergleich mit der westlichen politischen Theorie heraus. „Totalitarismus und politische Religionen" behandelt Konzepte des Diktaturvergleichs, bezogen auf den sowjetischen Kommunismus, den italienischen Faschismus und den deutschen Nationalsozialismus.

5. Verdopple die Perspektiven

Was ist wichtiger in der Geschichte – die Macht der Verhältnisse oder das handelnde Subjekt und seine „Agency"? Ohne sich auf die Frontverhärtungen einzulassen, die sich im Rangstreit zwischen Wortführern der Historischen Sozialwissenschaft bzw. einer erneuerten Kulturgeschichte in dieser Frage ergeben haben, ist Hans Maier bestrebt, immer beide Perspektiven im Auge zu behalten und je nach der Sache, um die es geht, miteinander zu verbinden. Daher findet man bei ihm keinen „frostigen Strukturalismus",[31] also mehr oder minder menschenleere Strukturlandschaften, aber auch keine freischwebenden historischen Subjekte, die aus dem Bedingungsgefüge ihrer Umwelt herausgelöst sind. Die Wahrnehmungs- und Deutungsmuster der Akteure bleiben vielmehr auf die zeittypischen Umstände (im frühneuzeitlichen Fürstenstaat oder im revolutionären Frankreich, um bei diesen Hauptbeispielen zu bleiben) bezogen und wirken auf sie ein. Seine Aufsätze neigen

---

29 Totalitarismus und Politische Religionen. Konzepte des Diktaturvergleichs, Bd. I – III, hrsg. von Hans Maier (Bd. II mit Michael Schäfer), Paderborn 1996-2003 (englische Fassung: Totalitarianism and Political Religions, London/New York 2004-2007). Interessanterweise verliefen die Kontroversen am heftigsten zwischen Vertretern der Politik- und der Geschichtswissenschaft, vgl. Bd. II, Paderborn 1997, S. 191-197.
30 Notwendige Übergriffe, S. 323.
31 So seine ablehnende Formulierung in: Die Deutschen und die Freiheit. Perspektiven der Nachkriegszeit, München 1987, S. 212.

manchmal zur sozialwissenschaftlichen Seite hin; je mehr sie ins feuilletonistische Genre übergehen, um so mehr dominiert ein „Feuerwerk an kulturgeschichtlichen Aspekten".[32]

Eine Verdopplung von Perspektiven ergibt sich ferner aus dem Grundsatz, die Dinge möglichst immer von zwei Seiten zu betrachten, um Widersprüchen und Ambivalenzen auf die Spur zu kommen. So interessiert sich unser Autor einerseits für den revolutionären Wandel, andererseits und mit gleichem Nachdruck für die Widerlager des Überlieferten. Bei seinem großen Thema der „Policey" – Inbegriff der ‚Innenpolitik' des frühmodernen Staates – geht es um mobilisierende und fördernde Potentiale, aber auch um Zwang und kleinliche Reglementierungssucht, um „bindende" und „entbindende" Wirkungen.[33] Nicht ohne Zwiespalt betrachtet der Autor auch sein religionsgeschichtliches Lebensthema: „Religion ist nichts Harmloses. Sie hat gewinnende und schreckliche Züge, anziehende und abstoßende Seiten".[34] Ein anderes Beispiel: „Wer die Segnungen der Säkularisation preist, der darf von ihrem Vandalismus nicht schweigen".[35] Oder: „Das ist die Kehrseite der Sache".[36] Über seinem Werk schwebt sozusagen die Frage, ob es „nicht im Hauptbuch der Geschichte stets eine Gewinn- und Verlustrechnung gibt".[37] Der Autor neigt sehr zur Antwort Ja. Daher das stetige Argumentieren Pro und Contra, das Abwägen von Für und Wider. Aber an welchem Maßstab gemessen? Auch hier wird eine Dopplung erkennbar, nämlich die strikte Unterscheidung zwischen dem, was den Menschen von einst zu denken und zu wissen möglich war und dem, was der Historiker im Nachhinein besser erkennen kann.

Das beharrlich abwägende Nachdenken hat Hans-Peter Schwarz als Hans Maiers „dialektische Methodik" bezeichnet.[38] Er selbst hat gelegentlich von der Kunst der Gegenrechnung gesprochen und betont: „Die Balance der Fragestellung ist mir wichtig."[39]

---

32 Vgl. den Beitrag von Markus Zimmermann in diesem Band.
33 GS IV, S. 401.
34 GS II, S. 198.
35 Bezogen auf die Folgewirkungen des Reichsdeputationshauptschlusses von 1803: Wegmarken, S. 88.
36 GS II, S. 218.
37 Notwendige Übergriffe, S. 313.
38 Im Nachwort zu GS V, S. 345.
39 In seiner Rede zur Aufnahme in die Deutsche Akademie für Sprache und Dichtung (1976): https://www.deutscheakademie.de/en/academy/members/hans-maier/selbstvorstellung, 20.2.2020.

6. Vermittle Geschichte und Gegenwart. Aber treibe der Vergangenheit nicht das Befremdliche aus

„Die Gegenwart durch die Vergangenheit verstehen" – so hat Marc Bloch einen Grundimpuls des historischen Denkens bündig und programmatisch formuliert.[40] In Hans Maiers Werk ist dieser Impuls stark ausgeprägt. Dabei interessieren ihn vor allem langfristige Entwicklungslinien, die erkennen lassen, wie sich ältere Zeitschichten im Gefüge unserer Gegenwart abgelagert haben. Ein prominentes Beispiel sind die tief in die deutsche Geschichte eingelassenen föderalen Strukturen, ein anderes die „drei historischen Schichten"[41] im Verhältnis von Staat und Kirche, die auch damit zu tun haben, dass Deutschland als mehrkonfessionelles Land lange eine „historische Ausnahme"[42] war. In „Revolution und Kirche" geht es um den Eintritt des Katholizismus ins Zeitalter von Revolution und Demokratie und somit um Fragen, die zum Teil bis heute aktuell sind. Die ältere deutschen Staats- und Verwaltungslehre wird (nicht nur, aber auch) unter dem Gesichtspunkt der Genese des modernen Leistungs- und Wohlfahrtsstaats erörtert.

Solche Beispiele rücken Traditionslinien in den Blick, die unter freiheitlichen Verhältnissen anschlussfähig sind und diese stabilisieren können. Doch das ist nicht die einzige gegenwartsbezogene Perspektive. Eine andere richtet sich umgekehrt auf „Traditionsbelastungen" der Demokratie, insbesondere die lange Dauer obrigkeitsstaatlicher Strukturen in der deutschen Geschichte: Hans Maier wägt deren Leistungskraft in bestimmten historischen Phasen mit den Kosten des Mangels an politischer Freiheit und der zerstörerischen Wirkung von „vernunftlos geleistetem Gehorsam" ab.[43] Ein dritter Blickwinkel fördert verschüttete oder abgebrochene Traditionen zutage, die es wert wären, einen festen Platz im politisch-kulturellen Gedächtnis unserer Gegenwart zu erhalten.[44]

Die Historie soll der modernen Gesellschaft zeigen, wie sie zu dem geworden ist, was sie ist. Daraus leitet Hans Maier jedoch nicht unbedingt einen Vorrang, keinesfalls aber ein Monopol gegenwartsbezogener Gesichtspunkte ab. Vielmehr gesteht er dem „Ganz-Anderen"[45] in der Geschichte, dem Fremdartigen und Befremdlichen, ein eigenes Recht zu – gerade weil es sich den Sinnerwartungen der Gegenwart entzieht. Dass Menschen zu anderen Zeiten ganz anders gedacht, gefühlt und gehandelt haben als es uns heute (im jeweils eigenen Kulturkreis) selbstverständlich erscheint, dass sie dem Beobachter etwas entgegensetzen, was

---

40 Bloch, Apologie, S. 35.
41 GS V, S. 79.
42 Wegmarken, S. 11.
43 GS V, S. 32f.
44 Z. B. ältere genossenschaftliche Traditionen, an denen anzuknüpfen die demokratische Bewegung des 19. Jahrhunderts in Deutschland nicht mehr in der Lage war, GS V, S. 46.
45 Notwendige Übergriffe, S. 323.

die Anstrengung des Verstehens besonders herausfordert – darin sieht er eine wesentliche Dimension historischer Erkenntnis. Angeregt von der Neugier auf die Vielfalt des Menschlichen dient diese Art der Historie der Erweiterung des eigenen Horizonts durch Fremdheitserfahrung.

7. Gib der Geschichte Gesichter

Eine Reduktion der Geschichte auf „anonyme Verläufe und unpersönliche Strukturen" lehnt Hans Maier ab.[46] Davon war schon die Rede, siehe Regel Nr. 5. Ebenso hält er es nicht für richtig, die historischen Akteure lediglich als Inhaber von Rollen und Positionen, sozusagen als Merkmalsträger zu betrachten. Er fasst vielmehr auch die Individualität von Persönlichkeiten ins Auge – seien sie politisch oder ideengeschichtlich einflussreich, wegen ihrer subjektiven Erfahrungen beispielhaft oder (auch das gehört ja zur Geschichte) bedeutend in Kunst und Literatur.

So verdanken wir Hans Maier eindrucksvolle Porträts zum Beispiel von Jean Paul (und einer Zeit, in der die Familie als „Seelen- und Gemütsraum" hervortrat), von Mozart (und seinem Verhältnis zur Aufklärung), von Olaf Gulbransson (dem Karikaturenzeichner seiner Zeit), von Hans Sahl (mit dem Exil als „erlittener Geschichte") und Marieluise Fleißer (der „im Dritten Reich lebendig begrabenen" Schriftstellerin). Hier treten Personen der Geschichte einen Augenblick lang an die Rampe und lassen sich aus der Nähe betrachten.[47]

Oft genügen wenige markante Striche, um Personen anschaulich zu vergegenwärtigen. Da schreibt die Gründerfigur der deutschen Staatswissenschaft, der Reichsfreiherr Seckendorff, „mit würdigem Stolz", und im revolutionären Frankreich begegnen wir einem „nur theoretisch radikalen, in der politischen Praxis eher weichen und kompromissbereiten" Vordenker, Philippe Buchez.[48] Besonders scharf sind drei Diktatorenköpfe des 20. Jahrhunderts gezeichnet: Stalin mit der „grimmig-gefährlichen Bonhomie seines Gesichts", Hitler „mit glasigem Blick und fahlem Lächeln vor blutjungen Flakhelfern 1945" und Mussolini als „robuster, gefährlich lebender Führer mit Stiernacken und Römerschädel".[49]

So plastisch schreibt der Autor natürlich nicht im Übermaß, sondern wohldosiert und eher im essayistischen als im analytischen Kontext. Auch treibt er es mit der individualisierenden Betrachtung nicht zu weit; die strukturellen Bedingungen des

---

46 Jahre, S. 76 (darin dem Historiker Franz Schnabel zustimmend).
47 Mozart und die Aufklärung, in: Geschichtswissenschaft und Zeiterkenntnis. Festschrift zum 65. Geburtstag von Hans Möller, hrsg. von Klaus Hildebrand u.a., München 2008, S. 13-20. Alle anderen genannten Beispiele in GS III. – Hohe Porträtkunst findet man auch in: Begegnungen mit Schriftstellern 1944 - 1991, Heidelberg 1993 sowie im Erinnerungsband: Jahre.
48 GS V, S. 170 bzw. GS I, S. 201.
49 GS II, S. 201, 204f.

geschichtlichen Lebens behalten vielmehr ihr Gewicht. Aber Strukturen können nun einmal nicht handeln. Um Handel und Wandel in der Geschichte erfassen zu können, ist der Blick auf Akteure ganz unabdingbar. Und dabei ist man gut beraten, auch den ‚Faktor Persönlichkeit' im Auge zu behalten.

8. Was wäre wenn?

Der Historiker Alexander Demandt veranstaltete im Wintersemester 1983/84 ein Seminar über „ungeschehene Geschichte". Mit kontrafaktischen Fragen ging man denkbaren Alternativen zur tatsächlich geschehenen Geschichte nach. Das Berliner Wissenschaftliche Landesprüfungsamt war indes nicht gewillt, die den Seminarteilnehmern ausgestellten Scheine anzuerkennen. So verpönt war die Frage „was wäre, wenn" – nicht nur in Ämtern, auch in Kreisen professioneller Historiker.[50] Das hat sich inzwischen geändert. Sofern sie nicht in freies Fabulieren abgleiten, gelten solche Gedankenexperimente als legitime Methode, um den Möglichkeitshorizont zu vermessen, der sich in jeder historischen Entscheidungssituation abzeichnet. Als Ersatz für reale Experimente (die dem Historiker ja verwehrt sind, siehe Regel Nr. 1) können sie auch bei der Gewichtung von Kausalfaktoren helfen.

Hans Maier hat sich über die Hemmung, unverwirklichte Möglichkeiten zu bedenken, früh hinweggesetzt und ein Buch mit der Frage betitelt: „Welt ohne Christentum – was wäre anders?"[51] Den Blick auf „das Unterlegene, aber immerhin Denkbare, Mögliche in der Geschichte" hält er generell für eine aufschlussreiche Zugangsweise.[52] Das überzeugt vor allem deshalb, weil damit der Sinn für die Offenheit der Geschichte geschärft wird. Nichts was geschah, kam notwendig so. Immer gibt es Entscheidungsspielräume und kontingente Faktoren; alles hätte wenn nicht ganz, so doch zu beträchtlichen Teilen auch anders kommen können. Dementsprechend groß ist die Unvorhersehbarkeit im Gang der Geschichte – man denke nur an die Verblüffung, mit der die meisten Zeitgenossen die politischen Umbrüche in Deutschland und der Welt um 1990 zur Kenntnis nahmen. Alternative Möglichkeiten zu bedenken, schützt vor teleologischen Fehlschlüssen und macht "allen idealistischen oder materialistischen Gesamtkonstruktionen der Geschichte"[53] den Garaus. Außerdem: Im Maße der möglichen Optionen tritt das Element der Freiheit menschlichen Handelns hervor, somit auch die Verantwortung derer, die so oder so gehandelt haben.

---

50 Alexander Demandt, Ungeschehene Geschichte. Ein Traktat über die Frage: Was wäre geschehen, wenn...?, 4. ergänzte Aufl. Göttingen 2005, S. 10.
51 Freiburg i. Br. 1999, seither mehrere Neuauflagen.
52 Notwendige Übergriffe, S. 315.
53 Wie Anm. 1.

9. Vom Wert der Wertorientierung

Max Webers so berühmtes wie umstrittenes Postulat der „Werturteilsfreiheit" der Wissenschaft stand in der Freiburger Schule, von der eingangs die Rede war, nicht hoch im Kurs. Auch Hans Maier wusste Weber zwar als „großen Lehrer der Nüchternheit"[54] zu schätzen, verwahrte sich jedoch von Anfang an gegen die rigorose Vertreibung der Ethik aus dem Kanon seines Fachs wie auch der Historie. Dabei hat der liberalkonservative Geist und katholische Demokrat – so wird man Hans Maier wohl bezeichnen können – nie ein Hehl aus seinen eigenen Wertorientierungen gemacht, diese vielmehr markant vertreten und produktiv eingesetzt.

Das gilt zunächst in heuristischer Hinsicht. Viele seiner Themen und Fragen entsprangen eben dieser Werthaltung. Bezogen auf sein Lebensthema Kirche und Demokratie, Kirche und Moderne, ist das evident. Auch die intensive Auseinandersetzung mit dem Nationalsozialismus und anderen Gewaltregimen des 20. Jahrhunderts verdankt sich einem normativen Impuls. Daher die bohrende Frage nach religiösen oder religionsähnlichen Elementen in den modernen Totalitarismen,[55] daher seine Beiträge zur Wissenschaftsgeschichte in der NS-Zeit und – immer aufs Neue – zur Widerstandsforschung,[56] daher die Überprüfung deutscher Traditionen auf den Grad ihrer Diskreditierung, aber auch – wie immer abwägend – ihrer fortgeltenden Kraft. Den Gegenpol zur Befassung mit der NS-Zeit bildet der Blick auf den historischen Rang des Grundgesetzes und der Menschenrechte.[57]

Es geht aber nicht allein um das Finden von Fragen und Themenfeldern, sondern auch um die Bildung historischer Urteilskraft und die Vermittlung von Orientierungswissen im politisch-gesellschaftlichen Diskurs. Auch dazu bedarf es einer Wertebasis, wenn man nicht im Modus von Wenn-dann-Aussagen stecken bleiben möchte. Wäre es denn sinnvoll (und überhaupt sprachlich möglich), ‚werturteilsfrei' über Regime zu sprechen, die – wie der Nationalsozialismus – „ein überdimensionaler Landfriedensbruch, ein Exzess an Gewalt und Irrationalität"[58] waren? Oder wenn es sich um politische oder soziale Errungenschaften handelt: erschließt nicht eigentlich erst die Wertung den Kern des Phänomens? Und würde die Geschichtswissenschaft nicht an kritischem Potential verlieren, triebe man ihr die normativen Gesichtspunkte aus?[59] Gewiss, die eigenen Wertungen dürfen nicht

---

54 GS V, S. 212.
55 Die wichtigsten einschlägigen Beiträge sind gesammelt in GS II.
56 Vgl. zuletzt Hans Maier (Hrsg.), Die Freiburger Kreise. Akademischer Widerstand und Soziale Marktwirtschaft, Paderborn 2014; Das „Dritte Reich" im Visier seiner Gegner, in: Wegmarken, S. 137-161.
57 Vgl. u.a. Die Deutschen unter dem Grundgesetz, in: Wegmarken, S. 162-185; Menschenrechte. Eine Einführung in ihr Verständnis, Kevelaer 2015.
58 GS II, S. 139.
59 Eine Zusammenstellung triftiger Einwände gegen das Postulat der Werturteilsfreiheit bei Henning Ottmann, Geschichte des politischen Denkens, Bd. 4: Das 20. Jahrhundert, Stuttgart 2010, S. 58-60.

auf Kosten der methodischen Rationalität der historischen Forschung gehen. Sie dürfen auch nicht eingeschmuggelt oder verschleiert, sondern müssen offengelegt und begründet werden. Genau so verfährt der engagierte Gelehrte Hans Maier: Er exponiert seine ethisch-politischen Normen, nimmt markante Positionen ein und setzt sie somit auch ihrerseits einer Diskussion aus.

10. Clio ist eine Muse

Clio ist bekanntlich die Muse der Geschichte, und die Historie galt lange als Kunst, vor allem als Sprachkunst. So war es durchaus angebracht, dass der Nobelpreis für Literatur anno 1902 an einen Historiker ging: Die Schwedische Akademie zeichnete damit Theodor Mommsen aus, den Autor der monumentalen „Römischen Geschichte". Die Masse der historischen Publikationen scheint allerdings von einer eher bescheidenen literarischen Qualität gewesen zu sein, jedenfalls sah sich Karl Kraus, der Aphoristiker, zehn Jahre später zu einer bissigen Definition veranlasst: „Was ist ein Historiker? Einer, der zu schlecht schreibt, um an einem Tagesblatt mitarbeiten zu können."[60] Und wie steht es damit in unserer Zeit? Der Schriftsteller Sten Nadolny äußert sich etwas bedrückt über die Lesbarkeit geschichtswissenschaftlicher Werke: „Wir ersehnen uns dabei etwas sprachliche Anmut, Spannung vielleicht, hoffen sogar (sehr heimlich), dass sich auch im Gemüt beiläufig etwas bewegen möge, damit das Lesen nicht gar so schiere Arbeit werde. Meistens wird es das aber doch".[61]

Bei Hans Maier eben nicht. Er bestreitet entschieden, dass die Wissenschaft ein Recht auf Unverständlichkeit besitze, rechnet ihr vielmehr eine öffentliche Bringschuld zu. Also sieht er sie in der Pflicht, ungeschmälerten wissenschaftlichen Anspruch auszubalancieren mit dem öffentlichen Anspruch auf angemessene Verständlichkeit. Das ist nicht leicht, aber seine Schriften bieten rühmliche Beispiele dafür, dass es gelingen kann – mit kompositorischem Geschick, einer leserfreundlichen Sprache, klar und prägnant, ohne überflüssiges Fremdwörtergeröll (man achte auf die Feinheiten seiner Wortwahl!) und mit der Fähigkeit, auch sehr komplexe Sachverhalte so durchsichtig zu machen, dass die Lektüre nicht gar so schiere Arbeit wird.

„Geschichtsschreibung ist Stilübung", meinte Theodor Fontane. Und er gab mit Bedacht den Rat, über dem Forschen das Erzählen nicht zu vergessen.[62] Nun wird es zwar nicht jeder Historiker so weit bringen können, dass er (wie unser Autor

---

60 Karl Kraus, Pro domo et mundo, München 1912, S. 52.
61 Sten Nadolny, Zur Sprache des Geschichts-Erzählers, in: In Memoriam Thomas Nipperdey, München 1994, S. 28-36, Zitat S. 28.
62 Notizzettel in Fontanes Nachlass, zitiert nach Gangolf Hübinger, Engagierte Beobachter der Moderne. Von Max Weber bis Ralf Dahrendorf, München 2016, S. 257, Anm. 64.

1976) in die Deutsche Akademie für Sprache und Dichtung aufgenommen wird. Aber wenn Hans Maier sagt „Für ein gutes, klares, womöglich sogar anmutiges Deutsch gehe ich meilenweit",[63] dann empfiehlt es sich für die Geschichtsschreiber, ein Stück des Weges mit ihm zu gehen.

---

63 https://www.kath-akademie-bayern.de/dokumentation/audios/audio/hans-maier.html, 18.2.2021.

Wenn Hans Maier eine „Deutsche Geschichte" geschrieben hätte
Über ein ungeschriebenes Buch

Peter Graf Kielmansegg

Der estnische Komponist Arvo Pärt hat ein Musikstück geschrieben, das den seltsamen Titel trägt „Wenn Bach Bienen gezüchtet hätte....". In überaus reizvoller Weise verwandelt diese Komposition Bach'sche Polyphonie in das Summen eines Bienenstocks. Sie taucht den Hörer in die Klangwolke eines musikgewordenen Bienenschwarms ein.

Ich will mich, gleichsam auf den Spuren von Arvo Pärt komponierend, an der Aufgabe versuchen, Hans Maier ein Werk zuzuschreiben, das sich in den Bibliotheken nicht findet: „Wenn Hans Maier eine 'Deutsche Geschichte' geschrieben hätte.....". Er hätte sie schreiben können. Er hat ja nicht nur als Freiburger Student Geschichte als Hauptfach gewählt, er ist auch in seinem weiteren wissenschaftlichen Leben als Politikwissenschaftler immer Historiker geblieben, ein historisch denkender, historisch argumentierender Politikwissenschaftler. In seinem wissenschaftlichen Oeuvre finden sich in dichter Fülle Fragmente einer ungeschriebenen deutschen Geschichte. Der Irrealis unseres Titels soll also nicht ankündigen, dass im Folgenden fröhlich phantasiert wird. Ich will dem Autor des nicht geschriebenen Werkes so nahe bleiben wie es geht.[1] Ganz ohne Phantasie freilich lassen sich die Konturen des imaginierten Buches nicht zeichnen.

Um der Phantasie nicht zu großen Raum zu geben, beschränke ich mich auf die Neuzeit. Zwar gehört der bedeutende Mediävist Gerd Tellenbach zu den akademischen Lehrern, die Hans Maier in seinem Lebensbericht besonders hervorhebt. Aber in Maiers eigenem Schrifttum ist das Mittelalter kaum präsent. Hier würde die Konstruktion, an der ich mich versuche, dann doch zu beliebig werden.

Herkunft prägt die Sicht auf die Welt und die Sicht auf die Geschichte im Besonderen. Hans Maier ist in Freiburg geboren und hat die ersten 30 Jahre seines Lebens, studentische Ausflüge nach München und Paris abgerechnet, in Freiburg gelebt. Er ist, heißt das, als Alemanne, als Badener groß geworden.

---

1 Ich stütze mich im Folgenden vor allem auf Hans Maier, Die Deutschen und ihre Geschichte, Gesammelte Schriften Band V, München 2010 (zitiert als „Schriften") und auf Hans Maier, Böse Jahre, gute Jahre. Ein Leben 1931ff., München 2011 (zitiert als "Jahre").

Freiburg war nach 1945, bis zur Gründung des Südweststaates, der sich dann Baden-Württemberg nannte, für ein paar Jahre sogar die Hauptstadt jenes kleinen Ländchens Baden, das von dem durch die Grenze zwischen der amerikanischen und der französischen Besatzungszone durchschnittenen größeren Baden des Deutschen Bundes, des Kaiserreiches, der Weimarer Republik geblieben war. Ein Restbaden, aber dieses Restbaden bewahrte die Erinnerung an die besondere Rolle, die Baden in der deutschen Geschichte des 19. Jahrhunderts gespielt hatte: Es war Vorreiter auf dem Weg der Herausbildung des Verfassungsstaates gewesen; dazu *die* deutsche Heimstätte des politischen Liberalismus; in der 48er Revolution Kämpfer für die Paulskirchenverfassung bis zuletzt, bis hin zum gewaltsamen, aussichtslosen Widerstand gegen die monarchische Gegenrevolution. Hans Maier hat diese Tradition durchaus bewusst in sein Bild von der deutschen Geschichte aufgenommen. Er vermerkt in seinen Erinnerungen, dass man im Centenarjahr 1948 – Maier war da ein 17-jähriger Gymnasiast – in Freiburg der Revolution von 1848/49 teilnehmend-stolz gedacht habe.[2]

Das Baden des 19. und frühen 20. Jahrhunderts war freilich ein ziemlich junges Gebilde, eine napoleonische Schöpfung, in der unter anderem das habsburgische Vorderösterreich und die Kurpfalz aufgegangen waren. Freiburg war Jahrhunderte hindurch der Vorort des habsburgischen Vorderösterreichs gewesen. Dem jungen Freiburger war auch diese ältere Vergangenheit durchaus gegenwärtig. Man war als Freiburger nicht nur seiner Stadt und dem Land Baden, man war auch dem Alten Reich verbunden. In der Summe heißt das: Seine Herkunft gab Hans Maier einen süddeutschen, genauer einen südwestdeutschen Blick auf die deutsche Geschichte mit, einen Blick, in dem das jüngere liberale Baden ebenso bestimmend präsent war wie das alte, 1806 untergegangene Reich mit seiner im europäischen Vergleich merkwürdig einzigartigen föderalen Ordnung. Andersherum gesagt: Seine Herkunft gab ihm ein Bild der deutschen Geschichte mit, das alles andere als borussisch war. Hans Maier hat sich denn auch als junger Student bei allem Respekt vor dem bedeutenden Historiker durchaus an Gerhard Ritter gerieben[3], der, von seinem Freiburger Lehrstuhl aus wirkend, zu seiner Zeit der führende Repräsentant der borussischen Tradition der deutschen Geschichtsschreibung war, einer auf den von Preußen geschaffenen und von Preußen geprägten deutschen Nationalstaat ausgerichteten Historiographie. Franz Schnabel, der nicht in dieser Tradition stand, bedeutete Hans Maier mehr als Gerhard Ritter. Er ist ihm in seinem Münchner Semester begegnet.

Hätte es ein Leitmotiv für unser imaginiertes Buch gegeben? Es könnte sich in Hans Maiers Lebenserinnerungen finden. Der Bericht über die Entstehung der von ihm initiierten „Bibliothek des deutschen Staatsdenkens" gibt ihm Anlass,

---

2 Jahre, S. 71.
3 Jahre, S. 71.

darüber nachzudenken, ob die Deutschen, verstört durch die Katastrophe, in die sie mündete, sich von ihrer Geschichte überhaupt abgewendet hätten. Er fragt: „Waren den Deutschen die älteren Epochen ihrer Geschichte gänzlich aus dem Blick geraten? Drohte uns alle Vergangenheit, die uns mit Europa verbindet, zur Vorgeschichte – und damit partiell zur Ungeschichte – zu werden?" Und antwortet dann sich selbst: „Ich bin überzeugt: In unserem Parlamentarismus und Föderalismus, unserem Rechts- und Sozialstaat sind viele ältere Züge unserer Geschichte aufbewahrt. Wir wissen es nur nicht. Gehörte es nicht zu den Voraussetzungen einer lebendigen politischen Kultur, sie wieder zu erschließen?"[4] Nehmen wir an, dass unser erdachtes Buch sich an dieser Aufgabe versucht.

Die Herkunftsprägung, von der eingangs die Rede war, begegnet uns besonders deutlich in der Schlüsselbedeutung, die Hans Maier dem Föderalismus für das Verständnis der deutschen Geschichte beimisst. Deutschland war, die zwölf dunklen Jahre abgerechnet, immer ein bündisches, ein föderal verfasstes Gemeinwesen – das ist für Hans Maier die vielleicht wichtigste Konstante der deutschen Geschichte. Sie hätte gut zum roten Faden einer „Deutschen Geschichte" aus seiner Feder werden können: das Alte Reich der frühen Neuzeit, ein in Europa einzigartiges Gebilde, hunderte von Herrschaften unterschiedlichen Zuschnitts, durch das Reichsrecht in einer ständischen Ordnung locker zusammengehalten unter einem nicht durch Macht sondern nur durch Würde ausgezeichneten Oberhaupt, dem Kaiser; der Deutsche Bund, mehr als ein Staatenbund und weniger als ein Bundesstaat, hervorgegangen aus Napoleons revolutionärer Intervention in die kleinteiligen territorialen Verhältnisse des Alten Reiches; das als Fürstenbund gegründete bundesstaatlich verfasste Deutsche Reich Bismarcks; schließlich die erste und die zweite Republik, Demokratien nun in bundesstaatlicher Gestalt – in dieser Sequenz bündischer Ordnungen hätte sich die deutsche Geschichte erzählen lassen. Nie, die Jahre 1933 bis 1945 abgerechnet, ist Deutschland von einem Zentrum aus, von einer einzigen souveränen Macht regiert worden – das wäre die Quintessenz dieser Erzählung gewesen.

Das Alte Reich ist Hans Maier vertraut und nahe, seit er in seiner Habilitationsschrift erforscht hat, wie das Reichsrecht an den deutschen Universitäten der frühen Neuzeit gelehrt wurde.[5] Er schreibt es stets mit großen A, und man kann aus dieser Schreibweise so etwas wie Respekt herauslesen. Dieser Respekt trifft sich mit einem Wandel der Einschätzung des Alten Reiches, der sich in der Historiographie in den letzten Jahrzehnten mit erstaunlicher Deutlichkeit vollzogen hat.[6] Lange Zeit war die Nationalstaatsbildung in Westeuropa das Muster gewesen,

---

4 Jahre, S. 328f.
5 Hans Maier, Die ältere deutsche Staats- und Verwaltungslehre (Polizeiwissenschaft), Neuwied/Berlin 1966.
6 Ein Beispiel: Joachim Whaley, Das Heilige Römische Reich deutscher Nation, Darmstadt 2014.

an dem man das Reich gemessen hatte. Anders als Frankreich, England, Spanien hatte das Reich es nicht zum Staat gebracht, schon gar nicht zum Nationalstaat. Sein Ende 1806 war, aus dieser Perspektive gesehen, der Endpunkt eines Weges ins Abseits. Inzwischen urteilt man differenzierter. Und knüpft damit in gewisser Weise an ältere Wahrnehmungen an. Die Zeitgenossen haben das Reich zwischen 1648 und 1806 keineswegs einmütig als langsam verfallendes, zum Untergang verurteiltes politisches Gebilde gesehen.

Auch Hans Maiers „Deutsche Geschichte" wäre freundlich mit dem Alten Reich umgegangen. Dass moderne Staatlichkeit sich nicht im Reich selbst sondern nur in seinen größeren Territorien ausgebildet hat, heißt nicht, dass das Reich in seinen letzten Jahrhunderten nur noch ein bedeutungsloses Decorum war. Es war eine auf das Recht gegründete Ordnung der Vielfalt, die – dazu wird gleich mehr zu sagen sein – insbesondere konfessionellen Frieden gewährleistete. Und deren Handlungsschwäche immerhin bedeutete, dass es nicht als aggressive Großmacht in Erscheinung treten konnte. Das 19. Jahrhundert hat gezeigt, wie schwierig es war, eine neue politische Gestalt für den mitteleuropäischen Raum zu finden. Das sagt, bei allen seinen Schwächen, etwas über die historische Legitimität des Alten Reiches aus. Hans Maier „Deutsche Geschichte" hätte dem Wandel in der Wahrnehmung des Alten Reiches neue Impulse gegeben.

Zu den Leistungen des Reiches zählt, das wurde eben bereits angedeutet, dass es früh schon, wenn auch unter großen Mühen, eine Art von konfessionellem Frieden gestiftet hat. Der erste Schritt war der Augsburger Religionsfrieden von 1555, der zweite der Westfälische Friede, der 1648 den Dreißigjährigen Krieg beendete; der in Augsburg geschlossene – allerdings auf Katholizismus und Luthertum beschränkte – konfessionelle Frieden hatte ihn und mit ihm die Verwüstung Deutschlands nicht verhindern können. Eine Parität zwischen den Konfessionen, dazu als Milderung des Prinzips „cuius regio eius religio", die Freiheit, mit Hab und Gut auszuwandern, hatte schon der Augsburger Religionsfrieden als Reichsrecht etabliert. Mit dem Westfälischen Frieden kam ein beträchtliches Maß an Toleranz auch innerhalb der Grenzen der reichsständischen Territorien hinzu. Damit wurde das Reich zu einem Großraum relativer Religionsfreiheit, der im übrigen Europa nicht seinesgleichen hatte. Zeitgenössische Beobachter, die von außen auf das Reich blickten, haben das durchaus wahrgenommen. Und das Reich als einen Hort der Freiheit gerühmt. Deutschland hat damit einen wesentlichen praktischen Beitrag zur Herausbildung der modernen Religionsfreiheit erbracht, die ihrerseits, historisch gesehen, Schlüsselbedeutung für die Menschenrechtsentwicklung überhaupt hatte.

Man darf annehmen, dass Hans Maier in seiner ungeschriebenen „Deutschen Geschichte" das von einem sehr frühen Zeitpunkt an rechtlich geregelte Nebeneinander der Konfessionen mit all ihren Folgen als ein wesentliches Charakteristikum eben dieser Geschichte herausgearbeitet hätte. „Von dem Gesetz des neuzeitlichen Staates (zumindest des Kontinentalstaates): 'Ein Staat – eine Religion' macht Deutschland die erste und weltgeschichtlich wichtigste Ausnahme, noch vor den USA. Nirgends auf der Welt hat man daher so lange Erfahrungen im Zusammenleben von Christen verschiedener Konfessionen als (sic) in unserem Land"[7] heißt es in einem Text zur Entwicklung des Verhältnisses von Kirche und Staat in Deutschland aus seiner Feder – Sätze, die andeuten, welche Bedeutung Hans Maier dieser Besonderheit für die Geschichte Deutschlands beimisst.

Die Nähe der Konfessionsgeschichte zum Föderalismusthema liegt auf der Hand. So wie die föderalistische Gliederung des Reiches in der ersten Phase für den Erfolg der Reformation entscheidend war, hat sie in der zweiten die Befriedung des konfessionellen Gegeneinanders möglich gemacht. Das Land, in dem die Kirchenspaltung ihren Ursprung hatte, wurde, weil keine Konfession sich als deutsche Nationalreligion durchzusetzen vermochte, auch zum ersten Land der Koexistenz der Konfessionen. Übrigens wird in Hans Maiers Sicht auf die Konfessionsgeschichte Deutschlands im Hintergrund auch wieder die Herkunftsprägung sichtbar. „Meine Schulzeit in Freiburg", schreibt Hans Maier in seinem Lebensbericht, „war für mich so etwas wie ein ökumenischer Grundkurs".[8] Im südlichen Baden waren das katholische Vorderösterreich und das evangelische Markgräflerland eng und kleinräumig benachbart.

Eine genaue Betrachtung der Entwicklung der Staatlichkeit in den Territorien des Reiches in der frühen Neuzeit hätte sich für Hans Maiers „Deutsche Geschichte" unmittelbar aus den zentralen Themen Föderalismus und Mehrkonfessionalität ergeben. In seinen Schriften, die wir nachlesen können, gilt dem aus der Reformation hervorgegangenen lutherischen Fürstenstaat eine besondere Aufmerksamkeit. Er war geprägt durch eine neuartige Verschmelzung von weltlichen und geistlichen Verantwortlichkeiten des Landesherrn. Ihm war ja nach der Lösung von der katholischen Kirche und ihrer geistlichen Hierarchie das Kirchenregiment übertragen worden, anfangs weil keine andere Autorität zur Verfügung stand, später, weil die Notordnung zur Gewohnheit geworden war. Mit dem Kirchenregiment fielen dem Staat Aufgaben zu, die bis dahin in den Händen der Kirche gelegen hatten, das Schulwesen etwa oder die Armenfürsorge. An den Kirchenordnungen, die in den Jahrzehnten nach der Reformation in den evangelischen Territorien des Reiches von den weltlichen Obrigkeiten erlassen wurden, ist das abzulesen. Eine Staatlichkeit mit einer umfassenden Wohlfahrtsverantwortung entstand. Und mit ihr ein Verständnis des Fürstenamtes, dass die Gemeinwohlpflichten des Fürsten betonte.

Es wäre von hohem Reiz gewesen, in Hans Maiers „Deutscher Geschichte" nachzulesen, wie der Autor im Vergleich dazu die Entwicklung in den katholischen

---

7 Schriften, S. 82.
8 Jahre, S. 364.

Territorien des Reiches dargestellt hätte. Hat sich in ihnen eine andere Art von Staatlichkeit, ein anderes Verständnis des Fürstenamtes ausgebildet? Das sind, jedenfalls für unseren Versuch, offene Fragen. Die Reichsstädte hätten ihr eigenes Kapitel erhalten müssen. In jedem Fall aber wäre es wohl bei dem resumierenden Urteil geblieben, dass jener ungebundene Absolutismus, der sich in Frankreich durchgesetzt hat, in Deutschland auf Schranken stieß. Gern hat Hans Maier zur Charakterisierung des Alten Reiches die stolze Feststellung zitiert, die Ludwig von Seckendorff in seinem Kompendium „Teutscher Fürstenstaat" (1656) trifft: „Wir wissen, Gottlob, in Teutschen Landen von keiner solchen Macht, welche von einem einigen (=einzigen) Menschen im Lande, der sich für den Obersten hielte, und die meiste Gewalt mit oder ohne Recht hätte über die andern alle, zu seinem Nutz und Vortheil, nach seinem Willen allein geführet und ausgeübet würde, wie etwa ein Herr über seine leibeigne Knechte und Mägde zu gebieten pflegt, und ihnen bald dieses, bald jenes, was ihm in seinem Hause Nutzen bringet, oder worzu er Belieben trägt, anschaffet."[9] Dieser Satz hätte wohl auch in Hans Maiers ungeschriebener „Deutscher Geschichte" seinen Platz gefunden. Zwar wurde auch in Deutschland die ständische Mitbestimmung in den Territorialherrschaften weitgehend oder ganz zurückgedrängt. Aber diese Herrschaften blieben doch eingebunden in eine höhere ständische Ordnung, in eine Verfassung wie man auch sagen könnte, die des Reiches.

Man hat auf der Suche nach Ursachen für den Absturz der deutschen Geschichte in die Katastrophe der Hitler-Jahre den Deutschen oft den Vorwurf gemacht, sie hätten eine erfolgreiche Revolution nicht zustandegebracht. Darin liege das Verhängnis der deutschen Geschichte. Hans Maiers Bilanz der frühneuzeitlichen Staatsentwicklung in Deutschland hätte (und hat) dieser These zumindest einen Gegenakzent entgegengesetzt. Hat die Tatsache, dass die Deutschen die Französische Revolution nicht nachvollzogen haben, so fragt er, nicht auch damit zu tun, dass sie, alles in allem, in den Jahrhunderten zuvor besser regiert worden sind als die Franzosen? Und hing nicht auch noch 1848/49, so könnte man weiterfragen, die Stärke, mit der sich das ancien régime nach dem ersten Schock gegen die Revolution behauptete, damit zusammen, dass das liberale Bürgertum sich von der Notwendigkeit des revolutionären Bruchs mit dem ancien régime nicht überzeugen konnte? „Vielleicht", heißt es bei Hans Maier in dem Aufsatz „Der Bürger im Obrigkeitsstaat", „ist es das Unglück des deutschen Bürgertums gewesen, dass es bis tief ins 19. Jahrhundert hinein überwiegend von einer guten, pflichtbewussten, väterlich besorgten und aller Tyrannei abgeneigten Obrigkeit regiert wurde."[10]

Aber Preußen – wie fügt sich Preußen in diese Deutung des Alten Reiches und seiner Staatenwelt ein? Hans Maiers Bild der deutschen Geschichte, das ist schon

---

9   Schriften, S. 170.
10 Schriften, S. 31.

gesagt worden, ist kein borussisches. Es ist aber auch kein scharf antiborussisches, obwohl in einer „Deutschen Geschichte" aus seiner Feder die preußenkritischen Akzente vermutlich überwogen hätten. Vom späten 17. Jahrhundert an, den Zeiten des Großen Kurfürsten, wurde Brandenburg-Preußen immer mehr zu einem Sonderfall in Deutschland, ein Militärstaat, der auf eine schmale materielle Basis ein Maximum an militärischer Stärke zu gründen versuchte und Staat und Gesellschaft mit eiserner Konsequenz auf dieses Ziel ausrichtete. Mit dem Angriff Friedrichs des Großen auf das österreichische Schlesien geht der Militärstaat Preußen dann auch zu einer neuen Art von Machtpolitik über. Er bricht aus der Eingebundenheit in das Reichsgefüge aus, durch die Tat wie durch den Geist, der hinter der Tat steht. Bis 1918 ist die Dominanz des Militärischen in Staat und Gesellschaft von nun als das Charakteristikum Preußens schlechthin allgemein wahrgenommen worden.

Aber der Militärstaat Preußen war nicht das ganze Preußen. Es gab auch den Kulturstaat Preußen – insofern ist die Formel vom „Sparta des Nordens" irreführend. Das wird schon in der Figur Friedrichs II. selbst sichtbar. Und bestätigt sich auf vielfältige Weise im 19. Jahrhundert. Der Sonderweg Preußens, der das Land im 18. Jahrhundert aus dem Reich hinausführte, auf einen – zunächst bescheidenen – Platz unter den Großmächten Europas, wäre, dafür spricht vieles in seinen verfügbaren Texten, von Hans Maier gerade in seiner Ambivalenz nachgezeichnet worden.

Lässt sich irgendwo auf dem Weg Deutschlands in die Katastrophen des 20. Jahrhunderts der Punkt einer Peripetie, eines Umschlages ausmachen – diese Frage drängt sich bei einer freundlichen Beurteilung der älteren deutschen Verhältnisse auf. Warum gab es keine kontinuierliche Entwicklung aus den vormodernen Freiheits- und Rechtstraditionen, die Hans Maier im Alten Reich vielfältig vorfindet, heraus zum freiheitlichen Verfassungsstaat der Moderne? Die Auseinandersetzung mit dieser Frage hätte gut zu einem der Schwerpunkte in Hans Maiers „Deutscher Geschichte" werden können.

Oft wird das Scheitern der Revolution von 1848/49 als das Schlüsselereignis der deutschen Geschichte des 19. Jahrhunderts gesehen. Für Hans Maier, und natürlich nicht nur für ihn, hat dieses Scheitern viel damit zu tun, dass die Revolution zwei Aufgaben gleichzeitig zu bewältigen hatte, von denen schon jede für sich genommen nur unter günstigsten Bedingungen lösbar gewesen wäre: die Schaffung eines deutschen Nationalstaates und die Schaffung eines freiheitlichen Verfassungsstaates. Die großen westeuropäischen Nationalstaaten hatten den ersten Entwicklungsschritt längst getan, als der zweite anstand. Anders in Deutschland. Gegen die Modernisierung in beiden Gestalten stand bis weit ins 19. Jahrhundert hinein das ancien régime in seiner besonderen deutschen Ausprägung. Und es erwies sich jedenfalls in den beiden Vormächten des Deutschen Bundes, Österreich und Preußen, als stärker als die Revolution es erwartet hatte, während die revolutionären

Kräfte auf der anderen Seite durch den rasch aufbrechenden Dissens zwischen einer demokratisch-doktrinären Linken und dem kompromissbereiten Bürgertum schwächer waren, als sie im ersten Überschwang gemeint hatten. Die Habsburger Monarchie im besonderen stellte zudem das nationalstaatliche Programm der Paulskirche vor ein, wie sich zeigen sollte, auf friedlichem Weg nicht lösbares Dilemma: Sie ließ sich in einen deutschen Nationalstaat nicht einfügen, wollte ihre Zugehörigkeit zu „Deutschland" aber auch nicht preisgeben. Selbst wenn die deutsche Revolution ihre Probleme hätte lösen können: Ob die das Geschehen misstrauisch beobachtenden europäischen Nachbarn 1848/49 die Gründung eines mächtigen Nationalstaates in Mitteleuropa zugelassen hätten, steht dahin.

Aber es scheint, als sei das Scheitern von 1848/49 für Hans Maier noch nicht der Wendepunkt, für den andere es halten. Eine Konstitutionalisierung der Monarchie nach englischem Vorbild sei auch nach dem Scheitern der 48er Revolution eine Möglichkeit geblieben, heißt es in dem Aufsatz „Das Freiheitsproblem in der deutschen Geschichte"[11], ohne dass genauer gesagt würde, von welcher Monarchie hier die Rede ist: der preußischen, der österreichischen, der kleindeutsch-preußischen Bismarcks. Ist also erst die Bismarck'sche Reichsgründung, die den Nationalstaat nach drei von Preußen siegreich durchgefochtenen Kriegen zwei Jahrzehnte nach der gescheiterten Revolution als Fürstenbund schuf, der Wendepunkt? Auf der einen Seite hat Bismarcks Reichgründung das ancien régime in Deutschland zweifellos noch einmal nachhaltig gestärkt. Der monarchische Staat hatte vollbracht, woran die Revolution gescheitert war. Aber, das ist die andere Seite, mit der Verfassung des Norddeutschen Bundes, dann des Deutschen Reiches wurde ja eine Art von konstitutioneller Monarchie geschaffen, sogar mit einer kräftigen demokratischen Komponente in Gestalt des Reichstages, einem Parlament, das seinen vollen Anteil an der Gesetzgebung, auch das Budgetrecht besaß und in allgemeinen, gleichen – wenn auch auf Männer beschränkten – Wahlen bestellt wurde. So weit war England zu diesem Zeitpunkt noch nicht, hatte dafür freilich die Entwicklung zur parlamentarischen Regierungsweise, der sich das Bismarck-Reich bis 1918 hartnäckig verweigerte, beinahe schon abgeschlossen. Dass mit der preußischen Reichseinigung alle Wege eines allmählichen Verfassungswandels nach englischem Muster abgeschnitten gewesen wären, ist also nicht gesagt. Und Hans Maiers „Deutsche Geschichte" hätte es wohl auch nicht gesagt.

Wer wie Hans Maier die deutsche Geschichte als offen begreift, nicht als Sequenz von Fehlentwicklungen, die notwendig in das Jahr 1933 münden mussten, tut das, weil er Geschichte grundsätzlich nicht deterministisch deutet, sondern jedem geschichtlichen Augenblick eine begrenzte Zukunftsoffenheit zuschreibt. Aber auch ein solches Geschichtsverständnis muss erklären, warum es so gekommen ist, wie es gekommen ist; warum, auf unseren Fall bezogen, Hitler und seine

---

11 Schriften, S. 50.

Bewegung in der Weimarer Republik stark wurden und sich schließlich des Landes für zwölf Jahre mit unvorstellbar katastrophalen Folgen für ganz Europa bemächtigten. Niemand wird bei den Intrigen der letzten Tage vor dem 30. Januar 1933 stehen bleiben wollen. Aber wie weit soll man zurückgehen? Hans Maier gehört nicht zu jenen Historikern, die geneigt sind, in der ganzen neueren deutschen Geschichte vor allem nach der Vorgeschichte des Dritten Reiches zu suchen. Für ihn, so darf man deshalb annehmen, würde wohl die letzte Phase, der Erste Weltkrieg, sein Ausgang, die Weimarer Jahre selbst, ins Zentrum der Aufmerksamkeit rücken, wenn es darum geht, den Absturz der deutschen Geschichte, der sich 1933 ereignete, zu erklären.

Das heißt nicht, dass Entwicklungslinien, die weiter zurückführen, aus dem Blick gerieten. Aber gerade über den oft als eigentliche Wurzel späteren Übels beschworenen deutschen Obrigkeitsstaat urteilt Hans Maier sehr differenziert. Das kann uns nach dem bereits Gesagten nicht verwundern. Die Obrigkeiten des deutschen Fürstenstaates der frühen Neuzeit waren in der Regel eben keine nackt absolutistischen, einer machiavellistischen Staatsräson verpflichteten, sondern religiös gebunden, durch eine ausgeprägte Pflichtenethik auf das Gemeinwohl festgelegt. Freilich: Eben weil es so war, bildete sich eine Tradition des auf Vertrauen gegründeten unbedingten Gehorsams gegenüber der Obrigkeit, der selbstverständlichen Unterwerfung unter die Autorität des Staates aus, die Hitler für seine totalitäre Herrschaft dann nutzen konnte.

Hans Maiers Satz „Der Obrigkeitsstaat war nicht Hitler, er war Hitlers unzulänglicher Gegenspieler"[12], auf den der Leser in diesem Zusammenhang stößt, ist nicht leicht zu verstehen. Gemeint ist wohl: Die Tyrannis Hitlers war nicht die Steigerung des älteren deutschen Obrigkeitsstaates bis zu seiner extremsten Ausprägung. Sie verkehrte dessen Traditionen in gewissem Sinn sogar in ihr Gegenteil. Aber eben diese Traditionen haben, das ist die andere Seite, die Bürger, Beamten, Soldaten unfähig gemacht, die Tyrannis als das zu erkennen, was sie war, und ihr entgegenzutreten. Dabei hätten sie sogar Hilfestellung leisten können, etwa weil sie Obrigkeit nie anders denn als rechtsgebunden verstanden hatten.

Ein nachdenkliches – in die Form einer Frage gekleidetes – Fazit seiner Auseinandersetzung mit dem Dilemma, mit dem uns die deutsche Geschichte, wenn wir sie nicht deterministisch verstehen, konfrontiert, hat Hans Maier bereits in dem frühen, schon zitierten Aufsatz „Der Bürger im Obrigkeitsstaat" formuliert. Dieses Fazit könnte sich in der hier imaginierten „Deutschen Geschichte" wiederfinden: „Man könnte das deutsche Problem in einem Paradox formulieren. Wieviel trägt Treue, Loyalität, vernunftlos geleisteter Gehorsam nicht zur Festigung sondern zur

---

12 Schriften, S. 32.

Zerstörung des Gemeinwesens und wieviel trägt Illoyalität und Widerstand zur Stabilisierung des Gemeinwesens bei?"[13]

Die Suche nach dem, was Hitlers Herrschaft über Deutschland möglich gemacht hat, wird umso mehr zur Spekulation, je weiter sie in die deutsche Geschichte zurückgreift. Die Frage nach den Gründen des Scheiterns der Weimarer Republik dagegen ist konkret, über Antworten kann ganz unspekulativ diskutiert werden. Hans Maier würde gewiss nicht leugnen, dass die Umstände, unter denen die Republik ins Leben trat – die Geburt aus der Niederlage, die Demütigung durch den Versailler Vertrag – und die Krisen, die sie dann trafen – von der Inflation bis zur Weltwirtschaftskrise, gewichtig in Rechnung zu stellen sind. Aber ihn interessiert vor allem die Frage, inwieweit es sich um ein „selbstverschuldetes" Scheitern handelte. Das Weimarer Kapitel seiner „Deutschen Geschichte" wäre also im Kern wohl eine demokratiegeschichtliche Analyse gewesen. Hans Maier urteilt durchaus kritisch über die Verfassung – entgegen einem neueren Trend unter Historikern wie Juristen, sie von alten Vorwürfen eher freizusprechen[14].

Das Demokratieverständnis der Weimarer Verfassung, so Hans Maier, sei wirklichkeitsfremd gewesen.[15] In der Tat hatte der Versuch, das Prinzip der Volkssouveränität so konsequent wie nur irgend möglich in Verfassungsregeln zu übersetzen, etwas Doktrinäres. Entscheidender dafür, dass die Weimarer Republik die Probe extremer Belastung am Ende nicht bestand, war aber doch wohl, auch für Hans Maier, dass die Parteien die Aufgabe, die ihnen in der Republik zugefallen war, nicht annahmen: die Aufgabe zu regieren. Sie verharrten in der Rolle, in die sie sich im Kaiserreich eingeübt hatten; sie blieben Vertreter partikularer Interessen *gegenüber* der Regierung. Sie begriffen nicht, wollten nicht begreifen, dass ihre erste und wichtigste Aufgabe in der neuen Demokratie war, eine handlungsfähige Regierung zu bilden und im Amt zu halten. Sie begriffen auch nicht, dass Kompromissbereitschaft eine für die Demokratie lebenswichtige Tugend ist. Das Präsidialregime, in dem die Weimarer Republik endete, war in gewissen Sinn die logische Konsequenz des Selbstverständnisses der Weimarer Parteien. Dass der Reichspräsident, dem sie von 1930 an das Regieren überließen, kein Interesse an der Bewahrung der Republik hatte, konnten sie wissen.

Und was lässt sich über das letzte Kapitel von Hans Maiers ungeschriebener „Deutscher Geschichte" vermuten, das Kapitel über die zweite deutsche Demokratie? Wäre es überhaupt geschrieben worden? Hans Maier gehörte ja selbst zu den Akteuren auf der politischen Bühne dieser Demokratie, er war 16 Jahre lang einer ihrer einflussreichsten Kulturpolitiker und wäre beinahe Bundespräsident geworden. Er hätte dieses letzte Kapitel also nicht nur als Historiker geschrieben,

---

13 Schriften, S. 33.
14 Ein Beispiel: Horst Dreier/Christian Waldhoff (Hrsg.), Das Wagnis der Demokratie. Eine Anatomie der Weimarer Reichsverfassung, München 2018.
15 Schriften, S. 53.

sondern als ein Miterlebender und Mitgestaltender. Aber geschrieben hätte er es ganz sicher. Ohne einzubeziehen, was in den zwei, bald drei Menschenaltern, die seit 1945 vergangen sind, in Deutschland und mit Deutschland geschehen ist, bleibt inzwischen jede deutsche Geschichte ein Torso.

Man darf sogar annehmen, dass dieses letzte Kapitel Hans Maier besonders wichtig gewesen wäre. Er hat von sich gelegentlich als einem „Pflichtverteidiger" der alten, westdeutschen Bundesrepublik gesprochen.[16] Das Wort spielt auf die eigentümliche Distanz, nicht selten gesteigert bis zur Feindseligkeit, an, mit der Intellektuelle und Künstler der zweiten deutschen Demokratie gegenüberstanden. Und auf die Notwendigkeit, ihnen zu widersprechen. Hans Maier ist diesem Streit nie aus dem Weg gegangen. Aber er war nicht eigentlich – in der juristischen Bedeutung des Begriffs – ein Pflichtverteidiger, er war und ist ein Verteidiger der Bundesrepublik aus Überzeugung.

Die Geschichte der zweiten deutschen Demokratie ist für Hans Maier– damit steht er mitten im Hauptstrom der einschlägigen Geschichtsschreibung – eine Erfolgsgeschichte, soweit Geschichte überhaupt Erfolgsgeschichte sein kann. Dabei sieht er die Bonner Demokratie von ihren Anfängen an als „etwas durchaus Neues, Erstaunliches, Unvorhergesehenes".[17] Der Vorwurf der „Restauration", der in den fünfziger Jahren nachdrücklich erhoben wurde, verfehlt, heißt das, für Hans Maier die Wirklichkeit. Tatsächlich hat Deutschland sich unter dem Schock einer einzigartigen Katastrophe, die nach 1945 niemand leugnen konnte – darin unterschieden sich die beiden Nachkriegszeiten grundsätzlich – weithin „neu erfunden" (die Wendung geht auf den englischen Historiker Anthony Glees zurück). Nicht auf einen Schlag sondern allmählich, aber doch sehr bald nach 1945 beginnend.

Das Grundgesetz ist ein Dokument des Willens und der Fähigkeit zu lernen: Der Weimarer Relativismus wird aufgegeben, die parlamentarische Regierungsweise konsequent etabliert, die Exekutive gestärkt, die Staatsgewalt umfassend an das Recht gebunden – die Einführung einer machtvollen Verfassungsgerichtsbarkeit ist die vielleicht wichtige Neuerung des Grundgesetzes. Der vom katholischen Episkopat gestützte Entschluss, anstelle des Zentrums eine überkonfessionelle christlich-bürgerliche Partei zu gründen, führt zur Herausbildung eines neuen Parteiensystems. Die Adenauer'sche Außenpolitik bricht mit allen der geographischen Mittellage verpflichteten Traditionen deutscher Außenpolitik. Der hart umkämpfte Primat der Westbindung vor der Wiedervereinigung ist eine Absage an den traditionellen Nationalismus. Und auch die soziale Marktwirtschaft Ludwig Erhards (Hans Maier apostrophiert ihn gelegentlich als den einzigen wirklichen Systemveränderer in der deutschen Nachkriegsgeschichte[18]) ist mit ihrer theoretischen

---
16 Schriften, S. 333.
17 Schriften, S. 281.
18 Schriften, S. 280.

Fundamentierung im Ordo-Liberalismus nicht einfach eine „Restauration des Kapitalismus".

Die zögerliche Aufarbeitung der Erblast der nationalsozialistischen Verbrechen ist die andere Seite der Medaille. Die Bundesrepublik nahm diese Erblast zwar auf sich, anders als Österreich und die DDR. Aber zuerst doch nur pauschal. Genauer hinzusehen, mit allen Konsequenzen, die das haben musste, konnte sie sich erst allmählich entschließen. Dann freilich haben sich die nachgeborenen Deutschen mit einer Gründlichkeit und Grundsätzlichkeit an die Abrechnung mit ihrer Vergangenheit gemacht, zu der es in anderen Ländern mit schweren Erblasten keine Parallele gibt. Hans Maier spricht, ohne die Notwendigkeit einer kritischen Befragung der Vergangenheit im Geringsten in Zweifel zu ziehen, in diesem Zusammenhang von „Maßlosigkeiten" und „Übertreibungen".[19]

Dass die Bundesrepublik etwas durchaus Neues war, bedeutet nicht, dass Hans Maier sie nicht mit vielen ihrer Züge als tief in der deutschen Geschichte verwurzelt wahrgenommen und dargestellt hätte. Das liegt auf der Hand für den Föderalismus – die meisten der nach 1945 geschaffenen deutschen Länder sind keineswegs, wie man immer wieder behauptet hat, künstliche Nachkriegsprodukte. Und selbst eine so eigentümliche Institution wie der Bundesrat hat seine Vorläufer bis zurück zum immerwährenden Regensburger Reichstag.

Es ist weniger deutlich, aber für den genaueren Blick doch sichtbar beim Sozialstaat in seiner besonderen deutschen Ausprägung. Hans Maier zeichnet seine Geschichte von der „guten Polizey" des hausväterlichen Fürstenstaates über die Grundrechte der Paulskirche und die Bismarck'sche Versicherungsgesetzgebung bis zur dynamischen Rente der fünfziger und der Pflegeversicherung der neunziger Jahre nach[20]. Selbst in der wirtschaftlichen Dynamik Nachkriegsdeutschlands sieht er „archaische und moderne Momente" gebündelt[21], wobei als archaisch vor allem wohl die alten, altmodischen Arbeitstugenden verstanden werden, ohne die das Wirtschaftswunder sich nicht ereignet hätte. Dass dem an der Konfessionsgeschichte besonders interessierten Autor bei der Beschäftigung mit den Kontinuitäten, die die Bundesrepublik mit der Vergangenheit verbinden, auch das Staatskirchenrecht, jene die radikale Trennung vermeidende eigentümliche deutsche Partnerschaft zwischen Staat und Kirche einfällt, muss nicht verwundern.

Die Wiedervereinigung bliebe für den Epilog. Hans Maier sieht in ihr die Rückkehr zu einer Normalität, zu der viele Deutsche jedenfalls im Westen des Landes gar nicht mehr zurückkehren wollten. Hitlers Exzess habe den Deutschen, so laute das geschichtsmoralische Argument, mit dem das Nein zur Wiedervereinigung begründet wurde, ein für alle Mal das Recht genommen, Nation zu sein und einen

---

19 Schriften, S. 271.
20 In dem Vortrag „Historische Voraussetzungen des Sozialstaates in Deutschland", Schriften, S. 86-108.
21 Schriften, S. 268.

Nationalstaat zu haben. Nur eine supranationale Zukunft stehe ihnen noch zu. Eine Antwort Hans Maiers auf dieses Argument findet sich in seinem Vortrag „Niederlage und Befreiung. Der 8. Mai 1945 und die Deutschen". Und würde sich ähnlich wohl auch wieder in seiner „Deutschen Geschichte" finden. Eine der bösesten Hinterlassenschaften des Nationalsozialismus, heißt es in dem Vortrag, sei die Diskreditierung des Normalen, die sein Missbrauch zur Folge gehabt habe.[22] Hitler hat ja nicht nur den nationalen Gedanken missbraucht, er hat viel von dem, was unverzichtbar zu unserem Leben gehört, in seinem Dienst genommen und damit beschmutzt. Wenn alles, worauf einmal der Schatten des Nationalsozialismus gefallen ist, ein für alle Mal verworfen werden müsste – „allopathisches Wüten" nennt Hans Maier das[23] –, wäre das gerade keine Befreiung von der nationalsozialistischen Vergangenheit sondern die Verewigung ihrer Herrschaft über die Gegenwart. Inmitten von Nationen und Nationalstaaten lebend sollen die Deutschen nicht die große Ausnahme sein wollen. Sie tun nicht nur sich selbst sondern auch der europäischen Sache den besten Dienst, wenn sie sich als aufgeklärter Nationalstaat in das europäische Projekt, an dem der Kontinent seit nun 70 Jahren arbeitet, einfügen.

Ein ganz und gar unpathetisches Plädoyer für einen „schlichten Patriotismus", ein „bescheidenes Nationalgefühl"[24] – darauf laufen Hans Maiers Betrachtungen zum 8. Mai 1945 am Ende hinaus. Hätte er die hier skizzierte deutsche Geschichte geschrieben, so hätte sie wohl das ihre dazu beigetragen, die Deutschen zu eben dieser Haltung zu erziehen.

---

22 Schriften, S. 275.
23 Schriften, S. 276.
24 Schriften, S. 275.

Hans Maier als Zeithistoriker

Horst Möller

Hans Maier als Zeithistoriker zu würdigen, bedeutet nicht allein deshalb eine unzulässige Verkürzung seines Werkes, weil es sich nur um einen Ausschnitt handelt, sondern weil seine zeithistorischen Studien mit seiner Zeitzeugenschaft, seinem politischen Wirken und seinem weit in die Vergangenheit zurückreichenden universalen Werk verwoben sind. „Tief ist der Brunnen der Vergangenheit" – dieser erste Satz von Thomas Manns Josephs-Roman könnte auch von Hans Maier stammen, jedenfalls kennzeichnet er sein Denken. Hans Maiers Markenzeichen ist die heute kaum noch anzutreffende Universalität des klassisch gebildeten, umfassend neugierig-interessierten Gelehrten. Das gilt für die Themen, das gilt für seine nationale und fachliche Grenzen überschreitende komparative und interdisziplinäre Methode und vor allem für die weite zeitliche Perspektive: Behandelt Hans Maier Gegenwartsthemen, dann stets im Bewusstsein der geschichtlichen Herkunft; untersucht er zeithistorische Fragen, dann nicht selten mit Rückgriff auf frühneuzeitliche Dimensionen, beispielsweise wenn er nach der Autorität der Verwaltung und der Obrigkeitsgläubigkeit fragt: War es nicht die ‚gute Policey', die große deutsche Verwaltungstradition[1], die in der Bevölkerung noch im 20. Jahrhundert, selbst nach 1933, das Bewusstsein lebendig hielt, die Verwaltung werde schon angemessen funktionieren?

Zahlreiche Beiträge Hans Maiers beleuchten Gegenwartsprobleme nicht nur in historischer Perspektive, sondern oszillieren stets zwischen Vergangenheit und Gegenwart. Ein schönes Beispiel dafür ist seine Abhandlung „Das Freiheitsproblem in der deutschen Geschichte". Hans Maier erinnert daran, dass schon Montesquieu in seinem Werk ‚De l'esprit des lois" von 1748 bemerkt habe, die Freiheit Europas sei in den Wäldern Germaniens entstanden, diese Einsicht sei ein ‚Gemeinplatz der Gebildeten' geworden. Nach 1945 seien die alliierten Kriegssieger hingegen von der Annahme ausgegangen, Deutschland sei ein Land der Unfreiheit. Hans Maiers Kommentar lautet: „Das Erstaunliche ist nicht, dass die Sieger – unter dem verständlichen Eindruck der jüngsten Vergangenheit – diese These verfochten. Erstaunlich ist, dass die Deutschen sie vielfach übernahmen und sich daran ge-

---

1 Hans Maier Das Freiheitsproblem in der deutschen Geschichte (1991), in: H.M. Gesammelte Schriften, Bd. V: Die Deutschen und ihre Geschichte, S. 34 – 68, hier S. 50.

wöhnten, nicht nur die Zeit des ‚Dritten Reiches', sondern ihre ganze Geschichte in diesem Licht zu sehen. So ging die Einsicht verloren, dass die deutsche Geschichte für die Entwicklung der Grundrechte keineswegs so unergiebig war, wie ein hartnäckiges Vorurteil meinte, dass Deutschland insbesondere für die Entwicklung der Religionsfreiheit eine wichtige Rolle spielte und dass die Idee der persönlichen Freiheit bereits im Naturrechtsdenken des 18. Jahrhunderts anklingt."[2] Er verweist zu Recht auf die bayerischen und preußischen Rechtskodifikationen von 1756 und 1794, die zeitlich vor dem Code civil Napoleons (1804) liegen, wobei das Allgemeine Landrecht für die Preußischen Staaten tatsächlich das Endprodukt jahrzehntelanger Beratungen ist. Mit anderen Worten: Rechtsstaatlichkeit und bürgerliche Rechte sollten im Sinne der deutschen Aufklärung im Auftrag Friedrichs des Großen schon zwei Generation früher gesetzlich geregelt werden[3].

Hans Maiers Fragestellung widerspricht nicht allein gängigen Verkürzungen des historischen Blicks, sondern zeigt ihn zugleich als politischen Pädagogen. Indem er die Entwicklungsgeschichte des Freiheitsproblems durch die Jahrhunderte der deutschen Geschichte darstellt und reflektiert, gewinnt er die Grundlage für die Beurteilung der Leistungen der grundgesetzlichen Ordnung von 1949, die Vergleichskriterien für die deutsche politische Tradition, ohne indes auf die verfehlten Thesen vom ‚deutschen Sonderweg' zu verfallen. Und schließlich analysiert er gemäß dieser historischen Perspektive als Politikwissenschaftler Entwicklungsprobleme der modernen Demokratie. Hans Maier, der immer wieder Studien zur Wissenschaftsgeschichte vorgelegt hat, erweist sich regelmäßig als Vertreter einer klassischen und fruchtbaren Richtung der modernen Politikwissenschaft, zu deren Grundlage drei andere Disziplinen gehörten: Geschichtswissenschaft, Jurisprudenz, Nationalökonomie. Tatsächlich ist Hans Maier mindestens in gleichem Maße Historiker wie Politikwissenschaftler. Während der Forschungen zu seiner Habilitationsschrift „Die ältere deutsche Staats- und Verwaltungslehre" (zuerst 1966, dann mehrfach neu aufgelegt) gewann er überdies eine sozial-ökonomische und eine juristische Kompetenz, die auch seine Studien über Grundrechte und Verfassungspolitik auszeichnet. Er verbindet also in einer heute leider fast verschwundenen methodischen Konzeption die klassischen Grunddisziplinen der Politikwissenschaft, er nutzt sie überdies für zeitgeschichtliche Parlamentarismus- und Parteienforschung. Demgegenüber sind ihm heute oft anzutreffende blass-theoretisierende, bloß bilanzierende Tendenzen oder Talkshow-Banalitäten fremd. Hingegen zeichnen sich Hans Maiers Schriften durch die Verbindung von interpretatorischer Subtilität mit konkretisierender Anschaulichkeit aus. Und in seinen zahlreichen Vorträgen, darunter vielen zu zeitgeschichtlichen Themen, formuliert er ebenso sorgfältig wie bildkräftig.

---

2 Ebd., S. 34 f.
3 Vgl. Horst Möller, Wie aufgeklärt war Preußen?, in: Ders., Aufklärung und Demokratie. Historische Studien zur politischen Vernunft. Hrsg. von Andreas Wirsching, München 2003, S. 87 – 111.

Und schließlich ist Hans Maier ein Publizist, der zentrale Fragen von Politik und Gesellschaft, von Religion, Kirche und Gesellschaft, von Kultur und Gesellschaft debattiert – viele seiner Beiträge sind schon jetzt oder werden später zu wichtigen zeithistorischen Quellen. Zufällig ist dies zwar nach einem 18-jährigen Politikerleben nicht, doch begann diese publizistisch-essayistische Neigung und Fähigkeit nicht erst nach seinem Ausscheiden aus der aktiven Politik, sondern schon in seiner Studienzeit, als er noch zwischen Lehrer- und Journalistenberuf schwankte.

Seine Fachgrenzen überschreitenden interdisziplinären Studien hat Hans Maier in seiner Dankrede zur Verleihung des Karl-Jaspers-Preises 2014 als „Notwendige Übergriffe" bezeichnet. Sie begannen mit seiner Dissertation, die von einem zeitgeschichtlichen Phänomen ausging: Woher kommt die ‚christliche Demokratie', was sind die historischen Ursprünge der christlich-demokratischen Bewegungen und Parteien, die nach 1945 eine zentrale Rolle in Deutschland, Frankreich, Italien, ja in der Europapolitik insgesamt spielten? Naturgemäß wird der Historiker immer wieder durch die eigene Gegenwart zu Fragen angeregt und geprägt, doch bleibt er dabei nicht stehen, sondern lässt sich auf die so gänzlich anderen früheren historischen Zeitläufte ein. Und so vergrub sich Hans Maier bei der Suche nach dem Begriff schließlich in Quellen des späten 18. (und des 19.) Jahrhunderts. Fündig wurde er zu seiner eigenen Überraschung in den Parlamentsakten der Französischen Revolution 1791. Sein erster fruchtbarer „Übergriff" ereignete sich schon in seiner Dissertation und führte ihn von der Geschichte zur Theologie: Einschlägige Themen beschäftigen ihn sein ganzes Leben, nämlich das Verhältnis von Staat und Kirche, Politik und Gesellschaft. Und charakteristisch für seine permanenten wechselseitigen Erhellungen von Vergangenheit und Gegenwart ist die Frage nach der Legitimität dieses Vorgehens: „Ist es eine bloße Konstruktion aus der Sicht des heutigen Betrachters, wenn man hier geschichtliche Zusammenhänge sieht? Ich denke nicht. Denn all diese späteren Realisierungen der christlichen Demokratie standen miteinander in Verbindung, beriefen sich aufeinander, stützten sich gegenseitig ... So ist die „christliche Demokratie" im Lichte der heutigen Forschung nicht mehr ein plötzlich aus dem Dunkel auftauchendes Phänomen der Zeit unmittelbar nach dem Zweiten Weltkrieg; vielmehr hat sie ihre Vorgeschichte, durch mehr als 150 Jahre hindurch ..."[4] Abgesehen von diesem konkreten Anlass hat sich Hans Maier, ein großer Kenner der Literatur und Sprache, wiederholt mit begriffsgeschichtlichen Themen und Wortfeldern der politischen Sprache befasst – mit eine Akribie, die er selbst auf einen seiner großen akademischen Lehrer, den Freiburger Romanisten Hugo Friedrich, zurückführte. In seiner Dankrede bei der Entgegennahme des Dolf Sternberger-Preises „Wie das Volk zur Sprache kommt"

---

4 Hans Maier, Notwendige Übergriffe. Erfahrungen mit interdisziplinären Studien. Vortrag bei der Verleihung des Karl-Jaspers-Preises in der Alten Aula der Universität Heidelberg am 31. Januar 2014, Typoskript, S. 6.

sagte Hans Maier: „Öffentliche Rhetorik braucht eine Form. Alles beginnt mit der Wahl der richtigen Wörter."[5]

Ebenso aufschlussreich wäre es, der Frage nachzugehen, inwieweit die Frühneuzeitforschung über Verwaltungslehre, alteuropäische Ökonomik, Rechts- und Sozialleben, Hans Maiers zeitgeschichtlichen Blick erweitert und geprägt hat, doch ist dies nicht unser eigentliches Thema.

Hans Maiers intensive Forschungen in der Nationalbibliothek in Paris, die auch die Initialzündung für seine Habilitationsschrift bildeten, führten zur intensiveren Beschäftigung mit der französischen Geschichte. Zwar besitzt für den in Freiburg im Dreiländer-Eck zwischen Deutschland, Frankreich und der Schweiz Geborenen der Blick über die Grenze eine lebensgeschichtliche Dimension. Doch ist die komparative Sicht auf Geschichte und Gegenwart in gleichem Maße ein Markenzeichen im wissenschaftlichen Oeuvre des stets universal denkenden Katholiken. Die komparatistische Dimension dokumentieren beispielsweise sein (nach einer historischen Einführung) zeitgeschichtliches Buch „Wie universal sind die Menschenrechte?" (1997), sein glänzender Essay „Die vielen Sprachen und die Eine Welt" (1989), seine zahlreichen Beiträge zum Christentum, zuletzt gesammelt in dem stattlichen Band „Christentum und Gegenwart" (2016) sowie viele weitere Beiträge. Zu erinnern ist hier vor allem an sein Buch „Politische Religionen. Die totalitären Regime und das Christentum" (1995) sowie den zweiten Band der ‚Gesammelten Schriften' mit weiteren Aufsätzen über „Politische Religionen"(2007). All diese Studien sind also durch Interdisziplinarität und Komparatistik charakterisiert.

Will man Hans Maiers Arbeiten zur Zeitgeschichte formal systematisieren, so zählen sie zu vier Rubriken: 1. Die Studien, die zwar einer historischen Thematik vor dem 20. Jahrhundert gewidmet sind, doch jeweils perspektivisch die zeitgeschichtliche Dimension einbeziehen; 2. die Beiträge, die Themen von früheren Epochen bis in die Gegenwart hinein untersuchen; 3. die Veröffentlichungen, die wesentlich der Zeitgeschichte gelten – aber auf eine längere historische Perspektive nicht zwangsläufig verzichten; 4. ein zwar eindeutig zeitgeschichtliches Buch, aber eigenes Genre bilden die Memoiren.

Die erste Gruppe wurde hier vor allem deshalb erwähnt, weil sich der Zeithistoriker Hans Maier gerade durch eine historische Tiefendimension auszeichnet, die heute zur Rarität geworden ist, früher bei bedeutenden Zeithistorikern unterschiedlicher Generationen aber öfter begegnet: So war Karl Dietrich Bracher ursprünglich Althistoriker, Hans Buchheim Altphilologe, Ernst Nolte Philosoph und Altphilologe. Martin Broszat, Hans Herzfeld, Peter Graf Kielmansegg, Helmut Krausnick, Hans Mommsen, Rudolf Morsey, Gerhard Ritter waren über Themen des 19. Jahrhunderts promoviert worden. Zweifellos kommt eine weite historische

---

5 Text in: FAZ vom 13. März 2017, S. 13.

Perspektive der historischen Urteilsbildung zugute, während die heute oft dominierende Beurteilung früherer Epochen nach Maximen der Gegenwart sie trübt.

Für Hans Maiers Untersuchungen zu den ‚politischen Religionen' bot seine Lebenserfahrung als Jugendlicher während der nationalsozialistischen Diktatur Anschauungsunterricht, der er in seinen Erinnerungen aufschlussreiche Kapitel von zeitgeschichtlichem Quellenwert gewidmet hat. Zugleich profitierte seine Fragestellung von der Nachkriegserfahrung des zwischen West und Ost geteilten Deutschland: „Das Sowjetreich, das sich nach 1945 im Osten bildete, lag unmittelbar vor unserer westdeutschen Haustür". Die doppelte Diktaturerfahrung im Kontrast zu der in Westdeutschland entstehenden Demokratie führte in der frühen Bundesrepublik zum Doppelkonzept von antitotalitärem Konsens und ‚wehrhafter Demokratie', das auch in großen Teilen meiner eigenen Generation wegweisend wurde und bis zu den ‚1968ern' blieb, m. E. aber weiterhin unverzichtbar ist. Hans Maiers politikwissenschaftliche Beschäftigung mit der Tyrannis und dem Totalitarismus ist von der eigenen Anschauung geprägt. Beim Begriff Totalitarismus geht es aber weder ihm noch anderen Vertretern dieses Interpretationsmodells, wie oft behauptet wird, um eine Theorie, noch eine inhaltliche Gleichsetzung von Kommunismus und Nationalsozialismus, sondern um typologisch zu erfassende Elemente in der Praxis totalitärer Herrschaft. Und ebenso falsch ist die Behauptung, das Totalitarismus-Modell sei Produkt des Kalten Krieges zur De-Legitimierung des Kommunismus, tatsächlich ist es viel älter.

Hans Maiers spezifischer Zugang geht jedoch über die bis in die 1960er und 1970er Jahre gültigen Interpretationen des Totalitarismus hinaus, ohne deren Erkenntnisse preiszugeben. Diese Typologien entstanden nach der Begriffsbildung im italienischen Faschismus der 1920er Jahre bzw. der Opposition zu ihm. Ein deutscher Vorläufer der Diktaturvergleiche war Waldemar Gurian, dessen erste einschlägige Arbeiten zwischen 1927 und 1931 erschienen. Seit den 1930er und 1940er Jahren entwickelte sich in der Politikwissenschaft eine intensive Diskussion, sie begann mit Diktaturvergleichenden Beiträgen deutscher Emigranten, Hans Kohn und Max Lerner, 1935 in den USA sowie in Frankreich mit dem im gleichen Jahr veröffentlichten Buch von Élie Halévy „L'ère des tyrannies". Nach dem Krieg schärften Zbigniew Brzezinski und Carl J. Friedrich die Typologie des Totalitarismus weiter, bevor 1951 Hannah Arendts weit ins 19. Jahrhundert zurückgreifendes berühmtes Werk „Elemente und Ursprünge totalitärer Herrschaft" neue vergleichende Erkenntnisse lieferte. In der Bundesrepublik sind vor allem die Studien Karl Dietrich Brachers zu nennen, bevor durch die Interpretation der NS-Diktatur als polykratische Herrschaftsstruktur und die neomarxistische Kritik am vergleichenden Totalitarismus-Begriff diese Interpretationsrichtung zeitweilig in Frage gestellt wurde. Nach dem Zusammenbruch der kommunistischen Diktaturen 1989/91 wurden die vergleichende Diktaturforschung und damit das Interpretationsmodell des Totalitarismus erneut aktuell.[6]

Von solchen Konjunkturen blieb Hans Maier unabhängig. Angeregt durch Raymond Aron (u.a. Démocratie et totalitarisme", 1965), der den Marxismus „Opium für Intellektuelle" nannte, Eric Voegelin und den schon erwähnten Waldemar Gurian, erschließt Hans Maier aufgrund seiner intimen Kenntnis von Religionen, religiösen Ritualen, messianischen Erwartungen eine neue Dimension, die die geschichtswissenschaftliche Erkenntnis der ideologiegeleiteten Diktaturen des 20. Jahrhundert und ihren Vergleich erheblich fördert. Hans Maier entwickelt dafür eine Konzeption und verfasste mehrere eigene Studien, außerdem initiierte und realisierte er ein vergleichendes großes Forschungsprojekt, dessen Ergebnisse mit internationaler Beteiligung in drei voluminösen Bänden seit 1996 veröffentlicht worden sind.

Hans Maier geht von der „Entfesselung der Gewalt in den modernen Totalitarismen" sowie der Definition der Feindschaft gegen ganze Bevölkerungsgruppen aus, die nicht wegen ihrer Handlungen, sondern wegen ihrer bloßen Zugehörigkeit zu einer Rasse oder einer Klasse ausgegrenzt und verfolgt werden. Es geht hier um die „Dynamisierung der politischen Gewalt" und ihre neue Qualität: „politische Gewalt, nicht mehr eingebunden in ein Balancesystem, nicht mehr der Konkurrenz gesellschaftlicher Kräfte ausgesetzt. Gewalt als öffentliche Macht, der man nicht ausweichen kann, die allgegenwärtig ist und verpflichtend auftritt, die aus Lautsprechern tönt, aus Bildern und Symbolen spricht, in Paraden beeindruckt, in Aufmärschen und Sprechchören droht ... und sich der Gesamtgesellschaft bemächtigt hat."[7]

Eine zentrale Problemstellung in Hans Maiers Interpretation geht jedoch über den fundamentalen Befund dieser allgegenwärtigen Entfesselung von Gewalt und Terror hinaus, nämlich ihre ideologische Rechtfertigung. Dieser Ansatz ist deshalb von prinzipieller und weiterführender Bedeutung, weil die Ideologie und ihre Propagandisten sogar den Massenmord zur historischen Notwendigkeit erklären: So verschaffen sie den Tätern und Handlangern der politisch begründeten Verbrechen ein vermeintliches Alibi und im Sinne des herrschenden Systems ein ‚gutes Gewissen'. Man denke nur an die berüchtigte Rede von Heinrich Himmler in Posen 1944, in der er über die Massenerschießungen sagte, wer so etwas mitgemacht habe und anständig geblieben sei ...

Diese groteske ‚Argumentation' nachzuvollziehen, ist mit rationalen und ethischen Maßstäben unmöglich und doch liegt hier ein Schlüssel zur Erklärung. Hans Maier fragt deswegen nicht allein nach pseudophilosophischen, nach vermeintlich

---

6 Vgl. Horst Möller, Diktatur- und Demokratieforschung im 20. Jahrhundert, in: Vierteljahrshefte für Zeitgeschichte, 51. Jg. 2003, S. 29–50.
7 Hans Maier, Totalitarismus und politische Religionen. Konzepte des Diktaturvergleichs (1995), in: Politische Religionen (Gesammelte Werke Bd. II), München 2007, S. 124.

geschichtsphilosophischen Begründungen der Ideologie als Abfolge von Klassen- oder Rassekämpfen, sondern geht von der Anschauung aus: Er beobachtet den Personen- und Totenkult um Lenin, Stalin, Mao, Mussolini, Hitler sowie Rituale, die beispielsweise auf den Nürnberger Parteitagen der NSDAP und in Führerauftritten begegnen und findet „eine fast antike Nähe zwischen dem Kultischen und dem Politischen". Hans Maier reflektiert den absoluten Wahrheitsanspruch totalitärer Regime, der schon im Namen der sowjetischen Parteizeitung „Prawda", Wahrheit, zum Ausdruck komme.

Selbstdarstellung, Selbstverständnis und Herrschaftspraxis der ideologiegeleiteten totalitären Diktaturen ist in Inhalt und Sprache, Form und Inszenierung durch eine kombinierte Vielzahl pseudoreligiöser Elemente charakterisiert, die sie zu „politischen Religionen" machen: Sie zu erforschen und zu deuten ist niemand stärker befähigt als Hans Maier, weil hier „notwendige Übergriffe" von der Geschichts- und Politikwissenschaft auf Theologie und Philosophie, auf frühere Herrschaftsinszenierungen, auch soziologische Fragestellungen, unentbehrlich sind. Und schließlich geht es um die Kernfrage: In welchem Wechselverhältnis stehen die Säkularisierungsschübe der Moderne und die Entstehung ‚politischer Religionen'?

Das Totalitarismus-Modell beschreibt die Herrschaftsstruktur der Diktatur sowie die Wirkung von Repression und Terror auf die Bevölkerung, nicht aber Verführungskraft und Suggestion dieser Ideologien und Diktaturen. Gerade hier liegt aber ein entscheidender Erklärungsbedarf: Warum ließen sich so viele Menschen – nicht nur in Deutschland! - mitreißen? Warum wurden sie selbst zu Fanatikern, warum wurden „ganz normale Männer" (Christopher Browning) zu Massenmördern und wähnten sich im Recht? Für die Beantwortung dieser zentralen Fragen bietet Hans Maiers methodischer Zugang den unschätzbaren Vorteil, die Massenwirksamkeit dieser Diktaturen zu erklären, die nicht zuletzt darin lag, sich bedingungslos einem die rosige Zukunft verheißenden ‚Messias' unterzuordnen, der von der geschichtlichen Notwendigkeit im Kommunismus und der ‚Vorsehung' im Nationalsozialismus verkörpert wurde: „das Schicksal, der Herrgott, ist alle paar Jahrtausende so gnädig, dass er einem Volk den Führer schickt, den wir in Adolf Hitler haben." (Himmler, 5. Mai 1944)

Hans Maier ist also sowohl als Historiker der Diktaturen im 20. Jahrhundert als auch als Historiker der Demokratie hervorgetreten, wobei in beiden Fällen die Verbindung mit politikwissenschaftlichen Fragestellungen fruchtbar geworden ist. Insbesondere zur Geschichte der Bundesrepublik hat er zahlreiche Studien publiziert, sei es zu parteigeschichtlichen Themen oder zur gesellschaftlichen und kirchlichen Entwicklung. Und immer wieder publizierte er Beiträge zu aktuellen kulturpolitischen Fragen. Er veröffentlichte bilanzierend-erinnerungsgeschichtliche Rückblicke über ‚40 Jahre Grundgesetz', die Bedeutung des 8. Mai 1945 in der deutschen Geschichte, das Jahr der Wiedervereinigung 1990 oder die Verortung der ‚1968er', zur Literaturgeschichte der Adenauerzeit sowie Konrad Adenauer selbst – stets bereichert Hans Maier die Kenntnisse und Erkenntnisse seiner Leser. Gerade bei Themen aus der Geschichte der Bundesrepublik wird deutlich, dass Hans Maier, wie sein aus dem amerikanischen Exil zurückkehrender Freiburger Doktorvater Arnold Bergstraesser, Politikwissenschaft vor allem als „Demokratiewissenschaft" versteht.

Einen ganz eigenen zeitgeschichtlichen Beitrag bilden Hans Maiers 2011 veröffentlichte Erinnerungen „Böse Jahre, gute Jahre. Ein Leben 1931 ff." Nun sind Memoiren bedeutender Persönlichkeiten, wenn sie gelingen, immer eine interessante, wenngleich vom Historiker mit kritischer Vorsicht zu benutzende Quelle. Im Falle Hans Maiers aber tragen sie einen ganz eigenen Charakter und gewinnen einen über den Autor beträchtlich hinausgehenden Stellenwert. Das hat mit mehreren persönlichen Tugenden zu tun: Hans Maiers Erinnerungen drehen sich keineswegs, wie das bei vielen Memoirenschreibern der Fall ist, vor allem um sich selbst. Vielmehr ist er ein genauer historischer Beobachter der erlebten Zeitläufte und wählt die Themen sowohl aufgrund eigener Lebenserfahrung als auch zeithistorischer Reflexion aus. Sein Buch ist auch keine Rechtfertigungsschrift eigenen Denkens und Handelns, wie es vor allem Politikermemoiren häufig sind.

„Böse Jahre, gute Jahre" gehören zwar zum Genre der ‚Erinnerungen', aber erschöpfen sich darin keineswegs: Schon der treffende Titel verweist auf die zeitgeschichtliche Grunderfahrung der Deutschen (Europäer) im 20. Jahrhundert, auf die Jahre und Jahrzehnte erlittener Diktatur, jedoch vor allem der Demokratie seit 1945 bzw. 1990, die als gute Jahre erlebt wurden und werden – die zweifellos besten Jahrzehnte für die seit etwa 1900 geborenen Generationen.

Hans Maiers „Böse Jahre, gut Jahre" sind ein literarisches Meisterwerk: Fesselnd und anschaulich erzählt, durch treffende Anekdoten aufgelockert, subtil, aber unaufdringlich reflektiert – von des ‚Gedankens Blässe' nie angekränkelt. Wenn Hans Maier beispielsweise seine Schulzeit schildert, über seine Lehrer, seine Familie, seine Verwandten und seinen politischen Lehrmeister, den Großvater, spricht, wenn er nationalsozialistisches Dominanzstreben und ihre Akteure, aber auch resistentes und ablehnendes Verhalten schildert oder die unmittelbaren Wirkungen des Bombenangriffs auf Freiburg beschreibt, wird differenziert das Alltagsleben unter der Diktatur sichtbar: Er stellt sie ohne Schönfärberei dar, lässt aber nicht – wie heute oft üblich – die gesamte deutsche Gesellschaft in der braunen Brühe versinken. Nicht zufällig hat dieser große Humanist auch wissenschaftlich über den Widerstand gegen das Hitler-Regime gearbeitet.

Hans Maiers zahlreiche Porträts zeigen die Geschichte als eine von Menschen gemachte und verantwortete Geschichte und lösen diese nicht in abstrakte Strukturen auf. Mit wenigen Strichen zeichnet er Persönlichkeiten so lebensnah in ihrem Umfeld und Bezügen, dass sich daraus stets aufschlussreiche Zeitbilder oder größere Problemzusammenhänge entwickeln. Seine Szenen aus dem erwachenden

Kulturleben und seine Porträts bekannter Schriftsteller wie Reinhold Schneider, Elisabeth Langgässer oder Alfred Döblin sowie den in Freiburg früh auftretenden Spitzenpolitikern sind wahre Kabinettstücke. Geradezu exemplarisch verbindet er die jeweilige Persönlichkeit mit dem Zeitgeschehen, bei Elisabeth Langgässer schildert er die traurigen familiären Konsequenzen der Verfolgung im NS-Regime, bei Alfred Döblin die Tragik misslungener Remigration nach Deutschland. Dem trotz Zukunftsvision „nüchtern-präzisen Juristen-Plädoyer" Adenauers, dem „großen Ernüchterer" (nach dem nationalsozialistischen pathetischen Fanatismus), stellt Maier den körperlich und psychisch gezeichneten Westpreußen Kurt Schumacher gegenüber: Dieser faszinierte und verstörte zugleich durch seine „ungezügelte Polemik", deren politische Wirkungen ebenfalls einbezogen werden. Das liberale „Unikum" Thomas Dehler war ein „heftig-unberechenbarer Franke", der „eigentlich in Reimen redete" – sie und viele andere hört man förmlich sprechen. Vor dieser Bühne verortet Hans Maier dezent und aufschlussreich die unterschiedlichen Redestile der Nachkriegsjahre in der Zeitgeschichte (was er 1980 schon einmal in einem glänzenden Aufsatz über ‚seinen' damaligen Ministerpräsidenten getan hat: „Strauß als Rhetor. Redekunst und Parlamentarismus heute"). Ganz offensichtlich tritt beim Münchner badischer Herkunft das landsmannschaftliche Sensorium hervor, nicht zufällig hat er verschiedentlich über den Föderalismus gearbeitet und mit dem Schwaben Theodor Heuss hätte er sagen können: ‚Der Föderalismus ist keine deutsche Unart, sondern ein deutsche Eigenart'.

Hans Maiers Panorama des sich wieder frei entfaltenden literarischen und universitären Lebens – keineswegs nur des Freiburgers – sucht in der Erinnerungsliteratur und in wissenschaftsgeschichtlichen Darstellungen an Anschaulichkeit, Individualisierung, aber auch genereller Einordnung ihres gleichen. Die alte Universität wird in ihren unverwechselbar positiven Seiten ebenso lebendig, wie in den oft kleinkarierten Eifersüchteleien selbst großer Wissenschaftler untereinander. Der unstillbare Wissensdrang der damaligen Studentengeneration nach der verheerenden Diktatur und ihr Verhältnis zu den akademischen Lehrern demonstriert, wie weit sich die Universitäten inzwischen nicht allein von den Humboldtschen Leitlinien entfernt haben, sondern ebenso von der Universalität innerhalb des Studiums. In wenigen Strichen werden unterschiedliche Wissenschaftskulturen charakterisiert, etwa die Differenz von formalisierend-generalisierender juristischer Begriffsbildung und geisteswissenschaftlichen Fächern oder „Zählwissenschaften".

Viele bekannte und unbekannte historische Persönlichkeiten aus Politik, Kultur, Gesellschaft tauchen in diesen Erinnerungen auf, doch nicht als „name-dropping", sondern um Charaktere zu zeichnen, größere zeitgeschichtliche Zusammenhänge zu veranschaulichen oder gegensätzliche wissenschaftliche Zugänge zu betrachten. Ein schönes Beispiel für Historiker bietet Hans Maiers Schilderung der Antipoden Gerhard Ritter – „den großen eckigen Alten" - in Freiburg und Franz Schnabel, „Katholik und Demokrat" in München. Und die köstliche Darstellung eines Abends bei dem Ehepaar Bergstraesser mit dem „lebenden Mythos Martin Heidegger", dem Hans Maier ganz offensichtlich mit Skepsis begegnete, endet mit der die damaligen philosophischen Diskurse pointierenden Schlussfolgerung: „Ohne Heidegger, so schien es mir, konnte man heute kaum denken und forschen – aber mit ihm fast ebenso wenig."[8]

Selbstverständlich ist die Auswahl nicht allein durch Zufälle der Begegnung, wie beispielsweise mit Jean-Paul Sartre anlässlich eines Vortrags in Freiburg, sondern durch den prägenden Einfluss auf die eigene Persönlichkeit und wissenschaftliche Interessen mitbestimmt. Die Studien in Paris, aber auch spätere Begegnungen mit französischen und anderen ausländischen Gesprächspartnern bedürften einer eigenen Darstellung. Immer wieder liest man Überraschendes, etwa über die guten persönlichen Beziehungen, die Hans Maier mit seinem juristischen Kollegen und Willy Brandts späteren Kanzleramtsminister Horst Ehmke verbanden.

Alle hier erwähnten Vorzüge finden sich ebenfalls in den Kapiteln über Hans Maiers spätere Lebensphasen als Universitätsprofessor, als Präsident des Zentralkomitees der deutschen Katholiken und vor allem über die 16 Jahre als Bayerischer Kultusminister in den Kabinetten der Ministerpräsidenten Alfons Goppel und Franz Josef Strauß – ein Minister, der nicht allein Kulturpolitik machte und dadurch zeitgeschichtliche Bedeutung gewann, sondern als Politiker, der selbst Kultur verkörperte wie nur ganz wenige. Quellenwert besitzen darüber hinaus seine Erfahrungen in der CSU, die Darstellung hochschul- und kulturpolitischer Kämpfe von den 1960er bis zu den 1980er Jahren und schließlich des Verhältnisses zum allmächtigen Franz Josef Strauß. Selbst diesem starken Ministerpräsidenten gegenüber bewahrte sich der Staatsminister Hans Maier Eigenständigkeit und lehnte schließlich 1986 die Teilung seines Ministeriums und die Übernahme eines ‚halbierten' Hauses ab. Auch bei den Kapiteln über die Politik jener Jahre sieht man die Beteiligten geradezu vor sich, denkt mit ihnen, nimmt selbst unwillkürlich Partei – in diesem Fall für Hans Maier.

Kurz: „Böse Jahre, gute Jahre. Ein Leben 1931ff." ist selbst eine zeitgeschichtliche Quelle und zugleich ein zeitgeschichtliches Werk dichter Information und subtiler Interpretation – und ein großes Lesevergnügen. Der eigene Lebensweg 1931ff. ist naturgemäß der ‚rote Faden' des Werkes, doch wird aus ihm ein faszinierender kunstvoller Teppich gewebt. Diese ‚Erinnerungen und Gedanken' würden Hans Maiers zeithistorisches Lebenswerk wunderbar abrunden, würde er nicht seinem ohnehin schon monumentalen Oeuvre unermüdlich neue Edelsteine hinzufügen – in bewährter Universalität keineswegs nur zeitgeschichtliche!

---

8 Hans Maier, Böse Jahre, gute Jahre. Ein Leben 1931 ff., München 2011, S. 104.

Die „Bibliothek des deutschen Staatsdenkens" (1994–2005) im Rückblick

Michael Stolleis †

Hans Maier berichtet in seinen Erinnerungen über eine „'alte Liebe': die ältere deutsche Staatslehre nämlich", die er mit der Rückkehr zur Universität wieder aufgenommen habe[1]. Er konstatierte damals das Fehlen eines Kanons des deutschen politischen Denkens, speziell für die Zeit der „Frühen Neuzeit". Verglichen mit den glänzenden Reihen berühmter und in immer erneuten Diskussionen bewusst gehaltener „Staatsdenker", über die Italien, die Niederlande, Frankreich und England verfügen (um nur diese zu nennen), bereitet es auch heute noch gebildeten Zeitgenossen Mühe, ein paar Namen zu nennen, die zwischen dem Spätmittelalter und der Französischen Revolution prägend und international anerkannt waren. Kaum mehr als Althusius, Leibniz und Pufendorf, Christian Wolff sowie am Ende der große Immanuel Kant tauchen da auf.

Die Gründe für diesen Befund, so wie vor dreißig Jahren so auch heute, sind unschwer zu benennen. Die politische Struktur des Heiligen Römischen Reichs Deutscher Nation war die eines Konglomerats einiger größerer und vieler kleiner Herrschaften. Nur aus den größeren Territorien wurden vom 16. bis zum 18. Jahrhundert moderne Staaten. Das Reich, am ehesten in seiner sakralen und zeremoniellen Präsenz greifbar und als politischer Akteur schwerfällig, bündelte keine intellektuellen Energien an einem zentralen Ort, wie dies etwa in Paris oder London geschah. Das gegenreformatorische Wien war es jedenfalls nicht. In den zahlreichen Universitäten wurde bis weit in das 18. Jahrhundert Latein gesprochen und geschrieben. Es gab viel „Provinz", viele Grenzen, einen Wirrwarr von Währungen und Maßen, vor allem aber die konfessionellen Spaltungen, die in den verheerenden „Großen Krieg" des 17. Jahrhunderts mündeten und ein erschöpftes Land zurückließen. Nach 1648 konzentrierte man sich auf „gute Policey", Wiederaufbau und Wahrung einer innenpolitischen Balance. Bis zur Mitte des 18. Jahrhunderts war auf diese Weise auch das politische Denken mehr oder weniger an die jeweilige Obrigkeit gebunden.

Die unter diesen Umständen erschienenen Bücher waren wesentlich gelehrte Produkte der Universitäten, meist geschrieben für ebenso gelehrte Räte, praktizie-

---

[1] Hans Maier, Böse Jahre, gute Jahre. Ein Leben 1931 ff., München 2011, 326 f.

rende Juristen und Richter an den hohen Gerichten. Sie zielten nicht darauf, in der Volkssprache gelesen zu werden, etwa in hauptstädtischen Salons oder Debattierclubs. Weder das Latein noch das umständliche Barockdeutsch war dafür geeignet. Auch die schiere Menge des von 40 großen und kleinen Universitäten jährlich produzierten Bücherbergs stand der Wirkung außerhalb der Gelehrtenrepublik entgegen.

Das wirkte sich erst recht auf die spätere Erschließung aus. Hans Maier sagte mit Recht: „Das deutsche Staatsdenken war kein allgemeiner Besitz der Wissenschaft. Ganz im Gegenteil, den meisten war es fern und fremd – es musste erst aus dem Staub der Archive und Bibliotheken befreit und einer unverdienten Vergessenheit entrissen werden. Wenige Gebiete der wissenschaftlichen Literatur waren editorisch so vernachlässigt wie dieses".

Eben diesen Eindruck hatte auch ich gewonnen, als ich mich in den Jahren ab 1975 daranmachte, die wichtigsten deutschen „Staatsdenker" durchzumustern. Ich versammelte damals einen Kreis von Autoren, um biographisch-bibliographisch verlässliche Darstellungen der wichtigsten Figuren in einem Band zu vereinigen (Frankfurt 1977). Es waren dies Johannes Althusius, Dietrich Reinkingk, Johannes Limnaeus, Hippolitus a Lapide, Hermann Conring, Veit Ludwig von Seckendorff, Samuel Pufendorf, Gottfried Wilhelm Leibniz, Christian Thomasius, Christian Wolff und Immanuel Kant. In diesen Kreis „deutscher" Autoren wurde noch der Niederländer Hugo Grotius eingefügt, weil das im 17. Jahrhundert entstehende Fach des Völkerrechts durchweg „nach Grotius" vorgetragen worden war. Aber es blieben große Lücken[2].

So war es naheliegend, dass Hans Maier als Autor des berühmten Buchs „Die ältere deutsche Staats- und Verwaltungslehre" und ich als jüngerer, noch unerfahrener Partner zusammenfanden, um den Zustand, nach unseren Kräften und Möglichkeiten, zu verbessern. Es ergab sich auf einer Tagung im April 1989 in Philadelphia zum Thema „Vierzig Jahre Grundgesetz", auf der wir unsere Vorträge hielten[3]. Bald waren wir uns einig, wie ein „Kanon" von zu edierenden und zu kommentierenden Schriften aussehen könne, auch welche Autoren dafür zu gewinnen seien. Hans Maier lud in sein Privathaus nach München ein, andere Treffen folgten, etwa im Carl Orff-Zentrum in der Münchner Kaulbachstraße, und allmählich bildete sich ein fester Kern von Einzelprojekten. Zwischen den Jahren 1994 und 2006, in denen unzählige Briefe gewechselt wurden, kam das Ganze zustande.

---

[2] Im Vorwort von 1977 nannte ich H. Arnisaeus, D. Arumaeus, Chr. Besold, J. Bornitz, A. Clapmarius, A. Contzen, H. H. Gundling, J. F. Horn, L. Hugo, J. A. v. Ickstatt, G. v. Jena, J. P. v. Ludewig, J. J. Moser, J. S. Pütter, S. Rachel, J. W. Textor, H. Vultejus. - In der zweiten Auflage von 1987 (A. Metzner-Verlag) wurden dann wenigstens Darstellungen von Johann Jakob Moser, Justus Möser und Johann Stephan Pütter aufgenommen. Die dritte Auflage von 1994, die dann bei C. H. Beck erschien, blieb auf diesem Stand.

[3] Einzelheiten bei Hans Maier (Anm. 1) 327.

Die „Bibliothek des deutschen Staatsdenkens" (1994–2005) im Rückblick

Eine Liste der erschienenen Bände möge hier einen Eindruck zu vermitteln, was an Mühen der Übersetzung aus dem Lateinischen und der Kommentierung, der Organisation und Finanzierung zu überwinden war. 1994 erschienen gleichzeitig im Insel-Verlag: Samuel von Pufendorf, „Über die Pflicht des Menschen und des Bürgers nach dem Gesetz der Natur" (Klaus Luig); Johann Gottlieb Heineccius, „Grundlagen des Natur- und Völkerrechts" (Christoph Bergfeld); Hermann Conring „Der Ursprung des deutschen Rechts" (Michael Stolleis) sowie Samuel von Pufendorf „Die Verfassung des Deutschen Reiches" (Horst Denzer). Im Jahr darauf folgte Johann S. Pütter – Gottfried Achenwall „Anfangsgründe des Naturrechts" (Jan Schröder). 1997 brachten Hans-Otto Mühleisen – Theo Stammen und Michael Philipp „Fürstenspiegel der Frühen Neuzeit" heraus, gefolgt von Friedrich Christoph Dahlmann „Die Politik" (Wilhelm Bleek). Die beiden letzten Bände im Insel Verlag waren dann 1998: Peter von Andlau „Kaiser und Reich" (Rainer A. Müller) und 2000 Christoph Besold „Synopse der Politik" (Laetitia Boehm).

Als dann Siegfried Unseld über den Insel Verlag mitteilte, die finanziellen Erträge seien – trotz der immer wieder geleisteten Zuschüsse der Fritz Thyssen-Stiftung – zu gering, so dass das Unternehmen eingestellt werden müsse, nahm sich der Verlag C. H. Beck in Gestalt von Wolfgang Beck der Sache an, so dass Hans Maier und ich aufatmen konnten. Nun erschienen 2001 Justus Möser „Politische und juristische Schriften" (Karl H. L. Welker), 2002 Georg W. F. Hegel, „Über die Reichsverfassung" (Hans Maier), 2003 „Prudentia Legislatoria. Fünf Schriften über die Gesetzgebungsklugheit aus dem 17. und 18. Jahrhundert" (Heinz Mohnhaupt), 2003 Joseph von Sonnenfels „Grundsätze der Polizey" (Werner Ogris), 2004 Christian Wolff „Vernünftige Gedanken von dem gesellschaftlichen Leben der Menschen und insonderheit dem gemeinen Wesen" (Hasso Hofmann), schließlich 2005 Lupold von Bebenburg „De iuribus regni et imperii. Über die Rechte von Kaiser und Reich" (Jürgen Miethke).

Damit – so beschlossen der Verlag und nolens volens auch die Herausgeber – sollte es genug sein. Es war ein Versuch, eine mehr oder weniger verschüttete Tradition wieder ans Licht zu heben, verfügbar und lehrbar zu machen. Wir mussten uns aber eingestehen, dass den Publikationen keineswegs eine Art „Erweckungserlebnis" des politischen Denkens folgte. Die Fachbibliotheken hatten die Bände zwar angeschafft, aber weder aus der Routine der Universitätslehre noch gar aus der praktischen Politik kamen die erhofften positiven Reflexe. Zusendungen an die jeweiligen Bundespräsidenten wurden formell-freundlich oder einmal auch gar nicht beantwortet. An den Universitäten haben wohl die Veränderungen der Studiengänge eine wichtige Rolle gespielt, so die Befrachtung des juristischen Studiums mit neuen Fächern (Datenschutz-, Planungs-, Umwelt-, Finanz-, Bank-, Europa- und Völkerrecht), für die es gewiss gute Gründe gab und gibt, die aber faktisch den Raum für Grundlagenfächer wie Rechtsgeschichte und Rechtsphilosophie/ Rechtstheorie beschneiden. In den Wirtschaftswissenschaften wurde die Wirtschaftsgeschichte zugunsten durchgängiger Mathematisierung zurückgedrängt, ein langfristig ziemlich sicher schädlicher Vorgang. Ebenso behaupten sich historisch-theoretische Reflexionen in den empirischen Sozialwissenschaften nur mühsam, weil sich auch dort mit der Anglisierung der Wissenschaftssprache eine historische Indifferenz ausgebreitet hat. Aus den Geschichtswissenschaften ist die „Ideengeschichte", modernisiert als „intellectual history", zwar nicht verdrängt, aber doch von Sozialgeschichte, Gendergeschichte, Mikrohistorie oder einem „iconic turn" eingeengt worden.

Der Verlag C. H. Beck lud am 25. April 2006 zu einer Abschlussveranstaltung in das Historische Kolleg in München ein. Wolfgang Beck begrüßte die Gäste, ebenso Jürgen Regge im Namen der Thyssen-Stiftung, die uns getreulich unterstützt hatte. Dann sprach Hans Maier über die Idee des ganzen Unternehmens, über die Bedeutung der älteren „vordemokratischen" deutschen Staatslehre und den Mangel eines „Kanons", der nicht im Sinn einer fixierten Hierarchie zu verstehen sei, sondern als ein immer noch zu hebender Schatzes von Gedanken, die gewissermaßen unerkannt in die geistigen Fundamente unseres Gemeinwesens eingegangen sind. Dazu zählen die Verfahren des friedlich-schiedlichen Ausgleichs der Religionsparteien innerhalb der Reichsverfassung, die Grundidee des Föderalismus, die Verlagerung der Streitfälle auf die Gerichtsbarkeit von Reichskammergericht und Reichshofrat, die zum modernen Rechtsstaat überleitet, die Idee der „guten Policey" als Basis des modernen Verwaltungsrechts und zugleich als Leitgedanke des modernen Sozialstaats, schließlich die schrittweise Entstehung der Ideen unverlierbarer Menschen- und Bürgerrechte, die direkt in die modernen Grundrechtskataloge führten. Maier erinnerte an den einfachen und grundlegenden Gedanken, dass der moderne Verfassungsstaat des 19. und 20. Jahrhunderts nicht plötzlich „erfunden" worden sei, sondern auf jenen älteren Fundamenten langsam gewachsen sei. Deshalb müsse eine lebendige politische Kultur sich dieser älteren Schichten viel intensiver als bisher vergewissern.

Mein eigener Beitrag an diesem Abend des 25. April 2006, den ich aus Notizen rekonstruiere, beschränkte sich auf die praktischen Fragen der Realisierung unseres Vorhabens. Es begann mit der Gewinnung von Autoren. Sie sollten natürlich kompetent sein, ausgewiesen für „ihren" Autor, aber auch kooperativ und bereit, in absehbarer Zeit zu „liefern". Jede und jeder, der oder die Ähnliches unternommen hat, weiß wie es geht: Die vielbeschäftigten Berühmtheiten versprechen gern, liefern aber nicht oder sehr spät. Die ehrgeizigen jungen Talente versprechen leicht, werden aber dann bald vom Lehrbetrieb okkupiert. Manche versprechen, die Sache in Angriff zu nehmen, wenn das nächste Buch abgeschlossen sei, oder definitiv: mit der Emeritierung. Die Herausgeber bleiben höflich und kollegial, auch wenn sie die Hände ringen. Nach einem Jahr Wartezeit wird die Sache dringender. Die Herausgeber wechseln die Rollen. Nun soll einmal „der andere" mahnen, der berühmte, und siehe da, es kommt wieder eine erneute Zusage, für die nächsten Feri-

Die „Bibliothek des deutschen Staatsdenkens" (1994–2005) im Rückblick

en, für das nächste Forschungssemester, für die Zeit nach dem nun fast abgeschlossenen Buch. So gab es schon dieser Phase manche Ausfälle und Enttäuschungen. Manchmal waren auch andere schneller, etwa als die von uns ins Auge gefasste Leibniz-Übersetzung bei Felix Meiner in Hamburg erschien. Die wenigen externen Übersetzer, die herangezogen werden mussten, waren durchweg solide und pünktlich, meist ausgebildete Altphilologen, die, wenn sie einmal angefangen hatten, auch zu Ende kamen.

Nachdem die glücklich erschienenen Bände bereits genannt wurden, mag auch eine Liste derjenigen Vorhaben folgen, die wir gerne noch realisiert hätten. Wir hatten uns gefreut auf einen Band mit den politischen Kerngedanken der Reformatoren, also Luther und Zwingli, Bugenhagen und Calvin sowie Thomas Müntzer. Ebenso wollten wir einen Band mit den wichtigsten Theoretikern der frühmodernen Wirtschaftstheorie herausbringen, etwa von Schröder, Hoernick und Becher, bis hin zu Justi. Dass das Universalgenie Leibniz ausfiel, wurde schon gesagt. Auch andere Größen fehlen, etwa eine deutsche Ausgabe der „Politik" des Mainzer Jesuiten Adam Contzen (1622), oder – am Ende der Epoche – einen Auswahlband aus dem Werk des graphomanen Staatsrechtlers Johann Jakob Moser.

Lange haben wir nachgedacht über die Machbarkeit von modernen Ausgaben dickleibiger wichtiger Werke, etwa von Dietrich Reinkingks „Christlicher Policey" oder von Veit Ludwig von Seckendorffs „Christen-Stat". Der schiere Umfang dieser Werke machte es schwierig; wenn man den Gedanken eines gefälligen Verschnitts zurückwies. Schließlich sollte unbedingt eine moderne Übersetzung des scharfen antihabsburgischen Pamphlets von Hippolithus à Lapide (= Bogislaus Philipp von Chemnitz) aus dem Jahr 1640 geschaffen werden; auch daraus ist leider nichts geworden.

Dennoch überwiegen insgesamt die Positiva. Wir haben diese 15 Bände in einem sehr schönen Layout, als fest gebundene Bücher mit lesbarem Satzspiegel, mit Kupferstichen der ernst blickenden Gelehrten mit Perücke, mit Abbildung der Titelblätter und vor allem mit einem kompletten Text auf Deutsch, wenn möglich mit dem lateinischen Text gegenüber. Am Ende steht jeweils ein biographischer und geistesgeschichtlicher Essay zur Würdigung von Autor und Werk, mit bibliographischen Angaben und, wenn möglich, mit Register oder Glossar. Wir wollten damit brauchbare Ausgaben liefern, keine kritischen Editionen, sondern solche, die in Seminaren nutzbar sein sollten, die zu Entdeckungen vergessener „Perlen" des Staatsdenkens führen, ja zur Befruchtung des politischen Diskurses insgesamt beitragen könnten.

Wie reizvoll könnte es sein, dachten wir, die fulminante und scharfe Jugendschrift des Samuel Pufendorf (alias Severinus de Monzambano) von 1667 zu lesen, oder seine elegante Kurzfassung des Naturrechts von 1673. Rechtshistoriker könnten sich endlich mühelos auf Deutsch vergewissern, wie Hermann Conring 1643 die gesamte „deutsche Rechtsgeschichte" entwickelte. Mit Christoph Besold würde man einen Klassiker der aristotelischen Politik des frühen 17. Jahrhunderts nachlesen und eventuell mit dem hundert Jahre späteren Naturrecht von Achenwall und Pütter im Kontext der Aufklärung vergleichen. Ein weiterer Klassiker, der weit nach Spanien und Südamerika eingewirkt hat, war Heineccius' „Natur- und Völkerrecht" von 1738. So könnte man fortfahren, aber auch in umgekehrter Richtung in das späte Mittelalter vordringen, um sich mit Lupold von Bebenburgs Traktat „Über die Rechte von Kaiser und Reich" (1339) die erste kompakte Darstellung der Reichsverfassung zu vergegenwärtigen. Dann könnte man den elsässischen Kanonisten Peter von Andlau mit seinem Buch „Kaiser und Reich" (1460) anschließen, einen schon fast im modernen Sinn staatsrechtlichen Autor.

Schließlich könnte der imaginäre geneigte Leser sich der von Kurt Rainer Meist neu geordneten und von Hans Maier kommentierten berühmten Jugendschrift von Hegel „Über die Reichsverfassung" widmen. Hegels schroffe Worte „Deutschland ist kein Staat mehr …Was nicht begriffen werden kann, ist nicht mehr" klingen nach bis in das 20. Jahrhundert, in dem das schwierige Vaterland dann in den drei Anläufen von 1919, 1949 und 1989 „seinen Staat" findet. Noch einen Schritt weiter als Hegel, mitten in den „Vormärz", führt schließlich Wilhelm Bleeks Neuausgabe von Dahlmanns „Die Politik auf den Grund und das Maaß der gegebenen Zustände zurückgeführt" von 1835. Der Herausgeber Wilhelm Bleek hat dem Dahlmann der „Göttinger Sieben" und der „Paulskirche" 2010 eine Biographie gewidmet[4].

Hans Maier hat seit jener Abschiedsveranstaltung von unserem gemeinsamen Projekt im Jahr 2006 mit einer einzigartigen Disziplin seine Arbeitsfelder gepflegt und ausgeweitet und ein Werk geschaffen, das in seiner Tiefe und seinem analytischen Anspruch jedem Vergleich mit den genannten „Staatsdenkern" standhält. Es gründet auf einem festen religiösen Fundament, auf liberal-konservativen Überzeugungen, auf einem Vertrauen in die positive Gestaltbarkeit der Welt. Welcher der heutigen Berufspolitiker, von denen Hans Maier für lange Jahre ja auch einer war, kann auf einen derartigen Fundus des älteren und neuesten Staatsdenkens zurückgreifen? Er war der einzig richtige Mentor, Schutzengel und Mitautor der Reihe, an die hier mit großer Dankbarkeit erinnert werden sollte.

---

4 Wilhelm Bleek, Friedrich Christoph Dahlmann. Eine Biographie, München 2010.

Tradition, Erfahrung, Vernunft
Hans Maier und die deutsche politische Wissenschaft

Jens Hacke

Geist aus der Kiste

Als ich 1994 als Student der Geschichte und Politikwissenschaften an die Humboldt Universität kam, fiel mir beim Kramen in einer der Bücherkisten vor dem Haupteingang ein Band in die Hände, der für einen Anfänger sehr nützlich schien. Zwar schon etwas abgegriffen und mit brüchigem Buchrücken, aber die zwei Mark sollten sich als gute Investition erweisen. Es war Hans Maiers Sammlung *Politische Wissenschaft in Deutschland* mit dem bescheidenen Untertitel „Aufsätze zur Lehrtradition und Bildungspraxis"[1]. Der etwas spröde Titel ließ nicht auf Anhieb die Anregungskraft erkennen, die auf jeden aufmerksamen Leser dieses Bandes wirken konnte. Denn keineswegs handelte es sich um ein didaktisches Lehrbuch, sondern um eine Sammlung höchst origineller, ideengeschichtlich versierter und politiktheoretisch bedeutsamer Studien. Obgleich das Buch zu diesem Zeitpunkt schon 25 Jahre alt war, konnte es mich in meiner Fächerwahl bestätigen: Politische Wissenschaft ließ sich eben nur in ihrer historischen Dimension verstehen, das Fach selbst hatte eine rasante Aufstiegsgeschichte hinter sich, aber es war nicht so neu, wie es die modernistische Lesart von der Politikwissenschaft als „Demokratiewissenschaft" suggerierte. Maier erklärte mir das, was in Herfried Münklers Überblicksvorlesung zur Politikwissenschaft (die ich in meinem ersten Semester begeistert hörte) angerissen wurde: die Expansion des Faches, die Spezialisierung, deren problematische Auswüchse der Autor bereits in den 1960ern prognostizierte, und der damit verbundene Abschied von einer umfassenden normativen Politiklehre. Außerdem fand ich bereits bei Maier das schicke Wort „Szientifizierung", das ich bewundernd für einen typisch Münklerischen Terminus technicus gehalten hatte. Als ich später eine meiner ersten Rezensionen schrieb, nämlich über Wilhelm Bleeks verdienstvolle *Geschichte der deutschen Politikwissenschaft*, hatte ich das

---

[1] Hans Maier, Politische Wissenschaft in Deutschland. Aufsätze zur Lehrtradition und Bildungspraxis, München 1969.

schale Gefühl, alle Thesen schon von Maier zu kennen; dementsprechend vorlaut geriet mir die Besprechung.[2]

In Maiers klug argumentierten, quellen- und anschauungssatten Texten hatten sich ideengeschichtliche Kontinente eröffnet. Vor allen Dingen konnte man bei der Lektüre seiner Studien lernen, dass die Dinge stets komplizierter sind, als man zu denken geneigt ist. Von Maier war zu erfahren, dass Ideen und normative Gehalte zwar zentral sind, dass man sich aber auch für die institutionen-, fach- und wissenschaftsgeschichtliche Einbettung der politischen Wissenschaft interessieren sollte. Bereits in seiner Münchener Antrittsvorlesung über die „Ältere deutsche Staatslehre und die westliche politische Tradition" (1965) demonstrierte er souverän, dass die verbreiteten Sonderwegsthesen, die das obrigkeitsstaatliche Denken von Luther zu Hitler (oder spätestens von Preußen an) dem Westen gegenüberstellten, nicht nur unterkomplex, sondern schlicht falsch waren. Es hatte sehr wohl eine aufs Gemeinwohl und auf die politische Verwaltung konzentrierte Policeywissenschaft gegeben, und Maier hatte sie bereits in seiner mittlerweile zum Klassiker avancierten Habilitationsschrift dargestellt.[3] Die Lehre einer „guten Polizey" oder die Vorstellung vom Staat als „Rechtsanwalt" der Bürger (Carl von Rotteck) zeigen alternative Entwicklungspfade auf, die durchaus Anknüpfungspunkte für eine liberale Verfassungsgeschichte bieten.

Allerdings sah Maier im Auseinanderfallen von Ethik und Politik seit Kant, in der Ignoranz gegenüber politischen Klugheitslehren wie derjenigen Machiavellis sowie in der verspäteten Rezeption von Konzepten der Staatsraison wichtige Bedingungen für eine spezifisch deutsche Staats- und Politikfremdheit, die sich im 19. Jahrhundert nachteilig auswirkte. Bei Maier lernte man das Abwägen vieler Faktoren: Ein deutscher Sonderweg, das wäre viel zu einfach, aber seine Hinweise auf viele deutsche Sonderentwicklungen waren doch so erdrückend, dass man nicht von der Relativierung eines liberalen und demokratischen Defizits in Deutschland sprechen konnte.[4] Maier vermittelte ein Gefühl für die gefahrvolle Dynamik, von der Deutschland im 19. Jahrhundert ergriffen wurde. Die Lektüre seiner Arbeiten schärfte die Sinne für die Kontingenzen, die Grauschattierungen und die vertanen Möglichkeiten in der Geschichte.

---

2 Wilhelm Bleek, Geschichte der Politikwissenschaft in Deutschland, München 2001. Es gehört zu den schönen Erlebnissen, dass die Gelassenheit der älteren Generation auch über einen etwas rustikal geratenen Erstkontakt hinweghilft. Mit Wilhelm Bleek, der seit längerer Zeit in Kanada lebt, verbindet mich mittlerweile eine ebenso anregende wie herzliche transatlantische Kommunikation.

3 Hans Maier, Die ältere deutsche Staats- und Verwaltungslehre (1966), München 1986.

4 Es ist eine schöne Pointe, dass Hans Maiers jüngste Tochter Clara ihre Doktorarbeit, die hoffentlich demnächst erscheint, den Sonderweg-Debatten in Deutschland, Großbritannien und in den Vereinigten Staaten von 1933-1968 gewidmet hat – und damit auch ihren Vater historisieren könnte.

Mein nachhaltiges Lektüreerlebnis jenes Aufsatzes, aber auch anderer Texte aus diesem gehaltvollen Band wie zum Beispiel diejenigen über „Probleme einer demokratischen Tradition in Deutschland" (1967), „Hegels Schrift über die Reichsverfassung" (1963) sowie über „Rechtsstaat und Grundrechte im Wandel des modernen Freiheitsverständnisses" (1966), ist wohl die Ursache für mein Erstaunen darüber, dass diese wie auch andere wichtige Texte in Maiers gesammelte Schriften gar nicht aufgenommen worden sind.

Es ist zu vermuten, dass Hans Maier, der, wie wir wissen, mindestens vier Leben lebte (Politikwissenschaftler, Politiker, Organist, Musikwissenschaftler), seine erste formative Phase als Ideenhistoriker und Politikwissenschaftler gelassener als Entdeckung einiger wichtiger Lebensthemen historisieren würde. Für den Nachgeborenen ordnen sich Maiers Arbeiten in die Inventur- und Orientierungsepoche der ersten großen und einflussreichen Nachkriegsgeneration ein. Es ging darum, festen Boden unter den Füßen zu gewinnen, sich zu vergewissern, welche Argumente und Überlieferungen den freiheitlichen Rechtsstaat und die liberale Demokratie zu stützen vermögen.

Eine bundesrepublikanische Generation

Mit dem Abstand von 60 bis 70 Jahren lässt sich mittlerweile sagen, dass es wohl nie zuvor in Deutschland eine Generation von Geisteswissenschaftlern gegeben hat, deren Dringlichkeit der Fragestellung, deren unbedingter Wille zum Wissen so stark und deren akademische Leistungsfähigkeit so beeindruckend war. Die Übersichtlichkeit der damaligen Universitätslandschaft sorgte überdies dafür, dass sich die Begabtesten unter ihnen überwiegend kannten, dass man sich gegenseitig las. Nicht wenige Dissertationen und Habilitationen waren Fanfarenstöße, viele Aufsätze mit Mut zu großen Linien, Neuland betretend und ohne Angst vor ausgreifenden Fragen.

Wenn man sich die klassischen Werke dieser Kohorte vergegenwärtigt, wird klar, dass es sich um eine einmalige Gründer- und Aufbruchszeit handelte: neben Maiers klassischen Werken *Revolution und Kirche* und *Die ältere deutsche Staatslehre* ragten ebenfalls heraus Karl Dietrich Brachers *Auflösung der Weimarer Republik*, Reinhart Kosellecks *Kritik und Krise*, Wolfgang J. Mommsens *Max Weber und die deutsche Politik*, Hermann Lübbes *Politische Philosophie in Deutschland*, Kurt Sontheimers *Antidemokratisches Denken in der Weimarer Republik*, Jürgen Habermas' *Strukturwandel der Öffentlichkeit*, Wilhelm Hennis' *Politik und praktische Philosophie*, Dahrendorfs *Gesellschaft und Demokratie in Deutschland*[5] –

---

5 Karl Dietrich Bracher, Die Auflösung der Weimarer Republik. Eine Studie zum Problem des Machtzerfalls in der Demokratie (1955), Düsseldorf 1978, Nachdruck der 5. Aufl.; Reinhart

ich habe hier nur einige Titel aus einem Zeitraum von einem knappen Jahrzehnt genannt. All diese Bücher sollten eigentlich immer noch zur Basislektüre eines politikwissenschaftlichen und ideenhistorischen Studiums zählen. Was diese Akademiker einte, war ihr interdisziplinärer Zugriff, mit dem sie wie selbstverständlich politische, philosophische, historische und soziologische Fragen verbanden.

In den letzten Jahren ist viel über diese große Generation der 45er geschrieben worden.[6] Von der artifiziell skandalisierten Debatte um NSDAP-Parteimitgliedschaften von 17-20jährigen Frontsoldaten können wir absehen. Viel wichtiger sollte sein, die Verdienste der ersten Nachkriegsakademikergeneration um die geistige Bewohnbarmachung der Bundesrepublik gebührend in Erinnerung zu rufen. Sicherlich, die Zeit kam dieser ambitionierten Generation entgegen, weil die wenig Älteren im Krieg arg dezimiert worden waren und Räume für das rasche Einrücken in wichtige Positionen frei waren. Aber es bleibt eindrucksvoll, wie die Geburtsjahrgänge der 1920/30er Jahre, die sogenannte Flakhelfer-Generation, ihre Chancen nicht nur individuell nutzten, sondern das junge demokratische Gemeinwesen zu ihrer Sache machten und „durch politische Aufklärung einen Beitrag zur Stabilisierung der demokratischen Lebensform" leisteten.[7] Blickt man auf Maiers Werk, dann lässt sich auch die Legende entkräften, dass in den 1950/60er Jahren die aufstrebenden Akademiker die braune Vergangenheit der Universität oder anderer gesellschaftlicher Institutionen durchweg verschwiegen. Maiers Aufsatz über „Nationalsozialistische Hochschulpolitik" hat nach 55 Jahren nichts an Eindringlichkeit eingebüßt und veranschaulicht, dass eine moralische und wissenschaftliche Aufarbeitung der NS-Verstrickung von Akademikern möglich war, als die belastete Elite noch in großer Zahl zu den Mitlebenden zählte und teilweise noch an einflussreicher Stelle wirkte. Auch ohne tiefergehende Quellenforschungen war es Maier möglich, die wesentlichen Grundzüge der universitären Selbstabdankung, der rassistischen Neuordnung infolge von Massenentlassungen und des qualitativen

---

Koselleck, Kritik und Krise. Eine Studie zur Pathogenese der bürgerlichen Welt (1957), Frankfurt/M. 1997, 8. Aufl.; Wolfgang Mommsen, Max Weber und die deutsche Politik 1890-1920 (1959), Tübingen 1974, 2. Aufl.; Kurt Sontheimer, Antidemokratisches Denken in der Weimarer Republik. Die politischen Ideen des deutschen Nationalismus zwischen 1918 und 1933 (1962), München 1994, 4. Aufl.; Jürgen Habermas, Strukturwandel der Öffentlichkeit. Untersuchungen zu einer Kategorie der bürgerlichen Gesellschaft (1962), Frankfurt/M. 1996, 5. Aufl.; Hermann Lübbe, Politische Philosophie in Deutschland. Studien zu ihrer Geschichte (1963), München 1973; Wilhelm Hennis, Politik und praktische Philosophie. Eine Abhandlung zur Rekonstruktion der politischen Wissenschaft, Neuwied 1963; Ralf Dahrendorf, Gesellschaft und Demokratie in Deutschland, München 1965.

6 Vgl. etwa Heinz Bude, Deutsche Karrieren. Lebenskonstruktionen sozialer Aufsteiger aus der Flakhelfer-Generation. Frankfurt/M. 1987; A. Dirk Moses, Die 45er. Eine Generation zwischen Faschismus und Demokratie, in: Neue Sammlung 40 (2000), S. 233-263; Malte Herwig, Die Flakhelfer. Wie aus Hitlers jüngsten Parteimitgliedern Deutschlands führende Demokraten wurden, München 2013.

7 Hans Maier, Zur Lage der politischen Wissenschaft nach dem Zweiten Weltkrieg (1962), in: ders., Politische Wissenschaft in Deutschland, S. 88-112, hier S. 89.

Substanzverlusts nachzuzeichnen. Maier betonte, dass „sich das Regime über mangelnde Bereitschaft zur Mitarbeit unter den Professoren nicht beklagen" konnte, und erwähnte ausdrücklich das berüchtigte Leipziger „Bekenntnis der Professoren an den deutschen Universitäten und Hochschulen zu Adolf Hitler und dem nationalsozialistischen Staat", zu dessen Mitunterzeichnern u.a. Hans-Georg Gadamer, Arnold Gehlen oder Joachim Ritter zählten. Sie und Dutzende andere, die ihre Unterstützung des Nationalsozialismus öffentlich gemacht hatten, wirkten zum Zeitpunkt des Maier'schen Ringvorlesungsbeitrags weiterhin prominent an deutschen Universitäten. Vorsichtig, aber bestimmt fragte Maier angesichts der Begeisterung für den „nationalen Aufbruch", „ob es pure Verblendung oder Schlimmeres war, was diese hervorragenden Gelehrten zur Hingabe an die Tyrannis führte".[8] Mittlerweile wird man dazu tendieren, „Schlimmeres" anzunehmen – und in Maiers Bestandsaufnahme finden sich auch zahlreiche Belege für die ideologischen Triebfedern von Antisemitismus und Rassismus. Maier zeigt allerdings auch, dass die Dynamik der NS-Hochschulpolitik auf objektivierbaren Interessen einer jüngeren Generation beruhte und dass „manche Hochschulideen der Weimarer Zeit in die Entwürfe nationalsozialistischer Planer und Agitatoren eingeflossen" waren: „Die Formierung der Dozentenschaft entsprach langgehegten Wünschen und machte sich geschickt herrschende Ressentiments gegen die Oligarchie der Ordinarien zunutze" – insofern schloss der nationalsozialistische Neugestaltungsversuch nicht ohne Geschick an Reformbedürfnisse aus der Weimarer Zeit an, um diese radikal zu instrumentalisieren.

Was aus Hans Maiers abgewogener Analyse zu lernen ist: Rein ideologisch lässt sich diese akademische Mobilisierung nicht erklären, vielmehr wirkten Interessen und aufgestaute Bedürfnisse nach Reformierung auf den Aktionismus einer nationalsozialistischen „Eroberung der Hochschule". Es zeichnet Maiers frühe Studie aus, dass er sich nicht darauf beschränkt, lediglich belastende Belege für abstruse Weltanschauungsäußerungen zusammenzutragen, sondern dass er erklärt, welche institutionellen Prozesse zur Implementierung eines „modifizierten Führerprinzips" anstelle der früheren Senatsverfassung führten.[9] Im Einklang mit den Vertretern der Funktionalismus-These (wie Martin Broszat oder Hans Mommsen) konstatiert Maier auch für die Universität eine Lenkungsabsicht „im Zeichen einer staatlichen Zentralisierung", die ganz konträre Effekte zeitigte, weil „sich innerhalb der rivalisierenden Parteigruppen, die jetzt auf die Hochschulpolitik Einfluß nahmen, ein neuer Machtpluralismus zu bilden begann".[10] Dies zeigt – ebenso wie beispielsweise die kritischen Bestandsaufnahme seines Generationsgenossen Ernst-Wolfgang

---

8   Hans Maier, Nationalsozialistische Hochschulpolitik (1965), in: ders., Die Deutschen und ihre Geschichte. Gesammelte Schriften, Bd. V, München 2011, S. 213-236, hier S. 222f.
9   Ebenda, S. 225f.
10 Ebenda, S. 226.

Böckenförde zur katholischen Kirche im Nationalsozialismus[11] –, dass eine Auseinandersetzung mit dem „Dritten Reich" darauf zielte, Strukturbedingungen analytisch zu verstehen.

Politikwissenschaft und Demokratie

Wie andere bedeutende Vertreter seiner Peer-Group suchte Hans Maier produktiv nach Begründungen für die liberale Demokratie und tat dies in Auseinandersetzung mit deutschen Traditionen. Es war offensichtlich, dass eine schematisch vorgenommene *Reeducation* nicht weit führen würde. Sollte die Demokratie tiefere Wurzeln schlagen, musste man nationale Wege und Irrwege kritisch und reflexiv aufarbeiten, mit differenzierendem Blick für die Vielfalt, die Abgründe und die unausgeschöpften Möglichkeiten der deutschen Ideengeschichte. In seiner Heimatstadt Freiburg stieß Maier an der Universität auf ein stimulierendes Umfeld. Dazu gehörte der konservative Historiker Gerhard Ritter, dessen preußisch-protestantisch geprägtes Geschichtsbild den badischen Katholiken herausgefordert haben dürfte; die Ordnungsökonomik der Freiburger Schule, deren Ideen und Rezeption Maier bis heute beschäftigen[12]; sowie schließlich und mit nachhaltiger Wirkung der Politikwissenschaftler Arnold Bergsträsser, einer der Nestoren einer normativ orientierten Politikwissenschaft. Bergsträsser war Remigrant und scharte eine beeindruckende Zahl von klugen Leuten um sich: Dieter Oberndörfer, Kurt Sontheimer, Alexander Schwan, Hans-Peter Schwarz und eben Hans Maier.

Wir sprechen hier von einer Zeit, als es nur ein gutes Dutzend Lehrstühle für Politikwissenschaft in Deutschland gab – und als Politikwissenschaft nicht ohne Politische Theorie, Ideen- und Zeitgeschichte vorstellbar war. Die Granden des Fachs – neben Bergsträsser waren dies Theodor Eschenburg, Ernst Fraenkel oder Dolf Sternberger – waren universal gebildete Persönlichkeiten, deren Stimme in der Öffentlichkeit gehört wurde. Vermutlich empfand Hans Maier zum hanseatischen Großbürger Eschenburg, der sich als „Donnerer" und Autorität in Sachen Notenvergabe an politische Akteure profilierte, die größte Distanz. Zum Sozialdemokraten Ernst Fraenkel etablierte er eine vertraulich-respektvolle Beziehung, die in den Memoiren angedeutet ist. Vom Typus am nächsten dürfte ihm aufgrund der philosophischen, musischen und literarischen Interessen Dolf Sternberger gewesen sein. Nicht nur konnte Maier die aristotelische Ausrichtung und den Verfassungspatriotismus Sternbergers teilen. Sternbergers Sinn für Sprache, seine liberale Grundhaltung und sein ausgleichendes Temperament sind Eigenschaften, die auch

---

11 Ernst-Wolfgang Böckenförde, Der deutsche Katholizismus im Jahre 1933. Eine kritische Betrachtung, in: Hochland 53 (1961), S. 215-239.
12 Siehe Hans Maier (Hg.), Die Freiburger Kreise. Akademischer Widerstand und Soziale Marktwirtschaft, Paderborn 2014.

für Hans Maier charakteristisch sind. In seiner Autobiographie erwähnte Maier Sternberger nur am Rande, aber die einfühlsame und das Gesamtwerk würdigende Rede anlässlich der Verleihung des Dolf-Sternberger-Preises im Jahr 2017 lässt die Geistesverwandtschaft klar erkennen.[13]

Maier kannte die wichtigen Gründungsfiguren der deutschen Politikwissenschaft aus persönlicher Anschauung. An Bergsträsser, Sternberger und Fraenkel konnte man sich orientieren, aber generell wurde schnell deutlich, dass die Politikwissenschaft mit einem moderneren Methodenbesteck betrieben werden musste. Die Altvorderen ließen sich an wissenschaftlicher Kompetenz bald übertreffen. Außerdem entwickelten Maier, Waldemar Besson, Iring Fetscher u.a. einen schärferen und unbefangeneren Sinn für die Gegenwartsgesellschaft, vor allem überwanden sie den Elitismus der Altvorderen. Ihrem Selbstverständnis nach waren sie Reformer, denen die junge Demokratie etwas zu Gestaltendes bedeutete.

Man kann als heutiger Angehöriger der Fachdisziplin nicht anders, als einen wehmütigen Blick zurück werfen: Die damalige Politikwissenschaft entwickelte sich zu einer selbstbewussten, deutungskompetenten und öffentlich hochangesehenen akademischen Disziplin, die sich auch deswegen Gehör verschaffte, weil sie von Dingen handelte, die alle in der Demokratie angingen. Dieser Habitus musste keineswegs zu Lasten intellektueller Durchschlagskraft gehen und hatte nichts mit Oberflächlichkeit zu tun, wie einen die Lektüre von Hans Maiers Oeuvre belehrt. Mit historisch geschultem Blick entwickelte er ein feines Sensorium dafür, wann die Verwaltung der öffentlichen Dinge Gefahr lief, nicht mehr eigentlich Politik zu sein – wenn sie sich nämlich auf technokratische Problemlösung beschränkte und das Gefühl dafür verlor, was im Interesse des Gemeinwohls lag. Im Anschluss an Ernst Fraenkel begriff Maier, wie er 1966 formulierte, „das allgemeine Beste als Resultante aus den divergierenden Meinungen und Interessen". Die Ausformung des Gemeinwohls braucht „einen genügend breiten Grund der Übereinstimmung", und die Parteiendemokratie der Bundesrepublik hatte hier nach Maiers Auffassung die richtigen Lehren aus der Weimarer Republik gezogen.[14]

Mit dem ansonsten in Temperament und politischer Ausrichtung ganz verschiedenen älteren Kollegen Wilhelm Hennis – von Haus aus Jurist aus der Göttinger Smend-Schule – teilte Maier die Auffassung, dass die Demokratie nie als unmittelbare Volksherrschaft, sondern nur in ihrer repräsentativen parlamentarischen Form realisierbar ist. Wehrhafte Demokratie, Parteiendemokratie, Kanzlerdemokratie – das Grundgesetz hatte der Bundesrepublik eine Form gegeben, die, wie Maier

---

13 Hans Maier, Wie das Volk zur Sprache kommt, in: Frankfurter Allgemeine Zeitung, 13. März 2017, S. 13. Hervorzuheben ist auch Maiers Beitrag zur Sternberger-Festschrift. Siehe Hans Maier, Sozialer Rechtsstaat – ein Widerspruch?, in: Peter Haungs (Hg.), Res Publica. Studien zum Verfassungswesen. Dolf Sternberger zum 70. Geburtstag, München 1977, S. 219-232.
14 Hans Maier, Probleme einer demokratischen Tradition in Deutschland (1966), in: ders., Politische Wissenschaft in Deutschland, S. 172-197, hier S. 191.

in einem frühen Aufsatz schrieb, „hart an die Grenze dessen gegangen" ist, was traditionell, d.h. in der Linie Rousseaus, als Demokratie begriffen worden war.[15] Es hatte die Leistungsfähigkeit und Popularität der parlamentarischen Demokratie im Gegensatz zu Weimar erhöht, und bedeutete dennoch keine Absage an die Legitimationsfunktion demokratischer Prinzipien.

Beide Gelehrte, Hennis und Maier, wandten sich aber auch gegen den Zeittrend einer zunehmenden Entpolitisierung öffentlicher Fragen und waren geeint in dem Bestreben, Politik und Ethik im Sinne einer praktischen Philosophie wieder zusammenzuführen. Die gemeinsame Herausgeberschaft der bedeutenden Politica-Reihe im Luchterhand Verlag diente nicht nur jungen aufstrebenden Wissenschaftlern als Forum; hier wurden auch bedeutende Schriften von Leo Strauss und Michael Oakeshott einer deutschen Leserschaft zugänglich gemacht. Dass Hennis und Maier (neben ihren eigenen Habilitationsschriften!) darüber hinaus zwei der wichtigsten Bücher von Habermas, nämlich den schon genannten *Strukturwandel der Öffentlichkeit* sowie *Theorie und Praxis*, dort aufnahmen, belegt noch einmal, wie pluralistisch und liberal der wissenschaftliche Diskurs vor der Polarisierung des politischen Feldes um 1968 innerhalb dieser jungen Professorengeneration geführt wurde.

Reformer und Neue Linke

Mit der Studentenbewegung und den hochideologisierten Auseinandersetzungen der 1970er Jahren veränderte sich freilich vieles, auch in den Politikwissenschaften, die immer mehr zu einer – wie man damals sagte – „kritischen Sozialwissenschaft" wurde und deren expansives Wachstum mit Spezialisierung, Segmentierung und mit einer Distanzierung von der praktischen Politik verbunden war. Es ist kein Wunder, dass Hans Maier, der die Blütezeit ihrer demokratischen und liberalen Modernisierung miterlebt und mitgestaltet hatte, diese Entwicklung bekämpfte. Es ist allerdings außergewöhnlich, dass er dies nicht nur publizistisch, sondern mit politischen Mitteln tat: als Mitbegründer des Bundes Freiheit der Wissenschaft und ab 1970 als Kultusminister in Bayern. Der Historiker Nikolai Wehrs hat dem „Protest der Professoren" eine hervorragende und in vielerlei Hinsicht durchaus würdigende Dissertation gewidmet.[16] Hans Maiers Rolle war zentral, insbesondere weil er sich darauf verstand, pragmatisch und besonnen die Fäden zusammenzuführen, ohne sich in Grabenkämpfe zu verstricken.

---

15 Ebenda, S. 193.
16 Nikolai Wehrs, Protest der Professoren. Der „Bund Freiheit der Wissenschaft" in den 1970er Jahren, Göttingen 2014.

Moralische Sensibilität war es schließlich, die Maier später die tektonischen Veränderungen des kulturellen Klimas in der Nachkriegszeit genau registrieren ließ, um trotz aller Ärgerlichkeiten, die mit der Neuen Linken verbunden waren, die gesellschaftlichen Liberalisierungsschübe angemessen ins Licht zu setzen. Anders als manche andere seiner Generation, für die die Studentenproteste der 1960er Jahre bis heute ein rotes Tuch bedeuten, würdigt er die Achtundsechziger in einem wesentlichen Punkt: Sie hätten „die politischen Establishments gezwungen, die Demokratie mit mehr Fantasie, mit intelligenteren Methoden zu verteidigen als mit dem Traditionsargument".[17] Maiers Ton in der Debatte um die Neue Linke war schon auf dem Höhepunkt der Auseinandersetzungen erkennbar um Mäßigung bemüht, ließ aber an Deutlichkeit nichts zu wünschen übrig. Einer „fatalistischen Systemkritik" und „ungreifbaren Abstraktionen wie dem ‚Spätkapitalismus' und dem ‚Zerfall der bürgerlichen Gesellschaft'" konnte er nichts abgewinnen. „Sieht man die Dinge nüchtern", müsse man feststellen, so Maier im Jahr 1968, „daß die rebellierenden Gegner unserer Wohlstandsdemokratie nicht nur ein Reizklima für Verbesserungen geschaffen haben – was ihr Verdienst bleibt –, sondern daß sie paradoxerweise auch zahlreiche Reformwege, die vor kurzem noch offen schienen, blockiert haben."[18] Gleichwohl wusste Maier, dass Proteste stets auf Missstände verwiesen. Man konnte sich nicht einfach auf die bequeme Situation zurückziehen, sich über den ideologischen Überschuss und die Praxisferne der APO zu mokieren, um selbstgerecht alles beim Alten zu belassen. Aber Maier plädierte dafür, die bestehenden institutionellen und systemischen Freiräume zu nutzen, um sie mit Leben und Phantasie zu füllen. Obwohl das Grundgesetz von den Erfahrungen der Weimarer Republik und des Dritten Reiches geprägt sei, lasse es „für die Gestaltung des politischen Prozesses eine Fülle von Möglichkeiten offen". Es stelle sich daher die Frage, ob diese bislang „in vollem Maße ausgeschöpft" worden seien. Maier vermutete mit realistischem Blick, „daß dies nicht geschehen ist und daß eben darin die Schwäche des ‚Systems' liegt".[19] Sein Ansatz liegt auf der Linie derjenigen Reformer, die sich einer Erneuerung der praktischen Philosophie verschreiben haben, um eine Ethik und Pragmatik der Politik Geltung zu verschaffen, die das Gemeinwohl und das Gute thematisiert, ohne auf die Lösungsformel einer umfassenden Gesellschaftstheorie zu hoffen.[20]

Maier hatte also keineswegs eine affirmative Position des Establishments eingenommen, sondern selbst umfassenden Reformbedarf sowie eine Veränderung der politischen Kommunikation diagnostiziert. Die von ihm geäußerte Kritik an den

---

17 Hans Maier, Die Nachkriegszeit im Spiegel der Sprache (1998), in: ders., Die Deutschen und ihre Geschichte. Gesammelte Schriften, Bd. V, München 2011, S. 325-333, hier S. 329
18 Hans Maier, Reform in der Demokratie (1968), in: ders., Politische Wissenschaft in Deutschland, S. 214-232, hier S. 230.
19 Ebenda, S. 219.
20 Diese Selbstverortung in der Nähe der sog. Ritter-Schule findet sich in Hans Maier, Böse Jahre, gute Jahre. Ein Leben 1931ff., München 2011, 3. Aufl., S. 105f.

politischen Eliten – und damit sind vor allem die Granden der Unionsparteien gemeint – ist überdeutlich: „Zuletzt und vor allen ist sie [die gegenwärtige Krise] eine Krise der Personen, die Politik betreiben, und als ihr Kern enthüllen sich Entscheidungsschwäche und Mangel an politischer Substanz: Wenn trotz verfassungsrechtlicher und politischer Möglichkeit nicht oder nicht zur rechten Zeit deliberiert, entschieden, gehandelt, regiert wird, so ist das ein Zeichen, daß man aus Angst, Schwäche, Konformismus oder welchen Gründen immer eben nicht regieren will."[21] Anders als Jürgen Habermas, dem er als Denker immer Respekt zollte, aber dessen „säuerlicher Moralismus" und fehlender politischer Wirklichkeitssinn ihn störte[22], zog Maier sich in niemals auf Grundsatzkritik zurück, sondern war selbst Teil eines offenen Generationenkonflikts, der wirkliche Ergebnisse zeitigte. Es ist daran zu erinnern, dass Maiers Weg in die Politik und sein Wille zur Gestaltung einem Bedürfnis nach Veränderung entsprangen. Früh hatte er das Band mit ambitionierten Reformern seiner Generation in der Union geknüpft, die allesamt in ihren Dreißigern die behäbige Honoratiorenpartei modernisieren und gesellschaftlich öffnen wollten. Die Freundschaften zu Helmut Kohl und Bernhard Vogel, die Treffen in Kohls Deidesheimer Kreis seit den 1960er Jahren bereiteten wahrlich einen erfolgreichen Marsch durch die Institutionen vor.[23]

Liberalkonservative Pflichtverteidigung aus Leidenschaft

Maier bezeichnete sich gelegentlich süffisant als „Pflichtverteidiger der alten Bundesrepublik".[24] Eine solche Wendung ist ein arges Understatement, denn man merkt ihm die Leidenschaft für die Sache doch immer an. Nicht umsonst nimmt der Freiheitsbegriff bei ihm eine derart prominente Stellung ein, und sein jahrzehntelanges Interesse an der Rekonstruktion der politischen Implementierung von Grund- und Menschenrechten, lange bevor sie zu modischen Forschungsthemen wurden, machen jedem seiner Leser klar, dass sein Begriff von Demokratie sich nicht in Herrschafts- und Regierungstechniken erschöpft, sondern auf materiale Werte gegründet ist.

Hans Maiers normatives Geländer ist deswegen deutlich sichtbar. Das hängt natürlich auch mit seiner festen Verankerung im Christentum zusammen; man wird gewiss deutliche Spuren der katholischen Soziallehre in seiner Haltung finden. Für den Politikwissenschaftler Maier ist das aber nicht unbedingt ausschlaggebend. Sicherlich, in *Revolution und Kirche* war die christliche Demokratie zu einem

---

21 Maier, Reform der Demokratie, S. 220.
22 Hans Maier, Wer steckt dahinter (Antworten auf Jürgen Habermas), in Frankfurter Allgemeine Zeitung, 18. Juni 1999, S. 52.
23 Vgl. Maier, Böse Jahre, gute Jahre, S. 261f.
24 Maier, Die Nachkriegszeit im Spiegel der Sprache, S. 333.

Leitbild avanciert[25], aber man kann Maier späterhin durchaus problemlos als Common-Sense-Liberalen lesen, dem es keine Mühe bereitete, sich in wesentlichen politischen Fragen mit religiös eher unmusikalischen Generationsgenossen wie Hennis, Odo Marquard oder Ralf Dahrendorf zu treffen. Er tendierte dabei nie zu einer leichtfertigen Gleichsetzung von politischem Liberalismus und Marktliberalismus. Gegen den konjunkturellen Aufwind des Neoliberalismus hat er den Wohlfahrtsstaat als spezifisch deutsche Errungenschaft aufs Schild gehoben. In einem späteren Aufsatz, geschrieben auf dem Höhepunkt der Debatte um die spätere Hartz-Gesetzgebung, hielt er am Gedanken der sozialen Geborgenheit fest. Maier liefert eine luzide Rekonstruktion des Sozialstaats, an dem er die Eigenart eines deutschen Staatsdenkens exemplifiziert, „das zur offenen Distanznahme, zum naturrechtlichen Messen des Staates an einer über ihm stehenden Ordnung ebenso unfähig ist, wie es sich zur langsam-bedächtigen Reform des Bestehenden in hohem Maße eignet". Eben diese Anpassungsfähigkeit an neue Problemlagen lässt Maier den solidarischen Wohlfahrtsstaat gegen Zeittrends verteidigen.[26]

Grundüberzeugungen gepaart mit dem Leitbild einer moderierenden Vernunft, daraus lässt sich schwerlich eine schulbildende Theorie gewinnen – wie überhaupt Hans Maier jeglicher Dogmatismus fremd ist. So war Maier immer theoretisch versiert, aber großen Systemdenkern brachte er Skepsis entgegen. Auch dies dürfen wir für eine genuin liberale Eigenart halten; sie folgt der Einsicht, dass das Leben, erst recht das politische, nicht allein mit Hilfe eines theoretischen Großentwurfs zu erfassen ist.

Ein Lebensthema in der „zweiten Halbzeit" seiner wissenschaftlichen Karriere – die Beschäftigung mit politischen Religionen – zollt diesem Umstand sichtbar Tribut.[27] In der Beschäftigung mit dem Totalitarismus, seinem Heilsglauben, seinen politischen Kultpraktiken und Liturgien präpariert Maier die kalkulierte und zugleich unkontrollierbare Politik mit dem Irrationalen heraus. Und auch hier bewies Maier Mut zum Gegenläufigen: Als die Totalitarismustheorie schon lange zum Relikt des Kalten Krieges erklärt worden war und man sich auf ein vermeintlich liberales Ende der Geschichte in den 1990er Jahren einrichtete, sorgte er sich um den Zusammenhang von Religion und Gewalt, um die Dynamiken, die religiöse Fundamentalismen antreiben, die er als spezifischen Ausdruck von Modernisierungskrisen deutete. Rund 30 Jahre später liest sich dies alles viel aktueller, als man es sich wünscht.

---

25 Hans Maier, Revolution und Kirche. Zur Frühgeschichte der christlichen Demokratie (1959), München 1975.
26 Hans Maier, Historische Voraussetzungen des Sozialstaats in Deutschland (2002), in: ders., Die Deutschen und ihre Geschichte, S. 86-108.
27 Die wichtigsten Arbeiten gesammelt in Hans Maier, Politische Religionen. Gesammelte Schriften, Bd. 2, München 2007.

All dies vor Ihnen ausbreitend, muss ich bekennen, dass es kein Leichtes ist, den Politikwissenschaftler Hans Maier in seiner Bedeutung auf bestimmte Begriffe und Thesen zu bringen. Sein Werk ist zu vielfältig, seine Fragen lassen uns mitdenken, sein Fundus der neuzeitlichen Theoriegeschichte macht uns immer wieder aufs Neue staunen. Sein leidenschaftliches Interesse gilt den Möglichkeiten des guten Lebens in der freiheitlichen Demokratie, die am sozialen Gedanken festhält. Ist das konservativ? Wenn ja, dann im besten, prüfenden und reflektierenden Sinne. Es ist ein Balancedenken, das Erfahrung, Vernunft und vorsichtige Fortschrittshoffnung vereint. Ich hege eine Vorliebe für den Begriff des Liberalkonservativen. Damit kann man eine Haltung beschreiben. Die Pflege richtiger Traditionen ist Maier stets genauso wichtig gewesen wie die Absetzung vom Überkommenen. In seinen Schriften gibt sich ein behutsamer, eminent gelehrter, leichthändig argumentierender Liberalkonservatismus zu erkennen, dessen Lob der Pluralität, dessen Hohelied auf den Föderalismus („Region war in Deutschland nie Provinz") jede nationale Selbstüberhebung konterkariert, die einst konservatismusverdächtig war.

Das politikwissenschaftliche, theorie- und ideengeschichtliche Werk Hans Maiers steht für sich. Es wäre besser um die heutige Politikwissenschaft bestellt, wenn sie sich an Hans Maiers Weite des Blicks, seinem Sinn für die Vielfalt von Traditionen, aber auch an seinem Mut zum klaren normativen Bekenntnis wieder ein Beispiel nehmen würde. Einer Praxis des guten Regierens wird man weder durch *rational choice* noch durch technokratische Modelle einer *smart governance* auf die Spur kommen. Hans Maier warnte bereits vor einem halben Jahrhundert eindringlich davor, dass die Politikwissenschaft Gefahr laufe, zu einer Art „Betriebswirtschaftslehre des Politischen" zu degenerieren, und appellierte an die integrative Kraft einer Politikwissenschaft, die theoretische Reflexion und Praxis, didaktische Vermittlung und administrative Kompetenz verbindet.[28] Er sah voraus, dass die Politikwissenschaft einerseits durch ihre Spezialisierung und Verwissenschaftlichung in viele miteinander unverbundene Teilgebiete zu zerfallen drohe und dass die politische Theorie andererseits dazu tendiere, sich in die Höhenluft einer philosophischen Normenlehre zu verabschieden. Stattdessen hat Maier die Herausforderung angenommen, Probleme der Politik *common-sense*-fähig zu formulieren, um sie moralisch verantwortlich, in Kenntnis der verfassungsrechtlichen Grundlagen und aus dem reichen Fundus der Ideengeschichte argumentierend zu bearbeiten. Was Hans Maier vor über 1964 als das Dilemma Max Webers beschrieb, nämlich dessen „skeptischer Zweifel an der Möglichkeit, dass das politische Richtige zugleich auch das sittlich Gebotene sein könne", bleibt auch für uns Heutige eine Herausforderung.[29] Der Streit für das sittlich Gebotene sollte auch das

---

[28] Maier, Zur Lage der politischen Wissenschaft nach dem Zweiten Weltkrieg, S. 111.
[29] Hans Maier, Max Weber und die deutsche politische Wissenschaft (1964), in: ders., Politische Wissenschaft in Deutschland, S. 69-88, hier S. 86.

Ziel demokratischer Politik bleiben. Über den Maßstab und die Mittel dafür hat uns Hans Maier in seinem langen wissenschaftlichen Leben aufgeklärt. Diese Substanz holt kein Fortschritt so schnell ein.

Über den Tag hinaus
Überlegungen zu einigen Schriften zu Politik und Kultur von Hans Maier

Udo Bermbach

I

Seit einigen Jahren wird die Frage, was konservativ heißen könne, mit einiger Intensität in der Öffentlichkeit diskutiert. Die Breite dieser Debatte bezeugt ein 2019 erschienener Band, in dem einhundertvierzehn Autoren in knappen essayistischen Statements diese Frage zu beantworten suchen, darunter auch Hans Maier.[1] Schon der erste Leseeindruck bezeugt: Anlass für diesen Klärungsversuch ist das eher unspezifische Gefühl, keine der deutschen Parteien habe mehr ein konservatives Profil, keine vertrete konservative Werte, was auch bedeute, dass ein Großteil der Wähler mit konservativer Grundorientierung sich nicht mehr vertreten fühle. Dabei bleibt in dieser Diskussion vielfach unklar, was es heißt, konservativ zu sein angesichts einer sich ständig verändernden Gesellschaft, und nicht wenige meinen, es sei müßig, sich um einen solchen Begriff zu bemühen. Denn die Moderne sei dadurch charakterisiert, dass sie mit den klassischen Etiketten der alten politischen Richtungen wie Sozialismus, Liberalismus und Konservatismus nicht mehr zu bestimmen sei, sondern von allem etwas aufgenommen habe, so dass Abgrenzungen schwer seien und sich nicht mehr eindeutig ziehen ließen. Das führt dann dazu, dass sich Ulrich Greiner, ehemals Feuilletonchef der ZEIT, in einem Bekenntnisbuch als konservativ outet, zugleich aber diesem Buch den Titel *Heimatlos*[2] gibt, denn: „Als Konservativer bin ich insofern heimatlos, als die Leitmedien, von den tonangebenden Zeitungen bis hin zu den öffentlich-rechtlichen Anstalten, einen Anpassungsmoralismus pflegen, der gegensätzlichen Meinungen keinen Resonanzboden bietet."[3] Dieses verbreitete Gefühl einer politischen Heimatlosigkeit beflügelt die Diskussion über die Inhalte konservativen Denkens und diese reicht inzwischen in die Wissenschaft hinein. So hat beispielsweise Andreas Rödder, Historiker

---

1 Michael Kühnlein (Hrsg.), konservativ? Miniaturen aus Kultur, Politik und Wissenschaft, Berlin 2019. Der Beitrag von Hans Maier, S. 253 ff.
2 Ulrich Greiner. Heimatlos. Bekenntnisse eines Konservativen, Rowohlt 2017.
3 Ebenda, S. 12.

an der Universität Mainz, in einem schmalen Bändchen[4] den Versuch einer etwas ausführlicheren Antwort unternommen, die einerseits an die großen Traditionen des politischen Konservatismus seit dem 18. Jahrhundert anzuschließen sucht, an Edmund Burke etwa, der die französische Revolution zurückdrängen wollte, um die überkommenen Traditionen bewahren zu können. Im Unterschied zu Burke indessen möchte Rödder einen Konservatismus, der die Notwendigkeit flexibler Anpassung an veränderte Zeitumstände nicht einfach abwehrt. Denn er glaubt, dass erst durch positives Reagieren auf bedeutsame Zeitumstände konservatives Denken an die Moderne anschließen und damit auch politiktauglich werden kann. Der Konservatismus müsse sich – so Rödder – zu einem „umfassenden Begriff eines liberalen Konservatismus erweitern und dann als eine der großen politischen Strömungen der europäischen Moderne angehören."[5]

Rödder entwickelt, was hier nur angedeutet werden soll, in Umrissen einen Konservatismus, der am Ende für eine offene Gesellschaft steht, die ihrerseits auf dem Rechtsstaat des Grundgesetzes beruht und die bürgerlichen Freiheitsrechte gegenüber staatlicher Überregulierung verteidigt, Gerechtigkeit und Chancengleichheit als Werte vertritt, das Prinzip der Subsidiarität praktiziert, Familie und Heimat präferiert, weil hier soziale wie emotionale Bindungen entwickelt werden und in kulturellen Prägungen gesellschaftliche Solidarität eingeübt wird, wodurch eine „bürgergesellschaftliche Leitkultur"[6] herausgebildet werden kann, „die nicht ausschließt, sondern eine offene Gesellschaft integriert."[7] Man mag das weniger als eine begrifflich erschöpfende Antwort auf die selbstgestellte Frage empfinden als eine Skizze, welche die Richtung angezeigt, in die politisch gedacht werden sollte.

Zu solchem Denken in einen offenen Horizont hinein ist Rödder auch angeregt worden von Hans Maier, den er neben Hermann Lübbe, Wilhelm Hennis oder Erwin Scheuch zu seinen Inspiratoren zählt.[8] Nicht zu Unrecht, wie Hans Maiers Schriften, hier vor allem der Band über *Kultur und politische Welt*[9], eindrucksvoll zeigen, Arbeiten, die von den Inhalten und Instrumenten der Kulturpolitik über das Thema der Erziehung, Bildung und Beruf, von den Aufgaben der Hochschulen bis zu Überlegungen zu einzelnen Künstler und am Ende zu Reflexionen über Sprache und Kultur in der globalisierten Welt reichen. Eine breite thematische Spanne ist in diesem Band – wie auch schon in einem älteren mit dem Titel *Anstöße*[10] – versammelt, wie sie heutzutage nur noch wenigen Autoren zur Verfügung steht. Hans Maier entfaltet in seinen aspektenreichen Analysen ein Panorama moderner konservativer Weltsicht, konservativ insoweit, als er stets auf Traditionen zurück-

---

4 Andreas Rödder, Konservativ 21.0. Eine Agenda für Deutschland, München 2019.
5 Ebenda, S. 36 f.
6 Ebenda, S. 124.
7 Ebenda.
8 Ebenda, S. 31.
9 Hans Maier, Kultur und politische Welt, Gesammelte Schriften Bd. III, München 2008.
10 Hans Maier, Anstöße. Beiträge zur Kultur- und Verfassungspolitik, Stuttgart 1978.

greift, die, weil oft scheinbar verschwunden, nur noch subkutan wirken, aber doch noch in der Gegenwart latent präsent sind, die er ergänzt durch eine empirisch informierte Gegenwartsanalyse, aus der sich Handlungsoptionen gleichsam von selbst ergeben. Überblickt man die Arbeiten nur dieses hier herausgestellten neueren Bandes – und hat in Erinnerung, worüber Hans Maier noch grundlegende Untersuchungen vorgelegt hat wie etwa die zu den politischen Religionen, zum Verhältnis von Kirche und Demokratie und vor allem zur älteren deutschen Staats- und Verwaltungslehre –, dann entfaltet sich das Tableau eines christlich grundierten, zugleich aber auch aufgeklärten und liberal eingefärbten Konservatismus, der im Wettstreit der Weltanschauungen gut mithalten kann.[11] Und den sein Autor auch an Orten vertritt, die anderen Denktraditionen gewidmet sind. So etwa bei einer Rede anlässlich der Verleihung des Theodor-Heuss-Preises, in der Hans Maier die Heuss-Stiftung plötzlich auffordert, nicht den „wohlfeilen Widerspruch" gegen die Gesellschaft zu honorieren, sondern „weit mutiger und – Verzeihung – liberaler, statt der Erziehung zum Ungehorsam den Respekt vor den Normen des Rechtsstaats zu prämiieren",[12] da doch der demokratische Konsens bedroht sei durch den „Konformismus" der kritiklosen Ja-Sager ebenso wie durch die Eitelkeit der ewigen Nein-Sager. Der konservative Wunsch, gesellschaftliche Konflikte durch die Betonung und das Übereinkommen über die Bedeutung von Institutionen und Normen am Ende durch einen von allen akzeptierten Konsens gelöst zu wissen, damit Stabilität herrsche, wird da öffentlich und unerwartete geäußert, als „Anregung" vorgetragen, als Forderung gemeint, mitten hinein in eine Gesellschaft, die sich – so darf vermutet werden – als permanent in Bewegung begreift und das ständige Aushandeln von nur kurz geltenden Konfliktlösungen als ihr innerstes Prinzip begreift. Ein „aufgeklärter, ein befreiender Konservatismus" [...] habe „unsere Obrigkeitstraditionen beiseitegelegt und versucht, an unseren Freiheitstraditionen anzuknüpfen. Er hat der nationalistischen Abgrenzung nach außen ebenso abgeschworen wie der zentralistischen Verachtung föderaler Selbstständigkeit im Inneren. Konservative sind dabei, in älteren Phasen unserer Geschichte Freiheitselemente zu entdecken: den gemeinen Mann und seine Geschichte, das Bürgertum der Städte, ja eine spezifisch deutsche Tradition des Naturrechts und der Freiheits- und Menschenrechte. Sie schätzen die Kunst selbstsicherer Bescheidenheit. Und sie bemühen sich um eine Sprache, die behutsam auf die Nachbarn zugeht, sie zu verstehen sucht und um sie wirbt." – so Hans Maier in einer Skizze seiner Vorstellung, was konservativ heißen kann[13] und die auf den Punkt bringt, was sich in seinen unterschiedlichen Beiträgen dem Sinne nach findet.

---

11 Zur christlichen Fundierung des Konservatismus, vgl. u.a. Hans Maier, Revolution und Kirche. Studien zur Frühgeschichte der christlichen Demokratie 1789-1901, Zweite Auflage, Freiburg 1965, Kap.1, S. 13 ff., bes. S. 20 ff.
12 Hans Maier, Anstöße, S. 845. Die folgenden Zitate ebenda.
13 Michael Kühnlein (Hrsg.), konservativ?, S. 254.

Hans Maier war von je her ein Wissenschaftler und Denker, der sich dem eher linken Mainstream seines Faches mit guten Gründen verweigert hat und der überdies in den Jahren eines naiven Glaubens, mehr akademisch Ausgebildete garantierten zugleich auch einen höheren Bildungs-, Ausbildungs- und Produktionsstand der Gesellschaft insgesamt selbst „zur bildungspolitischen Opposition"[14] zählte, weil er schon früh die Gefahr mangelhafter Qualität sah und die Absenkung des Leistungsniveaus befürchtete – womit er leider recht behalten hat.[15] Dass „über der Expansion des Bildungswesens dessen Leistungsfähigkeit nicht leide, dass in Schulen und Hochschulen gelernt werden müsse, dass es auf die persönliche Anstrengung ankomme, nicht nur auf den staatlichen Bildungsservice, ... dass man den Brotkorb höher hängen (müsse), damit sich die geistigen Hälse recken!"[16] – das alles sind Forderungen, die einem konservativen, im Alltag verankerten Bildungsideal verpflichtet sind, zugleich aber auch Voraussetzungen dafür, dass eine Gesellschaft dauerhaft prosperieren kann.

Solche Bildungsbedingungen herzustellen und zu garantieren, ist – so schreibt es Hans Maier immer wieder – Aufgabe des Staates, freilich eine prekäre, denn es geht natürlich nicht um eine autoritäre, *par ordre du mufti* entschiedene Durchsetzung bildungspolitischer Inhalte, sondern um allerdings klar definierte und einzufordernde Anreize für den zu Erziehenden, weil „der kulturelle Auftrag sich heute nicht mehr in erster Linie an den Staat, sondern an den freien, zur Tätigkeit aufgerufenen Bürger richtet."[17] Hans Maier skizziert in seinen verschiedenen Aufsätzen zur Kultur und Kulturpolitik das Konzept eines von den staatlichen Bildungs- und Kulturinstitutionen ermöglichten und zugleich auch erwarteten Prozesses kultureller Selbstbildung und er hofft darauf, dass sich das in Deutschland seit eh schwierige Verhältnis von Staat und Intellektuellen dahingehend entspannt, dass der Staat tolerant den Intellektuellen eine autonome Sphäre gewährt, die als kulturelles Anregungspotential fungieren kann, während jene umgekehrt den Staat mit kritischem Wohlwollen begleiten, weil beide sich brauchen.[18] Konservativ an dieser Skizze ist die positive Konnotation des Staates und seiner fördernden Rolle, doch ist diese durch den liberalen Gedanken nicht nur der Toleranz, sondern auch kultureller Teilautonomie erweitert, wenn man so will pluralisiert. Die konservativ grundierte Vorstellung von Kultur, die sich in ihren Inhalten durchaus noch am alten Humboldt'schen Ideal orientiert, ist doch zugleich den veränderten gesellschaftlichen Verhältnissen angepasst, ohne in die linke Bildungsrevolution einzuschwenken. Wie immer sucht Hans Maier in der Vergangenheit jene Elemente

---

14 Ebenda, S. 9
15 Vgl. Hans Maier, Böse Jahre, gute Jahre. Ein Leben 1931 ff., München 2011, „Ich gehe auf Gegenkurs", S. 167 ff.
16 Hans Maier, Kultur und politische Welt, S. 10.
17 Ebenda, S. 237.
18 Ausführungen zur Bildungspolitik finden sich auch in der Autobiographie. Vgl. Hans Maier, Böse Jahre, gute Jahre, S. 157 ff.

der Tradition auf, von denen er meint, sie seien noch gegenwartstauglich, um dann in seinen Überlegungen für aktuelles politisches Handeln aus der Vergangenheit aufzunehmen, was ihm bewahrenswert scheint, und jenes Neue hinzuzufügen, was ihm für eine gute weitere Gesellschaftsentwicklung unentbehrlich ist.

Diese Überzeugung, alte Traditionsbestände so weit als möglich zu bewahren und ihnen neue Elemente beizugeben, um sie praxistauglich zu machen, durchzieht seine Aufsätze auf den verschiedenen Gebieten.[19] Ob es sich um den großen Komplex der Erziehung, der Bildung und des Berufs handelt[20], ob er den Stand, die Rolle und Funktion der Hochschulen durchleuchtet, ihr Verhältnis zur Gesellschaft und Politik detailliert analysiert und mit den Fehlentwicklungen der quantitativen Aufblähung zu Lasten der Leistung abrechnet oder ob er ein Plädoyer für das Leistungsprinzip schreibt, dessen historische Wurzeln er so differenziert darlegt, wie man dies kaum je zu lesen bekommt[21], stets wird das Alte nie nur als das Bessere beschworen, das wieder hergestellt werden müsse, sondern im Abwägen darüber, was an den traditionellen Elementen noch brauchbar, weil nützlich ist, werden zugleich aus der Fülle des Vorhandenen jene Elemente beigezogen, die den konservativen Ansatz modernitätsfähig machen. Um ein Beispiel zu geben. Zum Leistungsprinzip heißt es, ohne dieses könne die moderne Gesellschaft nicht existieren, weil sie dann ihre Dynamik verliere. Doch das Leistungsprinzip allein, „als reines Verteilungsprinzip verstanden, sichert gleichfalls noch keine humane Gesellschaft. Es bedarf vielmehr der situationsgemäßen Anpassung, der kind- und altersgemäßen Entfaltung und da und dort – in sorgfältiger, genau zu erörternder Dosierung – auch der sozialen Korrektur."[22] Hier zeigt sich, wie ein unverzichtbares konservatives Prinzip durch die der heutigen Gesellschaft selbstverständlichen ‚emanzipatorischen' Werte ergänzt und verändert werden kann, um für die gesellschaftlich-politischen Debatten anschlussfähig zu sein. Es ist gleichsam ein dauerndes Lernen, das dem konservativen Denken angesonnen wird, eines Denkens, das sich nicht in einmal uneinnehmbaren Positionen einigelt, sondern offen bleibt für das, was in der Gesellschaft geschieht und auch durchaus bereit ist, aufzunehmen, was den eigenen Zielsetzungen dienlich ist und den eigenen Werten nicht widerspricht.

---

19 Zur Frage der Entwicklung der politischen Wissenschaft nach der Berufung Hans Maiers nach München finden sich ausführlichere Darlegungen in seinen Erinnerungen, vgl. Hans Maier, Böse Jahre, Gute Jahr, S. 127 ff., bes. S. 131 ff.
20 Hans Maier, Kultur und politische Welt, S. 69 ff.
21 Ebenda, S. 94 ff
22 Ebenda, S. 110.

II

Solche Überzeugungen gelten für Hans Maier auch dann, wenn er sich unmittelbar mit Kunst und Kultur beschäftigt. Der Blick über das eigene Fach hinaus hat die Breite seiner Interessen schon früh gekennzeichnet, geprägt durch eine Jugend, die sich nach dem Krieg intensiv der Literatur zuwandte und jene Dichter und Schriftsteller aufnahm, die in der frühen Bunderepublik öffentlich präsent waren und von Katholiken besonders geschätzt wurden; Reinhold Schneider, Elisabeth Langgässer, Werner Bergengruen waren darunter, katholische Autoren, deren christliches Bekenntnis in unsicheren Zeiten Halt geben konnte, daneben aber auch Autoren wie Horst Krüger, Hans Magnus Enzensberger, Marie Luise Kaschnitz, Martin Walser und der introvertierte Paul Celan, die eine neue Zeit in der deutschen Literatur ankündigten.[23] Dass Hans Maier Orgel spielen konnte, regelmäßig in Gottesdiensten an der Orgel saß[24] – wie man sich in den siebziger Jahren unter den jüngeren Politologen zuflüsterte –, und sogar öffentliche Konzerte gab, erhöhte bei vielen den Respekt trotz politischer Gegnerschaft, bei manchen allerdings auch die Überzeugung, er sei der Vertreter eines inzwischen bildungsbürgerlich grundierten Fachverständnisses, das sich heute, wenn es zukunftsorientiert sei, doch bitte als ein empirisches verstehen müsse. Von solchen Vorbehalten ließ sich Hans Maier nicht beirren. Mit ihm, der in München der eigentliche Repräsentant des Geschwister-Scholl-Instituts war, geriet die Münchner Politikwissenschaft für viele der deutschen Kollegen, vor allem jene, die sich am amerikanischen Vorbild der *political science* orientierten, ins vermeintliche Abseits, war sie eher Reminiszenz an Vergangenes denn Hoffnung für die Zukunft. Wilhelm Bleek, der eine Geschichte der Politikwissenschaft in Deutschland geschrieben hat[25], fasste Hans Maiers Ansehen in seinem Fach so zusammen: „(Seine) konservative Sichtweise stieß, je weiter die sechziger Jahre und damit der Einfluß der Studentenbewegung auch auf das Fach Politikwissenschaft voranschritt, auf immer mehr Vorbehalte. Viele fortschrittlich gestimmte Vertreter der nächsten Generation der Politikwissenschaftler vermuteten hinter solchen Bemühungen die Rekonstruktion' der älteren Lehre der Politik schlicht die Absicht einer 'Restauration` der voraufklärerischen Verhältnisse in ihrem Fach."[26]

Dass es darum nicht ging, hätte eine genaue Lektüre seiner Schriften sehr bald klarlegen können. Nicht die Restauration von Vergangenem, sondern die

---

23 Hans Maier, Böse Jahre, gute Jahre. Ein Leben 1931 ff., S. 61 ff.
24 Zur Selbstauskunft über das Orgelspiel vgl. Hans Maier, Böse Jahre, gute Jahre, S. 389 ff. Vgl. auch Hans Maier, Mit Herz und Mund. Gedanken zur Kirchenmusik, Kevelaer 2009 (zusammen mit Markus Zimmerman), ein Brevier mit Aphorismen und kurzen Bemerkungen zur Orgel und zum Orgelspiel wie zu den Zuhörern.
25 Wilhelm Bleek, Geschichte der Politikwissenschaft in Deutschland, München 2001.
26 Ebenda, S. 414 f.

Bewahrung der Geschichte der eigenen Disziplin war der Zweck der Anstrengung. Hans Maier – und manche, die auf seiner Seite standen – wollten verhindern, dass die lange Geschichte der gerade erst wieder neubegründeten Politikwissenschaft zum gesunkenen Kulturgut werden sollte. Und sie sahen den Fortschritt gerade im Bewahren jener Tradition, aus der heraus das neue Fach leben sollte. Doch darauf nachdrücklich, etwa mit eigenen Forschungen zu verweisen – wie Hans Maier mit seinen Studien zur älteren deutschen Staats- und Verwaltungslehre zu einem Zeitpunkt, da die meisten deutschen Politologen nicht einmal wussten, dass es so etwas gegeben hatte –, galt als überholt konservativ, als aus der Zeit gefallen. Dass dies ein gravierender Irrtum war, belegten die in späterer Zeit vorgenommenen Untersuchungen zu eben diesem Themenbereich etwa von Michael Stolleis, um nur einen prominenten Vertreter zu nennen. Hans Maier war hier in gewisser Weise ein Pionier, was damals kaum bemerkt wurde. Pionier war er auch dort, wo er über das eigene Fach hinaus Studienausflüge in Bereiche machten, die gemeinhin anderen Fakultäten zugerechnet wurden: in Literatur und Kunst, in Musik und Malerei.

III

„Ich gestehe gern, dass ich ein gespaltenes Verhältnis zu Richard Wagner hatte. Als Schüler hatte ich die Tannhäuser-Ouvertüre auf dem Klavier probiert, hatte versucht, den ernsten Choral der Pilger und die züngelnde Geigenstimme des Venusmotivs nachzuahmen, las auch das Textbuch zu *Rienzi* und *Holländer*, beschäftigte mich mit dem unruhigen Leben des Meisters." ... Aber hatte Hitler – Onkel „Wolf", wie er in Bayreuth genannt wurde – nicht Wagner übel missbraucht? Und gab es nicht viele Äußerungen Wagners, die man gar nicht erst missbrauchen musste, weil man sie schon im Originalton gut gebrauchen konnte im Dritten Reich – so die unsäglichen Sätze über das „*Judentum in der Musik*, in denen vom ‚Mangel rein menschlichen Ausdrucks' bei Juden die Rede war, wo ihnen die Fähigkeit zur künstlerischen Kundgebung ihrer Gefühle durch die Rede – und erst recht durch den Gesang – kurzerhand abgesprochen wurde?"[27] – so eine Passage in der Autobiographie von Hans Maier. Und selbst die Rede, die Hans Maier als Bayerischer Kultusminister aus Anlass der Wiedereröffnung der Villa Wahnfried, nunmehr Richard-Wagner-Museum mit Nationalarchiv, im Juli 1976 gehalten hat, lässt alle sonst übliche Höflichkeit hinter sich, nimmt keine bloß positive Haltung zu Wagner ein: der wird als Meister des Verschleierns charakterisiert, als einer, der die „germanische Götter- und Heldenwelt dazu benutzt, [...] den Beifall der

---

27 Hans Maier, Böse Jahre, gute Jahre. Ein Leben 1931 ff., München 2011, S. 229.

Mächtigen zu finden,"[28] als ein insgesamt krummer Charakter von „kompromißlos egozentrischer Haltung"[29], die aber zugleich auch die Energie für jene Werke abgibt, „welche die Welt des Theaters und der Musik von Grund auf verändert haben."

Solcher produktiven Oppositionshaltung wegen haben Dieter Borchmeyer und ich Hans Maier 1994 zu einem von uns organisierten Wagner-Symposion nach Bayreuth eingeladen, das unter dem Titel *Ansichten des Mythos* Wagners Mythos-Verständnis mit Bezug auf den *Ring* zum Thema hatte. Hans Maier lieferte eine eindrucksvolle literaturhistorische Erkundung, jenseits eines engen Fachverständnisses. Sein Beitrag *Mythos und Christentum*[30] klärte in einer weitausholenden Einleitung zunächst das Verhältnis von Mythos und christlicher Religion, wobei sich zeigte, dass er ein sehr genauer Kenner der frühen christlichen Theologie ist. Er belegte, wie der Mythos durch die christliche Religion abgelöst und doch auch wieder aufgenommen und anverwandelt wurde, wie er bildlich, poetisch, ästhetisch und pädagogisch rezipiert wurde durch Um- und Neudeutungen, über Jahrtausende abwesend und doch subkutan präsent, gleichsam im Untergrund weiterlebend.[31] Eine Entwicklung, die vielfach widersprüchlich, gegensinnig, am Ende aber auf verschlungene Weise adaptiv verläuft, in der die antiken Götter zu christlichen Figuren und Helden umgeformt werden und schließlich „ein Ganzes – zusammengefügt aus Geschichte und Kosmologie, Natur und Offenbarung"[32] entsteht. Wagners These von der ewigen Wahrheit des Mythos, in dem alles immer wieder neu erzählt wird und so aktuell gehalten werden kann, zeigt sich hier in einer subtilen Analyse als eine Bewegung bis in die Zeit der Romantik hinein, in der aufbewahrt wird, wovon dann auch der Komponist zehrt. Da der Mythos für Wagners politisch-ästhetische Konzeption des Musikdramas zentral ist, zugleich aber immer wieder christliche Religionsinhalte den Wagner'schen Dramen zugeschrieben wurden[33], knüpft Hans Maier hier an und legt ausführlich da, wie sich das Christentum in einer gegenläufigen Bewegung angesichts des Vordrängens des Mythos „in Wagners Kunst ganz aufs Innere zurück(zieht)", „überall, wo es erscheint, von Todes Aura umgeben", wohingegen der Mythos – in seiner Form der Germanenerzählung – mit Kraft zurückkehrt und im *Ring* seinen stärksten Ausdruck findet. Dieser Stärke des Mythos entspricht dann die Schwäche des

---

28 Hans Maier, Anstöße. Beiträge zur Kultur- und Verfassungspolitik, Stuttgart 1978, S: 854. Hier auch das folgende Zitat.
29 Ebenda.
30 Hans Maier, Mythos und Christentum, in: Udo Bermbach/ Dieter Borchmeyer (Hrsg.), Richard Wagner >Der Ring des Nibelungen<, Ansichten des Mythos, Stuttgart 1995, S. 143 ff.
31 Ebenda, S. 147.
32 Ebenda, S. 148.
33 Vgl. dazu für die Gegenwart als ein besonders extremes Beispiel Heinrich Reinhardt, Parsifal. Studie zur Erfassung des Problemhorizonts von Richard Wagners letztem Drama, Straubing und München 1979.

Christentums, das bei Wagner, in einer eigenen Form[34], „als Erlösungsmythos, als liebende Wiederherstellung eines mythischen Anfangs, endlich als mitleidvolle Überwindung der Diesseitigkeit"[35] auftritt.

Wie hier aus der genauen historischen Kenntnis des frühen Christentums und der Geschichte des Mythos der „fundamentale Antagonismus" zwischen beiden herausgestellt und dargelegt wird, weshalb der Mythos für mehr als ein Jahrtausend in der Religion und Theologie keinen Platz mehr hat, sich vielmehr ins Theater zurückzieht, ist ein Meisterstück ideenhistorischer Analyse. Dass mythisches Erzählen dann auf eine verwandelte Weise wieder Präsenz gewinnt, ist schon gesagt worden. Und so zieht Hans Maier einen Bogen von der Frühromantik mit ihrem Hang zum Bildhaftwerden, dem der Mythos entgegenkommt, hin zu Richard Wagner und verweist auf all das, was Wagner mit der romantischen Bewegung verbindet.

Man kann diesen Beitrag auch als ein Beispiel jenes methodischen Verfahrens aus konservativem Geist heraus verstehen, das darin besteht, dass der Autor sich zunächst der historischen Ausgangslage versichert, bevor er den Kern seiner Analyse auf diesem Hintergrund positioniert und näher betrachtet. Diesem „vorsichtig-vermittelnden" konservativem Herangehen an den Gegenstand der Betrachtung entspricht in seiner Vorsichtigkeit auch das Ende dieses Beitrags, der Hans Georg Gadamer mit den Worten zitiert, „daß die wahre Ordnung der Dinge nicht heute ist oder einst sein wird, sondern ehedem gewesen ist und daß ebenso die Erkenntnis von heute oder morgen die Wahrheiten nicht erreicht, die ehedem einmal gewußt waren."[36] Für eine solche Gewißheit steht fest, dass eine *restitutio in integrum* nicht möglich ist – und diese Einsicht, bei vielen Konservativen nicht gerade gängig, charakterisiert den modernen Konservatismus Hans Maiers entscheidend mit.

Die im Band *Kultur und politische Welt* aufgenommenen literarischen Studien gelten erstaunlicherweise nahezu alle jenen Dichtern und Schriftstellern, die nicht zu den Großen und Bekannten im Nachkriegsdeutschland zählten, sondern eher nur wenigen Lesern bekannt, gar vertraut waren.[37] So etwa Marieluise Fleißer, die bereits in der Weimarer Republik mit einigen Theaterstücken bekannt wurde, mit ihren *Pionieren von Ingolstadt* 1929 in Berlin einen veritablen Skandal verursachte, an dem Bertold Brecht, mit dem sie befreundet war, entscheidenden Anteil hatte. Fleißer, Tochter eines Schmieds und Eisenwarenhändlers, lernte in München Lion Feuchtwanger kennen, über diesen dann Bertold Brecht, und kam so in die linke

---

34 Vgl. Udo Bermbach, Houston Stewart Chamberlain. Wagner Schwiegersohn – Hitlers Vodenker, Stuttgart 2015, Kapitel: Arisches Christentum als deutscher Protestantismus, S. 453 ff.
35 Hans Maier, Mythos und Christentum, S. 155.
36 Ebenda, S. 155.
37 Ausnahme ist eine kurze Rede zum 100. Geburtstag von Thomas Mann, gehalten vor der Bayerischen Akademie der schönen Künste am 25. Mai 1975, in: Anstöße, S: 847 ff.

Theaterszene der Weimarer Zeit hinein. Ihre Stücke thematisierten als Volksstücke das Elend der kleinen Leute, sie war eine genaue Beobachterin der sozialen und gesellschaftlichen Lage. „Das Humoristische, das zum Volksstück gehört, und das Tragische, das dem Charakter des Volksstücks widerspricht, (lagen) nahe beieinander"[38], urteilt Helmut Kiesel, Verfasser einer monumentalen Literaturgeschichte der Weimarer Republik. In der Bundesrepublik war Marielouise Fleißer, obgleich im Umfeld von Brecht und Feuchtwanger gut vernetzt – was wohl ihr Unglück war, denn beide waren Kommunisten[39]– weitgehend vergessen bzw. wurde ignoriert, auch wenn in den fünfziger Jahren Stücke von ihr vereinzelt noch aufgeführt wurden. Für die literarische Welt wiederentdeckt wurde sie von Autoren wie Rainer Werner Faßbinder, Martin Sperr und Franz Xaver Kroetz in den sechziger Jahren, aber sie blieb auch dann noch die Autorin einer kleinen Leseelite. Umso erstaunlicher, dass Hans Maier, dem sie doch thematisch eher fremd sein musste, sich ihrer annahm und bewirkte, dass ein ICE zwischen Bremen und München nach ihr benannt wurde.[40] Die Rede, die er dabei im Münchner Hauptbahnhof zum Start dieses ICE am 5. Juni 1997 hielt, gibt zunächst einen kurzen Lebensabriss der Dichterin, kommt aber dann auf die Sprache von Fleißer, die mit ihren Dialekten eine Ursprünglichkeit vermittelt, die „einen unerschöpflichen Reiz ihrer Prosa"[41] ausströmt und ihr erlaubt, immer wieder sehr eigene Personen zu entwerfen, die einem Grundmuster folgen: „Das Rudel und die Ausgestoßenen, die Quäler und die Gemarterten, die in die Enge getriebenen und ihre Verfolger, Gier und Ungeduld der Männer, Leiden und Schutzbedürfnis der Frauen – und dazu die rasch verlodernden Blitze der Sexualität."[42] Personen und Themen, die üblicherweise nicht gerade zum Interesse konservativer Literaturbetrachtung gehören – das waren eher Ernst und Friedrich Georg Jünger, Hugo von Hofmannsthal oder auch Hans Grimm –, die allerdings in Hans Maier einen neugierigen und kompetenten Interpreten finden. Was wiederum zeigt, wie offen auch für jene sozialen Grenzgebiete, die eher von Linken besetzt sind, ein moderner Konservativer denken kann, der wohl in der Wahrnehmung dieser sozialen Extremlagen zugleich die eigene politische Haltung überprüfen und schärfen, inhaltlich ausrichten kann. Es ist zum einen die Gegenwärtigkeit und Aktualität des Stoffes, zum anderen das ästhetische Moment der „Meisterschaft des Erzählens", das Zusammenwirken „von großer Kunst und un-

---

38 Helmut Kiesel, Geschichte der deutschsprachigen Literatur 1918-1933, München 2017, S. 1104.
39 Im Juni 1957 forderte der damalige deutsche Außenminister Heinrich von Brentano ein Verbot von Brecht-Stücken auf westdeutschen Bühnen. Begründung: Brecht sei Kommunist und habe sich beim Arbeiteraufstand in der DDR am 13. Juni 1953 mit der SED solidarisiert. Brentanos Vorstoß löste eine breite öffentliche Debatte aus, hatte aber keinen Erfolg.
40 Hans Maier, Ein Zug aus dem Englischen Garten: Marielouise Fleißer (1997), in: Kultur und politische Welt, S. 271 ff.
41 Ebenda, S. 274.
42 Ebenda.

verfälschter Wirklichkeit"⁴³, die Hans Maier faszinieren und seinen Konservatismus in jenen sozialen Bereich treibt, der für ihn wohl unabdingbar dazu gehört. Auffällig, dass er sich für jene Dichter interessiert, die man cum grano salis als ‚links' bezeichnen darf, denen es um die Erniedrigten und Beleidigten geht und die gemeinhin kaum konservative Leser finden.

Überraschend auch Hans Maiers Interesse für Hans Sahl, einen heute zu Unrecht vergessenen Lyriker, Schriftsteller und Publizisten, der 1933 aus Berlin über Prag, Zürich nach Paris fliehen musste und von dort noch in letzter Minute nach New York entkam, von wo er nach dem Krieg als Korrespondent für deutsche Zeitungen berichtete. Anlass von Hans Maiers Rede war die Verleihung des internationalen Exil-Preises 1990 der Bayerischen Akademie der Schönen Künste an den Dichter und Hans Maier nahm die Gelegenheit wahr, ein Lob auf einen Rebellen⁴⁴ zu formulieren, dessen Auflehnung gegen vieles sich richtete, was das Ende der Weimarer Republik charakterisiert. Zuvörderst gegen den aufsteigenden Nationalismus der späten Jahre der Republik, aber auch Protest gegen den ursprünglich verehrten Bertold Brecht, weil der mit seinem Stück *Die Maßnahme* den politischen Mord gerechtfertigt habe, und natürlich Protest gegen das Exil, weil dieses nur eine eingeschränkte Existenz erlaubt, die Hans Maier in vielen Aspekten eingehend schildert. Wobei er darauf verweist, dass für Sahls Schreiben die Erfahrung des Exils zentral gewesen sei und daher auch das geheime Zentrum seines literarischen Schaffens bilde. Schaut man die Arbeiten Sahls durch, die nach dem Krieg erschienen sind (und ihm sicherlich, hätte er dauerhaft in Deutschland gewohnt, eine stärkere öffentliche Stimme verliehen hätten, als er sie hatte), so reichen sie von dem Gedichtband *Wir sind die Letzten. Der Maulwurf. Gedichte,*⁴⁵ über die gesammelten Essays und Kritiken *Und doch...*⁴⁶ , von den autobiographischen Aufzeichnungen *Memoiren eines Moralisten* und *Das Exil im Exil. Memoiren eines Moralisten II*⁴⁷ über den Band mit Erzählungen *Umsteigen nach Babylon*⁴⁸ bis zu einem Roman *Die Wenigen und die Vielen, Roman einer Zeit*⁴⁹, ein breites Spektrum literarischer Betätigung, das Sahl virtuos beherrscht – man lese nur seine Essays, die die Literatur zweier Kontinente ins Auge fasst, kenntnisreich und stilistisch in Teilen brillant behandelt. Und ebenso seine Memoiren, welche die Begegnungen mit bedeutenden Zeitgenossen auf eine beeindruckend präzise Weise der Beobachtung festhalten und ein herausragendes Zeitdokument sind. Dass Sahls Texten zumeist eine eher pessimistische Grundhaltung eigen ist, muss angesichts seines Lebens nicht verwundern. „Dieser Welt ist mit Worten nicht mehr

---

43 Ebenda,
44 Ebenda, S. 277.
45 Hans Sahl, Wir sind die Letzten. Der Maulwurf. Gedichte, Frankfurt/M. 1991;
46 Hans Sahl, Und doch. Essays und Kritiken aus zwei Kontinenten, Frankfurt/M. 1991;
47 Hans Sahl, Memoiren eines Moralisten. Das Exil im Exil, München 2008.
48 Hans Sahl, Umsteigen nach Babylon. Erzählungen und Prosa, Zürich 1987.
49 Hans Sahl, Die Wenigen und die Vielen. Roman einer Zeit (1929), Frankfurt/M. 1959

zu helfen", heißt es am Ende der Erzählung *Umsteigen nach Babylon*, und das ist das Resümee einer Selbstvergewisserung der jüdischen Hauptfigur angesichts der antisemitischen Vorurteile, die auch nach dem Krieg noch in der deutschen, aber auch der amerikanischen Gesellschaft bestehen, und aufgrund derer nichts mehr zu hoffen ist.[50] Hans Maier nimmt das auf, aber sucht doch nach einem Ausweg und er findet ihn in den Gedichten, in den sich auch „die leisesten, die verlorensten Selbstporträts"[51] finden, „Gedichte eigener Art: *poésie pure*, aber befleckt von Wirklichkeit, *litérature engagée*, aber weit entfernt vom hausbackenen Aufruf."[52] Vielleicht ist der Welt mit Worten nicht mehr zu helfen, aber sie ist in Worten aufgehoben und weist so dem Leser einen Weg. Diesem Prozess sprachlicher Heilung spürt Hans Maier sensibel nach und rückt Sahl damit in eine intellektuelle und literarische Position, die zwar die Welt beschreibt wie sie ist, aber darüber dann doch die Hoffnung nicht aufgibt.

Behutsam zeichnet Hans Maier das exilierte Leben von Sahl nach, geht auf Probleme ein, mit denen er zu kämpfen hatte und schließt seinen Aufsatz mit starken Sätzen: „Hans Sahl" – heißt es da – „ist eine moralische Instanz. Dass beides, literarische Qualität und persönliche Glaubwürdigkeit, in einem Mann und einem Werk zusammenkommen, ist ein ebenso seltener wie glücklicher Umstand."[53] Es ist das Wiedererinnern an einen bedeutenden, aber inzwischen weitgehend vergessenen Autor, an einen literarischen Zeitzeugen, dessen Arbeiten es verdienten, gelesen zu werden, und es ist das Verdienst von Hans Maier, darauf nachdrücklich hingewiesen zu haben.

Und dann Hermann Lenz, auch er ein Dichter, der literarisch zunächst eher von wenigen nur zur Kenntnis genommen wurde und erst in den siebziger Jahren eine breitere Anerkennung erfuhr, nachdem sich Peter Handke für ihn eingesetzt hatte. Als Außenseiter fungiert er auch in einschlägigen Literaturgeschichten[54], aber zugleich wird ihm, der 1978 den renommierten Büchner-Preis erhielt, eine große literarische Qualität seines umfangreichen Werks attestiert. Hans Maier sieht eine ganze Welt in dessen Romanen[55], die er als ein paralleles Universum zur Geschichtsschreibung einmal verstehen möchte: dem Historiker, der eine schon existierende Geschichte erzählt, wird der Romancier, der eine fiktive erfindet, an die Seite gestellt. Der „Roman als Geschichtsquelle"[56] – das ist ein überraschendes, wenn man es ernst nimmt weitgespanntes und aufschlussreiches Thema, dem Hans

---

50 Hans Sahl, Umsteigen nach Babylon, in: derselbe, Umsteigen nach Babylon, a.a.O., S. 18.
51 Hans Maier, Die Überlegenheit des Verfolgten: Hans Sahl, S. 179.
52 Ebenda, S. 279.
53 Ebenda, S. 280.
54 Manfred Durzak, Ein Außenseiter: Hermann Lenz, in: Geschichte der deutschen Literatur von 1945 bis zur Gegenwart, hrsg. von Wilfried Barner, München 2006, S. 403 ff.
55 Hans Maier, Der Roman als Geschichtsquelle: Hermann Lenz (1995), in: Kultur und politische Welt, München 2008, S. 281 ff.
56 Ebenda, S. 282.

Maier am Beispiel der Eugen-Rapp-Romane von Lenz nachgeht, autobiographische gefärbte Texte, in denen der Autor seinen Helden jene Zeiten erleben lässt, die auch der Leser, sofern er etwas älter ist, miterlebt hat. Hans Maier nimmt diese Romane gleichsam als Ideenhistoriker wie klassische Texte der Geschichte des politischen Denkens, sieht sie als „ein Panorama, eine Epopöe deutscher Geschichte in diesem Jahrhundert – Taten und Leiden der Deutschen, veranschaulicht an den Taten und Leiden des Eugen Rapp,"[57] der nur ein „leicht verfremdeter Doppelgänger"[58] seines Autors ist. Das ganze Bild der gesellschaftlich-politischen Entwicklung von der Weimarer Zeit über das Dritte Reich bis in die Bundesrepublik hinein skizziert Hans Maier am Beispiel dieser Romane nach, holt – wenn man so sagen darf – die ‚politologische' Essenz aus ihnen heraus, unterstreicht ihre protokollarische Qualität, das „akribische" Beobachten der „Veränderungen in den Jahren vor der Währungsreform"[59], das chaotische Getriebe von Schiebern und Strebern, von Gestrauchelten und Gestrandeten – Beispiel für ein „ein winziges Pandämonium, eine Spielzeugausgabe von Politik und öffentlichem Leben nach der Maßlosigkeit, dem Monumentalen, Überdimensionalen der *Neuen Zeit*."[60] Die Entwicklung der Bundesrepublik ist in diesen Romanen aufbewahrt: ihre Geschichte „von unten", wie Hans Maier sagt, weniger die Geschichte der großen Politik – die nur gelegentlich gestreift wird –, sondern eher die der kleinen Leute, der „Normalverbraucher"[61] mit ihrer „kleinen Welt", die in allen Details geschildert wird und so – dies der Schluss des Aufsatzes – für „künftige Erforscher der Bundesrepublik Deutschland" als „Geschichtsquelle" gelesen werden kann. Dass damit eine Dimension der Dichtung von Lenz vernachlässigt wird, die des Utopischen, die der literaturwissenschaftliche Interpret glaubt ausmachen zu können, nämlich hinter „der realen stets eine andere hellere Wirklichkeit zu suchen",[62] schmälert die Analyse Hans Maiers nicht, weil es ihm nicht um mögliche „visionäre Bilder"[63] in den Schriften von Lenz geht, sondern um die ‚Realbeschreibung' einer Lage – die Vision kann mitgedacht werden.

Da ist sie wieder, die sympathisierende Hinneigung zu den kleinen Leuten, den Zukurzgekommenen und um ihr Lebensglück Betrogenen, selbst zu jenen, die in chaotischen Zeiten wie den Monaten nach dem Kriegsende sich auf nicht ganz korrekte Weise durchzuschlagen versuchen. Eine Haltung, die durch frühe eigene, ländliche Erfahrungen und eine sparsame Lebensführung bewirkt worden sein mag[64]. Dass die gesellschaftlich-politischen Institutionen in diesen Erzählungen

---

57 Ebenda, S. 283.
58 Ebenda, S. 283.
59 Hans Maier, Der Roman als Geschichtsquelle: Hermann Lenz, a.a.O., S. 289.
60 Ebenda.
61 Ebenda, S. 290. Hier auch die folgenden Zitate-
62 Manfred Duzak, Ein Außenseiter: Hermann Lenz, a.a.O., S. 405.
63 Ebenda.
64 Hans Maier, Böse Jahre, gute Jahre, S. 16 f.

sehr in den Hintergrund treten, unangemessen gemäß ihrer Bedeutung für den Bestand einer Gesellschaft, entgeht dem Politologen nicht. Dennoch tritt dieses Defizit zurück hinter all dem, was in Krisenzeiten an Notlagen besteht und das Leben bestimmt. Es ist eine fast ‚linke' Haltung, die man hinter dieser Empathie bei dem Interpreten Hans Maier erkennen kann, und doch wäre eine solche Einschätzung insoweit falsch, als auch der moderne, durch die sozialen Bewegungen belehrte Konservatismus die sozialen Probleme in sein Denken und Handeln aufgenommen hat, so wie die Bewahrung der Schöpfung ebenfalls heute Teil konservativer Programmatik ist, und nicht der grünen Bewegung alleine gehört. Hans Maier ist ein viel zu gebildeter Gelehrter, als dass er sich auf überholte und verengte Positionen eines rückwärtsgewandten Konservatismus zurückziehen würde. Dies belegen eindrücklich gerade auch seine Auseinandersetzungen mit literarischen Autoren, wie sie in seinem Band *Kultur und Politische Welt* nachzulesen sind. Dennoch ist der Hang zu Außenseitern und Einzelgängern auffallend, vielleicht auch der Neigung zu jener möglichst umfassenden Kenntnis der Welt verpflichtet, auf die heute vielfach verzichtet wird, obgleich sie doch erst die Welt einer wahren gelehrten Existenz begründen.[65]

IV

Jenseits solcher Annäherung an einzelne Autoren hat Hans Maier immer wieder die großen Linien der Kulturpolitik ausgezogen. Dazu hat ihn schon sein Amt des bayerischen Kultusministers gezwungen, das er viele Jahre erfolgreich innehatte. Der zitierte Band ist voll von Reden, die zu diesem Thema gehalten wurden, und auf die hier nicht im Einzelnen eingegangen werden kann. Hingewiesen werden aber sollte doch darauf, dass diese Aufsätze, zu unterschiedlichen Themen aus unterschiedlichen Anlässen gehalten, durchzogen sind von bestimmen Grundüberzeugungen, als da sind: die Kultur muss aus sich selbst mächtig, also autonom sein[66], sie ist unter demokratischen Bedingungen pluralistisch, weshalb es keine einheitlichen ästhetischen Vorgaben mehr geben kann[67], was die Frage aufwirft, ob der Staat *die* Kunst überhaupt fördern kann[68]: „Ein Staat, der seine eigene Inkompetenz im künstlerischen Bereich erkennt und anerkennt, kann seine Aufgabe im Verhältnis zur Kunst lediglich darin sehen, Hilfestellung für ihre Entfaltung zu geben und darüber hinaus der Erhaltung und Verbreitung des Kunstwerks zu

---

65 Es gibt freilich Ausnahmen, so etwa die Eröffnungsrede zu einem Thomas-Mann-Symposion in der Bayerischen Akademie der Schönen Künste im Mai 1975, die den Erzähler Thomas Mann rühmt. Vgl. Hans Maier, Anstöße, S. 847
66 Hans Maier, Kultur und politische Welt, S. 51.
67 Ebenda, S. 237.
68 Ebenda, S. 235 ff.

dienen."[69] Aus solcher Zurücknahme des Staates resultiert dann auch eine Zurückhaltung in der in Deutschland heftigen Debatte über eine deutsche Leitkultur. Auch hier bleibt Hans Maier eher vorsichtig, verwirft zwar die Intention dieses Begriffs nicht, bestimmt ihn aber gleichsam minimalistisch durch vier Bedingungen, die für das Zusammenleben unaufgebbar sind: Ersten: die Beachtung des staatlichen Gewaltmonopols; zweitens: die Anerkennung der Religionsfreiheit, zugleich aber auch Verzicht auf gewaltsame Missionierung; drittens: die Gleichberechtigung und -achtung der Geschlechter; viertens: die Kenntnis der deutschen Sprache und mit ihr Kenntnisse der deutschen Geschichte und Kultur. In diesen vier Forderungen zeigt sich zugleich auch die Essenz eines Kulturverständnisses, das in seiner Liberalität und Toleranz gegenüber der Vielfalt einer heutigen „Einwanderungsgesellschaft"[70] offen ist, ohne die eigene Kultur in Tradition und Gegenwart zur Disposition zu stellen, im Gegenteil, sie wird, wie das dem konservativen Denken eigen ist, als die letztlich dominante ausgezeichnet, auf die Integration hinführen müsse.

Immer wieder reflektiert Hans Maier die Bedingungen, unter denen Kunst und Kunstproduktion stehen. Im Falle des reichen deutschen Musiklebens als Frage nach der staatlichen Förderung von Ausbildung kommender Musiker[71], im Falle der bildenden Kunst der Bereitstellung von Mitteln ebenfalls für die Ausbildung, wobei ganz nebenbei die Akzeptanz für eine experimentelle Kunst deutlich wird, die „Attribute des modernen Lebens, Zahnbürste, Rasierapparat und Taucherbrille, in die Bildwelt" hineinholt, was eine „notwendige Eingemeindung"[72] ist – hier zeigt sich eine überraschende Bereitschaft, Kunst zunächst einmal so hinzunehmen, wie sie sich selbst ausstellt. Es gibt zwar die *corpi* überlieferter Kunsttradition und Kunstobjekte, aber sie können in einer rasch sich verändernden Gesellschaft, in der es auch zum „beschleunigten Tempo der Kunstproduktion und des Kunstkonsums"[73] kommt, keinen verbindlichen Maßstab mehr abgeben. Der lässt sich nur noch aus der Autonomie der Kunstobjekte selbst gewinnen. Deutlich wird das unter anderem, wenn Hans Maier auf Stockhausens *Stimmung für sechs Vokalisten* eingeht, darauf hinweist, dass das Notationssystem, das der Komponist verwendet, keine Eindeutigkeit bei der Aufführung erzwingt, sondern durch die Erlaubnis zu individuellen Praktiken, die gleichsam aus der Situation heraus improvisiert sind, das Klangbild erst im Moment der Aufführung entstehen lässt und daher auch jeweils unterschiedliche Erlebnisse der Zuhörer von Aufführung zu

---

69 Ebenda, S. 237.
70 Ebenda, S. 59.
71 Ebenda, S. 213 ff.
72 Ebenda, S. 225.
73 Ebenda, S. 226.

Aufführung generieren – eine „Emanzipation vom festgelegten Ablauf und damit von der künstlerisch eindeutigen Gestalt."[74]

Aus dieser tiefsitzenden Überzeugung, die Hans Maier in seinen Aufsätzen mehrfach bekräftigt hat[75], folgt eine große Offenheit der Kunst und Kunstproduktion gegenüber. „Unser heutiges Gemeinwesen ist in seinen geistigen Grundlagen pluralisiert. Als solches ist es nicht mehr in der Lage, verbindliche Maßstäbe für Kunst und künstlerisches Tun zu setzen. Der Staat ‚weiß' nicht einmal mehr, was Kunst ist. Er darf es nicht wissen. Er bekennt sich in Sachen Kunst zu seiner Inkompetenz."[76] Diese These verleiht dem konservativen Denken eine hohe Flexibilität, nicht zu verwechseln mit Beliebigkeit. Es ist ein Denken, das die Sache selbst zum Gegenstand hat und aus ihr ihre normativen Bewertungen gewinnt, nicht ohne die Tradition mit zu bedenken, die ein starkes Wort mitzusprechen hat. Um dies zu können, bedarf es allerdings jener Gelehrsamkeit, über die Hans Maier verfügt.

---

74 Ebenda.
75 Zuletzt in dem Aufsatz Rettet, was unser Land leuchten lässt! In: FAZ, 28. Dezember 2020, Nr. 301, S. 13.
76 Ebenda.

Hans Maiers Kritik der politischen Sprache

Patrick Horst

„In unserer hegelianisierten Welt fehlt es ohnehin nie an Erklärungen und Erklärern, oft jedoch an schlichter Empirie. Lassen wir also einmal Beobachtungen auf uns wirken, ohne gleich strafend auszurufen: Um so schlimmer für die Tatsachen."[1]

Das vorangestellte Motto aus Maiers Essay „Sprache und Politik" soll auch den im Folgenden unternommenen Versuch leiten, seine Sprachkritik auf ihre anhaltende Aktualität hin zu befragen. Das bescheidene Ziel der Ausführungen ist es, Beobachtungen Maiers zu den Entwicklungstendenzen der politischen Sprache zu sammeln, zu paraphrasieren oder – wo sie besonders treffend erscheinen – wörtlich wiederzugeben und sie mit einigen Annotationen zu versehen: Inwiefern weisen die Funde Maiers, gesammelt über bald neun Jahrzehnte, über ihre Zeit hinaus und vermögen auch den nachwachsenden Generationen noch etwas zu sagen? Haben wir es heute mit vergleichbaren Phänomenen zu tun oder sind wir schon mit Folgen der von Maier beobachteten Tendenzen konfrontiert? Den Sozialwissenschaftler interessiert dabei vor allem, inwiefern Sprache einerseits soziale Phänomene und Veränderungen auf den Begriff bringt, vielleicht sogar entlarvt, andererseits aber auch aktiv soziale Wirklichkeit zu verändern vermag und womöglich schon verändert hat. Für den politischen Praktiker und den nach praktischer Wirksamkeit strebenden Politikwissenschaftler ist darüber hinaus die Frage relevant, wie er politische Sprache strategisch einsetzen kann, um die Gesellschaft in seinem Sinne zu verändern oder immerhin zu beeinflussen.[2]

Hans Maier hat sich im Rahmen seines umfangreichen Œuvres in vielen Zusammenhängen sprachkritisch geäußert. Eine vollständige Synthese seiner Beobachtungen zur politischen Sprache kann an dieser Stelle nicht geleistet werden; die Vorgehensweise muss eher anekdotisch bleiben. Die folgenden Rekonstruktionen beschränken sich auf Entwicklungstendenzen der alltäglichen Gebrauchssprache, auf die Sprache der Demokratieverächter des rechts- wie linksextremen politischen Spektrums, zu dem auch politisierte und „politische Religionen" zu zählen sind, auf die Sprache der PC – womit nicht der „Personal Computer", sondern die

---

1 Hans Maier, Sprache und Politik. Essay über aktuelle Tendenzen – Briefdialog mit Heinrich Böll. Zürich 1977, S. 7.
2 Vgl. Maiers Anmerkung zu demselben Text in Hans Maier, Anstöße. Beiträge zur Kultur- und Verfassungspolitik. Stuttgart 1978, S. 211.

„Political Correctness" gemeint ist – sowie auf die Sprache der Demokratie, für die Maier vorbildlich steht. Als Quellen der Betrachtung dienen Maiers verstreut publizierte Essays zu Fragen der Kultur-, Verfassungs- und Bildungspolitik[3], sein Buch über Struktur und Ideologie der NPD vom Ende der 1960er Jahre[4], seine politikwissenschaftlichen Studien zu „politischen Religionen"[5], seine (zeit)historischen Abhandlungen[6] und seine Autobiographie aus dem Jahr 2011[7].

Die Sprache des alltäglichen Gebrauchs

In einem Streiflicht aus dem Jahre 1980 hat sich Maier die Frage gestellt: „Warum sprechen wir noch deutsch?" Wer nun wie von vielen Angehörigen seiner Generation einen Sermon über die Anglisierung, Amerikanisierung oder den anderweitig begründeten Zerfall der deutschen Sprache erwartet, sieht sich getäuscht. Seine gänzlich unaufgeregte, ganz bei sich bleibende Antwort lautet:

> „Merkwürdige Frage! Ich habe es eben so gelernt, oder vielmehr: Ich bin mit dieser Sprache aufgewachsen. Ich habe sie nicht planvoll erlernt wie Latein oder Französisch, in der Schule, über Vokabelhefte gebeugt, es gab keine Sprachlehrer, keine Grammatik; ich habe sie als Kind begonnen zu sprechen, der Mutter, den Geschwistern nachzusprechen, träumend, halbbewußt, ohne Regeln. ... Deutsch sprechen, das war einfach ein Stück kindlicher Lebensäußerung wie Gehen, Springen, In-die-Luft-Gucken, wie Lachen und Weinen. ... Vor allem deswegen, weil Deutsch meine Kindersprache war, weil ich mit ihr großgeworden bin, bedeutet diese Sprache für mich bis heute ‚mehr als Worte'."[8]

Maiers Kindersprache war „kein Hochdeutsch", sondern ein „gemütvoller", alemannisch-schwäbischer Dialekt „mit vielen eigenartigen, schnurrigen, charakter-

---

3 Vgl. neben den beiden bereits genannten Bänden Hans Maier, Zwischenrufe zur Bildungspolitik, Osnabrück 1972; ders., Eine Kultur oder viele? Politische Essays, Stuttgart 1995; ders., Kultur und politische Welt. Herausgegeben von Harald Weinrich. Gesammelte Schriften. Band III. München 2008.
4 Hans Maier und Hermann Bott, Die NPD. Struktur und Ideologie einer nationalen Rechtspartei. 2. Aufl., München 1968.
5 Hans Maier, Das Doppelgesicht des Religiösen: Religion – Gewalt – Politik. Freiburg 2004; ders., Politische Religionen. Mit einem Nachwort von Michael Burleigh. Gesammelte Schriften. Band II. München 2007.
6 Hans Maier, Die Deutschen und die Freiheit. Perspektiven der Nachkriegszeit. München 1987; ders., Die Deutschen und ihre Geschichte. Mit einem Nachwort von Hans-Peter Schwarz. Gesammelte Schriften. Band V. München 2010.
7 Hans Maier, Böse Jahre, gute Jahre. Ein Leben 1931 ff. München 2011. Vgl. dazu Patrick Horst, Professor, Politiker, Publizist – und Organist: exquisite Autobiographie eines „praktischen Philosophen" der westdeutschen Demokratie, in: Zeitschrift für Parlamentsfragen 45. Jg. (2014), H. 4, S. 910-914.
8 Maier, Die Deutschen (1987), a.a.O. (Fn. 6), S. 107.

vollen Worten, von denen die Weisheit der Schulmeister und Sprachbücher nichts wußte."[9]

„Kann man es wohl nachempfinden, wie einem zumute ist, wenn man bruddelt statt knurrt oder brummt, wenn man kruschtlt statt herumsucht oder herumkramt, wenn man ungaddig ist statt ungehorsam, wenn man einen ungeschickten Menschen einen Holprian-Stolprian nennt oder seinem Mädchen zärtlich zuruft: O du liebs A-mi-naa-Schlupferli?"[10]

Wer seine Muttersprache so liebt wie Hans Maier, der hat alle Berechtigung zur Sorge um die Zukunft der deutschen Sprache – heute mehr noch als vor vier Jahrzehnten. Während Maier in einem Streiflicht aus dem Jahre 1980 noch sorgenvoll notierte, dass Naturwissenschaftler und Techniker längst Englisch publizierten, ist es mittlerweile zur flächendeckenden Verkehrssprache nahezu aller Wissenschaften geworden. Und Maiers Befürchtung, dass es sich für deutsche Verleger „eines Tages"[11] nicht mehr lohnen würde, in deutscher Sprache zu drucken, ist zumindest für die Verleger wissenschaftlicher Zeitschriften längst Realität geworden. Dieser Tage stellte die letzte bedeutende deutschsprachige Zeitschrift der BWL, „Schmalenbachs Zeitschrift für betriebswirtschaftliche Forschung", ihre Printausgabe ein. Künftig erscheint sie als „Schmalenbach Journal of Business Research" nur noch auf Englisch.[12]

Auch wenn in der „Einen Welt" das Englische die nationalen Sprachen unaufhaltsam zurückdrängt, so konnte Hans Maier sich noch kurz vor dem Fall der Berliner Mauer im Oktober 1989 damit trösten, dass diese Entwicklung keineswegs auf Kosten der „vielen Sprachen" ging.[13] Im Gegenteil: In der Einen Welt gab und gibt es auch heute mehr Sprachen als je zuvor; ihre Zahl wächst. Was Soziologen auf den Begriff der „Glokalisierung" brachten[14], liest sich bei Maier so: „Je mehr die Lebensformen sich universalisieren, desto mehr individualisieren sich die Sphären des Ausdrucks."[15] Drei Ursachenbündel machte Maier für die Vermehrung und Vervielfältigung der Sprachen aus: erstens, den Ausbau bisher unterdrückter Sprachen im Zuge der Entkolonialisierung seit 1945; zweitens, die Aufwertung regionaler und sozialer Dialekte sowie von Fachsprachen; drittens, die ethnische, soziale und religiöse Selbstbehauptung durch Sprache im Zuge einer weltweiten Tendenz zur Föderalisierung.[16] Von Hans Maier darf angenommen werden, dass er sich heutzutage in einem der vielen Berliner Restaurants, in denen nur noch

---

9   Ebd., S. 107.
10 Ebd., S. 107.
11 Ebd., S. 109.
12 Vgl. Georg Giersberg, Die BWL hat auf Deutsch nichts mehr zu sagen, in: Frankfurter Allgemeine Zeitung (online) vom 28. Januar 2021.
13 Maier, Eine Kultur (1995), a.a.O. (Fn. 3), S. 62-79.
14 Vgl. Ulrich Beck, Was ist Globalisierung? Frankfurt am Main 1997, S. 88-97.
15 Maier, Eine Kultur (1995), a.a.O. (Fn. 3), S. 67.
16 Ebd., S. 67-70.

Englisch gesprochen wird[17], genauso heimisch fühlen würde wie in dem schwäbischen Wirtshaus, das den hochdeutschen „Stammtisch" mit der Wortschöpfung „Diawodohogatdiahogatdoemmer" ersetzt hat.[18]

Eine andere allgemeine Sprachtendenz der Nachkriegszeit, die Maier hellsichtig benannt hat, ist die einer Weichzeichnung sozialer Statusunterschiede, die vornehmlich „nach oben nivelliert" wurden.

> „Die Skala: Magd-Dienstmädchen-Hausgehilfin-Hausangestellte-Hausassistentin ist dafür ebenso ein Beispiel wie die oft beschriebene und belächelte Verwandlung der Putzfrau in die Raumpflegerin, des Blumenbinders in den Floristen, des Briefträgers in den Postfacharbeiter, des Fensterputzers in den Glas- und Gebäudereiniger."[19]

Dieser gefühlte soziale Aufstieg durch die freundlichere Bezeichnung eines unveränderten, oft auch unverändert mühseligen Berufs ist ungebrochen bis heute wirksam, weil sich darin im Grunde nur die sozialgeschichtliche Entwicklung zur „nivellierten Mittelstandsgesellschaft" (Helmut Schelsky) widerspiegelt. Heute wäre vielleicht zu ergänzen, dass sich auch das Englische vorzüglich eignet, um auf der imaginierten Karriereleiter nach oben zu klettern und einen Beruf glamouröser erscheinen zu lassen, als er ist. Zu denken wäre an die Hairstylistin anstelle der Friseurin, den Facility Manager anstelle des Hausmeisters oder die Senior Director Human Resources anstelle der Personalleiterin. Solche Euphemismen kann man registrieren, ohne darüber zu spotten, weil in ihnen, so Maier, auch „eine deutliche Humanisierungstendenz mitschwingt."[20]

> „Sprache dient ja nicht nur der analytischen Entblößung, und man sollte sich gelegentlich daran erinnern dürfen, daß alle Kultur mit Adams und Evas Feigenblatt begonnen hat und daß die heute so vielgepriesene nackte Wahrheit, mit Franz Werfel zu sprechen, ‚die Hurenbraut des Barbaren' ist."[21]

Womit wir auch schon bei der Sprache der NPD und der Neuen Linken wären.

Die Sprache der NPD und der Neuen Linken

Hans Maier war im Jahre 1967 einer der ersten deutschen Politikwissenschaftler, die sich eingehend mit Organisation und Programm der im November 1964 neugegründeten Nationaldemokratischen Partei Deutschlands (NPD) befassten. Nachdem die Partei es zwischen November 1966 und April 1968 in sieben (der damals

---

17 Vgl. Marcus Werner, Nur noch Englisch in Cafés: Warum Jens Spahn recht hat, in: Wirtschaftswoche (online) vom 16. August 2017.
18 Maier, Die Deutschen (1987), a.a.O. (Fn. 6), S. 109.
19 Maier, Sprache, a.a.O. (Fn. 1), S. 9.
20 Ebd., S. 11.
21 Ebd., S. 11.

ja erst elf) deutschen Landtage geschafft hatte, stand im Sommer 1968 auch ein Einzug in den Deutschen Bundestag zu befürchten. Damit aber war die Frage auf die Tagesordnung geraten, wie sich wehrhafte Demokraten zu dieser Gefahr stellten. Maier wollte für den Fall, dass sich die bevorzugte Lösung des Problems – „[d]as Volk selbst erteilt den Advokaten neuer nationaler Abenteuer eine Absage" – nicht einstellte (sie tat es dann doch), gewappnet sein. Zwei staatliche Eingriffsmöglichkeiten sah er: die Einführung des Mehrheitswahlrechts oder – seine bevorzugte, weil „einfachste, klarste" und „von der Verfassung selbst gebotene" Intervention – das Verbot der Partei durch das Bundesverfassungsgericht.[22]

Damit war auch klar, dass die Analyse von Maier und seinem Mitarbeiter Hermann Bott zu einem eindeutigen Ergebnis geführt hatte:

> „Innerhalb des 1949 geschaffenen Verfassungs- und Regierungssystems bildet sie [die NPD, P.H.] ohne Frage einen Fremdkörper, wenn nicht gar ein sprengendes Element. Satzung und Parteiprogramm zeigen das Bild einer gegen die bestehende Verfassung gerichteten Partei, wenn auch der äußere Anschein vielfach noch durch rechtsstaatliche Pflichtübungen und ‚volksdemokratischen' Purismus bestimmt wird. ... Die NPD ist nicht die Partei der alten Nazis, der Unbelehrbaren – wäre sie dies (und nur dies), so wäre die Sache verhältnismäßig einfach. Sie ist aber die Partei derer, die mit der Erinnerung an das Dritte Reich und mit der Verantwortung für seine unheilvollen Folgen endgültig ‚Schluß machen' wollen – und das sind keineswegs nur die Alten, sondern auch viele Angehörige der jüngeren Generation."[23]

Die NPD ist auch heute noch eine Partei, die auf „die Beseitigung der bestehenden freiheitlichen demokratischen Grundordnung"[24] ausgerichtet ist; sie hat jedoch nie wieder ein ähnliches Gewicht wie 1968/69 erreicht, weshalb nach 2003 auch das zweite Parteiverbotsverfahren im Januar 2017 vor dem Bundesverfassungsgericht scheiterte. Das von Hans Maier bezeichnete Problem ist damit jedoch nicht aus der Welt, es hat sich nur auf eine andere rechtsnationale Partei, die AfD, verlagert. Für den Umgang mit dieser Partei können wir von Maier zum einen lernen, dass „[e]motional aufgeladene Begriffe wie Neonazismus oder Neofaschismus ... als Kriterien zur Charakterisierung rechtsextremistischer Parteien unbrauchbar" sind, weil der zeitgenössische Rechtsradikalismus sich „mehr an einem konservativ-antidemokratischen Denken orientiert als an einem prononciert nazistischen."[25] Eine simple Gleichsetzung der AfD mit den Nazis würde die Gefahr, die von ihr für die Demokratie ausginge, eher verhüllen als offenlegen. Zum anderen riet Maier, dass ein Studium des Parteiprogramms zur Bestimmung der Verfassungswidrigkeit nicht ausreiche, weil verfassungsfeindliche Parteien immer bestrebt seien, ihre wahren

---

22 Maier und Bott, Die NPD, a.a.O. (Fn. 4), S. 42.
23 Ebd., S. 41.
24 BVerfG, Urteil des Zweiten Senats vom 17. Januar 2017 – 2 BvB 1/13 –, LS 9.
25 Maier und Bott, Die NPD, a.a.O. (Fn. 4), S. 20. Vgl. zu den Vordenkern der Neuen Rechten den Sammelband von Ralf Fücks und Christoph Becker (Hrsg.), Das alte Denken der Neuen Rechten. Die langen Linien der antiliberalen Revolte, Bonn 2020.

politischen Ziele zu verschleiern, um einem Verbot durch das oberste Gericht zu entgehen. Sinnvoller sei es deshalb, Verlautbarungen der Parteiführer in Parteiorganen oder bei Wahlreden zu studieren, weil sich hier der wahre Wesenszug der Programmatik viel eher entlarve als im Grundsatz- oder Wahlprogramm.[26]

Es scheint so, als folgten die Verfassungsschutzämter mittlerweile diesem Rat. Im Januar 2019 hat das Bundesamt für Verfassungsschutz den „Flügel" innerhalb der AfD, eine etwa 7.000 Personen und ein Fünftel der AfD-Mitglieder umfassende Gruppe, zum Verdachtsfall erklärt. Im Verfassungsschutzbericht desselben Jahres kommt das Amt zu dem Schluss, dass diese „fundamentaloppositionelle" Gruppierung eine „grundsätzliche politische Wende in Deutschland" anstrebe. In vier Ländern – Brandenburg, Sachsen, Sachsen-Anhalt und Thüringen – sind die Landesämter für Verfassungsschutz im Jahr 2020 dazu übergegangen, die gesamte AfD zu beobachten. Im Januar 2021 diskutierte auch die Bundespolitik, ob der inzwischen verbotene „Flügel" nicht die gesamte Partei repräsentiere und folglich deren Beobachtung durch das Bundesamt für Verfassungsschutz angebracht sei.[27]

> „Das durch den ‚Flügel' propagierte Politikkonzept ist auf Ausgrenzung, Verächtlichmachung und letztlich weitgehende Rechtlosstellung von Migranten, Muslimen und politisch Andersdenkenden gerichtet. Es steht im Widerspruch zur Menschenwürdegarantie sowie zum Demokratie- und Rechtsstaatsprinzip. Dreh- und Angelpunkt im politischen Denken des ‚Flügels' bildet ein ethnisch-homogenes Staatsvolkverständnis. Nach Auffassung von ‚Flügel'-Funktionären ist das Überleben des – biologistisch definierten – Volkes durch die gegenwärtige Regierung bedroht. Wie ein roter Faden durchzieht deren Reden deshalb die Warnung vor einer vermeintlich bevorstehenden ‚Abschaffung' und ‚Auflösung' Deutschlands. Die Haltung des ‚Flügels' zum ‚Dritten Reich' ist von einem geschichtsrevisionistischen, die nationalsozialistischen Gewaltverbrechen relativierenden beziehungsweise ausblendenden Ansatz geprägt. Ziel dabei ist es, mittels einer ‚erinnerungspolitischen Wende um 180 Grad' ein unbelastetes und vermeintlich identitätsstiftendes Geschichtsbild zu vermitteln."[28]

Alle Elemente der AfD-Ideologie, auf die der Verfassungsschutz abstellt, ließen sich bereits im Januar 2017 in einer Rede des Thüringer Landes- und Fraktionsvorsitzenden Björn Höcke nachlesen, in der er an das „Kriegsverbrechen" der Bombardierung Dresdens im Zweiten Weltkrieg erinnerte und den „Gemütszustand eines total besiegten Volkes" anprangerte. In dieser Rede findet sich im Rahmen seiner Abrechnung mit den „Luckisten" [Anhänger des ehemaligen Parteivorsitzenden Bernd Lucke, P.H.] und dem Plädoyer für den „Thüringer Weg" einer „fundamentaloppositionellen Bewegungspartei und einer fundamentaloppositionellen Bewegungsfraktion" auch die bemerkenswerte Passage:

---

26 Vgl. Maier und Bott, Die NPD, a.a.O. (Fn. 4), S. 19-23.
27 Vgl. Markus Wehner, Gegen Verfassungsschutz: Die letzten Abwehrversuche der AfD, in: Frankfurter Allgemeine Zeitung (online) vom 19. Januar 2021.
28 Bundesministerium des Innern, für Bau und Heimat, Verfassungsschutzbericht 2019. Fakten und Tendenzen – Kurzzusammenfassung –, Berlin, Juli 2020, S. 17.

„Ich will Veränderung, ich will eine grundsätzliche Veränderung, ich will die AfD als letzte evolutionäre Chance für unser Vaterland erhalten. Ich will, dass wir diesen Halben [gemeint sind die in der Partei verbliebenen „Luckisten", P.H.] einen Strich durch die Rechnung machen. Wir wollen das, denn wir wissen: Es gibt keine Alternative im Etablierten."[29]

Bemerkenswert ist dieser Satz nicht nur aufgrund seines ziemlich unverhüllten Aufrufes zur „konservativen Revolution"[30] und zur Stigmatisierung der innerparteilichen Gegner, sondern auch wegen seiner Anleihe bei der Sprache der Neuen Linken: „Keine Alternative im Etablierten" klingt doch sehr nach Adornos berühmten Poster-Spruch, der zum Leitmotiv der Studentenrevolte wurde: „Es gibt kein richtiges Leben im falschen."[31] Die – ziemlich alte – Neue Rechte dieser Tage[32] trifft sich zwar nicht in den Inhalten und Zielen ihrer Revolution mit der Neuen Linken der 1960er Jahre, wohl aber in ihrem Tatendurst, ihrer Kompromisslosigkeit und in ihrer Abneigung gegen Reformen.

„Sieht man die Dinge nüchtern, so muß man feststellen, daß die rebellierenden Gegner unserer Wohlstandsdemokratie nicht nur ein Reizklima für Verbesserungen geschaffen haben – was ihr Verdienst bleibt –, sondern daß sie paradoxerweise auch zahlreiche Reformwege, die vor kurzem noch offen schienen, blockiert haben. Das ist der innere Widerspruch einer Revolte, die mit revolutionärem Anspruch ‚aufs Ganze' geht und sich der Konkretion und Detailbetrachtung, ohne die Politik nicht auskommt, dem ‚down to facts' verweigert. ... Im übrigen ist der globale ‚systemkritische' Ansatz des Neo-Marxismus eher ein Hindernis als ein Stimulans für Reformen. Er stellt ab auf einen generellen Anti-Institutionen-Affekt, auf ein revolutionäres Alles oder Nichts, ein ‚tertium non datur' – während doch Politik als Kunst des Miteinanderlebens just der Ort der Zwischenlösungen und der Vereinigung der Gegensätze ist."[33]

Wem es um die Aktion, die vitale Lebensäußerung, nicht um Worte, sondern um Taten geht, der schreibt auch meist nicht sonderlich klar. Schon an „den Meistern" Adorno, Habermas und Bloch respektierte Maier zwar deren Originalität, kritisierte aber ihren gekünstelten und gewundenen Stil. Für „die Kohorte der

---

29 Björn Höcke: „Geisteszustand eines total besiegten Volkes", in: Berliner Tagesspiegel (online) vom 19. Januar 2017.
30 Hans Maier konnte sich nur wundern, dass CSU-Landesgruppenchef Alexander Dobrindt sich diesen problembeladenen Begriff zu eigen machte: „Bei Leuten wie Dobrindt habe ich dagegen das Gefühl einer Enge, einer Provinzialität. Historisch ist da überhaupt nichts da." Zit. bei Dominik Baur, Ex-CSU-Minister über Seehofers Manöver: „Alles Christliche verschwimmt", in: die tageszeitung (online) vom 10. Juli 2018.
31 Theodor W. Adorno, Minima Moralia. Reflexionen aus dem beschädigten Leben. 22. Aufl., Frankfurt am Main 1994, S. 42.
32 Vgl. neben Fücks und Becker (Hrsg.), Das alte Denken, a.a.O. (Fn. 25) auch Matthias Quent, Deutschland rechts außen. Wie die Rechten nach der Macht greifen und wie wir sie stoppen können, Bonn 2020; Enno Stahl, Die Sprache der Neuen Rechten. Populistische Rhetorik und Strategien, Stuttgart 2019; Thomas Niehr und Jana Reissen-Kosch, Volkes Stimme? Zur Sprache des Rechtspopulismus, Bonn 2019.
33 Hans Maier, Reform in der Demokratie (1968), in: ders., Politische Wissenschaft in Deutschland. Aufsätze zur Lehrtradition und Bildungspraxis. München 1969, S. 230-231.

Nachredner und Nachbeter", für den langen „Zug der Nitsch, Meschkat, Preuß, Kadritzke, Lefèvre, Rabehl und anderer poetae minores im Revolutionschor", die nichts Bedeutendes zu sagen hatten, hatte Maier nicht viel übrig. Von ihnen hat mindestens einer, Bernd Rabehl, auf seine alten Tage die Seiten gewechselt und beklagt nun die „politische Überfremdung" Deutschlands und die „Zersetzung der nationalen Identität".[34] Rabehl ist aber bei weitem nicht der einzige ehemalige linke „Revoluzzer", der sich heute in der Gesellschaft eines Höcke heimisch fühlt, Horst Mahler oder, eine Generation jünger, Jürgen Elsässer zählen auch dazu.

> „Wahrlich, wie die Meister sich räuspern und spucken, haben sie mehr oder minder gut gelernt, die Fußangeln der Eigentlichkeit vermeiden sie, das dialektische Vokabular handhaben sie ungelenk, aber bemüht, das Reflexivpronomen setzen sie brav ans Ende. Sonst aber? Ich wüßte keinen, dessen Sprache sich mir durch einen persönlichen Zug, einen Funken der Originalität und Unverwechselbarkeit eingeprägt hätte. Statt dessen ein klischeehaft erstarrtes, bösartig trommelndes Deutsch, eine Formelsprache, deren Zweck nicht Mitteilung, sondern Deklamieren und Übertäuben ist. ... Freilich, ‚die Aktion' will nicht sprechen, sondern handeln, literarische Sorgfalt ist nicht ihre erste Sorge. Wo aber das Handeln nur die Blöße des Gedankens deckt, wo die Flucht in die Aktion die Frage, um welche Aktion es sich eigentlich handle, untergehen läßt, wo der Furor teutonicus herrscht und die Atmosphäre von Kinderkreuzzug und Morbus sacer sich verbreitet, da wird die Bodenlosigkeit des politischen Aktivismus um so rascher deutlich."[35]

Die Sprache der politischen Religionen

Für einen, der wie Hans Maier die Nazizeit noch als Heranwachsender erlebt hatte, waren die „Kostüm-Ähnlichkeiten" der Studentenrevolte mit den „Taten und Attitüden des Nationalsozialismus"[36] nicht zu übersehen. Es kann deshalb nicht verwundern, dass die wiederkehrenden Muster in der Sprache totalitärer, auf das ganze menschliche Leben gerichteten Massenbewegungen, und dazu zählen auch die Religionen, den Sozialwissenschaftler Hans Maier nie losgelassen haben. Schon in den Jahren 1968 bis 1970 entwickelte Maier eine „Kritik der politischen Theologie", womit er sich gegen die damals populären Forderungen nach einer „Politisierung der Kirche" und einer „Theologie der Revolution" oder der „Befreiung" richtete. Verwundert registrierte er, dass die Kirche, nachdem sie sich im 2. Vatikanischen Konzil nach langem Widerstand dem gesellschaftlichen Pluralismus geöffnet hatte, dies nun bereits wieder zu vergessen schien:

---

34 Zit. bei Sebastian Fischer, Apo-Opa Rabehl: Vom Linksaußen zum Rechtsdraußen, in: Spiegel (online) vom 27. Mai 2005.
35 Maier, Reform, a.a.O. (Fn. 33), S. 231-232.
36 Ebd., S. 220.

„Heute wird der Pluralismus bei mancher theologischen Richtung, die als fortschrittlich gilt, schon wieder klein geschrieben. Ein neuer Integralismus, diesmal mit politischen Zügen, scheint im Anmarsch zu sein. Was an den Forderungen nach ‚politischer Theologie', ‚Politisierung der Kirche' vor allem überrascht und erschreckt, ist die Naivität, mit der hier von *dem* politischen Engagement *der* Kirche gesprochen wird – als sei Politik das Einherschreiten auf einer schnurgeraden, lehramtlich gepflasterten Straße und nicht vielmehr ein mühsames Wegsuchen im Dickicht von Interessen, Gruppenrivalitäten und Normkonflikten."[37]

Nach seiner Rückkehr aus der Politik an die Ludwig-Maximilians-Universität München widmete Maier sich seit 1988 verstärkt dem Studium der „politischen Religionen", wobei es hier zunächst nicht um das Phänomen einer politisierten Religion ging, sondern umgekehrt um die zur Religion oder zum Religionsersatz hochstilisierte Politik, wie sie besonders in den drei Großideologien des „kurzen 20. Jahrhunderts"[38] – Kommunismus, Faschismus und Nationalsozialismus – zu beobachten war. Maier schloss an die Beobachtungen Eric Voegelins, Raymond Arons und Hannah Arendts an, dass in den modernen Massengesellschaften des 20. Jahrhunderts Ideologien an die Stelle der Religion traten. Wie in vormodernen Staaten die Religion waren diese Ideologien omnipräsent bis in die letzten Winkel des menschlichen Lebens hinein, gaben Halt und Orientierung, nicht nur durch „das eiserne Band des Terrors" (Hannah Arendt), sondern auch im Positiven, indem sie sich auf letzte, „absolute Werte" beriefen. Totalitäre Regime machten die durch die Aufklärung vollzogene Trennung von Religion und Politik wieder rückgängig, sie brachten das Irrationale zurück in die Politik, das Esoterische, den Verschwörungsglauben, die Märsche, Rituale und Feste, auch die Heilslehre und die Gestalt des charismatischen Heilbringers: Adolf Hitler als „Meldegänger Gottes", das Bild des Führers in der guten Stube und auf dem Altar der kleinen Kapelle am Wegesrand, der alltägliche Gruß „Heil Hitler".[39]

Maier ist rechtzugeben, dass das Konzept der „politischen Religionen" wie auch die Totalitarismustheorie trotz mancher Unzulänglichkeiten für das Verständnis der totalitären Gewaltregime des 20. Jahrhunderts „unentbehrlich sind":

„Denn spezifische Dimensionen des Nationalsozialismus und des Bolschewismus kommen nur auf diese Weise in den Blick: die absolute Entgrenzung der Gewalt und ihre ebenso absolute Rechtfertigung; die Existenz ‚politischer Feinde', die ohne Schuld, einzig aufgrund ihrer Rassen- und Klassenzugehörigkeit, wie Schädlinge vernichtet werden dürfen; die Bereitschaft vieler Menschen, alles, und sei es das Entsetzlichste, im Dienst der ‚neuen Zeit' zu tun; die Ablösung des Rechtsbewußtseins durch die Initiation in die Zwecke der Geschichte – und in alldem der unbeirrbare Glaube an die

---

37 Maier, Politische Religionen, a.a.O. (Fn. 5), S. 16-17.
38 Eric Hobsbawm, Das Zeitalter der Extreme. Weltgeschichte des 20. Jahrhunderts, München 1995.
39 Vgl. Maier, Politische Religionen, a.a.O. (Fn. 5), S. 120-142.

revolutionäre Notwendigkeit, welcher der entfesselten Gewalt ihr erschreckend gutes Gewissen gibt."[40]

Über ein erschreckend gutes Gewissen verfügen auch religiöse Fundamentalisten, die im Namen einer Rückwendung zu den fundamentalen Wahrheiten ihrer Religion, einer Wiedergeburt in ihrem Glauben, vor extremen Übersteigerungen und Gewalt nicht zurückschrecken. Der Fundamentalismus kann als eine Reaktion auf die Moderne verstanden werden, ihre Versuchungen, ihre Unsicherheiten, ihre Kompliziertheit. Fundamentalisten folgen jedoch in der Regel Irrlehren, die auf einer säkularen Fehlinterpretation der Heiligen Schrift beruhen.[41] Sie politisieren die Religion, vermengen sie vielfach mit irdischen Ideen wie Nationalismus, Rassismus, Ethno-Pluralismus, Anti-Islamismus, Antisemitismus, Frauenfeindlichkeit oder einem Hass auf Ungläubige. Fundamentalisten teilen auch einen spezifischen Blickwinkel auf die moderne Welt, von der sie sich angegriffen und bedroht sehen. Sie streben nach weltlicher Macht, weil sie nur so meinen, sich verteidigen und ihr Überleben garantieren zu können. Anders als Traditionalisten wie die orthodoxen Juden, die Amischen oder die Mennoniten, die den Zumutungen der modernen Welt auf eine friedliche Weise zu entfliehen trachten, schlagen Fundamentalisten zurück und „reklamieren eine Position, von der sie glauben, daß sie ihnen weggenommen worden sei."[42] Hans Maier hat schon früh erkannt, dass der Fundamentalismus sich zunehmend von seinen religiösen Ursprüngen löst und die „Sehnsucht nach dem Einfachen, Kraftvollen, Verpflichtenden" sich auf „immer mehr Lebensbereiche" ausdehnt:

> „Je mehr Weltanschauungen, Denkformen, Religionen in der heutigen Welt in einem universellen Synkretismus verschmelzen, desto mehr gewinnt die Gegenströmung an Boden: Jenes Beharren auf Besonderung, auf unvermischter Identität und Ursprünglichkeit, auf unwandelbaren Urformen, auf einer Klarheit und Wörtlichkeit, an der nichts zu deuten ist. ... Je mehr die Inhalte ins Schwanken geraten, sich in Interpretationen und Perspektiven auflösen, desto mehr klammert man sich an – vermeintlich rettende – Formen und Formeln."[43]

Wer wollte Hans Maier widersprechen, dass diese Sehnsucht nach Vereinfachung, nach Gewissheit, auch nach „alternativen Fakten", um schmerzhaften Wahrheiten ein erträglicheres „Narrativ" entgegenzusetzen, am Ende des 20. Jahrhunderts schon genauso ein mächtiger Grundstrom der Zeit war, wie er es heute im Zeit-

---

40 Ebd., S. 141.
41 Vgl. für den US-amerikanischen Fall jetzt die beiden faszinierenden Bücher von Sarah Posner, Unholy. Why White Evangelicals Worship at the Altar of Donald Trump, New York 2020; und Katherine Stewart, The Power Worshippers. Inside the Dangerous Rise of Religious Nationalism, New York 2020. Für den schnellen Überblick Philip Gorski, Am Scheideweg. Amerikas Christen und die Demokratie vor und nach Trump, Bonn 2020.
42 Martin E. Marty und R. Scott Appleby, Herausforderung Fundamentalismus. Radikale Christen, Moslems und Juden im Kampf gegen die Moderne, Frankfurt/New York 1996, S. 27.
43 Maier, Politische Religionen, a.a.O. (Fn. 5), S. 215.

alter des Populismus ist. Prinzipiell verändert hat sich wenig: Auch damals schon nutzten Fundamentalisten die modernsten Technologien, um sich international zu vernetzen; sie verfolgten zwar reaktionäre Ziele, aber mit fortschrittlichster, „revolutionärer" Technik – auch darin Kommunismus, Faschismus und Nationalsozialismus früherer Zeiten vergleichbar. Heute sind es vor allem die sozialen Medien, die als „Radikalisierungsmaschinen"[44] für junge Menschen dienen, die manchmal nur auf der Suche nach Anerkennung und Liebe sind oder an den Ungerechtigkeiten dieser Welt verzweifeln. Das Bedürfnis der Menschen aber, zum politischen Märtyrer zu werden und vor aller Welt Zeugnis abzulegen über die Ungerechtigkeiten, die einem widerfahren sind, ist so alt wie die Religion selbst. Mit Hans Maier ließe sich den heutigen politischen (Selbstmord-) Attentätern, den „einsamen Wölfen"[45], „rechten Ego-Shootern"[46] und „deutschen Taliban"[47], sagen, dass sie den falschen Propheten auf den Leim gegangen sind:

> „In der jüdischen, christlichen wie islamischen Überlieferung ist der Martyrer einer, der bereit ist, für seinen Glauben zu sterben. Er ist jedoch kein selbstmächtiger Täter im eigenen Auftrag, er sucht das Lebensopfer nicht – und schon gar nicht reißt er andere mit sich in den Tod. An diesem Martyrerverständnis sollte man auch im christlich-islamischen Dialog – der unverändert nötig ist – festhalten und nicht rütteln lassen. Sonst droht ‚Martyrium' zu einem Schreckenswort zu werden, zum Synonym für die schrankenlose Ermächtigung zum *Töten für den Glauben*. Dies aber wäre eine perverse Verzerrung am Ende einer ehrwürdigen und langen gemeinsamen Tradition."[48]

Die Sprache der Political Correctness

Zu den Lebensbereichen, in die der Fundamentalismus mit Macht Einzug gehalten hat, gehören Kultur und Wissenschaft. Auch hier ist der Fundamentalismus eine dialektische Gegenbewegung, die auf die Zersplitterung der einen Mehrheitskultur in die multiplen Minderheitskulturen, auf den Zerfall des einheitlichen Schmelztiegels in seine einzelnen Bestandteile[49] und auf die Auflösung überkommener Bildungskanons, Gewissheiten oder Lehrgebäude reagiert. An keinem Gegenstand lässt sich dies vielleicht besser deutlich machen als an dem der Political Correctness, dem politisch korrekten Umgang mit unterdrückten Minderheiten und

---

44 Julia Ebner, Radikalisierungsmaschinen. Wie Extremisten die neuen Technologien nutzen und uns manipulieren. Bonn 2020.
45 Florian Hartleb, Einsame Wölfe. Der neue Terrorismus rechter Einzeltäter, Bonn 2020.
46 Jean-Philipp Baeck und Andreas Speit (Hrsg.), Rechte Ego-Shooter. Von der virtuellen Hetze zum Livestream-Attentat, Bonn 2020.
47 Wolf Schmidt, Jung, deutsch, Taliban, Bonn 2012.
48 Maier, Doppelgesicht, a.a.O. (Fn. 5), S. 120.
49 Vgl. für die USA Arthur M. Schlesinger, Jr., The Disuniting of America, New York 1992; Michael Walzer, Zivile Gesellschaft und amerikanische Demokratie, Frankfurt am Main 1996.

bedrohten Gruppen. Hans Maier hat sich mit diesem Thema vor allem anlässlich der 500-Jahr-Feier der Entdeckung Amerikas durch Kolumbus im Jahr 1992 auseinandergesetzt. Verwundert registrierte er, dass in Kolumbus nicht der Entdecker gefeiert, sondern – so das Flugblatt einer Hochschulgruppe – der „Rassist, Völkermörder, Mädchenschänder, Folterer" angeklagt wurde:[50]

> „Erstaunlich ist aber das hier proklamierte Unverletzlichkeits-Gebot für Ur-Kulturen (selbst solche mit Menschenopfern!); erstaunlich ist das Verbot jeder Art von interkultureller Berührung, Penetration, Transformation, das große Wehe! über Entdeckung, Ausbreitung, Akkulturation schlechthin. ‚Hurra für jene, die nie etwas erfanden.' ... So kommt es zu einer verzweifelten Aufkündigung von Realität und Rationalität: Damit die schwarzen Slumbewohner in der Bronx den Mut nicht ganz sinken lassen, muß Kleopatra zur Schwarzen werden; damit die indianische Urbevölkerung beider Amerika neue Hoffnung schöpfen kann, muß Kolumbus dem Killer der Prozeß gemacht werden. Wann sind Gutenberg, Leonardo, Bacon, Descartes an der Reihe? Für PC (*Political Correctness*) sind sie ohnehin schon lange nichts als ‚tote weiße Männer' – ohne Grund zu Schulbuchehren gekommen, allzulange überschätzt und schleunigst durch andere (quotierte!) Personen und Beispiele (Frauen und Männer) aus den bisher mediatisierten und unterdrückten Kulturen zu ersetzen."[51]

In einer Rede aus dem Jahre 1993 anlässlich einer Matinee im Bayerischen Landtag hat Maier die Political Correctness als „[d]as allerletzte Verständigungsmittel derer, die sich nicht mehr verständigen können" bezeichnet. Man müsse die Minderheitenkulturen

> „behandeln wie störrische Kinder oder wie verfeindete Kriegsparteien. Man darf sie nicht reizen, muß sie mit ausgesuchter Höflichkeit behandeln. Dem dient ein System ausgeklügelter Euphemismen, ein Set von Sprachregelungen, die manchmal an Orwells ‚Neusprach' erinnern. Neger werden zu Schwarzen, Schwarze zu Farbigen, Behinderte zu Andersbefähigten (*differently abled*), Haustiere zu tierischen Begleitern (*animal companions*) usw. Die ‚Neue Welt' wird verboten, weil sie Indianer beleidige. Gnadenlos wird der Sprache alles Bezeichnende, deutlich Umgrenzende, Triftige genommen. Übrig bleibt ein kernloses, aber unanstößiges Verständigungsmittel, eine Sprache diplomatischer Formelkompromisse."[52]

Maier hat damals „diese Jagd nach falschen Wörtern" mit dem McCarthyismus der 1950er Jahre verglichen, zugleich aber seiner Hoffnung Ausdruck gegeben, dass „dieser Fieberanfall eines Tages wieder abklingen" werde. „Amerika wäre nicht Amerika, wenn es anders käme."[53] Bis vor nicht allzu langer Zeit habe ich diesen Optimismus geteilt – mittlerweile, knapp dreißig Jahre später, wachsen jedoch die Zweifel. Das Jagdfieber der Sprachpolizisten an den US-amerikanischen

---

50 Maier, Eine Kultur (1995), a.a.O. (Fn. 3), S. 93-94.
51 Ebd., S. 94.
52 Hans Maier, Eine Kultur oder viele? Die neuen Kulturen und Europa, in: Maier, Eine Kultur (1995), a.a.O. (Fn. 3), S. 54-55.
53 Ebd., S. 55.

Universitäten scheint heutzutage noch viel weiter fortgeschritten als zur damaligen Zeit, auch die sogenannte „Cancel Culture", die öffentliche Auftritte von zumeist im politischen Spektrum rechts angesiedelten Rednern unterbindet, ist keineswegs nur eine Erfindung oder Übertreibung von Rechtsextremen, wie die Zensoren gerne behaupten, sondern immer öfter traurige Realität.[54] Die Folgen für die Urteils-, Kritik- und sprachliche Ausdrucksfähigkeit einer ganzen Generation, mittlerweile wahrscheinlich eher von zwei oder drei Generationen von Studenten, stimmen bedenklich.[55] Die Sache wird dadurch nicht besser, dass im „Ökosystem rechtsstehender Medien"[56] politisch inkorrekten bis offen menschenverachtenden Meinungsäußerungen gezielt viel Raum gegeben wird.

Die Auswüchse der Political Correctness sind nicht allein auf die US-amerikanischen Hochschulen, Kultureinrichtungen oder liberale „Mainstream-Medien" beschränkt. Die Identitätspolitik nimmt auch an deutschen Universitäten und im öffentlich-rechtlichen Rundfunk mittlerweile einen so breiten Raum ein, dass die Migrationsforscherin Sandra Kostner von einer „identitätslinken Läuterungsagenda" spricht, der zufolge unterdrückte „Opferkollektive" von den „Trägern der Schuldidentität" fortlaufend „Läuterungsdemonstrationen" einfordern.[57] Selbst in Teilen der politischen Linken ist inzwischen die Einsicht angelangt, dass eine auf die Spitze getriebene Identitätspolitik, wie sie Hans Maier schon 1992 kopfschüttelnd zur Kenntnis nahm, in die Sackgasse führen könnte.[58] Dennoch wird eine offene Diskussion um diese Thematik meist mit dem Argument vermieden, dass dies den Rechtspopulisten in die Hände spielen würde. Symptomatisch für diese auf dem halben Weg umkehrende Einsicht ist der Ankündigungstext für das von der Bildungsstätte Anne Frank herausgegebene Buch „Triggerwarnung":

> „Identitätspolitik steckt in der Sackgasse: Empowerment wird auf Gender-Sternchen und die Vermeidung des N-Worts verkürzt. Überall sollen Minderheiten vor möglichen Verletzungen geschützt werden – in Uniseminaren, Kunst und Mode, im Netz und bei öffentlichen Events. Für alle, die Politik nicht mit eigener Betroffenheit belegen,

---

54 Vgl. nur Tom Bartlett, What's So Dangerous About Jordan Peterson? In: The Chronicle of Higher Education (online), 17. Januar 2018; René Scheu, Niall Ferguson über die Kultur an Unis: „Als Rechter bist du ein potenzieller Nazi. Kommunisten hingegen sind moralisch einwandfreie Sozialdemokraten", in: Neue Zürcher Zeitung (online), 20. März 2019.
55 Vgl. Greg Lukianoff und Jonathan Haidt, The Coddling of the American Mind. How Good Intentions and Bad Ideas Are Setting Up a Generation for Failure, New York 2018. Eine frühe Kassandra in dieser Hinsicht war Allan Bloom, The Closing of the American Mind. How Higher Education Has Failed Democracy and Impoverished the Souls of Today's Students, New York 1987.
56 Diese Begriffsschöpfung geht zurück auf Yochai Benkler, Robert Faris und Hal Roberts, Network Propaganda. Manipulation, Disinformation, and Radicalization in American Politics, New York 2018.
57 Sandra Kostner (Hrsg.), Identitätslinke Läuterungsagenda. Eine Debatte zu ihren Folgen für Migrationsgesellschaften, Rückseitentext.
58 Wegweisend Mark Lilla, The End of Identity Politics, in: New York Times vom 18. November 2016.

schließt sich die Debatte. Wer mit der anspruchsvollen Pflichtlektüre nicht hinterherkommt, ist raus. Die solidarische Kritik an diesen Exzessen wird zum Dilemma in einer Zeit, in der Rechte gegen Unisextoiletten und die ‚Ehe für alle' hetzen – und Linke darin ‚Pipi fax' oder den Aufstieg von Trump begründet sehen."[59]

Die Haltung, etwas nicht zu kritisieren, weil man sich damit die falschen Freunde machen oder von selbsterklärten Opfergruppen des Rassismus' oder der Islamophobie geziehen werden könnte[60], ist auch in Deutschland weit verbreitet. Rosa Luxemburgs zeitlos wahrer Satz, dass die Freiheit immer die Freiheit der Andersdenkenden ist, findet heutzutage laut einer aktuellen Umfrage unter knapp 1.000 Studenten der Sozialwissenschaften an der Frankfurter Goethe-Universität nur noch eine knappe Mehrheit. Studenten fühlen sich schnell sprachlich angegriffen und sind in einem beträchtlichen Umfang zur Zensur bereit – linksgerichtete stärker als rechtsgerichtete, die sich dafür einem hohen Konformitätsdruck ausgesetzt sehen. Überwältigende Mehrheiten der Frankfurter Studenten der Sozialwissenschaften würden sogar Lehrenden mit politisch inkorrekten Ansichten die Lehrbefugnis entziehen[61] – ein intellektuelles Armutszeugnis.

Angesichts solcher Befunde verwundert es nicht, dass im Oktober 2019 AfD-Gründer Bernd Lucke, der aus dem Europaparlament an die Universität Hamburg zurückkehrte, von „studentischen Aktivisten" an der Abhaltung seiner ersten Vorlesung (in Makroökonomik!) gehindert wurde, weil er angeblich ein Nazi sei. Noch beschämender als die Störung der Vorlesung durch linke Studentengruppen war die ausbleibende Unterstützung Luckes durch seine Dienstherrin, Wissenschaftssenatorin Katharina Fegebank und Universitätspräsident Dieter Lenzen. Keiner von den beiden und auch keiner der Kollegen fand sich ein, um Luckes Freiheit der Lehre gegenüber dem studentischen Mob zu verteidigen.[62] Fegebank und Lenzen zeichneten auch dafür verantwortlich, dass dem FDP-Vorsitzenden Christian Lindner ein Auftritt in den Räumen der Universität untersagt wurde, während er Sarah

---

59 Eva Berendsen, Saba-Nur Cheema und Meron Mendel (Hrsg.), Triggerwarnung. Identitätspolitik zwischen Abwehr, Abschottung und Allianzen, Berlin 2019.
60 Vgl. für Frankreich Pascal Bruckner, Der eingebildete Rassismus. Islamophobie und Schuld, Berlin 2020.
61 Vgl. Thomas Thiel, Toleranz im geschlossenen Zirkel, in: Frankfurter Allgemeine Zeitung (online) vom 10. November 2020; Matthias Revers und Richard Traunmüller, Is Free Speech in Danger on University Campus? Some Preliminary Evidence from a Most Likely Case, in: Kölner Zeitschrift für Soziologie und Sozialpsychologie, 72. Jg. (2020), S. 471-497.
62 Fegebank war nicht in Hamburg, sie ließ im Anschluss an die Vorlesungssprengung eine Pressemitteilung verbreiten, die nach dem pflichtschuldigen Hinweis auf die grundgesetzliche Garantie der freien wissenschaftlichen Lehre den Satz folgen ließ: „Unabhängig davon ist festzustellen, dass Universitäten als Orte der Wissenschaft die diskursive Auseinandersetzung auch über kontroverse gesellschaftliche Sachverhalte und Positionen führen und aushalten müssen – insbesondere vor dem Hintergrund der deutschen Geschichte." Diesen Satz konnte Lucke angesichts der Diskursverweigerung der Störer nur als Hohn empfinden. Vgl. Universität Hamburg, Pressemitteilung 88/19 vom 16. Oktober 2019.

Wagenknecht erlaubt wurde.[63] An dieser Stelle ist es vielleicht angebracht, an das zu erinnern, was Hans Maier 1968 auf dem Gründungskongress des Bundes Freiheit der Wissenschaft sagte:

„Die Universität als akademischer Ständestaat, durch Autonomie abgehoben von der demokratischen Gesellschaft – das ist das vorläufige Ergebnis einer Bewegung, die im Zeichen von Egalisierung und Privilegienabbau ausgezogen war. Verwunderlich ist diese Entwicklung nur für den, der nicht weiß, daß Rätestaat und Ständestaat austauschbare Erscheinungen des gleichen antidemokratischen Denkens sind. Wahrhaftig: Es ‚spielen sich heute in Universitäten Dinge ab, die so ungeheuerlich sind, daß sie alles in den Schatten stellen, was sich vor Inkrafttreten des neuen Universitätsgesetzes an Repressalien seitens extremer Gruppen abgespielt hat (SPD-Staatskommissar Peter Sötje über die Berliner TU). Die Revolte hat die Reform verschlungen. Die Frage ist, wie lange Öffentlichkeit und Staat vor dieser Tatsache die Augen verschließen können, wie lange der universitäre Raum publizistisch abgedunkelt bleibt und wie lange offenkundige Rechtsbrüche und Zerstörungen sich ins Kostüm reformerischer Gesinnung und pädagogischer Herausforderung verkleiden können."[64]

Ein Abschnitt zur Political Correctness in Deutschland wäre wohl unvollständig, wenn er nicht auch etwas zum Gendern der deutschen Sprache sagte. Ich möchte es jedoch wie Hans Maier halten, der sich zeit seines bisherigen Lebens, soweit ich sehen kann, zu diesem Thema nicht geäußert und auch nie eine „Läuterungsdemonstration" per Fußnote abgegeben hat, dass er bei der Verwendung des generischen Maskulinums selbstverständlich das weibliche Geschlecht mitmeine. Wer sich mit der Diskussion um das generische Maskulinum und dem „Krieg der Stern*innen"[65] beschäftigen möchte, der sei an die Leserbriefseite und das Feuilleton der Frankfurter Allgemeinen Zeitung verwiesen, wo das Thema mit großer Leidenschaft und oftmals hoher fachlicher Kompetenz verhandelt wird.

Fazit: Hans Maier und die Sprache der Demokratie

Der kleine Streifzug durch Hans Maiers Kritik der politischen Sprache muss zum Ende kommen – und dieses Ende soll der Sprache der Demokratie vorbehalten sein. Zu dieser hat sich Maier, wenn ich richtig sehe, nie explizit geäußert. Wir sind also darauf verwiesen, sie implizit aus seiner Kritik des antidemokratischen Denkens und Sprechens herauszulesen. Auch das Vorbild des Meisters selbst gibt Anhaltspunkte für das, was mit Hans Maier als die Sprache der Demokratie bezeichnet werden könnte. Diese Sprache beobachtet, sie sammelt Erfahrungen, sie

---

63 Vgl. N.N., Uni Hamburg begründet Auftrittsverbot für Lindner, in: Die Welt (online) vom 23. Oktober 2019.
64 Maier, Anstöße, a.a.O. (Fn. 2), S. 528.
65 So der gleichnamige Artikel von Justus Bender und Philip Eppelsheim in der Frankfurter Allgemeinen Sonntagszeitung vom 7. Februar 2021, S. 4.

erzählt, auch Anekdoten, sie unterhält ihren Leser.[66] Sie ist im lokalen Dialekt genauso zuhause wie in der nationalen Hochsprache und – im Idealfall – mehreren Fachsprachen. Sie öffnet sich selbstverständlich auch dem Englischen und anderen Fremdsprachen von Bedeutung, verändert sich mit der Zeit und nimmt neue Wörter in ihren Wortschatz auf. Die Sprache der Demokratie zeichnet soziale Statusunterschiede weich, hat Mitgefühl für die Besiegten, Bedrängten und Beladenen, respektiert das Anerkennungsbedürfnis eines jeden Sprechers; sie zieht keine historischen Schlussstriche und erinnert sich an die negativen Episoden der Nationalgeschichte genauso wie an die positiven. Sie widersetzt sich der Emotionalisierung, der Hysterie, dem Aufpeitschen der Leidenschaften. Die Sprache der Demokratie steht auf dem Boden des Grundgesetzes, respektiert die Würde des Menschen, seine Grundrechte und die verfassungsstaatliche Ordnung sowie ihre politischen Institutionen.

Anders als die antidemokratischen Sprachen folgt sie keinem Freund-Feind-Denken, verzichtet auf Gewaltorgien und Vernichtungsphantasien, auf jede revolutionäre Emphase. Sie vermeidet teleologische, eschatologische und apodiktische Formulierungen. Sie sucht Wahrheiten und verkündet sie nicht, respektiert andere Meinungen und sucht sie auszugleichen, sie zieht den Kompromiss der Rechthaberei vor, die Argumentation der Agitation, die Reform der Revolte, den Frieden dem Krieg. Eine demokratische Sprache vermeidet es auch, sich wolkig oder elitär auszudrücken, sie formuliert einfach, klar und verständlich. Auch als Fach- oder Wissenschaftssprache bemüht sie sich um höchstmögliche Verständlichkeit und verzichtet auf esoterische Geheimsprachen, die nur den Eingeweihten und Auserwählten zugänglich sind, in offenkundigem Widerspruch dazu aber womöglich noch mit Habermas als „herrschaftsfreier Diskurs" angepriesen werden. Schließlich richtet sich die demokratische Sprache an den Adressaten als Mensch und Citoyen, nicht als Träger von Teilidentitäten (Geschlecht, Rasse, Hautfarbe, Herkunft, Alter, Behinderung, Opfer, Täter usw.) und Privatperson. Die Sprache der Demokratie ist die Sprache des Humanismus und der Aufklärung, sie ist auch die Sprache der Intellektuellen, die aus der politischen Mitte heraus in die öffentlichen Angelegenheiten intervenieren und die Mächtigen anklagen. Sollte diese politische Mitte einmal zu sehr verstummen, ist es um die Demokratie meist nicht zum Besten bestellt.[67]

---

66 Zur beispielgebenden Lektüre sei Maiers Autobiographie, a.a.O. (Fn. 7) empfohlen.
67 Vgl. Ulrike Ackermann, Das Schweigen der Mitte. Wege aus der Polarisierungsfalle. Darmstadt 2020.

Totalitarismus und Politische Religionen

Henning Ottmann

1. Die Totalitarismustheorie. Eine zutreffende, aber ergänzungsbedürftige Theorie

Die Totalitarismustheorie stammt aus den 20er Jahren des 20. Jahrhunderts, die Theorie der politischen Religionen aus den 30er Jahren. Hans Maier hat beide in einem Forschungsprojekt vereinigt, an dem sich Philosophen, Historiker, Politik- und Literaturwissenschaftler beteiligt haben. Die Ergebnisse liegen in drei Sammelbänden vor.[1] Dass beide Ansätze, die Totalitarismustheorie und die Theorie der politischen Religionen, miteinander kombiniert wurden, hatte mehrere Gründe für sich. Beide vergleichen totalitäre Ideologien und Systeme. Beide versuchen das historisch Neue zu erfassen. Beide, so ließ sich erwarten, würden sich vorteilhaft ergänzen. Die Totalitarismustheorie hatte ihre Stärke in der Beschreibung formaler Gemeinsamkeiten. Man nannte gewöhnlich die Rolle der Ideologien, der Einheitsparteien, des Terrors, der Geheimpolizei, die Kommunikationsmonopole, die staatliche Lenkung der Wirtschaft, den Antiparlamentarismus und den Anspruch auf eine angeblich „höherrangige" identitäre Demokratie.[2] Die Ursachen der Phänomene und die Motive der jeweiligen Gefolgschaft erklärte die Totalitarismustheorie jedoch nicht. Da ließ sich von der Theorie der Politischen Religionen einiges erwarten.

Die Totalitarismustheorie bedarf gewisser Ergänzungen. Sie können neben der Theorie der Politischen Religionen auch aus psychologischen und massenpsychologischen Theorien von Le Bon bis Freud stammen, aus historisch fundierten Analysen wie der Bonapartismustheorie oder aus historisch-soziologischen Ansätzen wie dem bei der charismatischen Herrschaft oder den Untersuchungen zur

---

1 H.Maier (Hrsg.), Totalitarismus und Politische Religionen. Konzepte eines Diktaturvergleichs, Bde. I-III, Freiburg 1996, 1997, 2003. Ferner H. Maier, Politische Religionen. Die totalitären Regime und das Christentum, Freiburg 1995.
2 Bekannte Totalitarismustheorien sind die von Arendt und Friedrich/Brzezinski. Orwells *1984* bot eine Totalitarismustheorie in Romanform. H. Arendt, Elemente und Ursprünge totaler Herrschaft (1951), München 1986; C.J. Friedrich/Z. B. Brzezinski (1956), Totalitäre Diktatur, Stuttgart 1957. Eine Übersicht über die Entwicklung der Theorie bietet E. Jesse (Hrsg.), Totalitarismus im 20. Jahrhundert. Eine Bilanz der internationalen Forschung, Bonn ²1999.

jeweiligen Wählerschaft.³ Gleichwohl trägt auch der Ansatz bei den politischen Religionen Wesentliches zur Erklärung bei. Wie soll man sich sonst erklären, dass es „gläubige" Nationalsozialisten und Kommunisten gegeben hat? Woher kam der fanatische Eifer? Woher die Bereitschaft zum Gehorsam und die Opferwilligkeit? Woher die zahlreichen Analogien von Religion und innerweltlicher Heilslehre, von den heiligen Schriften hier wie dort, von Führer und Messias, von den neuen Märtyrern, den neuen Häretikern und Renegaten, den neuen Formen der Inquisition und der Schuldbekenntnisse, in den Schauprozessen gesteigert zum Schuldbekenntnis von Taten, von denen jeder Geständige wusste, dass er sie nicht begangen hat. Die totalitären Ideologien waren neue Formen des Glaubens und die totalitären Systeme hatten ihre eigene Liturgie.

Blickt man zurück auf die Geschichte der Totalitarismustheorie, erscheint einem die Polemik vergangener Jahrzehnte nicht mehr so recht verständlich. Marxisten-Leninisten reagierten auf diese Theorie mit Empörung und noch im sogenannten Historikerstreit gab es kritische Stimmen westlicher Historiker. Das sei ja nur die Fortsetzung des Kalten Krieges mit anderen Mitteln. Man dürfe Kommunismus und Nationalsozialismus nicht miteinander vergleichen. Der Kommunismus sei eine an sich humane Ideologie, die nur durch historische Umstände bedingt entgleist sei. Der Nationalsozialismus dagegen sei von vornherein inhuman und mörderisch gewesen. Außerdem sei die soziale Basis eine jeweils andere. Natürlich ließ sich die Totalitarismustheorie während des Kalten Krieges polemisch nutzen. Ein Kind des Kalten Krieges war sie jedoch nicht. Sie war schon in den 20er Jahren aus dem Geist liberaler Faschismuskritik in Italien entstanden.⁴ Vergleiche

---

3 Von den marxistischen Faschismustheorien scheint mir einzig die Bonapartismustheorie einen gewissen Erklärungswert zu versprechen. Was Marx in *Der 18. Brumaire des Louis Bonaparte* (1852) analysierte, nutzte Thalheimer 1930, um den Aufstieg des Faschismus erklären. Die Machtergreifung des neuen Caesar wird möglich, wenn sich Klassen oder gesellschaftliche Kräfte und Parteien wechselseitig neutralisieren. Es entsteht eine Pattsituation, die eine „Verselbständigung der Exekutivgewalt" erzeugt. Die Bourgeoisie überlässt den Faschisten die Herrschaft, um auf diese Weise ihre soziale Vormachtstellung auch weiterhin aufrechterhalten zu können. Das war überzeugender als die Monopolkapitalismustheorie, die den Diktator auf den bloßen Handlanger der Kapitalinteressen reduzierte. Wie die Totalitarismustheorie ist allerdings auch die Bonapartismustheorie formal und abstrakt. Sie kann mehrere Diktaturtypen umfassen: faschistische und stalinistische, autoritäre und totalitäre. (Für Trotzki war der Stalinismus ein Fall für die Bonapartismustheorie.) Die historischen Unterschiede der Zeitlagen, der Motive und Mentalitäten erklärt sie auch nicht.

Neuere Versuche, den Nationalsozialismus als eine Form „charismatischer" Herrschaft zu erklären (Lepsius, Wehler, Kershaw), haben ihre Stärke darin, dass sie die Verbindung sowie die zwischen Charisma und Revolution, Charisma und Erneuerung. sowie die Spannung zur legalen Herrschaft und zur traditionellen Bürokratie aufweisen können. Sie sind jedoch nicht vor der Gefahr gefeit, den Nationalsozialismus von dessen eigenem Propagandabild her zu beurteilen und die positive Wertung zu übersehen, die dem Begriff „Charisma" anhaftet. Kritischer dagegen R. Herbst, Hitlers Charisma. Die Erfindung eines deutschen Messias, Frankfurt a. M. 2010.

4 J. Petersen, Die Entstehung des Totalitarismusbegriffs in Italien, in: M. Funke (Hrsg.), Totalitarismus, Düsseldorf 1978, 105 ff. Zu erwähnen sind u. a. Giovanni Amendola (er stirbt 1926

lassen sich in der Politikwissenschaft nicht verbieten. In der System- und Staatsformenlehre sind sie so etwas wie das tägliche Brot. Wer vergleicht, setzt nicht alles gleich. Er behauptet nur eine gewisse Ähnlichkeit, keine komplette Identität. Selbst wer eine Einzigartigkeit, etwa der nationalsozialistischen Verbrechen, behauptet, kommt um das Vergleichen nicht herum. Feindliche Brüder sind immer noch Brüder, und den jeweiligen Opfern kann es gleichgültig sein, im Namen welcher Ideologie sie verfolgt und ermordet werden.

Es ist zuzugeben, die Totalitarismustheorie erklärt nicht. Sie beschreibt nur. Sie schwebt auch in der Gefahr, die nationalsozialistische Diktatur als zu monolithisch darzustellen, während sie doch eher dem Behemoth, einem Ämter- und Kompetenzchaos, als einer straff geordneten Herrschaft glich.[5] Zudem stellte sie die Diktaturen als allzu stabil dar. Dabei hatte schon Aristoteles nachgewiesen (Politik V, 11), dass die Tyrannis die instabilste aller Staatsform ist. Totalitäre Diktaturen können sich in autoritäre Systeme verwandeln, die einen gewissen Pluralismus zulassen und sich eher auf traditionale als auf revolutionäre Legitimation stützen. Auch das zu erklären, fällt den Totalitarismustheorien schwer.[6]

Die Tyrannis kennt man seit den Griechen, die Diktatur seit den Römern. War die totalitäre Herrschaft wirklich neu? Man hat immer wieder Vorläufer gefunden, sei es im „totalitären" Sparta, im griechischen und römischen „Totalitarismus", in der Machtergreifung und Herrschaft des Augustus, in der Wiederkehr der Cäsaren, die sich im 19. Jahrhundert vollzog.[7] Wen hat man nicht schon alles zu geistigen Ahnherrn des Totalitarismus erklärt? Platon, Rousseau, Hobbes, Hegel, to name but a few.[8] Es ist keine neue Erfahrung des 20. Jahrhunderts, dass sich Tyrannen der List und Gewalt bedienen, dass sie Spitzel einsetzen, dass sie den

---

an den Folgen eines faschistischen Anschlags), Luigi Sturzo (Priester, Mitbegründer der Partito Populare, 1924 ins Exil gezwungen), Francesco Nitti (kurzfristig Ministerpräsident, er emigriert 1924). H. Maier, Politische Religionen, a. a. O. 25 f.
5 F. Neumann, Behemoth. The Structure and Practice of National Socialism 1933-1941, New York 1942; M, Curtis, Totalitarismus – eine monolithische Einheit? in: Jesse [2]1999, a.a.O. 277-285
6 Die Unterschiede zwischen autoritären und totalitären Systemen sind am besten dargestellt bei J. J. Linz, Totalitarian and authoritarian regimes, in: N.Polsby/F. Greenstein (Hrsg.), Handbook of Political Science, Vol. III, Reading/Mass. 1975, 175-411.
7 V. Ehrenberg, Ein totalitärer Staat (1946), in: K. Christ (Hrsg.), Sparta, Darmstadt 1986, 217-229; K. v. Fritz, Totalitarismus im alten Griechenland und in Rom, in: Antike und Abendland 3 (1948) 47-74; R. Syme, Die römische Revolution. Machtkämpfe im alten Rom (1939, Stuttgart 2003), eine meisterhafte Darstellung der Machtergreifung des Augustus. Sie wurde öfters angefeindet wegen der suggerierten Unvermeidlichkeit der neuen, scheinrepublikanischen Regierungsform.
8 K. R. Popper bezichtigt bekanntlich Platon und Hegel, den Totalitarismus vorbereitet zu haben, Die offene Gesellschaft und ihre Feinde (1945), 2 Bde., München [6]1980; J. L. Talmon, The Origins of Totalitarian Democracy, Boston 1952 weist der identitären Demokratie Rousseaus und den Jakobinern eine vorbreitende Rolle zu; J. Vialatoux, La cité de Hobbes. Théorie de l'état totalitaire. Essais sur la théorie naturaliste de la civilisation, Paris/Lyon 1935, [2]1952. Warum man gerade einen Präliberalen wie Hobbes oder einen liberalen Konservativen wie Hegel des Totalitarismus beschuldigte, wird für immer ein Rätsel bleiben.

Charakter ihrer Herrschaft verschleiern, den Anschein einer volksnahen gerechten Herrschaft hervorzurufen suchen, sich auf Leibwachen und Sondertruppen stützen, Propaganda treiben durch technische Großprojekte, ihre Bilder auf Münzen setzen, sich Statuen errichten, ihre Herrschaft in Inschriften beschönigen oder durch Dichter verherrlichen lassen. Das alles ist seit der Antike bekannt. Neu sind die gewachsenen technischen Hilfsmittel, die Rolle der Ideologien und Parteien, neu ist die Intensivierung des Terrors, das Ausmaß der Überwachung, der quasireligiöse Anspruch, in der ganzen Lebensführung und ihren Ritualen präsent zu sein. Ein korrektes Verfahren, das Neue an der totalitären Herrschaft zu beweisen, müsste eigentlich darin bestehen, erst einmal das, was man über die ältere Tyrannis schon weiß, aufzulisten, dies als altbekannt einzustufen und von der totalitären Tyrannis abzugrenzen. Dann erst ließe sich feststellen, was altbekannt, was nur eine Steigerung des Altbekannten, was grundsätzlich neu ist. Dann blieben noch die Bedenken, dass sich die Vorläufersuche dem Verdacht aussetzt, anachronistisch zu sein. Sie missachtet per se das Eigenrecht der Epochen, aus sich verstanden zu werden.

2. Politische Religionen

2.1. Eric Voegelin und die Inflationierung der Gnosis

Politische Religionen, die zweite Theorie, die das Projekt Hans Maiers erforschte, weckt zunächst Erinnerungen an Voegelins Schrift *Die politischen Religionen* (1938).[9] Nach Voegelin waren der Nationalsozialismus und der Kommunismus politische Religionen, Formen einer innerweltlichen Religiösität, die den Glauben an Gott durch den Glauben an die Rasse oder die Klasse ersetzte. „Die innerweltliche Religiösität, die das Kollektivum, sei es die Menschheit, das Volk, die Klasse, die Rasse oder den Staat, als Realissimum erlebt, ist Abfall von Gott".[10] Dem Werk vorangestellt wurde eine Zeile aus Dantes *Divina Comedia*: „Per me si va ne della città dolente", „durch mich geht ein man in die Stadt der Klage".[11] Es ist jener Vers, der bei Dante über dem Eingang zur Hölle steht. Bekannter

---

9 Voegelins Ansatz folgend: mentalitätsgeschichtlich L. Varga, Zeitenwende. Mentalitätshistorische Studien 1934-1939, hrsg., übers. und eingel. von P. Schöttler, Frankfurt a. M. 1991; K. Vondung, Magie und Manipulation. Ideologischer Kult und politische Religion des Nationalsozialismus, Göttingen 1971; E. Gentile, Fascism as Political Religion, in: Journal of Contemporary History 25 (1990) 229-251; C.-E. Bärsch, Die politische Religion des Nationalsozialismus. Die religiöse Dimension der NS-Ideologie in den Schriften von Dietrich Eckart, Joseph Goebbels, Alfred Rosenberg und Adolf Hitler, München [2]2002; M. Ley/. J. H. Schoeps (Hrsg.), Der Nationalsozialismus als politische Religion, Bodenheim 1997.
10 Eric Voegelin, Die politischen Religionen, Wien 1938, Stockholm 1939, München 1993, 64
11 Inf. III, 1 in der Übersetzung von Pochhammer. Bei Philalethes heißt es: „Der Eingang bin ich zu der Stadt der Trauer".

ist die bei Dante nachfolgende Zeile: „Lasst, die ihr eingeht, alle Hoffnung fahren".[12] Voegelin zitiert diese Zeile nicht. Er mochte 1938, als die „Politischen Religionen" erschienen, noch gehofft haben, dass echter Glaube und eine „religiöse Erneuerung" dem Unheil würden Paroli bieten können.[13] Aber war diese Hoffnung berechtigt? Voegelin ließ 1938 offen, von wo eine religiöse Erneuerung zu erwarten sein würde, „sei es im Rahmen der geschichtlichen Kirchen, sei es außerhalb dieses Rahmens...Die Erneuerung kann in großem Maße nur von großen religiösen Persönlichkeiten ausgehen–aber jedem ist es möglich, bereit zu sein und das Seine zu tun, um den Boden zu bereiten, aus dem sich der Widerstand gegen das Böse erhebt."[14]

In einem Brief vom 18. 12. 1938 schrieb Thomas Mann an Eric Voegelin, die *Politischen Religionen* seien zwar „eine sehr anregende, lehr- und aufschlussreiche Arbeit", sie sei aber auch von „Objektivität" geprägt und lasse den „moralischen Widerstand" vermissen.[15] Wie Thomas Mann zu dieser Beurteilung kommen konnte, ist rätselhaft. Voegelin hatte wahrlich kein Blatt vor den Mund genommen, wenn er die innerweltlichen Religionen ins Dantesche Inferno schickte. Im Vorwort verwahrte er sich mit Recht gegen die Kritik. Die Moralphilosophie war gar nicht die Ebene seiner Analyse. Sie lag in der Religionsphilosophie.[16] „Einer nicht nur sittlich schlechten, sondern religiös bösen, satanischen Substanz kann nur aus einer gleich starken religiös guten Kraft der Widerstand geleistet werden. Man kann nicht eine satanische Kraft mit Sittlichkeit und Humanität allein bekämpfen". Nationalsozialismus und Kommunismus hatten sich wissenschaftlich oder pseudowissenschaftlich kostümiert. In Wahrheit waren sie Formen eines Glaubens. In Abwandlung von Goethes „nemo contra deum nisi deus ipse" könnte man sagen: „nemo contra fidem nisi fides ipse". So könnte man Voegelins Position umschreiben.

Anderes war an Voegelins bahnbrechender Schrift problematisch. Der Religionsbegriff war zu weit gefasst. Von Echnaton über Augustinus und Hobbes bis zu den innerweltlichen Religionen des 20. Jh.s sollte alles unter den Begriff „politi-

---

12 Inf. III, 9: „lasciate ogni speranza, voi ch'entrate"
13 Voegelin 1993, 6
14 Ebd.
15 Zit. nach P. J. Opitz, Nachwort : in: Die politischen Religionen, München 1993, 82
16 Man kann darin einen starken Gegensatz zu Arendts Wort von der „Banalität des Bösen" erkennen, das sie in ihrem Bericht über den Eichmannprozess verwendet und von Jaspers übernommen hatte. Eichmann war demnach kein Jago oder Macbeth. Das Böse, das sich in seinen Taten offenbarte, war ohne Tiefe, es war nicht radikal, man könnte auch sagen, es war für Arendt nicht metaphysisch, nicht dämonisch, nicht religiös erklärbar. „Es war die schiere Gedankenlosigkeit...und wenn dies banal ist und sogar komisch, wenn man ihm nämlich beim besten Willen keine teuflisch-dämonische Tiefe abgewinnen kann, so ist es darum noch lange nicht alltäglich", H. Arendt, Eichmann in Jerusalem. Ein Bericht über die Banalität des Bösen, München 1964, 16 f. Arendt war wie Max Weber „religiös unmusikalisch". „Banalität des Bösen" mochte auf Eichmanns Gedankenlosigkeit zutreffen, den Opfern war der Begriff jedoch keineswegs zuzumuten.

sche Religion" fallen. Das kann es nicht. Direkt religiös fundierte Ordnungen wie die Echnatons oder die der Antike sind von solchen zu trennen, die zwischen geistlichem und weltlichem Reich unterscheiden (Augustinus, Luther). Neuzeitliche Zivilreligion (Hobbes, Rousseau) setzt eine Pluralisierung der religiösen Bekenntnisse voraus, die um die Freisetzung der Vielfalt willen nur noch eine minimale (zivile) Religiösität verbindlich macht. Die innerweltlichen Religionen des 20. Jh. s sind Kinder der Säkularisierung. Sie stoßen in die Leere, die am Ende des 19. Jh. s bereits am nihilistischen Endpunkt angekommen war. Theismus-Deismus-Atheismus-Nihilismus, die Abfolge hat die Konsequenz des Niederganges zum Nullpunkt für sich. Man könnte auch sagen, es war ein Weg in die Wüste, in der man zwangsläufig eine Oase sucht, aber auch damit rechnen muss, von einer Fata Morgana getäuscht zu werden.

Der allzu pauschale Religionsbegriff fand seine Prolongation in Voegelins späterer Verurteilung der Neuzeit als eines Zeitalters des „Gnostizismus ".[17] Die Gnosis wurde aus den ersten christlichen Jahrhunderten, in denen sie aufgekommen war, in das Mittelalter und die Neuzeit verlängert. Sie wurde unzulässig ausgeweitet. Angeregt durch Urs von Balthasar und wohl auch durch Taubes, Löwith und de Lubac kam nun die Säkularisierung der christlichen Eschatologie ins Spiel, die mit dem Chiliasmus Joachim von Fiores und den Sekten des Mittelalters begann und über Lessing, Kant, Hegel, Marx und Nietzsche ins 20. Jh. führt.[18] Gnosis war nun immer und überall: bei Hobbes und den Puritanern, bei Schelling und Hegel, bei Marx und Hitler, bei Comte und Fortschrittsgläubigen jeder Art. In seiner Münchner Antrittsvorlesung *Wissenschaft, Politik und Gnosis* (1959) unterschied Voegelin drei gnostische Menschentypen: den sozialistischen (Marx), den positivistischen (Comte) und den nationalsozialistischen.[19] Nationalsozialismus und Bolschewismus wurden zu gnostischen Massenbewegungen erklärt.

Die Inflationierung des Gnosisbegriffs hatte schon vor Voegelin begonnen. Fichte warf der protestantischen Theologie vor, sie sei dem Gnostizismus verfallen (weil sie die Bibel „völlig" erklären wolle).[20] Ferdinand Christian Baur verwässerte den Begriff zu einem allgemein-metaphysischen Gegensatz von Geist und Materie.[21] Hans Jonas deutete die antike Gnosis existenzphilosophisch.[22] Carl Gustav Jung sah eine enge Verwandtschaft der Gnosis mit seiner Psychoanalyse. Gilles

---

17 E. Voegelin, The New Science of Politics, Chicago 1952; Die Neue Wissenschaft der Politik, P. J. Opitz (Hrsg.), Freiburg/ München [4]1991, 158 ff. (c. IV und V)
18 H. U. von Balthasar, Apokalypse der deutschen Seele, 3 Bde. Freiburg [3]1998, ursprünglich erschienen (1937, 1947) unter dem Titel „Prometheus"; J. Taubes, Abendländische Eschatologie, Bern 1947; K. Löwith, Meaning in History, Chicago 1949; H. de Lubac, Die Tragödie des Humanismus ohne Gott, Salzburg 1950
19 E. Voegelin, Wissenschaft, Politik und Gnosis, München 1959
20 J. G. Fichte, Grundzüge des gegenwärtigen Zeitalters (1804/05), 7. Vorlesung
21 F. Chr. Baur, Die christliche Gnosis oder die christliche Religionsphilosophie in der geschichtlichen Entwicklung, Tübingen 1835
22 H. Jonas, Gnosis und spätantiker Geist, 2 Bde. Göttingen 1934/54

Quispel, ein vorzüglicher Kenner der alten Gnosis, teilte diese Meinung.[23] Man entdeckte die Gnosis in der Dichtung Kafkas, in der surrealistischen Kunst und in der postmodernen Philosophie.[24] Wo immer ein übersteigerter Wissensanspruch im Spiele war und wo immer sich Weltentfremdung, Angst oder Akosmismus zeigten, da sollte Gnosis sein. Die radikale Gegenthese zu Voegelins Verurteilung des Gnostizismus der Neuzeit vertrat Hans Blumenberg. Nach Blumenberg war die Neuzeit die zweite Überwindung der Gnosis, die Augustinus angeblich noch nicht gelungen war. Die Säkularisierung war, so Blumenberg, keine Kategorie des Unrechts und der Beraubung. Die Neugier, ehemals ein Laster, wurde von Blumenberg als „Vorbereitung der Aufklärung" gefeiert und zur Tugend umgewertet.[25]

Das große Interesse an der Gnosis, ja die Faszination, die von ihr ausgeht, ist verständlich. Sie wurde durch die Entdeckung der Codices von Nag Hammadi im Jahre 1946 noch einmal verstärkt. Die Gnosis begleitet das Christentum seit seinen Anfängen. Sie taucht bei Paulus, im Evangelium des Johannes und in der Apostelgeschichte auf. Der christliche Kanon wurde in der Abgrenzung zur Gnosis gebildet, nachdem Marcion mit einer ersten Kanonbildung vorgeprescht war.[26] Die Gnosis setzte an bei einem echten Problem. Wie konnte Gott der Schöpfer einer Ordnung sein, der er selbst ihr Ende und ihr letztes Gericht bereiten würde? Konnte diese schlechte Welt die Schöpfung eines guten Gottes sein? Das forderte entweder einen Dualismus von bösem Schöpfer und gutem Erlöser heraus oder man musste Gott „entlasten", was bei Augustins durch die Lehre von der Willensfreiheit und vom nur privativen Charakter des Bösen oder bei Leibniz durch die Theodizee geschah. Gleichwohl, die Verbindung von Gnosis und der Neuzeit ist und bleibt ein Irrweg, und zwar aus folgenden Gründen.

Was unter Gnosis firmiert, ist vielfältig, ja widersprüchlich, z.B. asketisch, aber auch libertinistisch. Im Grunde gibt es „die" Gnosis nicht, sondern nur verschiedene Konstruktionen, die man sich jüdisch, christlich oder pagan zurechtlegen kann. Manche Sekten des Mittelalters (Katharer, Albigenser, Bogumilen) mochten noch in loser Verbindung mit der antiken Gnosis stehen und eine gewisse Ähnlichkeit mit ihr aufweisen. Die ganze Linie von Joachim von Fiore bis zur neuzeitlichen Geschichtsphilosophie von Lessing bis Hegel hat damit nichts zu tun. Sie entspringt der Säkularisierung der Eschatologie, nicht der Gnosis. Vom zweiten Jahrhundert nach Christus, der Blütezeit der Gnosis, bis zur Neuzeit ist

---

23 G. Quispel, Gnosis and Psychology, Leiden 1973
24 P. Koslowski, Die Prüfungen der Neuzeit. Über Postmodernität, Philosophie der Geschichte, Metaphysik, Gnosis, Wien 1989; L. di Blasi, Der Geist in der Revolte. Der Gnostizismus und seine Wiederkehr in der Postmoderne, München 2002.
25 H. Blumenberg; Die Legitimität der Neuzeit, Frankfurt a. M ²1988
26 Nach von Harnack ist der Katholizismus gegen Marcion erbaut worden, A. von Harnack, Das Evangelium vom fremden Gott. Eine Monographie zur Geschichte der Grundlegung der katholischen Kirche, Leipzig ²1924, VII. Ob Marcion ein ausgewachsener oder nur ein halber Gnostiker war, ist hier nicht zu entscheiden.

es ein weiter Weg. Mit wachsender Entfernung von den Anfängen wird das Band immer dünner und an einigen Stellen reißt es. Ob der Gnostiker der Antike einen Anspruch auf „Selbsterlösung" erhebt, ist zweifelhaft.[27] Muss er nicht zu seiner Erlösung durch Wissen gerufen werden? Das Weltverhältnis der Neuzeit, das Voegelin als Wiedervergöttlichung oder Redivinisation umschreibt, lässt sich mit dem Akosmismus der antiken Gnosis nicht vereinen. Dem Gnostiker der Antike liegt es denkbar fern, die Welt vergöttlichen zu wollen. Das war es ja, was die antiken Zeitgenossen an den Gnostikern so verstörte, dass sie den Kosmos nicht mehr als göttlich, schön und harmonisch empfanden, sondern ihn verachteten (wie ja auch den Leib, der nur als Fessel oder Kerker der Seele verstanden wurde). Gnostiker neigen zum Doketismus. Für sie ist die Welt die Schöpfung eines bösen Demiurgen, ein Unheilsort, den sie nicht zu etwas Göttlichem oder Quasi-Göttlichem aufwerten wollen. Sie wollen der Welt entfliehen. Die Gnosis ist mit Apokalyptik und Eschatologie nicht gleichzusetzen. Was von der Apokalyptik in die Zukunft verlagert wird, wandert in der Gnosis in das zeitlose Drama der Seele, die sich aus dieser fremden Welt zu befreien hofft. An Politik oder Weltverbesserung lag dem Gnostiker nichts.[28] Die Verbindung zu politischen Strömungen der Neuzeit ist schon dadurch ausgeschlossen.

Voegelin hat später die Unterschiedlichkeit von Apokalyptik und Gnosis selbst erkannt. In seinen Gesprächen mit O'Connor erklärte er, die Apokalyptik sei für die Deutung der Neuzeit so bedeutsam wie die Gnosis. Er erweiterte die Liste der historischen Wurzeln der Neuzeit um den Neuplatonismus, die Hermetik und die Alchemie.[29] Verabschiedet wurde der Ansatz bei der Gnosis jedoch nicht.

2.2. Politische Religionen, abgegrenzt von Zivilreligion, Staatsreligion und Politischer Theologie (Hans Maier)

Hans Maier, seit 1962 Voegelins Kollege am Münchner Geschwister-Scholl-Institut, griff das Thema der „politischen Religionen" erneut auf, fasziniert von den religionsähnlichen Phänomenen im Faschismus, Nationalsozialismus und Kommunismus. Der Antimodernismus, in den sich Voegelins Kritik der gnostischen Neuzeit verstrickt hatte, entfiel. Der Focus auf die Gnosis ebenso. Die nötige Unterscheidung von politischer Religion, Zivilreligion, Staatsreligion und politischer

---

27 M. Brumlik, Die Gnostiker. Der Traum von der Selbsterlösung des Menschen, Frankfurt a. M. 1992
28 „Ein Interesse an der Welt im praktisch-politischen, sozialen Sinn kann es für den Gnostiker nicht geben und daher auch keine Verbindung von 'Gnosis und Politik'", B. Aland, Was ist Gnosis?, In: P. Sloterdijk/Th. H. Macho (Hg.), Weltrevolution der Seele, Bd. II, Zürich/Stuttgart 1991, 695
29 R. E. O'Connor (Hrsg.), Conversations with Eric Voegelin, Montreal 1980, 75 f. (Thomas More Institute Papers 76). „ So Hegel and Marx are magicians now", a. a. O. 76.

Theologie wurde vollzogen.[30] Die religiösen Elemente in den totalitären Diktaturen wurden umfassend in den Blick genommen. Frühe Phänomene politischer Religion, wie sie etwa in der Französischen Revolution zu Tage traten, wurden einbezogen. Hans Maier hatte sich diesem Thema schon genähert, als er die Frühgeschichte der christlichen Demokratie untersuchte.[31] Christoph Martin Wieland hatte 1793 geschrieben: „Mir deucht es könne nichts auffallender seyn, als daß es eine Art von neuer politischer Religion ist, was uns von den Cüstine, Dümourier, Anselme usw. an der Spitze ihrer Heere gepredigt wird"[32]. Das war ein beiläufiger Hinweis auf die Französische Revolution, die ein Labor für Experimente in politischer Religion gewesen ist. Man denke an die revolutionären Feste, an Robespierres Einführung einer Zivilreligion, an den Versuch, die christliche Zeitrechnung durch einen revolutionären Kalender abzulösen, an den Fanatismus, an die Verbindung von Tugend und Terror, an die theatralische Nachäffung christlicher Rituale.[33] Zivilreligionen können an sich mit Demokratien verträglich sein. Politische Religionen nicht. Im Falle der Französischen Revolution vermischte sich beides, sehr zum Nachteil der ansonsten Gemeinsamkeit minimierenden und Pluralismus feisetzenden Zivilreligion.

---

30 H. Maier, Politische Religion-Staatsreligion-Zivilreligion-politische Theologie, in: Ders. (Hrsg.), Totalitarismus und Politische Religionen, Bd. III, a. a. O. 2003, 217-221.
31 H. Maier, Revolution und Kirche. Zur Frühgeschichte der Christlichen Demokratie, Freiburg 1959, die 5. Auflage als Band I der Gesammelten Schriften, München 2006.
32 Zit. nach H. Maier, Politische Religionen. Die totalitären Regime und das Christentum, Freiburg 1995, 123.
33 Der glänzende Artikel von Mona Ozouf erinnert an den Streit zwischen Aulard, der den religiösen Gehalt der revolutionären Religion bestritt, und Mathiez, der ausgehend von Durkheim eine Art sozialer Religion erkannte. M. Ozouf, Revolutionäre Religion, in: F. Furet/M. Ozouf, Kritisches Wörterbuch der Französischen Revolution, Bd. II, Frankfurt a. M. 1996, 833 ff. Ozouf hebt die Quellen im Deismus der Aufklärung hervor; die Künstlichkeit der Religiösität, zu deren Gott man nicht beten kann; den Versuch, sakrale Gefühle auf Menschheit und Vaterland zu übertragen. Hier wäre an den Kult des höchsten Wesens zu erinnern, der per Dekret (7. 5. 1794) eingeführt wurde sowie an die Feste der Revolution, vom Föderationsfest (14. Juli 1790) über das Fest der Vernunft bis zum Fest des höchsten Wesens (08. 06. 1794), inszeniert vom Maler Jacques Louis David. Der Grad der Dechristianisierung der revolutionären Feste war unterschiedlich. Ging es beim Fest der Vernunft darum, die Religion durch einen neuen Kult zu ersetzen, wie es den Hébertisten vorschwebte, sollte das Fest des höchsten Wesens Elemente der Religion in verweltlichter Form retten oder sie politisch nutzen. Zu denken wäre auch an Davids Bild Marats, das in Anlehnung an die christliche Ikonographie den ermordeten Revolutionär als Heiland und „Märtyrer" der Revolution darstellte. Hans Maiers Antrittsvorlesung bei der Übernahme des Lehrstuhls Religions-und Kulturtheorie an der Universität München (4. 2. 1988) war den revolutionären Festen und Zeitrechnungen gewidmet, H. Maier, Revolution und Kirche (Gesammelte Schriften Bd. I), München 2006, 271 ff. Eine Untersuchung zur Geschichte der christlichen Zeitrechnung folgte 1991. H. Maier, Die christliche Zeitrechnung. Ihre Geschichte – ihre Bedeutung, Freiburg 1991, erw. Neuausgabe Freiburg 2008

3. Konkurrenzbegriffe: Ersatzreligion, Religionsersatz, religion séculière, Antireligion (Werfel, Aron, Lübbe)

Mit dem Begriff „Politische Religionen" konkurrieren andere Begriffe: „Ersatzreligion"- „Religionsersatz"- „säkulare Religion"-„Antireligion". Sie haben alle eine gewisse Berechtigung. Die Begriffe *„Ersatzreligion"* und *„Religionsersatz"* verwendete schon der Dichter Franz Werfel.[34] Zur Klärung der Begriffe hat Hans Buchheim eine treffende Unterscheidung eingeführt.[35] Ersatz kann bedeuten, etwas anderes wirklich zu ersetzen. (Ein Ersatzheer ist selber auch ein Heer und es kann einem gefährdeten Heer zur Hilfe eilen; ein Ersatzspieler ist selber auch ein Spieler und er kann einen ausgefallenen Spieler wirklich ersetzen.) Ersatz kann aber auch meinen, dass ein Surrogat an die Stelle des Echten tritt, wie etwa beim Kaffee-Ersatz, der kein Kaffee ist und nur unzureichend den Geschmack echten Kaffees nachzuahmen versucht. Die Politischen Religionen sind, sit venia verbo, Kaffee-Ersatz, Ersatz im zweiten Sinne, im Sinne eines Surrogats und einer schlechten Imitation. Sie sind der Versuch an die Stelle echter Religion zu treten, aber sie schmecken nicht wie diese.

„Säkulare Religion", *„secular religion"* (Voigt), *„religion séculière"* (Aron), der Begriff verweist auf den wesentlichen Zusammenhang mit der Säkularisierung.[36] Politische Religionen sind von der Säkularisierung nicht zu trennen. Aber was ist Säkularisierung? In konkreter historischer Bedeutung mag man an den Münsteraner Frieden von 1648 oder die Reichsdeputation von 1803 denken, als Reichsstädte, Bistümer und Klöster mediatisiert wurden. Nach Hans Maier gibt es jedoch auch eine ältere kirchenrechtliche Bedeutung.[37] Bei dieser bezeichnet Säkularisierung den Übergang vom Ordensgeistlichen zum Weltpriester, eine Art Verweltlichung, die den Geistlichen zwar nicht laisiert, sondern nur säkularisiert, ihn aber auf neue Weise mit der Welt in Berührung bringt. Säkularisierung ist Verweltlichung und sie ist weiter zu fassen als der Übergang vom Ordensgeistlichen zum Weltpriester. Es ist ein umfassender und sich stetig radikalisierender

---

34 Fr. Werfel, Zwischen oben und unten, Stockholm 1946, 84 f.
35 H. Buchheim, Despotie, Ersatzreligion, Religionsersatz, in: H. Maier (Hrsg.), Totalitarismus und Politische Religionen. Bd. I, Paderborn u. a. 1996,, 260-263.
36 E. Völkel, Der totalitäre Staat – das Produkt säkularer Religion? Die frühen Schriften von Frederick A. Voigt, Eric Voegelin sowie Raymond Aron und die totalitäre Wirklichkeit im Dritten Reich, Baden-Baden 2009 (Extremismus und Demokratie Bd. 18)
37 H. Maier, Säkularisation, in: Ders., Christentum und Gegenwart. Gesammelte Abhandlungen, U. Ruh (Hrsg.), Freiburg u. a. 2016, 164. Anderen Orts unterscheidet Hans Maier drei Bedeutungen von „Säkularisation": „den Übergang der Hoheitsgewalt von geistlichen auf weltliche Staaten; 2. die Aufhebung der Reichsunmittelbarkeit von Reichsständen, Reichsstädten und Reichsrittern; 3. die Einziehung des kirchlichen Eigentums durch den Staat. Um Säkularisierung im spezifischen Sinn des Wortes handelt es sich ausschließlich beim dritten Fall", Säkularisation - „wohltätige Gewaltsamkeit"?, in: Deutschland. Wegmarken seiner Geschichte, München 2021, 92. In diesem Sinne wäre Säkularisation von der sehr viel allgemeineren Säkularisierung zu unterscheiden und enger zu fassen als diese.

Prozess der Umsetzung religiöser Gehalte in weltliche. Dafür scheint es in der Neuzeit keine Grenze zu geben: Gott oder Natur (Spinoza), Gott oder Geschichte (Hegel), Gott oder die vergöttlichte Menschheit (Feuerbach). Die Verweltlichungen lassen sich herunter buchstabieren bis zum Theater als dem Tempel bürgerlicher Bildung, zum Detektiv, der die Rolle des Schutzengels zu spielen hat, oder zum Einkaufsparadies, das alle irdischen Wünsche zu erfüllen verspricht.[38] Durch die Transponierung vom Religiösen ins Weltliche kommt es zu einer Übersteigerung des weltlichen Bereichs. Die übersteigerten innerweltlichen Heilshoffnungen lösen nicht ein, was sie versprechen. Eine heikle Frage ist, ob die Säkularisierung auch einen christlichen Ursprung hat. Zwingt das Christentum zur Anerkennung der Weltlichkeit der Welt und bis zu welchem Grade?[39] Der christliche Weltbegriff ist ambivalent. Er schwankt zwischen der Bejahung der an sich guten Schöpfung und der Verneinung der sündhaften Welt, der sich der Christ nicht „gleichförmig" machen soll (Röm 12, 2). Er erfordert Weltzuwendung und Weltabkehr zugleich. Eine totale Gottverlassenheit der Welt schließt er ebenso aus wie die Vorstellung eines irdischen Paradieses.

Wenn Raymond Aron den Begriff „religion séculière" verwendet, dann erstaunt, dass er am Streit um die Säkularisierung nur in einem sehr eingeschränkten Sinne teilnimmt.[40] Er hat vor allem die säkularisierten Geschichtsphilosophien im Auge, welche die Geschichte absolut setzen und ihre Vieldeutigkeit vereindeutigen. Das

---

38 Es könne, schreibt Carl Schmitt, „was die Menschen als letzte, absolute Instanz betrachten, wechseln und Gott kann durch irdische und diesseitige Faktoren ersetzt werden. Das nenne ich Säkularisierung....daß z. B. die Kirche durch das Theater ersetzt, das Religiöse als Schauspiel- oder Opernstoff, das Gotteshaus als Museum behandelt wird; daß der Künstler...soziologisch gewisse Funktionen des Priesters in oft komischer Verunstaltung wahrnimmt", C. Schmitt, Politische Romantik, Berlin [4]1982, 23. Hier wäre zu ergänzen der Ingenieur als der Priester des technischen Zeitalters. Spengler nennt ihn den „wissenden Priester der Maschine", O. Spengler, Der Untergang des Abendlandes, München 1974, 1190.
39 Fr. Gogarten, Verhängnis und Hoffnung der Neuzeit. Die Säkularisierung als theologisches Problem, Stuttgart 1953, 139: Säkularisierung sei „die notwendige und legitime Folge des christlichen Glaubens". Allerdings unterschied Gogarten davon den „Säkularismus", der eine innerweltliche Vollendung der Welt verheißt. Johann Baptist Metz verteidigte die Weltlichkeit der Welt im Namen des Schöpfungsglaubens J. B. Metz, Theologie der Welt, Mainz/München 1968. Die Pastoralkonstitution des Vaticanum II „Die Kirche in der Welt von heute" behandelt „die Autonomie der irdischen Wirklichkeiten". Dazu heißt es: „Wenn wir unter der Autonomie der irdischen Wirklichkeiten verstehen, daß die geschaffenen Dinge und auch Gesellschaften ihre eigenen Gesetze und Werte haben...dann ist es durchaus berechtigt, diese Autonomie zu fordern...Wird aber mit den Worten 'Autonomie der zeitlichen Dinge' gemeint, daß die geschaffenen Dinge nicht von Gott abhängen und der Mensch sie ohne Bezug auf den Schöpfer gebrauchen könne, so spürt jeder, der Gott anerkennt, wie falsch eine solche Auffassung ist." Akten des Zweiten Vatikanischen Konzils, Erzbischöfliches Ordinariat München Freising (Hrsg.), o. O. o. Jg. 57, 59.
40 Seine Definition „säkularer Religion" lautet: „Je propose d'appeler 'religions séculières' les doctrines qui prennent dans les âmes de nos contemporaines la place de la foi évanouie et situent ici-bas, dans le lointain de l'avenir, sous la forme d'un ordre social à crée, le salut de l' humanité", L'avenir des religions séculières (1944), in: L'âge des empires et l'avenir de la France, Paris 1945, 288.

war schon das Thema seiner stark methodisch ausgerichteten Geschichtsphilosophie von 1938 (*Introduction à la philosophie de l'histoire*), und das setzt sich fort in seinem bekanntesten Buch *L'opium des Intellectuels*, das zum Bruch mit den französischen Neomarxisten und seinem Jugendfreund Sartre führte.[41] Im Kommunismus erkannte Aron „die Karikatur einer Heilsreligion". Die Faschismen würden dagegen „keine Menschheit kennen".[42] Der Vergleich der totalitären Systeme und Ideologien gleicht ansonsten bis aufs Haar der Totalitarismustheorie von Friedrich/ Brzezinski.[43]

Ein Stolperstein besonderer Art stellt der Begriff *Anti-Religion* dar, eingeführt von Franz Werfel und Hermann Lübbe.[44] Wenn Politische Religionen nichts wären als Anti-Religionen, könnte man sie nicht mehr „Religionen" nennen. Aber der Begriff trifft die Politischen Religionen nur zum Teil. Ja, es ist richtig, dass der Marxismus sich dem Atheismus verschrieben hatte. Ja, es ist zutreffend, dass keiner der Diktatoren von Lenin über Stalin bis zu Mussolini oder Hitler sich als Religionsstifter verstand. Sie haben das Christentum entweder bekämpft oder zeitweilig taktisch geduldet. Hitler verachtete die Versuche von Himmler und Rosenberg, den Rassismus mit Okkultismus oder einer germanischen Religion zu unterfüttern. Lenin konnte mit den sogenannten „Gotterbauern" (*bogostroitelstvo*), die Sozialismus und Religion miteinander vereinen wollten (wie etwa Lunatscharski, Bogdanow oder Gorki), nichts anfangen.[45] Das alles ist wahr und es rechtfertigt teilweise den Begriff der „Anti-Religion". Es erfasst aber nicht, dass Politische Religionen in Ideologie und Praxis nach Religionsähnlichkeit streben, ein irdisches Heil verheißen und allumfassend wie Religionen sein wollen.

4. Die schwierige Frage: Was ist „Religion"?

Wenn man von politischen Religionen spricht, bedarf es eines übergreifenden Begriffs von Religion, der sowohl Religionen als auch politische, d. h. säkularisierte „Religionen" umfasst. Das ist zunächst keine Schwierigkeit, da politische Religionen schlechte Kopien von Religion sind. Aber was ist Religion selber? Da gerät man in schwieriges Gelände.

---

41 R. Aron, L'opium des intellectuels, Paris 1955
42 „ les facismes ne connaissent plus l' humanité", R. Aron, L' ère des tyrannies d' Elie Halévy, in: Revue de Métaphysique et de Morale 46/2 (1939) 304, zit. nach J. Stark, Das unvollendete Abenteuer, Würzburg 1986, 232.
43 R. Aron, Démocratie et totalitarisme, Paris 1965, 287 f.
44 Fr. Werfel, Können wir ohne Gottesglauben leben? In: Ders., Zwischen oben und unten, Stockholm 1946, 98. Kommunismus und Nationalismus seien „antireligiöse, jedoch religionssurrogierende Glaubensarten". H. Lübbe, Totalitarismus, Politische Religion, Antireligion, in: Ders. (Hrsg.), Heilserwartung und Terror, Düsseldorf 1995, 11 ff.
45 Lenin kritisierte Gorki, der in seinem Roman „Eine Beichte" das Gotterbauertum dargestellt hatte.

Der Versuch, die Frage zu beantworten, führt in die Nacht der Religionswissenschaft, in der „alle Katzen grau sind". Im Blick zurück auf die Geschichte kann man sagen, die Menschheit scheint immer irgendwie religiös gewesen zu sein. Ihre religiösen Bedürfnisse verlangen auch immer nach Befriedigung, sei es in religiöser Form, sei es, wenn der Himmel leer geworden ist, in verweltlichter. Aber lässt sich Religion übergreifend definieren? Wird sich nicht jeder Gläubige gegen einen solchen Versuch sperren, weil er nur seine Religion für die wahre hält? Ist Religion eine einsame Erfahrung einzelner (James) oder eine soziale Tatsache (Durkheim)?[46] Ist sie zu fassen durch das Heilige, durch ein *mysterium tremendum* und ein *mysterium fascinosum* (Otto)?[47] Geht es um eine Erfahrung natürlicher oder übernatürlicher Mächte? Um Mythisches oder *fides quaerens intellectum*? Um Rituelles, das alle entscheidenden *rites de passage* (Geburt, Erwachsenwerden, Tod) begleitet? Oder ist ihr Zentrum die Innerlichkeit und Innigkeit der Empfindung, die keine äußerliche Form benötigt? Ist der Begriff „Transzendenz" unverzichtbar, um von Religion sprechen zu können (Luckmann)?[48] Monotheistisch, polytheistisch, pantheistisch, soll das alles unter einen Begriff von „Religion" fallen?

Max Weber, der große Religionssoziologe, hat keine übergreifende Definition von Religion gegeben. Das ist vielleicht kein Zufall. Judentum, Christentum und Islam sind theistisch, Buddhismus und Konfuzianismus nicht. Der Begriff „religio" ist europäischen Ursprungs, stammt vom römischen *religare* oder *religere*, ist zunächst nicht dominierend und erhält seine Prominenz erst ab der Renaissance und der Reformation.[49] Kann man diesen Begriff auf Kulturen übertragen, die diesen europäischen, römischen und christlichen Hintergrund nicht haben? Ubiquitär wird der Begriff erst im 19. Jahrhundert, dem „Zeitalter der *Vergleichung*" (Nietzsche). Da kann der Begründer der vergleichenden Religionswissenschaft, Max Müller, schon 50 (!) Bände *Sacred Books of the East* veröffentlichen. Dann kamen die Werke der Anthropologen oder besser Ethnologen (Tyler, Frazer, Radcliffe-Brown), der Psychologen (Freud) und der Soziologen (Parsons, Luckmann, Berger, Luhmann) hinzu, die den Begriff zum Objekt spezieller Disziplinen werden ließen und ihn enorm erweiterten. In dieser Lage könnte man sich einen

---

46 W. James, The Varieties of Religious Experience, New York 1902; E. Durkheim, Die elementaren Formen des religiösen Lebens (1912), Frankfurt a. M. 1982
47 R. Otto, Das Heilige (1917), München 2004
48 Th. Luckmann, Die unsichtbare Religion, mit einem Vorw. von H. Knoblauch, Frankfurt a. M. ³1966
49 Zur Begriffsgeschichte E. Feil, Religio, 3 Bde, Göttingen 1986, 1987, 2001. Beim römischen Ursprung des Begriffes hat man die Wahl zwischen „religare" („binden") oder „religere" („noch einmal lesen" oder „gewissenhaft beachten, was der Mensch den Göttern schuldet"). Dabei ist es mit „Bindung" bei den Römern nicht weit her. Religion ist bei ihnen eine Art Handelsverkehr, bei dem die Verehrung einer Gottheit sich im Nutzen auszahlen muss. Beim Versagen der Hilfe wählt man einfach einen anderen Gott. Dominanter als „religio" waren „pietas" oder „cultus deorum". „Pietas" verstand man als eine Unterform der Gerechtigkeit. Sie gehörte zur traditionellen Sittlichkeit, zum *mos maiorum*.

Autor heraussuchen, der wie Clifford Geertz das „Symbolsystem" Religion auch auf die Politischen Religionen bezieht.[50] Aber das Unbehagen an übergreifenden Definitionen bleibt, weil sie ihre wachsende Allgemeinheit mit zunehmender Bedeutungslosigkeit und Inhaltsarmut erkaufen.

5. Die Inhaltsarmut funktionalistischer Erklärungen

Funktionalistische Theorien der Soziologie, die das Phänomen Region erklären sollen, geben entweder zu viel oder zu wenig, zu viel, weil sie Phänomene, die man gewöhnlich nicht als religiöse begreift, als religiös einstufen, zu wenig, weil sie Religionen nur aus der Außen- oder Beobachterperspektive erklären und dabei aber außer Acht lassen, wie Gläubige ihren Glauben selber verstehen.[51] Im Falle der Politischen Religionen scheint eine Ausweitung des Religionsbegriffs einerseits unvermeidlich, andererseits aber auch mit der Gefahr verbunden zu sein, so wie die funktionalistischen Erklärungen an der Innenperspektive der „Gläubigen" vorbeizugehen. Zwar war der Glaube ein zentrales credo der Faschisten (*credere-obbedire-combattere*), und auch Hitler sprach von einem Glauben.[52] Aber in Wahrheit hielt Hitler den Glauben an Volk und Rasse für eine wissenschaftlich (darwinistisch, erbtheoretisch) erwiesene Gesetzmäßigkeit so wie Marx und Engels den Sozialismus als Wissenschaft verstanden und von Utopien abgrenzten. Das waren Selbstmissverständnisse. In Wahrheit ging es um Glaubensformen und um Versuche, allumfassende Lehren zu entwickeln und die Intensität eines Glaubens zu erreichen.

In den soziologisch-funktionalistischen Erklärungen tritt an die Stelle der Frage, was Religion ist, die Frage, welche Probleme sie löst und was sie bewirkt. Bei

---

50 C. Geertz, Dichte Beschreibung, Frankfurt a. M.1983
51 Ein Beispiel für ausgedehnte, uferlose Religionsbegriffe gibt die durchaus reizvolle und amüsante Soziologie des Fußballs. Der Fußball hat religionsähnliche Phänomene: Gläubige (Fans), Fußballgötter oder Heilige (Stars) samt Heiligenbildchen, Rituale, Gesänge, Fanschals, Torjubel, tiefe Trauer bei der Niederlage, intensives Gemeinschaftsgefühl, heilige Kriege beim Derby, eine „Hand Gottes", die Argentinien die Weltmeisterschaft bringt (ein Handspiel Maradonas). Wenn religiös ist, „was uns unbedingt etwas angeht", unser „ultimate concern" ist (Tillich), ist wohl für manche Fans Fußball so etwas wie Religion. Im Bremer Focke Museum fand 2016 eine Ausstellung „Fußball Halleluja" statt, die diese Phänomene beleuchtete. Gleichwohl dürfte es den meisten schwer fallen, in einer schönen Nebensache eine Hauptsache oder gar einen Lebenssinn zu sehen.
52 Glauben, Gehorchen, Kämpfen war ein Leitspruch der Faschisten. Er steht an der *Casa LIttoria* in Bozen auf dem Mussolini-Relief, dem größten Relief Europas. „Der Fascismus ist eine religiöse Anschauung…" B. Mussolini, Doktrin des Faschismus (1932), in: Doktrin des Faschismus, W. Reich (Hrsg.), Zürich 1934, 13. Hitler nannte das 25-Punkte-Programm der NSDAP ein „politisches Glaubensbekenntnis", Mein Kampf, München 1934, 511. Es solle ein „geistig und willensmäßig geeinte Glaubens- und Kampfgemeinschaft" entstehen, a. a. O. 419. Fr. Heer, Der Glaube des Adolf Hitler. Anatomie einer politischen Religiösität, München 1968.

Niklas Luhmann und Hermann Lübbe wird Religion zur Kontingenzbewältigung, wobei allerdings die Frage unvermeidlich wird, ob es Religion sein muss, welche die Kontingenz bewältigt, oder ob es auch etwas anderes sein kann, das funktional äquivalent ist.[53] Wer Angst hat, kann Gott vertrauen oder zum Psychiater gehen. Beides kann dieselbe Wirkung haben, ist aber nicht dasselbe. Die moderne Gesellschaft integriert sich als ganze nicht mehr über Religion, sondern über ausdifferenzierte Systeme wie Politik, Recht, Wirtschaft, Moral, Kommunikation. Können diese Religion „ersetzen"? Das mag funktional schon so sein. Aber damit wären wir nur wieder bei der Doppeldeutigkeit des Begriffs „Ersatz", der echter Ersatz oder bloßes Surrogat sein kann.

Franz-Xaver Kaufmann nennt sechs Funktionen von Religion, welche diese früher alle zugleich bewältigt habe: Identitätsstiftung, Handlungsführung, Kontingenzbewältigung, Sozialintegration, Weltdistanzierung, Welt-Kosmisierung.[54] Eine vergleichbare Instanz, die alles zugleich leiste, gebe es heute nicht mehr. Manche der Leistungen wie etwa die Welt-Kosmisierung seien an andere Instanzen (hier etwa an die Wissenschaft) abgewandert. Das ist so, stellt aber in diesem Fall kein Problem dar, weil die alte Konkurrenz zwischen Wissenschaft und Religion, wie sie noch zu Galileis Zeiten bestand, überwunden ist. Die Zumutung der eingetretenen Zersplitterung in die ausdifferenzierten Systeme mag man durch die vielen Rollen bewältigen, die der Mensch in modernen Gesellschaften zu spielen hat. Sobald jemand aber zu bestimmen beginnt, was ihm lebenswichtig ist, was sein Leben ausmacht, nähert er sich wieder der Religion, sei es ihren echten Formen, sei es ihren Surrogaten.

Die große Verführungskraft der Politischen Religionen entsprang nicht zuletzt daraus, dass sie noch einmal etwas anboten, was zuvor nur die Religion offeriert hatte: eine Gesamtorientierung des Lebens, wie sie in ausdifferenzierten Gesellschaften nicht mehr zu haben ist. Wenn jemand noch einmal alles zugleich haben möchte, einen alles umfassenden Glauben, ist er allerdings mit Religion besser bedient als mit deren Surrogaten. Wenn diese aufs Ganze gehen, ist die Gefahr groß, dass sie umschlagen in totalisierende Ideologien und Allmachtsphantasien. Religion ist „Kultur unseres Verhaltens zum Unverfügbaren", eine schöne Definition von Hermann Lübbe, die Niklas Luhmanns „Kontingenzformel" mit Friedrich Kambartels „Unverfügbarkeit" vereint.[55] Unverfügbarkeit lässt Platz für den Blick nach oben, für Transzendenz, für das, was politische und technische Allmachtan-

---

53 N. Luhmann, Funktion der Religion, Frankfurt a. M. 1982. H. Lübbe, Religion nach der Aufklärung, Graz u. a. 1986. Ders., Religion – säkularisierungsresistent und durch nichts anderes zu ersetzen, in: Ders., Modernisierung und Folgelasten, Berlin u. a. 1997, 203-209
54 F. X. Kaufmann, Religion und Modernität, Tübingen 1989, 62 f.
55 Lübbe 1987, a. a. O. 149. Die Formel hat allerdings den Nachteil, den praktischen Anspruch mancher Religionen auszublenden und in zu große Nähe zum Quietismus zu geraten.

sprüche begrenzt. In diesem Sinn ist Religion „Totalitarismusschutz" (Lübbe), säkularisierte Religion dagegen nicht.

In der berühmten „Zwischenbetrachtung" seiner Religionssoziologie lässt Max Weber die Entzauberung der modernen Welt in einer aussichtslosen Antithetik enden. Auf der einen Seite eine ständig expandierende Welt der Zweckrationalität, die den Menschen in ein „stahlhartes Gehäuse" sperrt. Auf der anderen Seite eine komplementär wachsende Welt subjektiver Irrationalität und willkürlicher Dezision. Man könnte die Diagnose zuspitzen auf die Formel, die ausdifferenzierten Systeme der Gesellschaft werden immer zweckrationaler, das Ganze aber zugleich immer sinnloser. Von wo sollte da noch Hilfe kommen? Von der Naturwissenschaft erwartet Weber (mit Recht) keine Sinnstiftung, ist sie doch auf stete Widerlegbarkeit und Fallibilismus angelegt. Die Zeiten, in denen man die Evolutionstheorie an die Stelle der Religion zu setzen versuchte und Haeckel und der Monistenbund meinten, alle Welträtsel seien gelöst und man könne Kinder Sonntags statt in die Kirche ins naturhistorische Museum schicken, sind vorbei. Sie beruhten auf einer grotesken Verkennung dessen, was Wissenschaft leisten kann. Ökonomie, Ethik und Politik klassifiziert Weber als alltägliche entzauberte Sphären, wobei im Falle Webers auch die Ethik nicht sinnstiftend wirken kann, da Weber sie vor die rational nicht mehr begründbare Entscheidung zwischen Gesinnungsethik und Verantwortungsethik stellt. Als noch nicht entzaubert oder wieder verzaubert gelten ihm die außeralltäglichen Sphären von Kunst und Erotik, eine „innerweltliche Erlösung" vom Alltag die eine, ein „Sakrament" erotischer Hingabe die andere. Ich fürchte, das waren Illusionen des 19. Jahrhunderts und der Jahrhundertwende, als die Kunst zur Kunstreligion oder zum Evangelium der Kunst überhöht wurde und die Erotik als ein Heilmittel (oder Trostpreis) der Boheme erschien, beide in Wahrheit gar nicht außeralltäglich, sondern verbunden mit dem allgegenwärtigen Kommerz. In bloßem Gegensatz zur kapitalistischen Rationalisierung standen sie nicht, fügten sie sich doch dem erwünschten höheren oder niederen Hedonismus nahtlos ein. Auch fragt es sich, ob ein bloß kompensatorischer Status ihnen überhaupt gerecht werden kann.

6. Politische Religionen als Phänomene der säkularisierten Moderne und auf diese beschränkt

Was sind Politische Religionen? Ich sage zuerst einmal, was sie nicht sind. Sie sind kein Fundamentalismus. Dieser ist vielmehr eine modernitätsverunsicherte Versteifung und Verengung von Religionen, ursprünglich entstanden zwischen 1910 und 1915 im amerikanischen Protestantismus als Biblizismus, gerichtet gegen die historische Kritik und die Moderne, inzwischen auch zu finden im Judentum und im Islam.⁵⁶ Fundamentalismen sind modernitätsunfähige Spielarten von Religion, die aus dem Blickwinkel ihrer verknöcherten Glaubensform auch politische Ansprüche erheben und weder kompromissbereit noch tolerant sind. Sie sind aber keine Frucht der Säkularisierung, sondern übersteigerter wortwörtlich genommener Religion.

Der Begriff „Politische Religionen" passt nicht auf Religionen, die sich der Verweltlichung (bis dato) widersetzen, wie etwa der Islam. Wo keine vorausgehende Säkularisierung stattfindet, da sind auch keine Politischen Religionen zu finden. Der Begriff lässt sich aus diesem Grund auch nur teilweise auf die USA anwenden, wo Religion lebendiger geblieben ist als in Europa und das „in God we trust" auf dem Dollarschein steht. Da findet sich eine erstaunliche Fülle kommerzialisierter Religion und viel Zivilreligion, vom Auserwähltsheitsglauben (*exceptionalism*) über den Exodus bis zur Bildung eines neuen Jerusalem und einer *City upon the hill* (John Winthrop), von den Inaugurationsadressen und *memorials* bis zur *sacredness of the flag*. Darin kann sich ein übersteigerter Nationalismus verbergen. Auch wirkt die amerikanische Zivilreligion gelegentlich wie eine Religionsparodie. Sie ist aber keine Politische Religion, sondern dient einem religiös pluralistischen Einwanderungsland als ein erwünschter Minimalkonsens, der keine umfassende Ideologie etabliert und die Freiheit der Religion und der Lebensführung unangetastet lässt.

Politische Religionen sind keine unmittelbare Einheit von Religion und Politik, wie es sie in vormodernen Zeiten gab. Ihren historischen Kontext sollte man nicht ausweiten auf das alte Ägypten, die griechisch-römische Antike oder das christliche Mittelalter, auf Epochen, in denen Politik und Religion noch unmittelbar und untrennbar miteinander vereint waren. Natürlich hat jede Religion zu jeder Zeit auch politische Konsequenzen. Aber Politische Religionen entstehen erst auf dem Umweg voranschreitender Säkularisierung und religiöser Sinnverluste, die sie zu beerben und zu ersetzen versuchen. Anwendbar wird der Begriff erst mit der Französischen Revolution und den Ideologien des 19. Jahrhunderts wie Nationalismus und Sozialismus, die der Vorschein der Politischen Religionen des 20. Jahrhunderts sind. Schon sie fordern eine quasireligiöse Hingabe- und Opferbereitschaft, die in den Politischen Religionen des 20. Jahrhunderts noch einmal gesteigert worden ist.

Politische Religionen gehören zur europäischen Moderne. Sie haben zwar Vorstadien in vergangenen Epochen (wie etwa im Cäsarismus), sind aber wesentlich durch spezifisch moderne Voraussetzungen geprägt. Dazu gehören: die Säkularisierung; die zur Subjektphilosophie geschrumpfte Philosophie; die Verwissenschaftlichung; der Verlust der kosmischen Heimat seit Kopernikus; der Erfolg der techni-

---

56 Das Gründungsdokument sind „The Fundamentals: A Testimony to the Truth" (1910-15), 90 Essays, die kostenlos an Interessierte verteilt wurden und Auflagen in Millionenhöhe erzielten. H. H. Bürkle, Religiöser Fundamentalismus in Christentum, Judentum und Islam, In: Internationale Zeitschrift Communio 32 (2003) 221 ff.

schen Machbarkeit; der Siegeszug der Poiesis, welche die Praxis verdrängt; das Vorherrschen der „Zweckrationalität". Ohne die „Entzauberung" der Welt hätte es keine Politischen Religionen gegeben, weil für sie kein Bedarf bestanden hätte. Politische Religionen ahmen Religion nach. Wie diese gehen sie aufs Ganze. Religionen können dagegen politische Totalitätsansprüche begrenzen durch Transzendenz und Unverfügbarkeit. Sie relativieren Politik, fordern Bescheidung (*humilitas*) und die Verwerfung des Hochmuts (*superbia*). Politische Religionen dagegen trauen sich alles zu, weswegen ihnen auch nicht zu trauen ist. Politik ist die Kunst der Regelung vorletzter Dinge, während die Religion zuständig für letzte Fragen ist. Damit entlastet sie Politik von der Versuchung, letzte Fragen regeln zu wollen und sich als allzuständige Instanz misszuverstehen.

7. Die nicht politisierbare Eschatologie

Nachdem die Säkularisierung der Eschatologie in der Geschichtsphilosophie von Joachim von Fiore bis Hegel und Marx sowie in den Politischen Religionen eine so große Rolle gespielt hat, fragt es sich, was die christliche Eschatologie politisch eigentlich bedeutet. Sie ist kondensiert in der Apokalypse des Johannes, die in der Vision des Jüngsten Gerichts kulminiert, das die Erlösten von den Verdammten scheidet. Es ist bei Johannes ein Geschehen, das *extra nos* liegt, nicht vom Menschen und schon gar nicht politisch herbeigeführt werden kann. Dolf Sternberger unterschied Politologik (Aristoteles), Dämonologik (Machiavelli) und Eschatologik (Augustinus).[57] Es waren für ihn drei miteinander nicht verträgliche Formen von Politik. Die erste sucht das gemeinsame Wohl freier Bürger, die miteinander reden und entscheiden. Die zweite dient der einsamen Herrschaft einzelner, die sich der List oder der Gewalt bedienen, sich selbst aus der Gemeinschaft lösen und sich über sie erheben. Die dritte fordert die „apriorische Sonderung der Guten und der Bösen", von denen die einen erlöst, die anderen verdammt werden.[58] Es ist die denkbar größte Belastung der Politik mit letzten Fragen, die unweigerlich zur politischen Katastrophe führen muss.

Die Apokalypse des Johannes ist voller mehrdeutiger Bilder und Visionen. Sie kann unter keinen Umständen wörtlich genommen werden. Ihre Zahlenangaben (1000-jähriges Reich, 144 000 Gerechte) sind symbolisch gemeint. Das angekündigte Ende der Welt lässt sich nicht berechnen, ja man kann mit Blick auf die Visionen des Johannes nicht einmal sagen, in welcher Zeitlage man sich aktuell befindet. Die Apokalypse war ein Trostbuch für die unter Nero und Domitian bedrängten Christen, ähnlich wie die Apokalypse des Daniel auf Antiochus IV.

---

57 D. Sternberger, Drei Wurzeln der Politik. Schriften II/1, Frankfurt a. M. 1978
58 Sternberger 1978, a. a. O. 385

Epiphanes (175-164 v. Chr.) reagierte, der den Tempel in Jerusalem in einen Zeus-Baal-Tempel umgewandelt hatte. Die Apokalypse des Johannes zielte gar nicht auf das schreckliche Ende, sondern auf die Verheißung eines neuen Himmels und einer neuen Erde. Es war eine Botschaft, die Trost spenden sollte, die allerdings auch Fragen nach der Schöpfung und ihrer Güte wieder aufwarf. Hatte Gott seine Schöpfung doch nicht für gut befunden, wie es in der *Genesis* mehrmals heißt (1, 4; 1, 25; 1,31)? Oder hatte er sein Urteil revidiert?

Der Theologe Oscar Cullmann hat die Apokalypse des Johannes als eine Vorwegnahme der Kritik totalitärer Staaten gedeutet.[59] Das klingt (und ist) anachronistisch. Das in der Apokalypse kritisierte Rom war kein totalitärer Staat, und Politische Religionen gibt es erst im 19. und 20. Jahrhundert. Die Apokalypse des Johannes zeigt aber am Beispiel Roms die Grenzüberschreitung eines Staates, der die göttliche Verehrung seines Herrschers an die Stelle der Gottesverehrung setzt. Für Johannes war Rom das „Tier aus der Tiefe", das aus dem Meer aufsteigt. Es überreizt seinen weltlichen Machtanspruch, wenn es den Kaiser vergöttlicht und von den Christen fordert, vor dem Bild des Kaisers zu opfern und *Kaisar theos* zu rufen. Die anbetende Masse ruft dem Tiere genau jene Worte zu, die nur Gott gehören: „Wer ist Dir gleich?" (Apk 13,4). Die Anziehungskraft des Tieres ist enorm, die Massen staunen. Das Tier reißt sein Maul auf, es ist großsprecherisch. Alle fallen vor ihm nieder (Apk 13, 8). Ihm zur Seite steht das zweite Tier, das von der Erde aufsteigt, der Lügenprophet. Diejenigen, die das Bild anbeten, erhalten eine Bescheinigung, einen Stempel auf Stirn und Hand oder den in die Haut eingeritzten Namen des irdischen Gottes, dessen Eigentum sie geworden sind. Es ist die gematrisch zu lesende Zahl 666. Diejenigen, die das Zeichen nicht tragen, dürfen „nicht kaufen und es darf bei ihnen nicht gekauft werden" (Apk 13, 17). Sie werden boykottiert. Beim Jüngsten Gericht werden die Erlösten in das „Buch des Lebens" eingetragen. Sie behalten ihren Namen (Apk 3,5), während die Verdammten namenlos werden. Sie sind nur noch eine Masse. Der abschätzige Begriff der Masse beginnt als *massa damnata*, lange Zeit bevor Le Bon die Psychologie der Massen erklärt und Ortega y Gasset das Zeitalter der Massen verkündet.[60]

8. Die Massenpsychologie (Le Bon, Freud), eine Ergänzung des Konzepts Politische Religionen

Le Bon, dessen Vorstellung der leicht beeinflussbaren und leichtgläubigen Masse Hitlers Idee der Masse und der Massenpropaganda entspricht, schreibt in seiner

---
59 O. Cullmann, Der Staat im Neuen Testament, Tübingen ²1961
60 Le Bons Massenpsychologie weist zahlreiche Ähnlichkeiten mit Hitlers Psychologie der Massen und der Massenpropaganda auf, A. Hitler, Mein Kampf, München 1934, 371 f., 375 f. Beiden gelten die Massen als leicht beeinflussbar, wankelmütig, suggestibel, hypnotisierbar.

Psychologie der Massen den Massen ein religiöses Gefühl zu. „...alle politischen und sozialen Glaubenslehren", so Le Bon, „finden bei ihnen nur Aufnahme unter der Bedingung, dass sie eine religiöse Form angenommen haben, die sie jeder Auseinandersetzung entzieht". „Dies Gefühl besitzt sehr einfache Kennzeichen: Anbetung eines vermeintlich höheren Wesens, Furcht vor der Gewalt, die ihm zugeschrieben wird, blinde Unterwerfung unter seine Befehle, Unfähigkeit, seine Glaubenslehre zu untersuchen, die Bestrebung, sie zu verbreiten, die Neigung, alle als Feinde zu betrachten, die sie nicht annehmen...Nicht nur dann ist man religiös, wenn man eine Gottheit anbetet, sondern auch dann, wenn man alle Kräfte seines Geistes, alle Unterwerfung seines Willens, alle Gluten des Fanatismus dem Dienst einer Macht oder eines Wesens weiht, das zum Ziel und Führer der Gedanken und Handlungen wird".[61] Massen verwandeln den einzelnen durch ihr „Gefühl unüberwindlicher Macht". Der einzelne regrediert auf ein seiner selbst unbewusstes Wesen, lässt seinen Trieben freien Lauf, wird gewissen- und verantwortungslos. In der Masse unterliegen die einzelnen einer „Ansteckung" (*contagion mentale*). Sie verwandeln sich in etwas, was sie zuvor nicht waren, ja was ihnen sogar entgegengesetzt ist. Massen sind hypnotisierbar und ähnlich willenlos, wie es Hypnotisierte sind.

Freud übernahm von Le Bon die Suggestibilität, die Ansteckung, die Entpersönlichung und die Triebhaftigkeit der Massen, bemängelt aber, dass „die Person, welche für die Massen den Hypnotiseur ersetzt, in der Darstellung Le Bons nicht erwähnt wird".[62] Das ist eine seltsame Kritik, da Le Bon die Führer der Massen (bei Le Bon Napoleon und Boulanger) ausdrücklich erwähnt. Er hatte auch dargestellt, wie diese Führer die Menschen kritiklos werden lassen und sie, fast wider ihren Willen, für sich einnehmen. Le Bon schreibt solchen Personen und ihren Ideen ein *Prestige* zu, eine Art Nimbus. Max Weber wählte dafür den Begriff „Charisma", der ursprünglich eine religiöse Kategorie gewesen war und bei ihm in eine werturteilsfreie Soziologie wandern sollte.[63] Das kann er nicht, da er immer

---

61 G. Le Bon. Psychologie der Massen. Mit einer Einführung von P. R. Hofstätter, Stuttgart [15]1982, 47. „Wenn es möglich wäre, die Massen zu bewegen, den Atheismus anzunehmen, so würde er ganz zum unduldsamen Eifer eines religiösen Gefühls und in seinen äußeren Formen bald zu einem Kultus werden", Le Bon [15]1982, a. a. O. 50.
62 S. Freud, Massenpsychologie und Ich-Analyse, In: Gesammelte Werke Bd. XIII, Frankfurt a. M. 1999, 81.
63 Weber war auf den Begriff über Sohms *Kirchenrecht* (1892) gestoßen. Nach Sohm waren die christlichen Gemeinden ursprünglich charismatisch, nicht rechtlich „organisiert". Bei Paulus (1 Kor 1, 12) meint „Charisma" die vielfältigen Gnadengaben, die Gott dem Menschen als Redegabe, als Gabe, ein Amt verwalten zu können, als Gabe der Heilung usf. zukommen lässt. Dass der Begriff positiv wertet, zeigt noch heute die Warenwerbung, die ihn für ihre Zwecke verheizt (die Brille „Charisma", „Mitsubishi Charisma"). Das Desaster der werturteilsfreien Verwendung des Begriffs wird bei Weber schon durch seine Liste der Charismatiker deutlich. „...die Mirakel und Offenbarungen irgendeiner Winkelprophetie, die demagogischen Gaben eines Kleon sind der Soziologie genauso gut 'Charisma' wie die Qualitäten eines Napoleon, Jesus, Perikles", M. Weber, Die drei reinen Typen legitimer Herr-

wertet und sogar eine Art Bewunderung impliziert. Es ist einem nicht wohl, wenn jemand Hitler oder Stalin Charismatiker nennt. Bewundern möchte man sie nicht, wie immer außerordentlich ihre „Gaben" auch gewesen sein mögen. Vielleicht wäre Le Bons „Prestige" nüchterner, obwohl man sich auch da nicht sicher sein kann, ob der Begriff nicht auch noch zu positiv besetzt ist.

Der Versuch, der impliziten Wertung zu entgehen, indem man quasi-naturwissenschaftliche Begriffe (wie Anziehungskraft oder politischer Magnetismus) wählt, ist nicht möglich. Er wirkt exkulpierend. Das betrifft tendenziell auch die Massenpsychologie selber. Sie bietet zwar hervorragende psychologische Erklärungen, wirkt aber auch entschuldigend. Was können die Massen schon dafür? Sie waren ja wie Hypnotisierte willenlos. Was können die Eliten schon dafür? Sie hatten ihre Einwände, aber sie vermochten einfach nicht, an ihnen festzuhalten. Le Bon berichtet von den altgedienten Generälen, die es dem hergelaufenen kleinen Korsen schon zeigen wollten, aber nach der ersten Begegnung wie ausgewechselt waren, unfähig zur Kritik, eingeschüchtert und folgsam.[64] Wie oft wollte man dem Gefreiten Hitler zeigen, wie wenig man von ihm hielt. Aber wenn man auch nur seine Hand geschüttelt und ihm in die Augen geblickt hatte, war es vorbei damit. Jaspers hatte Heidegger bei einem Gespräch gefragt: „Wie soll ein so ungebildeter Mensch wie Hitler Deutschland regieren?". Darauf entgegnete Heidegger: „Bildung ist ganz gleichgültig, sehen Sie sich nur seine wunderbaren Hände an!".[65] Da ist man zunächst einmal sprachlos angesichts eines solchen Ausmaßes an Irrationalität. Jaspers notierte sich zu 1933, dem Jahr, in dem Heidegger seine berüchtigte Rektoratsrede hielt: „Geblendet von den Realitäten der Macht und selbst ergriffen von der Massenhysterie"[66]. Oder wie Jaspers es auch bündig formulierte: „Wie Hitler die Perversion des Führercharismas Max Webers – so Heidegger die Perversion des Philosophen".[67]

Jaspers hartes Urteil über den einstmals mit ihm befreundeten Philosophen schloss eine ambivalente Faszination nicht aus. „Unter den deutschen Philosophieprofessoren unserer Zeit hat mich nur einer interessiert: *Heidegger*", notierte sich Jaspers 1953.[68] Heideggers Philosophie schien ihm aber immer nur andeutend, vorbereitend, immer nur versprechend zu sein. Die Person selber war ihm unheimlich geworden. „Man kann ihn (Heidegger, H. O.) nicht dämonisch nennen im Sinne Goethes. Aber er besitzt einen Zauber wie der Zwerg, der in Bergesgründen in verschlungenem Wurzelgeflecht, in trügerischem Boden, der als fester Mooswuchs

---

schaft, in: J. Winckelmann (Hrsg.), Gesammelte Aufsätze zur Wissenschaftslehre, Tübingen [7]1988, 483.
64 Le Bon [15]1982, a. a. O. 95 f.
65 K. Jaspers, Philosophische Autobiographie, erweiterte Neuausgabe München 1977, 101.
66 K. Jaspers, Notizen zu Martin Heidegger, H. Saner (Hrsg.), München [3]1989, 265.
67 Jaspers [3]1989, a. a. O. 256.
68 Jaspers [3]1989, a. a. O. 79.
69 Jaspers [3]1989, a. a. O. 81.

sich zeigt und doch Sumpf ist, sich kundgibt. Das Gnomische in Heidegger, das ungewußt Lügenhafte, das Tückische, das Irrtümliche und das Treulose hat in Augenblicken magische Wirkung".[69]

PS. In der bisherigen Diskussion hat sich die Theorie der Politischen Religionen bewährt. Für zukünftige Diskussionen wäre es wünschenswert, wenn vermehrt Zeugnisse von Dichtern und Schriftstellern einbezogen würden, die auf ihre Weise das Thema erörtern. Hans Maier verweist auf Exkommunisten wie Koestler, Glaser, Regler, Sahl und die Arbeiten von Helmuth Kiesel und Gerd Koenen, Totalitarismus und Politische Religionen, a. a. O. 1997, Bd. III, 211. systematisch wäre eine Klärung des allgemeinen Religionsbegriffs wünschenswert, was, wie gezeigt, leichter gesagt als getan ist. Auch könnte eine stärkere Verschränkung nicht nur mit der Totalitarismustheorie, sondern auch mit der Bonapartismustheorie, der Massenpsychologie und anderen Ansätzen nützlich sein.

Hans Maier über „Politische Religionen"
Eine Miszelle

Horst Dreier

I. Der Gegenstand

Die Redeweise von den „politischen Religionen" erklärt sich nicht von selbst. Bei unbefangenem Verständnis würde man an solche Religionen denken, die sich in besonderer Weise als politische Kraft begriffen oder politische Herrschaft angestrebt oder gar als Herrscher über die Politik und die weltliche Ordnung verstanden haben. Man mag hier an die antiken Stadt- und Poliskulte, aber auch an das alte Ägypten denken – oder an die besonders drastisch formulierten Suprematieansprüche in der Bulle „unam sanctam" (1302) von Papst Bonifatius VIII. Doch weit gefehlt.[1] Zwar bestimmt Hans Maier im Zuge einer allgemeinen begrifflichen Differenzierung von politischer Religion, kirchenförmiger Religion und Zivilreligion die erstgenannte Form generell als „Religionstypus, der in einer politischen Gemeinschaft wurzelt", und bezeichnet als das „bekannteste Modell [den] Stadt- und Staatskult, wie er sich in der griechischen Polis und im republikanischen und kaiserlichen Rom entwickelt hat".[2] Doch macht er in seinen wichtigsten und oft grundlegenden Beiträgen zum Thema unmißverständlich klar, daß sich der Begriff speziell auf die Moderne bezieht, genauer: auf die drei großen totalitären Ordnungen des 20. Jahrhunderts, auf – in der Reihenfolge ihres historischen Auftretens –

---

1 Vgl. Thomas Noetzel, Politische Religionen – Mehr als eine Metapher?, in: Edith Franke (Hrsg.), Religiöse Minderheiten und gesellschaftlicher Wandel, Wiesbaden 2014, S. 195–208, der eingangs bemerkt: „Untersuchungen politischer Religionen geben ihrem Gegenstand oft implizit eine spezifische Drehung, indem sie das Adjektiv ‚politisch' nicht zur Differenzierung des Religiösen benutzen, sondern eher religiöse Elemente des Politischen bestimmen."
2 Hans Maier, Politische Religion – Kirchenförmige Religion – Zivilreligion (1995), in: ders., Politische Religionen, München 2007, S. 173–176 (173).

Kommunismus, (italienischen) Faschismus und Nationalsozialismus.[3] Sie sind der Gegenstand, das Objekt des „Interpretationsmodells"[4] politischer Religion.[5]

II. Diktatur, Tyrannis, Totalitarismus

Den systematischen Hauptzugriff auf die Thematik markiert zunächst die Frage, mit welchen Begriffen sich diese drei Formen totalitärer Ordnungen am besten und adäquatesten erfassen lassen. Despotie? Diktatur? Autokratie? Tyrannis? „Wie benennt man das, was ihnen (Kommunismus, Faschismus, Nationalsozialismus) gemeinsam ist?"[6], fragt Maier. Dazu demonstriert er, „wie die Erfahrung der modernen Despotien neue Konzepte entstehen ließ, die über die klassischen Schulbegriffe hinausgingen."[7] Die klassischen Schulbegriffe – das sind in erster Linie Tyrannis und Diktatur.

Dem Diktaturbegriff wird bescheinigt, daß er sich „nur sehr bedingt zur Kennzeichnung der neuen Regime und der von ihnen bestimmten europäischen Szenerie"[8] eignet. Der einleuchtende Grund: wegen seiner altrömischen Herkunft kann ihm, „wenn man ihn ernst nimmt und im Licht der Tradition betrachtet, ein letzter Rest an rechtlicher, formaler, verhältnismäßiger Substanz kaum entzogen werden".[9] Er wäre für die Herrschaft Lenins, Stalins, Hitlers und selbst Mussolinis ein „allzu beschönigender und verharmlosender Terminus."[10] Denn für die „zeitlich und räumlich unbegrenzte Dynamik einer ‚Bewegung' war er zu statisch, zu sehr mit Amtsgewalt und Auftrag verbunden, zu deutlich auf die Wiederherstellung einer prinzipiell zu bewahrenden, nur temporär gestörten politischen Ordnung fixiert. Das Spezifische der ‚neuen Diktaturen' ließ sich mit Elementen des Diktaturbegriffs kaum herausarbeiten."[11]

---

3   Vgl. etwa Hans Maier, Religiöse Elemente in den modernen Totalitarismen (1995), in: ders., Politische Religionen (Fn. 2), S. 107–119 (107 ff., 118); ders., Totalitarismus und Politische Religionen: Konzepte des Diktaturvergleichs (1995), in: ders., Politische Religionen (Fn. 2), S. 120–142 (120 ff.).
4   Christian Johannes Neddens, ‚Politische Religion'. Zur Herkunft eines Interpretationsmodells totalitärer Ideologien, in: Zeitschrift für Theologie und Kirche 109 (2012), S. 307–336.
5   Das schließt nicht aus, daß Maier – meist unter referierendem Bezug auf Eric Voegelin – durchaus Verknüpfungen herstellt zwischen antiken und modern-totalitären Formen. Vgl. etwa Maier, Religiöse Elemente (Fn. 3), S. 114 (identisch mit: Maier, Totalitarismus [Fn. 3], S. 132): „Das Bemühen um eine quasi-religiöse Dimension politischer Ordnung – in wie pervertierter Form auch immer – verbindet die modernen Gewaltregime mit Modellen einer politisch-religiösen Einheitskultur, die Voegelin geschichtlich bis zum alten Griechenland und zum alten Ägypten zurückverfolgt."
6   Maier, Totalitarismus (Fn. 3), S. 120; ganz ähnlich ders., Religiöse Elemente (Fn. 3), S. 118.
7   Maier, Totalitarismus (Fn. 3), S. 121.
8   Maier, Totalitarismus (Fn. 3), S. 123.
9   Maier, Totalitarismus (Fn. 3), S. 138.
10 Maier, Totalitarismus (Fn. 3), S. 139.
11 Maier, Totalitarismus (Fn. 3), S. 124.

Tyrannis hingegen scheint näher an der politischen Wirklichkeit des 20. Jahrhunderts zu sein, weil das Element der Willkürherrschaft hier in den Vordergrund tritt. Der Begriff „trifft genau jenen Willkürcharakter, jenes Element des Unberechenbaren, nicht in Regeln zu fassenden, das die modernen Despotien kennzeichnet."[12] Freilich ist der Terminus, dem der langjährige Kultusminister und Theaterfreund Maier noch nebenbei einen Zug ins Dramatische bescheinigt, sehr (und zu) personenbezogen. Wo der Diktaturbegriff zu sachlich-objektiv ist, „ist der Tyrannisbegriff zu personalistisch."[13]

So führt das Ringen um den am besten geeigneten Begriff zur Erfassung der Phänomene – „Man will *begreifen*, was man längst weiß"[14] – zu den beiden neueren, wiewohl ebenfalls längst etablierten Termini: totalitäre Ordnungen und politische Religionen. Mit den totalitären Ordnungen wird vor allem die „Vergrößerung, die Intensivierung und die Dynamisierung der politischen Gewalt"[15] in den Blick genommen. Die politische Herrschaft legt alle konstitutionellen oder institutionellen Fesseln ab, kennt keine Balancesysteme oder sonstigen Hemmungen mehr, stilisiert die Freund-Feind-Verhältnisse, vermag auch keine individuellen Freiheitssphären der Individuen mehr zu akzeptieren, sondern greift auf den ganzen Menschen zu. „Ihren Gipfel erreicht die Auflösung rechtlich geordneter Herrschaft mit dem Zerbrechen des für alle geltenden Gesetzes: Wenn Menschen von vornherein außerhalb der Rechtsgemeinschaft gestellt werden (wegen ihrer Zugehörigkeit zu einer Rasse oder Klasse), wenn sie nicht mehr belangt werden für das, was sie *tun*, sondern für das, was sie *sind*, dann ist der Punkt erreicht, von dem es keine Rückkehr zu geordneten Verhältnissen mehr gibt. Mit Recht hat man daher in der Figur des ‚objektiven Feindes' ein Kriterium totalitärer Herrschaft schlechthin gesehen."[16] In alledem „kommt ein Grundthema des 20. Jahrhunderts zur Sprache [...]: die Entgrenzung der politischen Gewalt, ihre Loslösung von rechtlichen und sittlichen Normen, ihre Perversion zur tyrannischen ‚reinen Macht'"[17].

Sosehr nun Maier auch davon ausgeht, daß mit Totalitarismus „präzise die Entgrenzung der politischen Gewalt im 20. Jahrhundert" gekennzeichnet ist und ihm das Konzept für die Analyse jener „Selbstvergrößerung, anarchische[n] Freisetzung und Totalisierung des Politischen zwischen 1917 und 1989" nach wie vor unentbehrlich scheint,[18] fragt er doch kritisch weiter, ob damit wirklich alle neuen Facetten erfaßt sind: „Aber genügt die sorgfältige Bestimmung totalitärer Merkmale und Attribute schon, um das historisch Neue zu bezeichnen? Führt nicht schon

---

12 Maier, Totalitarismus (Fn. 3), S. 139.
13 Maier, Totalitarismus (Fn. 3), S. 139.
14 Hans Maier, Deutungen totalitärer Herrschaft 1919–1989 (2002), in: ders., Politische Religionen (Fn. 2), S. 177–198 (178).
15 Maier, Totalitarismus (Fn. 3), S. 124; ganz ähnlich Maier, Deutungen (Fn. 14), S. 179.
16 Maier, Deutungen (Fn. 14), S. 189 (Hervorhebungen im Original, H.D.).
17 Maier, Deutungen (Fn. 14), S. 188.
18 Alles Maier, Deutungen (Fn. 14), S. 192.

der Begriff der Ideologie über die Grenzen einer phänomenologischen Betrachtung weit hinaus?"[19]

III. Politische Religionen

Hier kommen nun die politischen Religionen ins Spiel. Sie sollen – jedenfalls in der Sichtweise Hans Maiers – nicht an die Stelle anderer Deutungen treten, wollen sich nicht anheischig machen, die totalitären Herrschaftsordnungen besser, vollkommener und triftiger erklären zu können als andere Konzepte.[20] Es geht vielmehr darum, neben die geläufigen Erklärungsmodelle totalitärer Ideologie ein Verständnis zum Zuge kommen zu lassen, das vor allem die religionsaffinen Seiten in den Blick nimmt und so die Perspektive erweitert.[21]

Das führt zunächst einmal zum Aufspüren von Analogien und „Parallelerscheinungen"[22] zwischen der Religion und den despotischen Regimen: „Heilige Schriften hier wie dort; Propheten und Vorläufer der wahren Lehre; Märtyrer und Blutzeugen; Schriftgelehrte und kirchenähnliche Parteien; Orthodoxien, die zwischen Rechtgläubigen und Häretikern unterscheiden."[23] Vor allem die mentalen und sozialpsychologischen Aspekte rücken so in den Mittelpunkt. Freilich lohnt insofern ein etwas genauerer Blick auf diese „religionsähnlichen Phänomene"[24] und die „Exempel für einen quasi-religiösen, jedenfalls mit religiösen Formen spielenden und experimentierenden öffentlichen Kult."[25]

Im Zentrum steht die „politische Liturgie",[26] für die Maier insbesondere auf die pompösen Feiern des Nationalsozialismus und namentlich das jährliche Angedenken an die sogenannten „Blutzeugen der Bewegung" vom 9. November 1923 ver-

---

19 Maier, Deutungen (Fn. 14), S. 192.
20 Siehe etwa Maier, Religiöse Elemente (Fn. 3), S. 118: „Die bekanntesten Konzeptionen – heute unentbehrlicher denn je – sind die des ‚Totalitarismus' und der ‚politischen Religionen'. Beide haben ihre Stärken und Schwächen, beide haben ihre spezifischen Grenzen." Vgl. noch Maier, Totalitarismus (Fn. 3), S. 141.
21 Regelmäßig verweist Maier (etwa: Religiöse Elemente [Fn. 3], S. 114 ff.; Totalitarismus [Fn. 3], S. 131 ff.) hier auf die frühen Beiträge von Eric Voegelin und Raymond Aron, ohne zu verkennen, daß Begriff und Terminus durchaus noch etwas älter sind; dazu näher Neddens, ‚Politische Religion' (Fn. 4), S. 312 ff., 318 ff.
22 Maier, Totalitarismus (Fn. 3), S. 136.
23 Henning Ottmann, Geschichte des politischen Denkens. Band 4: Das 20. Jahrhundert. Teilband 1: Der Totalitarismus und seine Überwindung, Stuttgart–Wetzlar 2010, S. 344.
24 Maier, Religiöse Elemente (Fn. 3), S. 109.
25 Maier, Religiöse Elemente (Fn. 3), S. 110. – Durchweg von quasi- oder pseudo-religiös ist auch die Rede bei Ulrich von Hehl, Sakrales im Säkularen? Elemente politischer Religion im Nationalsozialismus, in: Die Sakralität von Herrschaft. Herrschaftslegitimierung im Wechsel der Zeiten und Räume, hrsgg. von Franz-Reiner Erkens, Berlin 2002, S. 225–243 (227, 229, 233, 241).
26 Maier, Religiöse Elemente (Fn. 3), S. 111.

weist.²⁷ Ohnehin sind es die kultischen Momente, die öffentlichen Aufzüge, die Selbstpräsentation bei den Parteitagen, das Zeigen der Blutfahne, an denen religionsähnliche Züge festgemacht werden. Eine große Rolle spielen das Ritual und das Fest:²⁸ „sie gehören zu den Formelementen der modernen totalitären Bewegungen"²⁹. Aber auch der neue Mensch, die neue Zeit (einschließlich neuer Zeitrechnung), die Abrechnung mit den Abtrünnigen und die Heiligung der Väter der Bewegung prägen das Bild – besonders prägnant in der zur Verehrung und Anbetung ausgestellten und einbalsamierten Leiche Lenins im Mausoleum auf dem Roten Platz. Überhaupt sind die Bilder, ihre Macht, die Kraft der Embleme ein Kapitel für sich.³⁰ Zusammenfassend: „Tatsächlich gerät der Historiker, der sich mit den modernen Totalitarismen befaßt, auf Schritt und Tritt an religiöse Phänomene. Ob es sich nun um Feste und Feiern handelt, um den überall gegenwärtigen Personenkult (und Totenkult), um die Mystik des ‚Großen Plans', um religionsähnliche Zeichen, Symbole, Embleme, aber auch um den Alltag, der mit forderndem Anspruch – in Abhebung von christlichen Traditionen – neugestaltet wird, überall streben die totalitären Regime einer fast antiken Nähe des Kultischen und des Politischen zu, überall sind sie bestrebt, die im Christentum wurzelnden Dualismen von Individuum und Öffentlichkeit, Gesellschaft und Staat rückgängig zu machen. Aber sie verarbeiten auch christliche Elemente, zum Teil in usurpatorischem Zugriff."³¹ An derartigen „strukturellen Analogien zwischen den totalitären Systemen" und den Religionen „auf der Ebene ritualisierten Redens und Handelns"³² besteht also letztlich kaum ein Zweifel. Es gab einen braunen Kult.³³

IV. Erster Einwand

Hans Maier wäre nicht der kluge, abwägende, umsichtige Autor, der er ist, wenn er nicht die beiden schlagkräftigsten Einwände gegen den Begriff der „politischen Religionen" zum Gegenstand seiner Reflexionen machen würde. Der erste Einwand lautet: Weder Lenin noch Stalin oder Mao, nicht Mussolini und noch weniger Hitler haben sich als Religionsstifter verstanden, als Begründer oder Deuter einer neuen Religion. Sie waren in allem, was sie dachten, taten und verursachten, streng

---

27 Maier, Religiöse Elemente (Fn. 3), S. 110 ff.; auch v. Hehl, Sakrales im Säkularen (Fn. 25), S. 227 ff.
28 Maier, Totalitarismus (Fn. 3), S. 134, 136.
29 Maier, Totalitarismus (Fn. 3), S. 136.
30 Hans Maier, Die Politischen Religionen und die Bilder (2002), in: ders., Politische Religionen (Fn. 2), S. 199–212 (206 ff.).
31 Maier, Deutungen (Fn. 14), S. 194.
32 Beide Zitate: Hermann Lübbe, Säkularisierung. Geschichte eines ideenpolitischen Begriffs. 3. Auflage mit einem neuen Nachwort, Freiburg/Br.–München 2003, S. 140.
33 v. Hehl, Sakrales im Säkularen (Fn. 25), S. 229 ff., 241.

diesseitig. Maier gesteht das ohne weiteres zu: „Es ist natürlich richtig und wahr, daß Lenin, Mussolini und Hitler keine Religionsstifter waren. Ihr Verhältnis zur Religion war auf unterschiedliche Weise fremd, feindlich oder kühl. Lenin hat die sogenannten Gottsucher, die religiösen Sozialisten, die es ja zu Beginn der russischen Revolution durchaus gab [...], gehaßt und verachtet. Er versuchte sie auszuschalten; denn er hielt jede religiöse Idee für eine Abscheulichkeit. Mussolini, der in seiner Jugend als Sozialist ein anti-kirchliches Drama von der Art der Machiavellischen ‚Mandragola' geschrieben hatte, blieb zeitlebens, was die Religion anging, ein Pragmatiker und Ordnungspositivist [...]. Als solcher betrachtete er die Kirche als eine Organisation, eine öffentliche Macht – aber keineswegs als eine Institution des Glaubens und der Gläubigen. Mit Hitler dürfte es ähnlich stehen. Respekt vor der Institution Kirche und ihrer ‚Macht über die Seelen' verbindet sich bei ihm mit heftigem Antiklerikalismus und mit einem Geschichtsbild, das in jüdisch-christlichen Traditionen geradezu ein Ferment der Auflösung, eine Vorstufe des Bolschewismus sieht."[34]

Doch gibt Maier der Frage einen interessanten Dreh, indem er sich von der Seite der politischen Heilsbringer und Führer ab- und ihrer Gefolgschaft zuwendet. Hier entdeckt er nun jene Gläubigkeit,[35] die die politischen Führungsgestalten vermissen lassen. Sowohl von Mussolini als auch von Hitler ist der Satz überliefert, der Glaube könne Berge versetzen. Und als „Gläubige", so sieht es Maier, verstanden sich gewiß auch viele Anhänger der Systeme und ihrer Anführer: „Kein Zweifel, viele der Aktivisten, der Helfer und Mitläufer totalitärer Parteien verstanden ihren Dienst nicht als Anti-Religion, sondern durchaus als Religion. Sie fühlten sich als Täuflinge einer neuen Kirche, als Adepten einer neuen Rechtgläubigkeit. Daraus erklärt sich ihr Eifer, ihre Dienstwilligkeit, ihre Leidenschaft, die über politische Erwägungen und Rationalitäten weit hinausging. Ohne diesen religiösen oder jedenfalls religionsähnlichen Eifer ist vieles nicht zu erklären, was der Geschichte der modernen Despotien ihr Gepräge gibt: Die hohe Loyalität und Gehorsamsbereitschaft vieler, die nicht allein aus Terror und Angst erklärt werden kann, die Unempfindlichkeit gegenüber Kritik und Zweifeln, das Gefühl, eine Mission zu erfüllen, die Gefolgschaftstreue und Leidensbereitschaft."[36]

Jedoch wird man fragen können und fragen müssen, ob hier mehr vorliegt als eine „Karikatur fundamentaler religiöser Glaubensfragen".[37] Ist das echte Religion

---

34 Maier, Religiöse Elemente (Fn. 3), S. 115 f. – Vertiefend zu Hitler: Hans Günter Hockerts, War der Nationalsozialismus eine politische Religion? Über Chancen und Grenzen eines Erklärungsmodells, in: Klaus Hildebrand (Hrsg.), Zwischen Politik und Religion. Studien zur Entstehung, Existenz und Wirkung des Totalitarismus, München 2003, S. 45–71 (56 ff.).
35 Zu ihr auch Ottmann, Politisches Denken (Fn. 23), S. 344 f.; v. Hehl, Sakrales im Säkularen (Fn. 25), S. 232 ff.
36 Maier, Deutungen (Fn. 14), S. 196 f.; ähnlich ders., Religiöse Elemente (Fn. 3), S. 116.
37 Michael Burleigh, Die Zeit des Nationalsozialismus. Eine Gesamtdarstellung, Frankfurt/M. 2000, S. 24.

in der Substanz oder nicht viel mehr Synkretismus, ein Zaubertrank mit höchst unterschiedlichen Zutaten? Läßt sich die Anziehungskraft der totalitären Systeme wirklich überzeugend und einigermaßen vollständig mit der Kategorie des religiösen Erlebens erklären? Natürlich hat etwa der nationalsozialistische Kult sich *auch* der religiös-sakralen Dimension bedient und insbesondere den traditionellen Nationalprotestantismus aufgenommen. Doch was ist mit anderen Erklärungsanteilen, was mit effektiver Propaganda, gelungener Demagogie, überzeugenden Identifikationsangeboten, wirtschaftlichen und militärischen Erfolgen?[38] Wie fügt sich die Militarisierung der Gesamtgesellschaft in das Bild politischer Religionen, wie die prosperierende Wirtschaft, wie die außenpolitischen Erfolge vor dem Beginn des Zweiten Weltkriegs?

Und wo bleibt, mit Hans Günter Hockerts zu fragen, das Element charismatischer Herrschaft,[39] das doch vielleicht besser und umfassender (weil offener für religiöse und/oder kriegerische oder sonstige Führungsansprüche) die spezifischen Elemente totalitärer Herrschaft zu umgreifen vermag?[40] Hat nicht also eher Hermann Lübbe recht, wenn er gerade den Begriff der „Anti-Religion" für den besseren und treffenderen hält, „weil doch die so genannten ‚Politischen Religionen' das vermeintlich verzerrte, religiöse Wirklichkeitsverhältnis durch neue Formationen politisch-ideologischen Selbstbesitzes der zukunftsbeherrschenden Menschheitsklasse oder Menschheitsrasse ablösen wollten"?[41] Es fehlte ja zudem massiv am Transzendenzbezug, den man wohl als konstitutiv für den Religionsbegriff wird ansetzen müssen, wenn nicht alle Unterschiede zwischen Religion, Weltanschauung, Ideologie und Philosophie eingeebnet werden sollen.[42] Und da hilft es meines Erachtens nicht sehr viel weiter, wenn man hier „eine ‚Sakralität' eigener Art und eine entsprechende ‚horizontale' Transzendenz innerhalb der Grenzen der Geschichte (und nicht eine ‚vertikale' in einem jenseitsorientierten, supranaturalis-

---

38 Ähnlich Hans Mommsen, Nationalsozialismus als politische Religion, in: Hans Maier/Michael Schäfer (Hrsg.), Totalitarismus und politische Religionen. Konzepte des Diktaturvergleichs, Band II, Paderborn u.a. 1997, 173–181 (180).
39 Dazu näher Stefan Breuer, „Herrschaft" in der Soziologie Max Webers, Wiesbaden 2011, S. 25 ff.
40 Hockerts, Nationalsozialismus (Fn. 34), S. 70 f.
41 Lübbe, Säkularisierung (Fn. 32), S. 135; ähnlich schon ders., Diskussionsbemerkung, in: Hans Maier (Hrsg.), Totalitarismus und Politische Religionen. Konzepte des Diktaturvergleichs, Paderborn u.a. 1996, S. 167–168 (167): „Äquivalenzbildungen"; „als Regime mit dem legitimatorischen Anspruch auf ideologische legitimatorische Vollselbstversorgung mußte der Totalitarismus die Religion als unerträglichen Konkurrenten betrachten".
42 Zur Schwierigkeit (nicht: Unmöglichkeit), Religion und Weltanschauung zu unterscheiden, vgl. instruktiv Werner Heun, Die Begriffe der Religion und Weltanschauung in ihrer verfassungshistorischen Entwicklung, in: Zeitschrift der Savigny-Stiftung für Rechtsgeschichte, Kanonistische Abteilung 86 (2000), S. 334–366. – Siehe zur Notwendigkeit der Differenzierung auch Mathias Behrens, ‚Politische Religion' – eine Religion? Bemerkungen zum Religionsbegriff, in: Totalitarismus II (Fn. 38), S. 249–269 (253), der letztlich zu dem Ergebnis gelangt, daß die sogenannten politischen Religionen „als Ersatz-, Pseudo- bzw. Antireligion" nichts anderes sind als „eine spezielle Form der totalitären Ideologie" (S. 269).

tischen Sinne)" entdecken zu können meint.⁴³ Die Bezeichnung als „politische Säkularreligion" dürfte das äußerste sein, was man dem NS-System wird zugestehen können.⁴⁴

V. Zweiter Einwand

Es fehlt noch der zweite Einwand. Er lautet in Maiers Formulierung: „Ein so ehrwürdiger Begriff wie Religion eigne sich kaum als Deutungskategorie für den Bereich der Totalitarismen. Zumindest gerate er, so verwendet, in einen Bereich der Zweideutigkeiten. Wenn gar die Rechtfertigungssysteme totalitärer Regime in die Nähe von ‚Religionen' gerückt würden, müsse heillose Verwirrung entstehen. Wo sei dann am Ende noch ein Unterschied zwischen Religion und Verbrechen?"⁴⁵

Das alles sind in der Tat schwere Einwände und Bedenken, und es will nicht überraschen, daß Maier diesen zweiten Einwand noch „ernster" nimmt als den ersten.⁴⁶ Wie reagiert er auf ihn? Durch einen Hinweis auf das Ergebnis der „bereits im Ersten Weltkrieg einsetzenden religionsphilosophischen und -phänomenologischen Forschung. [...] In diesen Untersuchungen tritt ein neuer umfassender Religionsbegriff hervor, der die individualistischen Engführungen des 19. Jahrhunderts überwindet: Religion gewinnt hier mit der sozialen Dimension auch die Züge des Numinosen, Faszinierend-Erschreckenden, Provozierenden zurück, die in einer Betrachtung der Religion ‚innerhalb der Grenzen der bloßen Vernunft' verlorengegangen waren. Das Schauervolle und Unheimliche, das Tremendum et Fascinosum werden als Momente religiöser Erfahrung neu entdeckt."⁴⁷ Nun sei diese Deutung der Ergebnisse religionswissenschaftlicher Forschung ohne weiteres zugestanden, sei konzediert, daß Religion sich anders als in Vernunftvollzügen konkretisiert und gerade auch das Schreckliche, das Angsteinflößende mit sich führt oder doch führen kann. Aber ist dieser religiöse Schrecken wirklich der gleiche wie der, den „die Entfesselung der Gewalt in den modernen Totalitarismen" mit sich bringt, dieses „Pandämonium des Schreckens"?⁴⁸ Liegt das religiöse Sich-Fürchten vor dem letztlich Unbegreifbaren, dem höchsten Wesen, tatsächlich auf einer Ebene mit dem Abtransport der Juden in die Konzentrationslager oder der Kulaken in die Arbeitslager? Der totalitäre Staat will die volle Herrschaft über die Herzen

---

43 So Vasilios N. Makrides, Politische Religionen: Ein Forschungsgegenstand der Religionswissenschaft?, in: Wege und Welten der Religionen. Forschungen und Vermittlungen. Festschrift für Udo Tworuschka, hrsgg. von Jürgen Court und Michael Klöcker, Frankfurt/M. 2009, S. 377–383 (377).
44 Hockerts, Nationalsozialismus (Fn. 34), S. 68.
45 Maier, Deutungen (Fn. 14), S. 196; s. auch Maier, Religiöse Elemente (Fn. 3), S. 115.
46 Vgl. Maier, Deutungen (Fn. 14), S. 197.
47 Maier, Totalitarismus (Fn. 3), S. 133; ganz ähnlich ders., Religiöse Elemente (Fn. 3), S. 115.
48 Beide Zitate: Maier, Deutungen (Fn. 14), S. 190.

und Seelen seiner Untertanen bei gleichzeitiger Ausschaltung seiner vermeintlichen oder tatsächlichen Feinde – das ist ohne Zweifel richtig. Aber wenn sich an diese richtige Feststellung unvermittelt der Satz anschließt: „Auch Religionen neigen dazu, den Menschen detaillierte Vorschriften zu machen, ihnen für jede mögliche Situation Handlungsanweisungen zu geben"[49] – paßt das dann eigentlich noch? Der totalitäre Unterdrückungs- und Terrorapparat in direkter Parallele zum sonntäglichen Kirchgang, der Beichte, der Eucharistie, den Riten bei „Geburt, Hochzeit und Tod"[50]? Ist das Wirken der totalitären Terrorapparate wirklich nur eine Art Nachhall ursprünglich-archaischer Religiösität?[51] Das rituelle Brandopfer („Holocaust")[52] nur der Vorschein der Shoa? Ich gestehe, hier nicht mehr folgen zu können.[53] Aber ich danke Hans Maier von ganzem Herzen dafür, daß ich diesen Gedankengang, der eine Art von kritischer Rekonstruktion seiner Ausführungen darstellt, dank seiner maßgeblichen Arbeiten auf diesem Gebiet hier überhaupt ausbreiten konnte – in der Hoffnung, daß wir im Gespräch bleiben.

---

49 Maier, Totalitarismus (Fn. 3), S. 134.
50 Maier, Totalitarismus (Fn. 3), S. 134.
51 Maier, Deutungen (Fn. 14), S. 197 formuliert vorsichtig, indem er schreibt: „Sie [scil.: Eric Voegelin und Hannah Arendt, H.D.] beschreiben die modernen Totalitarismen als freiwillig-unfreiwillige Wiedergänger archaischer Religiösität." Aber alles deutet darauf hin, daß er sich mit dieser Interpretation identifiziert.
52 Vgl. Maier, Religiöse Elemente (Fn. 3), S. 107.
53 Anders als Maier auch v. Hehl, Sakrales im Säkularen (Fn. 25), S. 230: „Völlig unstrittig ist, daß das Theorem der ‚politischen Religion' nicht das Ganze des Nationalsozialismus erklärt, sondern nur eine wichtige Seite beleuchtet [...]. Die eigentümliche Faszination, die ‚Hitlers Herrschaft' auf einen sehr großen Teil der Deutschen ausgeübt hat, wird so besser erklärlich. Hingegen bleibt die terroristische Dimension des Regimes, also gewissermaßen die Nachtseite des ‚schönen Scheins' (P. Reichel), außer Betracht."

Kritik der politischen Theologie: Hans Maier und ein vorbelasteter Diskurs

Oliver Hidalgo

1. Einleitung

Die „Politische Theologie" gehört mit Sicherheit zu den schillerndsten und kontrovers diskutiertesten Begriffen der (deutschen) Politik- und Religionswissenschaft. Seitdem Carl Schmitt ihn 1922 in seiner gleichnamigen Schrift in den rechts- und sozialwissenschaftlichen Diskurs einführte, hatte er seine wechselnden Konjunkturen und erfuhr ebenso Ablehnung wie Bestätigung, wurde allerdings als solcher – der fundierten These von Erik Peterson zum Trotz – in keiner Weise „erledigt". Stattdessen ist gerade in der jüngeren Vergangenheit vor allem im internationalen Kontext eine auffällige Renaissance der Politischen Theologie zu verzeichnen, die sich in zum Teil äußerst innovativen, eigenständigen, interdisziplinär orientierten Ansätzen und Positionierungen niederschlägt.[1] Dabei wird seit

---

1 Siehe u.a. Lefort, Claude. Fortdauer des Theologisch-Politischen? Wien 1999; Kubálková, Vendulka. Toward an International Political Theology. In: Pavlos Hatzopoulos, Fabio Petito (Hg.). Religion in International Relations. The Return from Exile. New York 2003, S. 79-105; Lilla, Mark. The Stillborn God. Religion, Politics, and the Modern West. New York 2007; Philpott, Daniel. Explaining the Political Ambivalence of Religion. In: American Political Science Review 101.3, 2007, S. 505-525; Toft, Monica Duffy/ Philpott, Daniel/ Shah, Timothy S. God's Century. Resurgent Religion and Global Politics. New York 2011; Robbins, Jeffrey W. Radical Democracy and Political Theology. New York 2011; Crockett, Clayton. Radical Political Theology. Religion and Politics after Liberalism. New York 2011; Critchley, Simon. 2012. The Faith of the Faithless. Experiments in Political Theology. London 2012; Lloyd, Vincent. Race and Political Theology. Palo Alto 2012; Kessler, Michael Jon. Political Theology for a Plural Age. New York 2013; Northcott, Michael S. A Political Theology of Climate Change. Grand Rapids 2013;Wolterstorff, Nicolas. The Mighty and the Almighty. An Essay in Political Theology (Reprint). Cambridge 2014; Esposito, Roberto. Two. The Machine of Political Theology and the Place of Thought. New York 2015; Johnson-Debaufre, Melanie. Common Goods. Economy, Ecology, and Political Theology. New York 2015; Raschke, Carl. Force of God. Political Theology and the Crisis of Liberal Democracy. New York 2015; Diamantides, Marinos/ Schütz, Anton. Political Theology. Demystifying the Universal. Edinburgh 2017; Kroeker, P. Travis. Messianic Political Theology and Diaspora Ethics. Essays in Exile. Eugene 2017; Baldwin, Jennifer. Navigating Post-Truth and Alternative Facts. Religion and Science as Political Theology. Lanham 2018; Keller, Catherine. Political Theology of the Earth. Our Planetary Emergency and the Struggle for a New Public. New York 2018; Bain, William. Political Theology of International Order. Oxford 2020; Paipais, Vassilios (Hg.). Theology and World Politics: Metaphysics, Genealogies, Political Theologies. Cham 2020;

Neuerem auch Autor:innen wie Locke, Kant, Schelling, Hegel, Agamben, Derrida oder Hannah Arendt eine Politische Theologie attestiert.[2] In Deutschland hatte es zuvor verschiedene Phasen gegeben, in denen die Debatte aufflammte. Nach der ursprünglichen Kontroverse zwischen Schmitt und Peterson geschah dies zunächst vor allem Ende der 1960er Jahre im Zusammenhang mit der „neuen" politischen Theologie von Johann Baptist Metz[3] und Jürgen Moltmann sowie danach im Zuge der Arbeiten von Jacob Taubes und Jan Assmann.

Hans Maiers Auseinandersetzung mit der „Politischen Theologie" richtete sich in erster Linie gegen die ‚linke' politische Theologie von Metz (siehe Abschnitt 2). En passant wartete er bei dieser Gelegenheit jedoch ebenso mit einer Stellungnahme zur Debatte zwischen Schmitt und Peterson auf (Abschnitt 3). Im Hintergrund von Maiers Positionierung wird zudem seine Stellung zum Begriff der politischen Religionen im Anschluss an Eric Voegelin sichtbar, dem Maier eklatante Analogien und Überschneidungen zur Politischen (respektive politischen) Theologie bei Schmitt oder Metz bescheinigte. Auch deswegen appellierte er dafür, die politische Dimension des Religiösen bzw. Theologischen als „öffentliche Theologie" zu bezeichnen (Abschnitt 4).

Der vorliegende Beitrag zeichnet Maiers Kritikpunkte an der politischen Theologie, wie er sie vor allem in zwei Aufsätzen in den *Stimmen der Zeit* im Februar 1969 und März 1970 veröffentlicht hat, systematisch nach und verortet sie im Rahmen des einschlägigen Diskurses – unter Berücksichtigung der eben genannten beiden frühen Stellungnahmen,[4] aber auch von späteren Einlassungen, die Maiers

---

Vatter, Miguel E. Divine Democracy. Political Theology after Schmitt. New York 2021; Bodrov, Alexei, Garrett, Stephen M. (Hg.). Theology and the Political. Theo-political Reflections on Contemporary Politics in Ecumenical Conversation. Leiden/Boston 2021. Für einen Überblick über die unter dem Etikett ‚Politische Theologie' verhandelten Autoren und Themengebiete siehe zudem: Hovey, Craig, Phillips, Elizabeth (Hg.). The Cambridge Companion to Christian Political Theology. Cambridge 2015; Cavanaugh, William T., Scott, Peter M. (Hg.). The Wiley Blackwell Companion to Political Theology. 2. Aufl. Hoboken, NJ 2019; Newman, Saul. Political Theology: A Critical Introduction. Cambridge 2019; Rosario Rodriguez, Rubén (Hg.). T&T Clark Handbook of Political Theology. London u.a. 2020.

2 Vgl. Pritchard, Elizabeth A. Religion in Public. Locke's Political Theology. Redwood City 2013; Das, Saitya Brata. The Political Theology of Schelling. Edinburgh 2016; Molloy, Seán. Kant's International Relations: The Political Theology of Perpetual Peace. Ann Arbor 2017; Lynch, Thomas. Apocalyptic Political Theology. Hegel, Taubes, and Malabou. London u.a. 2019; Goodrich, Peter/ Rosenfeld, Michel. Administering Interpretation. Derrida, Agamben, and the Political Theology of Law. New York 2019; Vatter, Miguel E. Living Law. Jewish Political Theology from Hermann Cohen to Hannah Arendt. New York 2021. Für den expandierenden Kanon an Autor:innen, denen ein politisch-theologischer Ansatz zumindest unterstellt wird, siehe zudem Vanden Auweele, Dennis/ Vassányi, Miklós (Hg.). Past and Present Political Theology. London/ New York 2020.

3 Siehe dazu die aktualisierten Sammlungen von Metz, Johann Baptist. Zum Begriff der neuen politischen Theologie 1967–1997. Mainz 1997 sowie ders. Neue politische Theologie. Versuch eines Korrektivs der Theologie. Freiburg u.a. 2016.

4 Diese wurden in leicht veränderter und erweiterter Form als Buch neu veröffentlicht. Siehe Maier, Hans. Kritik der politischen Theologie. Einsiedeln 1970.

Perspektive immerhin geringfügig modifizieren. Dabei werden Stoßrichtung und Reichweite von Maiers Ansatz ebenso evident wie die Hintergründe und Grenzen seiner Perspektive. Maiers Beitrag zur Debatte über die politische (Politische) Theologie ist gleichwohl sehr hoch anzusiedeln. Durch seine Einlassung als „Laie" entreißt er die Frage der Anscheinsvermutung, es mit einem innertheologischen Problem zu tun zu haben. Indem er sich als Politologe zu Wort meldet, (wiederer)öffnet er jenen gleichermaßen politischen wie juridischen Horizont, dem der Begriff „Politische Theologie" eigentlich entstammt: Nicht allein um die Frage der öffentlichen Dimension des Religiösen und Theologischen drehen sich Maiers Ausführungen, sondern um das Grundverhältnis zwischen geistiger und weltlicher Sphäre – und damit um exakt jene Aspekte, die in Metz' theologischer Lesart unterbelichtet blieben.

2. Die ‚neue' (linke) politische Theologie

In seinem Buch *Zur Theologie der Welt* (1968) sowie insbesondere in dem darin enthaltenen Aufsatz *Kirche und Welt im Lichte einer ‚politischen Theologie'*[5] betont der katholische Fundamentaltheologe Metz den praktisch-weltlichen Anspruch, der aus der religiösen Botschaft der Evangelien sowie den daraus abgeleiteten christlichen Glaubensüberzeugungen erwächst. Im gedanklichen Austausch mit der Befreiungstheologie sowie der Tradition der katholischen Soziallehre stilisiert Metz dabei eine (revolutionäre) Humanisierung der Welt zum religiösen Auftrag und wendet sich somit gegen jede Jenseitsvertröstung, die der (christlichen) Religion von Seiten des Sozialismus/Marxismus bekanntlich lange unterstellt worden war. Unterstützung erhielt der Katholik Metz vor allem durch den protestantischen Theologen Jürgen Moltmann, der schon 1964 eine an Ernst Blochs Prinzip Hoffnung orientierte, der Welt zugewandte Theologie entwickelt hatte. Unter dem Eindruck von Metz' Positionierung reformulierte Moltmann[6] seine Perspektive nunmehr ebenfalls als eine Form der ‚politischen Theologie', die starke Überschneidungen mit einer ‚Theologie der Revolution' aufwies und deren Transzendenzbezug Moltmann als Aussicht auf die künftige Überwindung von Armut und sozialer Entfremdung deutete. Die christlichen Kirchen wurden von Metz

---

5 Vgl. Metz, Johann Baptist. Zur Theologie der Welt. Mainz 1968, S. 99ff. Zuvor hatte Metz den Begriff der politischen Theologie in einigen Aufsätzen verwendet. Siehe z. B. ders.. Friede und Gerechtigkeit. Überlegungen zu einer „politischen Theologie". In: Civitas. Jahrbuch für christliche Gesellschaftsordnung 1967, S. 9-19.

6 Vgl. Moltmann, Jürgen. Die Zukunft als neues Paradigma der Transzendenz. In: Internationale Dialog Zeitschrift 2, 1969, S. 2-13; ders. Politische Theologie. In: Umkehr zur Zukunft. München 1970, S. 168-187; ders. Theologische Politik der politischen Religion. In: Johann Baptist Metz, Jürgen Moltmann, Willi Oelmüller (Hg.). Kirche im Prozess der Aufklärung. München/ Mainz 1970, S. 11-52.

und Moltmann in diesem Zusammenhang als institutionell verfasste Agentinnen in Anspruch genommen, die ihre jeweiligen politisch-theologischen Ansätze forcieren sollten.[7]

An Hans Maiers Kritik an jener ‚neuen' Spielart der politischen Theologie fällt zunächst auf, dass sie für Moltmanns Variante einer ‚Theologie der Hoffnung' durchaus einige Sympathien bekundet.[8] Am „Gott der Hoffnung", der anders als bei Bloch („deus spes") nicht für eine Vergöttlichung der Hoffnung stehe und der sich in erster Linie an den „zukunftswilligen Menschen" wendet (dem er „um eine Ewigkeit voraus" sei), hat Maier im Grunde wenig auszusetzen. Stattdessen sei Moltmann gerade darin Recht zu geben, die christliche Hoffnung nicht als ein „im Geschichtsprozeß verflößtes" Prinzip zu erfassen, sondern als Fähigkeit, „das Licht der Hoffnung noch über das Scheitern aller irdischen, politischen und ökonomischen Hoffnungen weiterzutragen".[9] Maiers Kritik der ‚neuen' politischen Theologie nimmt insofern primär die Ausführungen von Metz ins Visier, in denen er eben jene „Immanentisierung eschatologischer Heilsverheißungen" erkennt, die er selbst unmissverständlich ablehnt. Bemerkenswerter Weise ist es hier Maiers Hauptargument, dass die von Metz betriebene „Politisierung des christlichen Heils" die Religion als eine Art der politischen Ordnung identifiziere. Damit nivelliere sich der Unterschied zwischen ‚neuer' und ‚alter' politischer Theologie, auf den Metz gegenüber Carl Schmitt poche, und reduziere sich im Grunde darauf, dass die „Identifikation" von Religion und Politik „statt in der Vergangenheit oder Gegenwart, jetzt in die Zukunft verlegt wird". Das leise, irdische „Nahen des Reichs" Gottes rücke infolgedessen an die Stelle der autoritären Ordnungsvorstellungen, die Schmitt aus den politisch-theologischen Modellen der Gegenrevolution bezog.[10]

Wie ein späterer Aufsatz von Metz[11] im Zweifelsfall eher unfreiwillig verdeutlicht, traf Maier mit dieser Pointierung voll ins Schwarze. Tatsächlich lässt sich bei Metz feststellen, dass seine Forderung der politischen Präsenz der Kirche in der modernen Gesellschaft zumindest dazu tendiert, nach thomistischem Vorbild die Legitimität von (staatlicher) Politik insgesamt davon abhängig zu machen, dass sich letztere als Vollzugsorgan eschatologischer Erwartungen im Diesseits versteht.[12] Der eschatologische Vorbehalt droht bei Metz dadurch insgesamt zu einem „innergeschichtlichen Noch-Nicht" zu mutieren, womit „die Differenz zwischen der christlichen Botschaft und den modernen politischen Ideologien prak-

---

7 Vgl. Metz et al., Kirche (siehe Anm. 6)
8 Maier, Kritik, S. 28, Anm. 37.
9 Ebd., S. 27f.
10 Ebd., S. 26.
11 Vgl. Metz, Johann Baptist. Thesen zur Präsenz der Kirche in der Gesellschaft. In Freiheit in Gesellschaft, Freiburg 1971, S. 7-20 (hier S. 7).
12 Dazu auch Krenn, Kurt. Kritik der politischen Theologie. Anmerkungen zu einer kritischen Schrift von Hans Maier. In: Münchner Theologische Zeitschrift 23, 1972, S. 367-373.

tisch verschwindet".¹³ Somit lässt sich – zumindest nach Maiers Lesart – bei Metz eben jene *einseitige* Vermischung von politischer und theologischer Sphäre konstatieren, die Jacob Taubes wiederum als Kennzeichen der Politischen Theologie Carl Schmitts markierte – und von der er selbst entschieden abwich.¹⁴ Im Unterschied zu Schmitt war Taubes nämlich überzeugt, dass die Adaption des Konzepts ‚Politische Theologie' nichts daran ändere, dass „die Gewaltentrennung zwischen weltlich und geistig *absolut notwendig* ist". Eben auf „diese[r] Grenzziehung" bestand der politisch weit links stehende Taubes dem ‚Rechten' Schmitt gegenüber auch in persönlichen Gesprächen und versuchte damit, dessen „totalitären Begriff" der Politischen Theologie zu kontern.¹⁵ Insofern insistierte Taubes letztlich auf denselben Aspekt, den auch die Kritik des Christdemokraten Maier am Ineineinanderfallen von Religion und Politik beim Linkskatholiken Metz hervorhebt.

Dabei zählte Maier umgekehrt gewiss nicht zu denjenigen, die der liberalen ‚Fiktion' einer strikten Trennbarkeit von Politik und Religion das Wort redeten. Mit dem „*Inhalt* der Metzschen Thesen" kann sich Maier zumindest insoweit „identifizieren", als „diese auf die öffentliche, eschatologische Dimension der christlichen Botschaft zielen und sich gegen Privatisierungstendenzen der Auslegung richten". Wogegen er seine Einwände erhebt, ist vor allem der „*Begriff* der politischen Theologie", der aufgrund seiner Prägung (und Vorbelastung) durch Schmitt zu „Missverständnissen" einlädt und das an sich legitime Ziel einer öffentlich wirksamen Theologie „ins Gegenteil zu verkehren droht" – einfach, weil die „neue politische Theologie" mit dem „historischen Gegenbild, von dem sie sich abhebt und distanziert, weit mehr gemeinsam [hat], als es auf den ersten Blick erscheint".¹⁶

---

13 Maier, Kritik, S. 26.
14 Taubes Polymorphie des Begriffs „Politische Theologie" umfasst nicht nur deren Macht- und Herrschaftsdimension, die im Anschluss an Schmitt religiöse und politische Sphäre amalgamiert (vgl. Taubes, Jacob (Hg.). Der Fürst dieser Welt. Carl Schmitt und die Folgen. Paderborn/ München 1983), sondern ebenso den (möglichen) Dualismus von Gnosis und Politik, den er mit der kategorischen Unterscheidung bzw. der institutionellen Trennung von religiöser und politischer Herrschaft, Staat und Kirche assoziiert (vgl. ders. (Hg.). Gnosis und Politik, Paderborn/München 1984). Eine ‚dualistische' Version der Politischen Theologie, die den fundamentalen Gegensatz zwischen weltlicher und göttlicher Herrschaft vor allem am Beispiel von Polycarp betont, präsentiert ebenso Wolterstorff (Anm. 1). Bei Jan Assmann erfasst die Politische Theologie hingegen ähnlich wie bei Taubes sowohl „die These von der notwendigen Einheit von Herrschaft und Heil" als auch „die These von ihrer unabdingbaren Trennung" (Assmann, Jan. Herrschaft und Heil. Politische Theologie in Altägypten, Israel und Europa. Frankfurt a. M 2002, S. 35, 25). Zu belegen sei dies anhand der theologischen Idee des Monotheismus, welcher infolge der mit ihm verknüpften Absolutheits- und Universalansprüche ebenso eine rigorose Trennung von Irdischem und Göttlichem wie eine (gewaltaffine) totale Durchdringung des politischen Bereichs zu etikettieren vermag. Vgl. Assmann, Jan. Die mosaische Unterscheidung oder der Preis des Monotheismus. München 2003.
15 Taubes, Jacob. Ad Carl Schmitt. Gegenstrebige Fügung. Berlin 1987, S. 73.
16 Maier, Kritik, S. 21f.

Das zentrale Argument Maiers, um diese Ansicht zu verifizieren, ist oben bereist angeklungen: In der ‚Immanentisierung eschatologischer Heilsverheißungen' sowie der daraus abgeleiteten Rolle der Kirche (bzw. des Staates) im gesellschaftlichen Prozess, die er bei Metz diagnostiziert, erkennt er jene prekäre Vermischung von Politik und Theologie, für welche der Begriff „politische Theologie" nun einmal stehe, egal, welche ihrer Fassungen man sich ansieht. Wofür Maier stattdessen plädiert, ist eine öffentliche Theologie, der zufolge sich die politischen Wirkungen, Sequenzen und Dimensionen der Religion entfalten können, obwohl beide Bereiche als grundsätzlich getrennt angesehen werden. Gegen die speziell von Metz als „politische Theologie" deklarierte Forderung einer „öffentlichen Gestalt der Glaubensverkündigung" nebst einer „institutionalisierten, aus dem ‚eschatologischen Vorbehalt' des Christentums erfließenden kirchlichen Gesellschaftskritik" entwickelt Maier in concreto ein dreigeteiltes Argument:

I Der (einschlägig vorbelastete) Begriff „politische Theologie" sei grundsätzlich ungeeignet, um das (an sich legitime) Anliegen einer öffentlichen Stimme des Christentums/der christlichen Kirchen auf eine plausible Formel zu bringen.[17]

II Die praktische Idee der Kirche als Institution der Gesellschaftskritik bleibe in sich problematisch, da sie weder politisch noch theologisch darauf festzulegen ist.[18]

III Die institutionellen Anwendungsprobleme der „politischen Theologie" im Sinne von Metz erwiesen sich bei genauerem Hinsehen als unüberwindbar.[19]

Ohne an dieser Stelle zu sehr ins Detail zu gehen, soll jene Kritik im Folgenden in der gebotenen Kürze rekapituliert werden. Dazu bietet es sich an, die Darstellung von hinten aufzuzäumen. Im Hinblick auf die Realisierung politisch-theologischer Ziele (III) befürchtet Maier offenbar in erster Linie einen eklatanten Kontrollverlust, der mit der Politisierung des Christentums bzw. des Katholizismus nahezu unvermeidlich einherginge. Zum einen liege dies am fehlenden intellektuellen Fundament, um eine solche politische Theologie allgemein verbindlich im sich immer stärker säkularisierenden philosophischen Denken der Gegenwart noch verankern zu können. Zum anderen laufe eine solche Politisierung des Glaubens Gefahr, in einen dogmatisch unreflektierten Biblizismus umzuschlagen.[20] Anstatt daher die Gesellschaft auf eine (im komplexen multireligiösen Raum ohnehin zunehmend unmögliche) Gemeinsamkeit zu einigen, sei das Abdriften der politischen Theologie weg vom Religiösen und hin zum Politischen sprich: in eine säkulare Ersatzreligion quasi vorprogrammiert. Eine solcherart entfesselte politische Theologie müsste insbesondere der Ordnungs- und Gestaltungskraft der Kirchen

---

17 Maier, Kritik, S. 16ff.
18 Ebd., S. 22ff.
19 Ebd., S. 36ff.
20 Ebd., S. 37ff.

entgleiten, zumal diese kraft ihres Amts gar nicht berechtigt seien, „den Gläubigen Vorschriften für ihr konkretes politisches Verhalten zu machen".[21]

Das Problem fängt indes für Maier bereits damit an, dass sich die Institution Kirche kaum mit den Ansprüchen einer politischen Theologie im Sinne von Metz vereinbaren lässt (II). Damit sei nicht gemeint, dass die christlichen Kirchen keine Instanz für öffentliche Kritik an Missständen, Übergriffen des Staates oder Verletzungen der Menschenrechte darstellen dürften,[22] im Gegenteil: Eine solche Rolle stehe den Kirchen in der demokratischen Gesellschaft vollkommen zu,[23] auch weil die Vorläufigkeit der geschichtlich-gesellschaftlichen Realisierungen von christlichen Wert- und Traditionsbeständen nicht mit Beliebigkeit zu verwechseln sei. Gegen Augustinus lehnt Maier folgerichtig eine „radikale Relativierung der Weltdinge" ab.[24] Dies ändert indes nichts daran, dass eine solche öffentlich-kritische Rolle der Kirche(n) für Maier gerade deren Unabhängigkeit von allen Vereinnahmungen durch die politische Ordnung voraussetzt. Umgekehrt sei aus der christlichen Botschaft keine unmissverständliche Fixierung auf eine bestimmte Art der (Partei)Politik abzuleiten. Gerade jene politische Unabhängigkeit und Offenheit der Kirchen und ihrer Institutionen aber werde von der Vorstellung einer politischen Theologie verletzt, deren „Grundvorgang" wie oben erwähnt als „Immanentisierung eschatologischer Verheißungen" gelten kann. Durch die Vermischung von Theologie und Politik würden daher nach Maier *beide* Sphären ihrer eigentlichen Charakteristik beraubt.[25]

Aus demselben Grund rät Maier von der Verwendung des Begriffs „politische Theologie" entschieden ab (I) und schlägt stattdessen vor, auf den französischen Terminus „théologie publique" zu rekurrieren. Damit hofft er, einer Emphase auf den Öffentlichkeitscharakter der christlichen Botschaft entgegen dem „Pathos religiöser Innerlichkeit" bei Kierkegaard Ausdruck zu verleihen,[26] ohne gleichzeitig

---

21 Ebd., S. 42.
22 „Dort, wo elementare Rechte des Menschen auf dem Spiel stehen, etwa das der körperlichen Unversehrtheit, dort muß die Kirche heute in der Tat der Politik, ‚den Mächtigen' ins Gewissen reden und, wo möglich, in den Arm fallen; dort, wo die bürgerliche Freiheit angegriffen und zerstört wird, darf sie nicht in der illusionären Erwartung, die Freiheit der Kirche bewahren zu können, sprach- und tatenlos beiseitestehen" (ebd., S. 35).
23 Siehe dazu bereits Maiers Schrift *Der Christ in der Demokratie* (1968), an welche die Kritik der politischen Theologie explizit erinnert (Maier, Kritik, S. 35, Anm. 21).
24 Ebd., S. 26f.
25 Ebd. Maier ergänzt: „[S]o wenig das, was das Kommen des Reiches Gottes befördert, mit politischen Postulaten der Moderne – Gerechtigkeit, Freiheit, Frieden – einfach identifiziert werden darf, so wenig ist das, was sein Kommen aufhält, nur irdisch-politischer Unfriede, irdisch-politische Ungerechtigkeit. Der eschatologische Vorbehalt des Christen bezieht sich nicht nur auf ein Probe- und Anlaufstadium historisch-politischer Prozesse, das irgendwann in einem *novus ordo* revolutionärer Selbstverwirklichung überwunden und abgeschlossen wäre" (ebd., S. 27).
26 Ebd., S. 22. Auch Kierkegaard wird mittlerweile allerdings eine politische Theologie zugeschrieben. Siehe Das, Saitya Brata. The Political Theology of Kierkegaard. Edinburgh 2020.

eine zu enge Überlappung von Religion und Politik zu suggerieren. Warum Maier in dieser Beziehung gerade den Begriff der ‚politischen Theologie' als vorbelastet ansieht, verdeutlicht er an einem Grundproblem, das er nicht zufällig ganz am Anfang seines Arguments entfaltet. Dabei erinnert er an die antiken Ursprünge des Konzepts bei Varro, der die griechische „theología politiké" als „theologia civilis" übersetzte. Von letzterer habe sich Augustinus und die von ihm geprägte Lehrtradition aus guten Gründen abgegrenzt, weil im Christentum das einst selbstverständliche Denkmuster der Antike – das Ineinanderfallen von Staatlichem und Göttlichem, Politik und religiösem Kult – aufgebrochen wurde. Die Vorstellung des welttranszendenten christlichen Gottes sei mithin von vornherein gegen die Idee einer theologisch-politischen Immanenz gerichtet. Deren Wiederbelebung in der Moderne provoziere entsprechend eine unerlaubte Theologisierung existierender Staats- und Gesellschaftsformen bis hin zu deren religiöser Verklärung oder Vergötzung.[27]

Somit bestätigt sich an dieser Stelle erneut, welch engen Nexus Maier zwischen der ‚alten' auf Staat und Autorität zentrierten ‚Politischen Theologie' bei Carl Schmitt und der ‚neuen', die Idee der sozialen Gerechtigkeit ideologisierenden politischen Theologie bei Metz annimmt. Dass Maier damit die (oder zumindest eine) allgemeine Stoßrichtung des Politisch-Theologischen tatsächlich überzeugend erfasst, unterstreicht ein Blick in die Geschichte der Politischen Theologie. Dort findet sich etwa bei Dante Alighieri eine spätmittelalterliche Doktrin, in der die Säkularisierung und (ideologieaffine) Sakralisierung des Staates de facto zusammenfallen,[28] oder bei Jan Assmann[29] eine Rekonstruktion des Monotheismus, in der die Trennung der (göttlichen und säkularen) Welten gleichzeitig massive politisch-theologische Rückkoppelungen provozieren, die von der christlichen Trinitätslehre allenfalls bedingt aufgefangen werden.

Es liegt daher der Schluss nahe, dass Maier, der die revolutionär-politische Kraft des Christentums bzw. der christlichen Kirchen wahrscheinlich besser studiert hatte als jeder andere,[30] eben deshalb vom Begriff „politische Theologie" abriet, *weil* er das Thema keineswegs als erledigt ansah und um die Anfälligkeit des Christentums für eine politische Ideologisierung wusste. Folglich durchschaute er auch die politische Theologie von Metz als die neuerliche Beschwörung von Geistern, die einst Carl Schmitt gerufen hatte. Sein eigenes Ziel aber war es, das Christentum und die christlichen Kirchen im Gegenteil vor einer solchen Inanspruchnahme zu bewahren.

---

27 Vgl. Maier, Kritik, S. 16f.
28 Vgl. Kantorowicz, Ernst H. 1990. Die zwei Körper des Königs. Studie zur politischen Theologie des Mittelalters. München 1990; Hidalgo, Oliver. Politische Theologie. Beiträge zum untrennbaren Zusammenhang zwischen Religion und Politik. Wiesbaden 2018, S. 29ff.
29 Siehe Anm. 14.
30 Vgl. Maier, Hans. Revolution und Kirche. Studien zur Frühgeschichte der christlichen Demokratie 1789–1850. Freiburg 1959.

3. Die (klassische) ‚rechte' Politische Theologie Carl Schmitts

In seiner ersten kritischen Stellungnahme vom Februar 1969 wirft Maier der politischen Theologie von Metz vor, den ideologischen Hintergrund des einst von Carl Schmitt eingeführten Begriffs – „ein[en] positivistische[n] Ordnungskatholizismus" – ignoriert zu haben. Dieser Zusammenhang scheint Metz aus Sicht Maiers zunächst „weder bewußt noch bekannt" gewesen zu sein.[31] In seinen weiteren Ausführungen bestreitet Maier sodann wie gesehen, dass überhaupt ein gravierender Unterschied zwischen ‚alter' und ‚neuer' politischer Theologie bestehe, da beide die Sphären des Theologischen und Politischen unzulässig vermischen. Grundsätzlich die gleiche Perspektive verfolgt Maier auch in seiner zweiten Einlassung gegen die politische Theologie von Metz, die im März 1970 in den *Stimmen der Zeit* veröffentlicht wurde. Hier bezieht Maier Stellung zu der in der Zwischenzeit „in breitem Maß in Gang gekommen[en]" „Diskussion über die Thesen von J. B. Metz",[32] wobei Maier gleichermaßen die kritischen Positionen etwa von Ernst-Wolfgang Böckenförde[33] oder Robert Spaemann[34] als auch die differenzierten und „weiterführenden" Stellungnahmen von Karl Rahner,[35] Karl Lehmann[36] oder Trutz Rendtorff[37] erwähnt. Im Diskurs um die neue politische Theologie macht Maier dadurch nun unter anderem eine Erhellung des Verhältnisses zur „Säkularisierungsthese", „der historischen Implikationen und Belastungen des Begriffs" sowie auch der „Differenz von politischer Theologie und ‚Theologie der Revolution'" aus.[38] All dies lässt offenbar auf eine intensivere Beschäftigung mit der Vorgabe von Carl Schmitt schließen, wobei Maier den expliziten Abgrenzungsversuch, den Metz[39]

---

31 Maier, Kritik, S. 14.
32 Diese wird v.a. dokumentiert bei Peukert, Heinrich (Hg.). Diskussion zur ‚politischen Theologie'. München/ Mainz, 1969. Metz selbst bemühte sich v.a. im Aufsatz „Politische Theologie" (Sacramentum Mundi, Freiburg 1969, S. 1232-1240) um eine Klarstellung seiner Thesen.
33 Vgl. Böckenförde, Ernst-Wolfgang. Politisches Mandat der Kirche? In: Stimmen der Zeit 184, 1969, S. 367-373. Siehe allerdings Böckenfördes spätere Neubewertung der Politischen Theologie in ders. Politische Theorie und Politische Theologie. Bemerkungen zu ihrem gegenseitigen Verhältnis. Revue européenne des sciences sociales 19 54/55, 1981, S. 233-243.
34 Vgl. Spaemann, Robert. Theologie, Prophetie, Politik, Zur Kritik der politischen Theologie. In: Wort und Wahrheit 24, 1969, S. 483-495.
35 Vgl. Rahner, Karl. Die Frage nach der Zukunft. Zur theologischen Basis christlicher Gesellschaftskritik. In: Peukert (Anm. 32), S. 247-266.
36 Vgl. Lehmann, Karl. Die ‚politische Theologie': Theologische Legitimation und gegenwärtige Aporie. In: Joseph Krautscheidt, Heiner Marré (Hg.). Essener Gespräche zum Thema Staat und Kirche IV. Münster 1970, S. 90-198 (mit Diskussion).
37 Vgl. Rendtorff, Trutz. Politische Ethik oder ‚politische Theologie'? In: Peukert (Anm. 32), S. 217-230.
38 Maier, Kritik, S. 49f., 55. Dass Maier an gleicher Stelle weitere „offengebliebene Fragen" moniert (siehe ebd., S. 70ff.), steht für den vorliegenden Aufsatz zurück.
39 Siehe Anm. 32.

und sein Schüler Ernst Feil[40] in der Zwischenzeit von Schmitts Variante der politischen Theologie unternahmen, als nicht überzeugend zurückweist.[41]

Es überrascht daher nicht, wenn Maier ganz zum Schluss seiner Kritik nochmals auf Schmitt sowie die Einsprüche zurückkommt, die seinerzeit Erik Peterson an Schmitts Auffassung der Politischen Theologie erhoben hat. Maiers Parteiergreifung fällt diesbezüglich eindeutig aus. Wörtlich zitiert er eine längere Passage[42] aus Petersons Schrift *Der Monotheismus als politisches Problem* von 1935,[43] um sogleich zu proklamieren, dass „diesen Sätzen", die die Möglichkeit einer (christlichen) politischen Theologie grundsätzlich bestreiten, „auch heute nichts hinzuzufügen" sei, abgesehen davon, dass sie – wie die Debatte um Metz zeige – an „Aktualität" nichts eingebüßt hätten. Und da die ‚neue' politische Theologie wie schon gesehen lediglich den Fehler wiederhole, Geistliches und Weltliches zu vermischen, und insofern als eine „säkularisierte ‚dialektische' Variante der alten" anzusehen sei,[44] kann sie entsprechend aus Maiers Sicht auch mit dem gleichen Argument gekontert werden, wie es seinerzeit Peterson gegen Schmitt erhob. Dieses Argument, das auf die unmögliche weltliche Abbildbarkeit der Trinität abzielt und so gegen die unvermeidliche Verflechtung von theologisch-religiöser und politischer Sphäre opponiert, deutet Maier als Beleg für „die legitime Eigenständigkeit, die Nicht-Vermischbarkeit von Geistlichem und Weltlichem, Kirche und Gesellschaft". Die Bewahrung jener Trennlinien sei zugleich „die legitime Aufgabe der katholischen Gläubigen".[45]

Ob dieses Argument aber zugleich dem Anspruch genügt, der ihm von Peterson beigemessen wird, nämlich mit dem Verweis auf die Trinität die (christlich-katholische) Politische Theologie Carl Schmitts insgesamt ‚erledigt' zu haben, lässt Maier an dieser Stelle bemerkenswert offen. Worum es ihm primär geht, ist, die christliche Theologie mit *theologischen* Argumenten von einer eindeutig deduzierbaren politischen Botschaft oder Ideologie zu dispensieren. Darin ähneln

---

40 In einem von Maier (Kritik, S. 60) als „kenntnisreich" eingeschätzten Aufsatz hatte Ernst Feil die ‚neue politische Theologie' verteidigt, indem er lediglich die von Schmitt aufgegriffene Tradition der politischen Theologie der Gegenrevolution (de Maistre, de Bonald und Donoso Cortés) als historisch erledigt einstufte. Siehe Feil, Ernst. Von der ‚politischen Theologie' zur ‚Theologie der Revolution'? In: Ernst Feil, Rudolf Weth (Hg.). Diskussion zur ‚Theologie der Revolution'. München/ Mainz, 1969, S. 110-132.
41 Maier, Kritik, S. 60ff. Auch die von Feil lancierte Unterscheidung zur ‚Theologie der Revolution' geht Maier (Kritik, S. 62ff.) nicht mit.
42 „Doch die christliche Verkündigung von dem dreieinigen Gott steht jenseits von Judentum und Heidentum, gibt es doch das Geheimnis der Dreieinigkeit nur in der Gottheit selber, aber nicht in der Kreatur. Wie denn auch der Friede, den der Christ sucht, von keinem Kaiser gewährt wird, sondern allein ein Geschenk dessen ist, der ‚höher ist als alle Vernunft'." (Maier, Kritik, S. 102).
43 Peterson, Erik. Der Monotheismus als politisches Problem. Ein Beitrag zur Geschichte der politischen Theologie im Imperium Romanum. Leipzig 1935.
44 Maier, Kritik, S. 103.
45 Ebd.

sich die Anliegen von Maier und Peterson durchaus. Letzterem ging es inhaltlich allerdings konkret darum, das theologische Fundament, das Schmitt im Rahmen der staatsrechtlichen Kontroverse zu Beginn der Weimarer Republik im Dienst einer autoritären, mit quasidiktatorischen Vollmachten ausgestatteten Obrigkeit zu instrumentalisieren trachtete, zu erschüttern. Performativ drohte sich Peterson damit allerdings selbst zu widersprechen, indem seine theologische Argumentation erkennbar von einer *politischen* Stoßrichtung motiviert wurde. Indem Peterson die Trinität gegen die (politisch-theologisch auf der Hand liegende) Fortschreibungsoption des Monotheismus – Ein Gott = ein Herrscher – zur Widerlegung einer Reichstheologie oder göttlichen Monarchie in Stellung brachte, zielte er zugleich darauf ab, auf subtile Weise Kritik am aktuellen Führerkult, dem Ein-Parteien-System sowie dem Totalitarismus im Dritten Reich zu üben, dem sich Schmitt nach 1933 bekanntlich angeschlossen hatte. Unfreiwillig bestätigte Peterson damit allerdings die politisch-theologische Logik von Schmitts These der Strukturanalogie zwischen theologischen und staatsrechtlichen Begriffen, wonach sich am Gottesbild bzw. am metaphysischen Weltbild zugleich die politische Frage entscheide. Mit Peterson wurde es folglich zwar möglich, Schmitts christlich-katholisch-theistische Legitimation des autoritären, souveränen, über dem Gesetz stehenden Staates, den er in der *Politischen Theologie* gegen deistische Rechtsstaatlichkeit, pantheistische Demokratie oder auch atheistische Anarchie lancierte,[46] eine Absage zu erteilen, nicht aber, die These der Verwobenheit von Religion und Politik als solche zu erledigen. Immerhin aber konnte die Trinität als Argument dienen, dass das Christentum politisch-theologisch gesprochen nicht auf eine bestimmte Art politischer Doktrin festgelegt ist, sondern in dieser Hinsicht offen und flexibel bleibt und dass neben den Verbindungslinien zwischen politischer und religiöser Sphäre zugleich immer auch die Trennung zwischen theologischer und säkularer Welt zu betrachten waren. Exakt dies ist auch Position, die Maier mit dem Rekurs auf Peterson zu gewinnen vermochte.

Dass mit Maier keine Erledigung der Politischen Theologie im strengen Sinne erreicht werden konnte (was indes wie erwähnt gar nicht sein Anspruch war), ist von Schmitt selbst noch registriert worden. In seiner ebenfalls 1970 erschienenen, späten Erwiderung auf Peterson, mit der Schmitt Anschluss an den aktuellen Diskurs gewinnen wollte, indem er darauf aufmerksam machte, dass sein Konzept der Politischen Theologie viel weiter gefasst war als politisch nach der Monarchie/Autokratie und theologisch nach dem Monotheismus zu fragen,[47] kommt er zugleich auf die Kritik von Hans Maier zu sprechen. Dabei zitiert Schmitt zunächst den

---

46 Vgl. Schmitt, Carl. Politische Theologie. Vier Kapitel zur Lehre von der Souveränität. 7. Aufl. Berlin 1996, S. 43, 47, 50f., 53ff.
47 Vgl. Schmitt, Carl. Politische Theologie II. Die Legende von der Erledigung jeder Politischen Theologie. 4. Aufl. Berlin 1996, S. 31ff., 45ff., 51ff.

letzten Absatz[48] von Maiers Kritik der politischen Theologie[49] und interpretiert sie gemeinsam mit den Stellungnahmen von Ernst Feil[50] und Ernst Topitsch[51] als Belege der „entgegengesetzten Richtungen", in denen „Petersons Erledigungsthese heute noch wirksam ist." Maier sei dabei derjenige, der „Petersons Schlußthese mit Schlußanmerkung unbesehen *taliter qualiter* [übernimmt]", wohingegen Feil sie nur für die politische Theologie der Gegenrevolution gelten lasse (und stattdessen einer politischen Theologie der Demokratie und Revolution das Wort Rede) und Topitsch sie von einer spezifisch theologischen Aussage in eine allgemeine Religionssoziologie verwandle.[52] Mit dieser Einschätzung glaubt Schmitt, entlang seiner Argumentation gegen Peterson die Argumente Maiers simultan entkräften zu können. Hierzu pocht Schmitt weiter auf die generelle Verflechtung von Theologie und Politik (welche sich unabhängig von allen denkbaren institutionellen Unterscheidungen und Unterscheidbarkeiten manifestiere) und versucht, die oben bereits skizzierte Paradoxie in Petersons theologischem Vorgehen zu entlarven:

„Wie will eine Theologie, die sich von der Politik entschieden absetzt, eine politische Größe oder einen politischen Anspruch theologisch *erledigen*? Wenn *Theologisch* und *Politisch* zwei inhaltlich getrennte Bereiche sind [...], dann kann eine *politische* Frage nur *politisch* erledigt werden."[53]

Damit insinuierte Schmitt, dass sich eine mögliche Politisierbarkeit oder auch im Gegenteil eine „Entpolitisierung der Theologie"[54] zugleich divergierend von allen theologischen Wahrheitsansprüchen vollzieht. Das heißt nicht zuletzt: das bessere (oder schlechtere) theologische Argument *entscheidet* keine politische Debatte, die politische Fortschreibung und Wirksamkeit theologischer Konzepte ist als solche insofern auch nicht theologisch zu verhandeln, sondern unterliegt der (Eskalations-)Logik und ‚Totalität' des Politischen.

Unabhängig davon, was ansonsten von Schmitts Kritik an Peterson (und Maier!) zu halten ist,[55] mit dem Insistieren darauf, dass eine theologische Erledigung der Politischen Theologie unabsichtlich deren Prämissen übernimmt, indem ein Theologe, der theologisch die Trennung von Theologie und Politik postuliert, seinerseits einen politischen Anspruch formuliert, geling Schmitt ein Argument, das schwerlich zur Gänze zu entkräften ist. Ähnlich wie bei seinem *Begriff des Politischen* zwingt er damit auch die Gegner seines Ansatzes – in diesem Fall der Politischen

---

48 Siehe Anm. 44.
49 Schmitt Politische Theologie II, S. 27.
50 Siehe Anm. 40.
51 Dazu rekurriert Schmitt auf Topitschs Aufsatz „Kosmos und Herrschaft. Ursprünge der politischen Theologie" (1955).
52 Vgl. Schmitt, Politische Theologie II, S. 35.
53 Ebd., S. 82.
54 Ebd., S. 20.
55 Zum Versuch, Schmitt diesbezüglich wissenschaftliche Unredlichkeit nachzuweisen, siehe Kafka, Gustav E. Wer erledigt wen? Hochland 63, 1971, S. 475-483.

Theologie – auf das Terrain der selbst geprägten Begrifflichkeit. Daran ändert es auch nicht viel, dass Schmitt hier in erster Linie von der Unbestimmtheit seiner Begriffe profitiert, bei der insbesondere Theologie und Kirche, Rechtswissenschaft und Staat äußerst unscharf getrennt sind oder sogar vertauscht werden.[56] Denn durchaus nachvollziehbar kann sich Schmitt in diesem Zusammenhang auf die „res mixtae" bei Augustinus berufen, der mit seiner „Lehre von den zwei verschiedenen Reichen" die Frage, was weltlich und was geistlich ist, nicht etwa gelöst, sondern in seiner ganzen Schärfe erst aufgeworfen und – noch wichtiger – der *politischen* Entscheidung unterstellt hat.[57] Eben diese Frage nach einer klaren Trennung von weltlich und geistlich aber ist für Augustinus während der verwirrenden Interimsphase der (säkularen) Menschheitsgeschichte und dem darin wirksamen Ringen zwischen civitas dei und civitas terrena von vornherein nicht zu beantworten[58] – schon gar nicht institutionell durch eine Scheidung von Kirche und Staat, eben weil für Schmitt (und Augustinus!) beide stets ihre Bezüge zum Geistlichen *und* Weltlichen behalten werden.

Eine überzeugende Erwiderung auf Schmitt kommt also nicht umhin, die Verwobenheit von Geistlichem und Weltlichem prinzipiell anzuerkennen. Sie darf indes nicht dort stehenbleiben, sondern muss zugleich das stark machen, was Schmitts Dezisionismus übergeht, nämlich dass der Begriff der Politischen Theologie nicht nur die Vermischung, sondern ebenso die Trennung/Trennbarkeit von Geistlichem und Weltlichem anzeigt. Schließlich wäre diese ganze Terminologie sinnlos, wenn es sich beim Theologischen und Politischen gar nicht um zwei voneinander differenzierbare Sphären, sondern um ein und dieselbe Sphäre handeln würde. Eben jene synchrone Trennung *und* Vermischung von Geistlichem und Weltlichem wird deswegen nicht nur vom Begriff der Politischen Theologie, sondern ebenso von seinem komplementären Gegenbegriff – der Säkularisierung – angezeigt.[59]

---

56 Siehe Kafka, Gustav E. 1973. Ziviltheologie – Heute? In: Alexander Hollerbach, Hans Maier und Paul Mikat (Hg.). Rechts- und Staatswissenschaftliche Veröffentlichungen der Görres-Gesellschaft 11. Zur Kritik der Politischen Theologie. Paderborn. S. 25-46 (hier S. 36f.).
57 Diese Stichhaltigkeit von Schmitts Position, die zugleich einen blinden Fleck bei Peterson bedeutet, wird von Hans Maier in einem späteren Aufsatz eingeräumt. Siehe Maier, Hans. Erik Peterson und das Problem der politischen Theologie. In: Zeitschrift für Politik 38.1, 1991, S. 33-46 (hier: S. 35). Gleichzeitig stellt Maier nun klar, dass Peterson tatsächlich nur die politische Theologie des Monotheismus für das Christentum als ‚erledigt' ansah, für die politische Theologie im Allgemeinen aber vorsichtigere Formulierungen wählte (ebd., S. 36, Anm. 15). Demnach hätte Schmitt Peterson einen Verallgemeinerungsgrad seiner These attestiert, den dieser für sich nie reklamiert hatte.
58 Vgl. Schmitt, Politische Theologie II, S. 84.
59 Dazu nach wie vor Blumenberg, Hans. Die Legitimität der Neuzeit. Erneuerte Ausgabe. Frankfurt a. M. 1996. Zum diesbezüglichen Briefwechsel siehe Schmitz, Alexander, Marcel Lepper (Hg.). Hans Blumenberg Carl Schmitt. Briefwechsel 1971–1978. Frankfurt a. M. 2007.

Schmitts Politische Theologie kann infolgedessen nur auf ihrem eigenen Terrain, das heißt politisch-theologisch entkräftet werden – was exakt den Ansatz von Taubes oder Assmann beschreibt, die zu Recht auf die Einseitigkeit von Schmitts Politischer Theologie insistierten.[60] Ein sehr ähnlicher Ansatz – eine (freilich nicht so genannte) ‚Politische Theologie' *gegen* Schmitt zu platzieren – zeichnet m. E. ebenso Hans Maiers ‚Neubesehung' der Thematik aus, die sich der dezidierten Auseinandersetzung mit Augustinus verdankt[61] und mit diesem einmal mehr betont, dass sich der „Beitrag des Christentums zu Staat und Politik" nicht auf „die Negation, die kritische Relativierung" beschränke.[62]

Doch bereits in seiner frühen Kritik der politischen Theologie schimmert diese Position bei Maier durch, auch weil er sehr wohl auf Punkte und Probleme von Schmitts Sicht der Politischen Theologie aufmerksam macht, die über die Aspekte hinausgehen, die Peterson explizit angeführt hatte und auf die Schmitt sich nur allzu bereitwillig versteifte. Denn Schmitt hat Peterson wohl nicht zu Unrecht vorgeworfen, das Problem der Politischen Theologie zu unterschätzen bzw. es vor dem Hintergrund seiner eigenen politischen Agenda kleinzureden. Maiers Wiederholung von Petersons These im Kontext seiner Kritik an der neuen politischen Theologie mag hingegen alles sein, aber sicher keine Unterschätzung des davon berührten Problems. So gesteht nicht nur der Aufsatz von 1969 der politischen Theologie zu, ein „Gedanke [zu sein], der in der Luft liegt";[63] auch in seiner späten ‚Neubesehung' lässt Maier keinerlei Zweifel aufkommen: „Politische Theologie hat Konjunktur".[64]

Mit anderen Worten, was Maier in allererster Linie mit seinen Thesen zur Politischen Theologie bezweckt, ist, die *politische* Dimension des Christentums mit Augustinus als etwas zu erfassen, was *weder* die Politische Theologie Schmitts *noch* die politische Theologie von Metz im wahrsten Sinne des Wortes ‚begreifen' können, da sie – aus Maiers Perspektive – ihrerseits von politisch-ideologischen Vorannahmen *jenseits* des Christentums durchdrungen sind. Anders als Schmitt behauptet, hat Maier daher Petersons These nicht einfach „unbesehen taliter qua-

---

60 Siehe Anm. 14. Ein Zitat von Jan Assmann mag dies verdeutlichen: „Hinter der These von der Abkünftigkeit aller prägnanten Begriffe der Staatslehre von der Theologie steht das Postulat, daß geistliche und weltliche Macht, Heil und Herrschaft, Religion und Politik ursprünglich bzw. eigentlich eine Einheit bilden und daß die neuzeitliche Gewaltenteilung zwischen Kirche und Staat eine illegitime Fehlentwicklung darstellt. Daher ist auch das begriffsgeschichtliche Projekt nicht so harmlos, wie es vielleicht scheint." (Assmann, Herrschaft und Heil, S. 24).
61 Maier, Hans. Politische Theologie – neu besehen (Augustinus, De Civitate Die VI, 5-12). Zeitschrift für Politik 50.4, 2003, S. 363-376. Hier hält Maier unter Verweis auf Augustinus und Peterson sowie gegen Schmitt und Metz daran fest, dass wenigstens eine „politische Theologie *post Christum natum* nicht mehr möglich ist" (ebd., S. 371). Eine Auseinandersetzung mit der Begrifflichkeit von Taubes und Assmann findet hier jedoch gar nicht statt.
62 Ebd.
63 Maier, Kritik, S. 36:
64 Maier, Politische Theologie, S. 363.

liter" übernommen, sondern schlicht davon abgeraten, den vorbelasteten Begriff der politischen Theologie[65] zu verwenden, eben weil er die Gefahr einer (einseitig autoritären) Schmittianischen oder (einseitig sozialrevolutionären) Metzianischen Fortschreibung erkannte. Der Verlauf der Debatte um die ‚neue' politische Theologie, die sich allen Bemühungen zum Trotz von der Entfesselung des Politisch-Theologischen durch Schmitt nicht lösen konnte, gab Maier diesbezüglich in jedem Fall recht, während das Argument von Metz, die Kritiker der neuen politischen Theologie blickten „zu gebannt auf den klassischen Inhalt des Begriffs",[66] gerade in der Rückschau nicht überzeugt. An Schmitt als Initiator der Debatte um die Politische Theologie kommt selbst die aktuelle, bevorzugt internationale Rezeption[67] kaum vorbei. Die seinerzeit intensive Kontroverse um Metz wirkt im Vergleich dazu hingegen beinahe wie eine allenfalls regional bedeutsame Episode.

4. Fazit: Hans Maier zwischen öffentlicher Religion, politischen Religionen und Politischer Theologie

Maiers Absage an die politische (bzw. Politische) Theologie steht – dies sollte evident geworden sein – im engen Zusammenhang mit seiner Auffassung, dass das von Carl Schmitt und Johann Baptist Metz geprägte Konzept untrennbar mit dem Begriff der politischen Religionen im Sinne von Eric Voegelin[68] verwoben ist. Passend dazu wurde die hier ausführlich besprochene Schrift „Kritik der politischen Theologie" in den Gesammelten Schriften Maiers dem Band 2 zugeschlagen, der von eben jenen „Politischen Religionen" handelt,[69] mit denen sich Maier bekanntlich intensiv auseinandergesetzt hat.[70]

In der oben erwähnten ‚Neubesehung' der Politischen Theologie suggeriert Maier indes selbst, dass das Verhältnis zwischen „Politischer Theologie" und „Politischen Religionen" (sic!) eigentlich umgekehrt zu veranschlagen wäre.[71] Hier unterscheidet Maier fünf Rezeptionsphasen der Politischen Theologie, nämlich die Innovation Carl Schmitts, die Erwiderung Petersons, die Kontroverse um Metz und Moltmann, die Frage der Verknüpfung von Monotheismus und Gewalt, wie sie unter anderem Jan Assmann, Odo Marquard und René Girard aufgeworfen haben, sowie schließlich – gewissermaßen parallel zur Debatte um die Politische Theologie – das Thema der politischen Religionen, das „auf die dreißiger und vierziger

---

65 Dazu nochmals Maier, Kritik, S. 59ff.
66 Zit. nach Maier, Kritik, S. 61.
67 Siehe Anm. 1.
68 Vgl. Voegelin, Eric. 2007. Die politischen Religionen. 3. Aufl. Paderborn 2007.
69 Vgl. Maier, Hans. Kritik der politischen Theologie [1970]. In: Gesammelte Schriften Band 2. Politische Religionen. München 2007, S. 15-73.
70 Siehe dazu die Beiträge von Dreier und Ottmann in diesem Band.
71 Vgl. Maier, Politische Theologie, S. 363f.

Jahre des 20. Jahrhunderts und auf Autoren wie Eric Voegelin und Raymond Aron zurückgeht, jedoch unter dem Eindruck des Jahres 1989/90 und des kritischen Rückblicks auf die Totalitarismen des 20. Jahrhunderts neue Virulenz gewonnen hat." Dabei konstatiert Maier, dass in der „Denkschule [der politischen Religionen] die dem Kommunismus, Faschismus, Nationalsozialismus zugeordneten Ideologien [vielfältig] als ‚Politische Theologien' wahrgenommen" werden.[72]

Wie gesehen, zählt Maier zu denjenigen, die das Konzept der Politischen (politischen) Theologie – egal, von welcher Richtung aus es vorangetrieben wird – als äußerst anfällig einstufen, geradewegs in jene totalitären ‚Ersatzreligionen' abzudriften, die Voegelin einst als „politische Religionen" bezeichnet hatte.[73] Dem Argument von Moltmann oder Metz, ‚politische Religion' sei lediglich das, was Carl Schmitt betreibe, während ihre eigene politische Theologie davon strikt abzugrenzen sei, konnte sich Maier entsprechend nicht anschließen. Statt mit einer politischen Theologie des Christentums die Demarkationslinie zu den säkularen Ideologien der Moderne zu verdeutlichen, wie es Metz und Moltmann vorschwebte, betont Maier, dass bei keiner Art der Immanentisierung von theologischen Dogmen eine saubere Trennung zu säkularen Ideologien gewährleistet sei. Eben deshalb plädiert Maier in diesem Kontext für den alternativen Begriff der „öffentlichen Theologie", welcher die politische Dimension der christlichen Botschaft etikettieren und gleichzeitig der Belastung durch Schmitt entgehen sollte. Und wie die Konjunktur dieses Konzepts belegt, hat Maier hiermit ein gehöriges Maß an Weitsicht bewiesen. So neigen insbesondere deutschsprachige Autoren heute dazu, bevorzugt zur Markierung einer positiven Rolle der Religion in der Demokratie von „öffentlicher Religion", „öffentlicher Theologie" oder „public theology" zu

---

72 Ebd. Siehe dazu z. B. Vassilopoulos, Christopher. The Triumph of Hate. The Political Theology of the Hitler Movement. Lanham 2012.
73 Mit der Auffassung, dass politische Theologien gerade in säkularer Umgebung leicht in radikale, totalitäre Muster abdriften (siehe Anm. 20), antizipiert Maier im Übrigen Olivier Roys Diagnose von der „Heiligen Einfalt", die die modernen, kulturell entwurzelten (Welt-)Religionen zunehmend durchzieht. Vgl. Roy, Olivier. La sainte ignorance. Le temps de la religion sans culture. Paris 2008.

sprechen.[74] Auch die Ziviltheologie im Anschluss an den späten Voegelin[75] oder die Christdemokratie[76] bedeuten in diesem Kontext eine Alternative.

Die faktische Trennschärfe ist und bleibt hier indes fraglich, wie in jüngerer Zeit nicht zuletzt einige ‚Umwidmungen' zeigen, die unter anderem dazu übergegangen sind, die politischen Theologien von Moltmann oder Metz als ‚public theology' zu labeln.[77] Zudem scheint der historische Ballast, der die Debatte um die Politische Theologie Ende der 1960er Jahre noch beeinträchtigte, mittlerweile doch einigermaßen überwunden und haben sich gerade in den letzten Jahren frische Lesarten etabliert, die nicht nur neue theologische und postmoderne Perspektiven auf den Gegenstand ermöglichen,[78] sondern ebenso neue Themen wie das System der Internationalen Beziehungen, Pluralismus, Klimawandel[79] oder die Demokratie

---

74 Siehe z. B. Vögele, Wolfgang. Menschenwürde zwischen Recht und Theologie. Begründungen von Menschenrechten in der Perspektive öffentlicher Theologie. Gütersloh 2000, S. 24; Gabriel, Karl. Säkularisierung und öffentliche Religion. Religionssoziologische Anmerkungen mit Blick auf den europäischen Kontext. In: Jahrbuch für christliche Sozialwissenschaften Bd. 44. Religionen im öffentlichen Raum. Perspektiven in Europa. Münster 2003, S. 13-36; Bedford-Strohm, Heinrich. Öffentliche Theologie und Weltwirtschaft. Ökumenische Soziallehre zwischen Fundamentalkritik und Reformorientierung. In: ders. et al. (Hg.). Kontinuität und Umbruch im deutschen Wirtschafts- und Sozialmodell. Gütersloh 2007, S. 29-49; Anselm, Reiner. ‚Ethik ist etwas Vernünftiges.' Öffentliche Theologie im Zeitalter der Finanzkrise. Zeitschrift für Evangelische Ethik 53, 2009, S. 4-7; Polke, Christian. Öffentliche Religion in der Demokratie. Eine Untersuchung zur weltanschaulichen Neutralität des Staates. Leipzig 2009; Höhne, Florian, van Oorschot, Frederike (Hg.). Grundtexte Öffentlicher Theologie. Leipzig 2015; Munsonius, Hendrik. Öffentliche Religion im säkularen Staat. Tübingen 2016; Meireis, Torsten, Schieder, Rolf (Hg.). Religion and Democracy. Studies in Public Theology. Baden-Baden 2017. Auch im angloamerikanischen Diskurs gibt es Autoren, die lieber von public religion bzw. public theology als von political theology sprechen. Siehe z. B. Casanova, José. Public Religions in the Modern World. Chicago/ London 1994; Atherton, John. Public Theology for Changing Times. London 2000; Graham, Elaine. Between a Rock and a Hard Place. Public Theology in a Post-Secular Age. London 2013.
75 Vgl. Kafka (Anm. 56); Martino, Maria Grazia. Bellahs Begriff der Zivilreligion und mögliche Äquivalente bei Voegelin. In: Oliver Hidalgo et al. (Hg.). Christentum und Islam als politische Religionen. Ideenwandel im Spiegel gesellschaftlicher Entwicklungen. Wiesbaden 2017, S. 53-70.
76 Vgl. Krienke, Markus. Christdemokratie als Alternative zur politischen Theologie? Die Rückkehr politischer Religion in postsäkularer Zeit. In: Hidalgo et al. (Anm. 75), S. 71-94.
77 Paeth, Scott R. Jürgen Moltmann's Public Theology. In: Political Theology 6, 2005, S. 215-234; Arens, Edmund. Vom Schrei zur Verständigung. Politische Theologie als öffentliche Theologie. In: Thomas Polednitschek, Michael J. Rainer, José Antonio Zamora (Hg.). Theologisch-politische Vergewisserungen. Münster 2009, S. 129-138. Auch Linksbarthianismus und ‚neue' politische Theologie werden mittlerweile miteinander vermengt. Vgl. Park, Sungchole. Politische Theologie bei Karl Barth, Helmut Gollwitzer und Jürgen Moltmann. Eine politisch-hermeneutische Untersuchung zum Zusammenhang vom Linksbarthianismus und der „neuen" politischen Theologie. Berlin 2019.
78 Vgl. Kreutzer, Ansgar. Politische Theologie für heute. Aktualisierungen und Konkretionen eines theologischen Programms. Freiburg u.a. 2017; Engel, Ulrich. Politische Theologie „nach" der Postmoderne. Ostfildern 2017.
79 Siehe Anm. 1 und 67.

politisch-theologisch deuten.[80] Letztere gehen deutlich über die Frage einer möglichen Demokratisierung der Kirche(n) hinaus, welche Maier seinerzeit im Visier hatte.[81]

Insofern bleibt festzuhalten, dass Maiers Kritik an der politischen Theologie, deren Hauptstoßrichtung es war, die Theologie vor einer unzulässigen Infiltrierung durch die Politik zu bewahren, stets komplementär zu lesen ist mit anderen Positionen, die das Problem gegebenenfalls von einer anderen Seite aufzäumen.[82] Auch ist nicht zu übersehen, dass Fundamentalkritiken an der Politischen (politischen) Theologie im Zweifelsfall deutlich über die Bedenken Maiers hinausgehen und entweder die Vermischung von theologischen und politischen Referenzen mithilfe einer Ablehnung des Säkularisierungsbegriffs desavouieren[83] oder aber die politisch-öffentliche Dimension des Religiösen überhaupt negieren.[84]

Um deshalb ganz zum Schluss noch einmal das Alleinstellungsmerkmal von Maiers kritischer Sicht auf die Politische Theologie/Religion und sein alternatives Plädoyer für die Öffentliche Theologie zu illustrieren, bietet sich vielleicht doch ein letzter Vergleich mit Carl Schmitt an. Denn implizit ist die öffentliche Theologie, die Maier vorschwebt und die eine politische Dimension der christlichen Verantwortung behält, ohne zur politischen Theologie um Sinne von Metz zu degenerieren (siehe Abschnitt 2),[85] als Argument gegen die Lesart des „Katechon" zu verstehen, den Schmitt im *Nomos der Erde* als seine eigene Vorstellung ‚christlicher' Politik zu erkennen gibt.[86] Jene historisch-politische Macht aus dem 2. Brief des Paulus an die Thessalonicher, die die Erscheinung des Antichristen (und damit das Ende der Welt) aufzuhalten und somit zu verhindern vermag, dass angesichts der heilsgeschichtlichen Aussichten „alles menschliche Geschehen" von einer „eschatologischen Lähmung" erfasst wird[87] – bei Schmitt avanciert sie geradewegs zu einem Katalysator, um die völlige Loslösung der politischen Arena von

---

80 Vgl. z. B. Robbins, Jeffrey W. Radical Democracy (Anm. 1); Augsberg, Ino/ Ladeur, Karl-Heinz. Politische Theologie(n) der Demokratie. Das religiöse Erbe des Säkularen. Wien 2018; Hidalgo, Politische Theologie (Anm. 28).
81 Vgl. Maier, Kritik, S. 95ff.
82 In dieser Hinsicht ist hier etwa an die Position von Ulrich Matz zu erinnern, deren Zweck es umgekehrt bedeutete, die Politik vor einer prekären theologischen Infiltrierung zu schützen. Vgl. Matz, Ulrich. Verteidigung der Politik gegen die Politische Theologie. In: Hollerbach et al. (Anm. 56), S. 9-23.
83 Vgl. Blumenberg, Legitimität (Anm. 59).
84 Vgl. Hofbauer, Andreas Leopold. Ablösungsversuche. Zur Kritik der Religionspolitik und politischen Theologie. Wien 2001.
85 Siehe dazu insbesondere das Zitat in Anm. 25.
86 Vgl. Schmitt, Carl. Der Nomos der Erde im Völkerrecht des Jus Publicum Europaeum. 4.Aufl., Berlin 1997, S. 28-32. Siehe auch den Tagebucheintrag vom 19.12.1947, in dem Schmitt bekennt: „Ich glaube an den Katechon: er ist für mich die einzige Möglichkeit, als Christ Geschichte zu verstehen und sinnvoll zu finden" (ders. Glossarium. Aufzeichnungen der Jahre 1947–1951. Berlin 1991, S. 63).
87 Schmitt, Nomos der Erde, S. 29.

jeder christlichen Ethik sowie eine Apologie der Feindschaft zu legitimieren. Bei Maier sind hingegen die humanistischen Impulse, die Schmitt so leidenschaftlich bekämpft, eben das, was das Christentum auch in der Politik niemals aufgeben darf – selbst wenn es nicht von dieser Welt ist.

Keine religionsfreie tabula rasa
Hans Maier in den bundesrepublikanischen Kontroversen um Kirche und Staat.

Hermann-Josef Große Kracht

Der Katholik Hans Maier gehört zu den großen Gestalten des liberal-konservativen Denkens der Bundesrepublik. Er agiert nicht nur als *public intellectual*, als Politikwissenschaftler und Publizist, der sich gerne und durchaus streitbar in die Debatten seiner Zeit einmischt. Er war und ist ebenso sehr ein *homme politique*, der sich auch parteipolitisch einbinden lässt, Regierungsämter übernimmt und sich für die vermeintlichen Niederungen der Alltagspolitik nicht zu schade ist. Dabei gehörte er nie zu denjenigen, die dem 'politischen Projekt der Moderne' (Jürgen Habermas) mit einer grundsätzlichen Skepsis begegnen und den von den Säkularisierungsprozessen bedrohten 'Haltekräften des Religiösen' nachtrauern. Auch hat er nie das in der frühen Bundesrepublik gerade von katholischer Seite so gern bemühte 'Naturrecht' hochgehalten. Die im damaligen Katholizismus weit verbreitete Vorstellung, eine demokratische Staatsform könne eigentlich nur dann legitim sein, wenn sie sich den vorgegebenen Normen des katholisch definierten Naturrechts unterwirft, war seine Sache nicht.

Vielmehr ging es ihm von Anfang an darum, den säkularen Staat des Grundgesetzes, der zunächst durchaus ungeliebt war und auch von vielen Katholiken skeptisch beäugt wurde, in seiner Legitimität zu unterstützen und ihn politisch und moralisch zu verteidigen. Maier rechnet sich selbst zu den "unruhigen Kinder[n] der re-education", die unmittelbar nach dem Krieg "mit jugendlicher Ungeduld an den institutionellen Gitterstäben von Staat, Gesellschaft, Kirche und Geschichte zu rütteln begannen".[1] Seit dieser Zeit wurde es zu einer seiner Lebensaufgaben, katholische Kirche und liberale Demokratie miteinander ins Gespräch zu bringen und politisch zu versöhnen, um im demokratischen Staat überzeugter Katholik und überzeugter Demokrat zugleich, *civis idem et christianus* sein zu können.

Dabei ist Hans Maier ganz und gar ein Kind der alten Bundesrepublik. Er erlebte seine politische und kulturelle Formierungsphase in der Adenauer-Ära. Hier schrieb er seine wissenschaftlichen Qualifikationsarbeiten, und hier begann er

---

1 Hans Maier, Kirche und Demokratie (1963), in: Ders., Schriften zu Kirche und Gesellschaft, Bd. 1, Freiburg i. Br.: Herder 1983, 11-31, 11.

seine akademische Karriere. Die Wert- und Orientierungsmuster, die Koordinaten und Gepflogenheiten der 1950er und 1960er Jahre, in denen der Katholizismus erstmals in der deutschen Geschichte eine bedeutende, geradezu staatstragende Rolle spielte, bildeten den Rahmen, in dem sich die politischen Anliegen und Optionen Hans Maiers entwickelten. Diese Koordinaten verteidigte er auch im langen sozialdemokratischen Jahrzehnt (1969-1982), in dem er als bayerischer Kultusminister (1970-1986) und als Präsident des Zentralkomitees der deutschen Katholiken (1976-1988) zu einer gestaltungsmächtigen Person des öffentlichen Lebens wurde, die keinem Streit aus dem Wege ging. In den hitzigen Zeiten der 1968 aufbrechenden Studentenbewegung, die auch weite Teile des bundesrepublikanischen Katholizismus erfasste, erwies er sich als energischer Gegner der nun überall auftauchenden Forderungen nach Politisierung und Demokratisierung, nach Autonomie, Emanzipation und umfassender Umgestaltung aller gesellschaftlicher Verhältnisse. Nötige, aber auch unnötige Konflikte, die er mitunter selbst anfachte, ging er selbstbewusst an. Er agierte in dieser Zeit als leidenschaftlich kämpfender, klug und zumeist differenziert, dabei gerne auch polemisch argumentierender und überlegt handelnder politischer Akteur, der schnell – und weit über den Katholizismus hinaus – zu einer der prägenden Persönlichkeiten des liberal-konservativen Widerstands gegen sozialdemokratisch-sozialistische Tendenzen aller Art wurde.

Die Berliner Republik, die seit der Wiedervereinigung 1990 die jahrzehntelang etablierten Grundmuster der Bonner Republik nicht wenig umzukrempeln begann, blieb Hans Maier dagegen politisch und kulturell eher fremd. Die mit dem Beitritt der fünf neuen Bundesländer ausgelösten Säkularisierungsschübe, die neue Präsenz ganz selbstverständlich konfessionsloser Bevölkerungsgruppen, die plötzlich die 'größte Konfession' im Lande stellen, während die christlichen Großkirchen beständig schrumpfen und dramatisch an Relevanz verlieren, aber auch die wachsende Pluralisierung des religiösen Feldes, das die Kirchen längst nicht mehr zu dominieren vermögen – all dies markiert neuartige Herausforderungen für eine 'postchristentümliche' Verhältnisbestimmung von Religion und Politik, die mit den staatskirchenrechtlichen Instrumentarien der alten Bundesrepublik nicht mehr angemessen bearbeitet werden können. Diesen Herausforderungen konnte und wollte Hans Maier sich nur noch in Grenzen stellen. Entscheidende Durchbrüche zu den deutlich religionsloser verfassten Selbstverständlichkeiten der Berliner Republik sind ihm nicht mehr gelungen. Dies schmälert seine Leistungen im Hinblick auf grundlegende Klärungen zum Verhältnis von Staat und Kirche, von Politik und Religion aber in keiner Weise; im Gegenteil: Wer sich mit Geschichte und Gegenwart des Verhältnisses von Religion und Demokratie – diesseits und jenseits des Katholizismus – beschäftigen will, wird auch in Zukunft um Hans Maier nicht herumkommen.

Keine religionsfreie tabula rasa.

1. Kirche und Demokratie in der Adenauer-Ära

Im Alter von 28 Jahren veröffentlichte Hans Maier seine bei Arnold Bergstraesser in Freiburg i.Br. verfasste politikwissenschaftliche Dissertation zur Konfliktgeschichte von Kirche, Staat und Demokratie im Frankreich der ersten Hälfte des 19. Jahrhunderts.[2] Angesichts der in vielen europäischen Ländern nach dem Krieg entstehenden christdemokratischen Parteien wollte er den historischen Entstehungskontexten der Idee einer 'christlichen Demokratie' in Frankreich nachgehen. Seine viel gelesene, in mehrere Sprachen übersetzte und mittlerweile in der 6. Auflage vorliegende Studie, die in der Sache bis heute nicht überholt ist, orientiert sich an Jacob L. Talmons in den 1950er Jahren breit rezipierte Unterscheidung von liberaler und totalitärer Demokratie.[3] Maier entwickelte auf dieser Grundlage Ansätze für eine Verhältnisbestimmung von Kirche und Staat, die sich vor allem an den älteren angloamerikanischen Traditionen des politischen Denkens orientieren und auf die er in den folgenden Jahrzehnten immer wieder zurückgreifen wird.

Die Geschichte der modernen Demokratie habe, so betonte er zusammenfassend, im 17. Jahrhundert vor allem in den angelsächsischen Ländern begonnen; und zwar ganz "ohne Berührung mit dem Katholizismus"[4]. Diese ältere Demokratietradition kennzeichne sich dadurch, dass sie "neben sich andere Kräfte, Kirchen, eine freie Gesellschaft, das Individuum mit seinen Rechten und seinem Glücksstreben" gelten lassen könne, während die mit der Französischen Revolution entstandene rousseauistisch-jakobinische Demokratie "nichts neben sich" dulde, "weder Korporationen noch ein Individuum mit privaten, vom Gemeinwillen abgesonderten Wünschen noch eine Kirche, die einen nicht vom Staat abgeleiteten Charakter als 'societas perfecta' für sich in Anspruch nimmt".[5] Die Französische Revolution kennzeichne sich durch den Versuch, Staat und Kirche miteinander totalitär zu

---

2 Hans Maier, Revolution und Kirche. Studien zur Frühgeschichte der christlichen Demokratie 1789-1850, Freiburg i. Br.: Rombach 1959. Eine neubearbeitete und um ein Kapitel zur Ralliement-Politik Leos XIII. erweiterte fünfte Auflage erschien im Jahr 1988. Die 6. Auflage erschien im Jahr 2006 im Rahmen einer fünfbändigen Ausgabe 'Gesammelter Schriften' beim Beck-Verlag.
3 Jacob L. Talmon, Die Ursprünge der totalitären Demokratie (1952), Köln-Opladen: Westdeutscher Verlag 1961. Das von dem israelischen Historiker Talmon – er gilt vielen als 'Kalter-Kriegs-Liberaler' – geprägte Theoriemotiv des Totalitarismus war in den 1950er und 1960er Jahren ein beliebtes Orientierungsmuster, um die demokratisch-liberalen Staaten des Westens normativ auszuzeichnen. Hans Maier hat das Motiv des Totalitarismus in den 1990er Jahren in seinem von der Volkswagenstiftung geförderten Forschungsprojekt zum Thema 'Totalitarismus und Politische Religionen: Konzepte des Diktaturvergleichs' wieder aufgegriffen und weitergeführt.
4 1963/1983, 13; vgl. zum Folgenden nahezu wortgleich auch Jahrzehnte später: Hans Maier, Die Katholiken und die Demokratie (2010), in: Ders., Christentum und Gegenwart. Gesammelte Abhandlungen, hg. v. Ulrich Ruh, Freiburg i.Br.: Herder 2016, 176-197, 176-186.
5 Ebd.

verschmelzen[6], da sie nicht "eine geordnete Zusammenarbeit, sondern die Unterordnung und Einverleibung der Kirche"[7] gewollt habe. In Wiederaufnahme der Traditionen der antiken Polis hätten die Revolutionäre nicht auf verfassungsrechtliche Leitbilder einer je eigenen Legitimität von Kirche und Republik, sondern auf eine umfassende "Idee der religiös-politischen Einheit des Staates"[8] gesetzt, die nach der Entmachtung des alten Bündnisses von Thron und Altar durch eine neue republikanische *religion civile* zu bewerkstelligen sei. In diesem Sinne habe man begonnen, die alte Einheit von Politik und Kirche unter republikanischen Vorzeichen neu aufzulegen und "in Robbespierres Republik der Tugend säkularisierte Formen der Religion aus katholischen Kultresten"[9] zu entwickeln, wie etwa in den heute skurril anmutenden Vernunft- und Freiheitskulten der Jahre 1793 und 1794.

Die Revolution wollte also, so Maier, selbst 'Kirche' sein; und damit war "eine Verständigung zwischen Katholizismus und Demokratie ausgeschlossen", denn die neue Republik habe keinen Raum für "die christliche Scheidung der Gewalten" gelassen, "die Gott und dem Kaiser nicht das Gleiche, sondern das Seine gibt".[10] Stattdessen habe sich jene schroffe und kompromisslose Frontalverurteilung der Republik durch das kirchliche Lehramt entwickelt, die die katholische Wahrnehmung der Demokratie bis weit in das 20. Jahrhundert hinein entscheidend prägte. Sie habe sich in der Sache, wie Maier immer wieder betonte, aber stets auf die 'totalitäre Demokratie' des französischen Typus bezogen, nicht auf die ältere liberale Demokratie der angloamerikanischen Tradition, die dabei kaum in den Blick geraten sei. Dem kirchlichen Lehramt habe nämlich schlicht "die Erfahrung mit dem angelsächsischen 'civil government'" gefehlt, das ihr nur "als protestantische Sonderentwicklung" gelten konnte.[11]

Vorstellungen einer christlichen Demokratie (*démocratie chrétienne*) hatten in der katholischen Kirche deshalb lange Zeit keine Chance auf Anerkennung. Entsprechende Versuche im liberalen Milieu des französischen Katholizismus, etwa beim bretonischen Abbé Lammenais, dem Philosophen Philipp-Joseph Buchez oder dem Historiker Charles de Montalembert, wurden schroff verurteilt. Und auch Papst Leo XIII., der sich in den 1880er Jahren um eine vorsichtige Aussöhnung mit der Republik bemühte und in diesem Zusammenhang das Wort von der *démocratie chrétienne* erstmals im lehramtlichen Kontext erwähnte, bestand darauf, dass dieser Begriff nicht in politischen, sondern nur in karitativen Kontexten Verwendung finden dürfe und als Bezeichnung für die "christliche Bewegung sozialer Sorge für das Volk"[12] zu verstehen sei.

---

6 Vgl. 1958, 57-104.
7 Ebd., 101.
8 Ebd., 103.
9 1963/1983, 15.
10 Ebd.
11 Ebd., 13.
12 Vgl. ebd., 24.

Keine religionsfreie tabula rasa.

Leo XIII. hatte in seinem umfangreichen staatstheoretischen Schrifttum auf der Grundlage der von ihm für kirchlich verbindlich erklärten aristotelisch-thomistischen Naturrechtsphilosophie eine Theorie der grundsätzlichen Indifferenz der Kirche gegenüber den verschiedenen Staatsformen von Monarchie und Demokratie entwickelt. Demnach könne auch eine demokratische Republik grundsätzlich eine legitime Staatsform sein, sofern die vom Volk gewählten Herrscher sich nicht einfach an einem wie auch immer zu verstehenden Volkswillen, sondern an den jeder Staatsgewalt naturrechtlich vorgegebenen Gemeinwohlverpflichtungen orientieren. Und dazu gehöre nicht zuletzt, dass der Staat die Aufgaben der Kirche in vollem Umfang anerkennt und fördert. Die beiden Herrschaftsverbände von Staat und Kirche haben als *societates perfectae* demnach die gottgegebene Aufgabe, in geordneter Weise zusammenzuarbeiten (*ordinata colligatio*) und das Volk in ihrem je eigenen Souveränitätsbereich eigenständig zu führen und anzuleiten, wobei die weltlichen Autoritäten für das irdische Wohl und die kirchlichen Amtsträger für den Zugang zum ewigen Heil zu sorgen haben. In diesem Sinne konnte der Pecci-Papst im Jahr 1888 die berühmte Indifferenzerklärung abgeben und festhalten: "Die Kirche verwirft keine der verschiedenen Staatsformen, wenn sie nur an sich dem Wohl der Bürger förderlich sind."[13] Dieses zaghafte Nicht-Nein zur Demokratie, das den erstrebten diplomatischen Brückenschlag zur französischen Republik ermöglichen sollte, blieb bis weit in das 20. Jahrhundert hinein die zentrale demokratietheoretische Aussage des kirchlichen Lehramtes.

Eine tragfähige, auf echter Anerkennung der Demokratie beruhende Verhältnisbestimmung von Staat und Kirche ist damit natürlich nicht gegeben; und so beklagte Hans Maier mit Nachdruck, dass die leoninische Staatslehre "nur zu einer Haltung der Indifferenz, des Respekts, der wohlwollenden Neutralität"[14] führe, den Katholiken der Bundesrepublik eine wirkliche Identifizierung mit der Staatsform, in der sie leben, aber nicht ermögliche. Und dies sei in hohem Maße bedauerlich, weil der demokratische Staat des Grundgesetzes auf die dauerhafte Mitarbeit seiner Staatsbürger in elementarer Weise angewiesen sei, um sich "als wichtigste und vielleicht letzte Freiheitschance des Menschen"[15] dauerhaft zu bewähren.

Die katholische Kirche der Bundesrepublik verstand sich in der Ära Adenauer und weit darüber hinaus – ganz in der leoninischen Tradition – als göttlich legitimierte Normierungsinstanz des Politischen, die gegenüber Staat und Gesellschaft verbindliche sittliche Prinzipien aufzustellen und deren Befolgung autoritativ einzufordern habe. Ihr Ideal war nach wie vor der katholische Glaubensstaat, der von der weltlichen Herrschaft eine energische Förderung der einzig wahren katholischen Religion gegenüber den verschiedenen 'falschen' Religionen und Welt-

---

13 Enzyklika Libertas praestantissimum, Rn. 73 (lat.-dt. in: Die katholische Sozialdoktrin in ihrer geschichtlichen Entfaltung, 4 Bde., Aachen: Scientia Humana Institut 1976.).
14 1963/1983, 17.
15 Ebd., 26.

anschauungen erwartet, denn schließlich könne, wie Papst Pius XII. noch 1953 in seiner sogenannten 'Toleranzansprache' betonte, der Irrtum grundsätzlich" kein Recht auf Dasein, Propaganda und Aktion" haben.[16]

Trotz dieser bleibenden Vorbehalte gegenüber der religiös neutralen und weltanschaulich pluralen Republik hatte der bundesdeutsche Katholizismus in den 1950er Jahren aber seinen Frieden mit dem Staat des Grundgesetzes gemacht und sich behaglich in ihm eingerichtet. So waren diese Jahrzehnte durch eine erhebliche – und für die deutsche Geschichte neuartige – Nähe von Staat und katholischer Kirche gekennzeichnet, wobei beide davon überzeugt waren, für Bestand und Wohlergehen des jeweils anderen eine hohe Verantwortung zu haben. Es herrschte eine Phase enger partnerschaftlicher Verbundenheit. Und nicht nur führende Kirchenvertreter, sondern auch viele katholische Politiker griffen gerne auf die Traditionsbestände des vormodernen Modells einer 'wohlgeordneten Zusammenarbeit' von geistlicher und weltlicher Herrschaft zurück, um die christlichen Großkirchen als staatsnahe Organisationen in den Legitimationshaushalt der Bundesrepublik einzubinden. Dies zeigte sich etwa in den Landesverfassungen und den Präambeln der Staatskirchenverträge dieser Zeit, die regelmäßig von der "Bedeutung der Kirchen für die Wahrung und Festigung der religiösen und sittlichen Grundlagen des menschlichen Lebens" o.ä. sprachen.[17] Und so ging auch Hans Maier im Jahr 1963 noch ganz selbstverständlich davon aus, dass es im Verhältnis von Staat und Kirche darum gehen müsse, "sowohl dem staatlichen wie dem kirchlichen Öffentlichkeitsanspruch 'das Seine' zu geben und beide in ihrem wechselseitigen Angewiesensein zu sehen"[18]. Das leoninische Motiv der *ordinata colligatio*, der 'geordneten Zusammenarbeit' von Kirche und Staat als den beiden autoritativen Ordnungsmächten der Gesellschaft, blieb für Hans Maier auch dann noch die zentrale Orientierungsgröße, als sich im kirchlichen Selbstverständnis durch die vom II. Vatikanischen Konzil (1962-1965) ausgelösten Umbrüche fundamentale Veränderungen ergaben. Und er befand sich damit völlig im Einklang mit den eingelebten Orientierungsmustern des Staatskirchenrechts der Bonner Republik, das diese innerkirchlichen Veränderungen kaum zu rezipieren vermochte.

---

16 Zit. nach: Ernst-Wolfgang Böckenförde, Religionsfreiheit als Aufgabe der Christen. Gedanken eines Juristen zu den Diskussionen auf dem Zweiten Vatikanischen Konzil (1965), in: Ders., Christlicher Glaube in den Herausforderungen der Zeit. Beiträge zur politisch-theologischen Verfassungsgeschichte 1957-2002, Münster/W.: Lit 2004, 197-212, 204.
17 Vgl. etwa die Verfassungen von Rheinland-Pfalz aus dem Jahr 1947 (Art. 41) oder von Baden-Württemberg aus dem Jahr 1953 (Art. 4), aber auch noch die neue Verfassung von Sachsen aus dem Jahr 1992 (Art. 109).
18 Hans Maier, Kirche und Politik (1963), in: Ders., Schriften zu Kirche und Gesellschaft, Bd. 1, 134-149, 148.

2. Die Aufbrüche der Konzilszeit

Das vormoderne Modell der Verhältnisbestimmung von Kirche und Staat wurde im II. Vatikanischen Konzil fundamental aufgebrochen.[19] Hier ist vor allem die berühmte und seinerzeit heiß umkämpfte Konzilserklärung über die Religionsfreiheit (*Dignitatis humanae*) zu nennen. Aber auch *Gaudium et spes*, die große Pastoralkonstitution des Konzils, formulierte als neues Leitbild die Vorstellung von der Kirche als 'pilgerndes Volk Gottes', die ihr Verhältnis zu Politik und Gesellschaft nicht mehr im Modus obrigkeitlicher Wahrheitshinsage, sondern in der Form einer kritisch-konstruktiven Zeitgenossenschaft auf Augenhöhe zu bestimmen versucht. Die bisherige Option für den katholischen Glaubensstaat wurde damit definitiv aufgegeben. Insbesondere *Dignitatis humanae* verpflichtet den Staat nicht länger auf die Verwirklichung einer ihm vorgegebenen naturrechtlichen Tugend- und Wahrheitsordnung, sondern vor allem auf die Gewährleistung einer auf die individuelle Moralität der Staatsbürger vertrauenden Rechts- und Freiheitsordnung.[20] Das Konzil unterscheidet nun zwischen der Staatsgewalt (*potestas civilis, potestas publica*) und der Gesellschaft der Bürgerinnen und Bürger (*societas, societas humana*) und – damit korrespondierend – zwischen dem vor allem in der Verantwortung der Gesellschaft stehenden Gemeinwohl (*bonum commune*) und der von der Staatsgewalt zu gewährleistenden öffentlichen Ordnung (*ordo publicus*). Damit hat die neuzeitliche Differenzierung von Staatsapparat und Zivilgesellschaft erstmals Eingang in ein Lehrdokument der katholischen Kirche gefunden; und es waren gerade die US-amerikanischen Bischöfe und der maßgebliche Einfluss ihres Konzilstheologen John Courtnay Murray SJ, die dafür gesorgt haben, dass in den Konzilsberatungen auch die angloamerikanische Demokratietradition angemessen zur Sprache kam und sich in dieser Neudefinition des Politischen nachdrücklich zu artikulieren vermochte.[21]

Die weltlichen und geistlichen Autoritäten erscheinen in diesem Rahmen nicht länger als diejenigen Instanzen, die den Untertanenverband in einträchtiger Zusammenarbeit zu irdischem Wohl und himmlischem Heil zu führen haben. Die Gemeinwohl-Verantwortung obliegt nun vielmehr "sowohl den Bürgern wie auch den sozialen Gruppen und den Staatsgewalten, der Kirche und den religiösen Gemeinschaften, dies je nach ihrer eigenen Weise und je nach der Pflicht, die sie dem Gemeinwohl gegenüber haben" (DH 6,1). Der Staat wird damit – zumindest

---

19 Die Konzilsdokumente *Dignitatis humanae* (DH) und *Gaudium et spes* (GS) werden zitiert nach: Lexikon für Theologie und Kirche. Ergänzungsbände, 2. Aufl., Freiburg i.Br.: Herder 1966.
20 Vgl. dazu noch immer grundlegend Böckenförde 1965/2004.
21 Vgl. zur Rolle Murrays: Karl Gabriel/Christian Spieß/Katja Winkler, Wie fand der Katholizismus zur Religionsfreiheit? Faktoren der Erneuerung der katholischen Kirche, Paderborn: Schöningh 2016, 136-244.

in der Tendenz – zu einem von allen intrinsischen Hoheits- und Souveränitätsattributen entbundenen technischen Kunstprodukt im Dienste der gesellschaftlichen Selbstregierung der Bürgerinnen und Bürger. Und es sind nun vor allem diese, die den entsubjektivierten Staatsapparat politisch und moralisch auf seine Gemeinwohlverpflichtung programmieren können und zugleich auch müssen. *Dignitatis humanae* eröffnet in diesem Sinne die Chance zu einem grundlegenden Umbruch von der obrigkeitsstaatlichen zu einer neuen zivilgesellschaftlichen Politikperspektive. Seitdem steht die katholische Kirche vor der Aufgabe, sich nicht länger als hierarchische Anstaltskirche mit gesamtgesellschaftlichen Normierungspflichten zu inszenieren, sondern – in neuer kirchlicher Unabhängigkeit – zu einem freien und gleichberechtigten Teil der demokratischen Zivilgesellschaft zu werden; ein programmatischer Aufbruch, der in den Folgejahren vom bundesrepublikanischen Katholizismus jedoch nur sehr zaghaft aufgegriffen wurde. Die Vorstellung, die katholische Kirche könne und solle aus freien Stücken ihre Position 'oberhalb der Gesellschaft' aufgeben und sich 'nur noch' als gleichberechtigter Teil der Zivilgesellschaft, als ein politisch-moralischer Akteur neben anderen verstehen, stieß im bundesdeutschen Elitenkatholizismus lange Zeit auf wenig Gegenliebe.

Hans Maier hat die Aufbrüche des Konzils freudig begrüßt. Dabei verwies er besonders auf die Bedeutung von John Courtney Murray, dessen Arbeiten schon in seiner Dissertation von 1959 eine wichtige Rolle spielten. Murray habe auf dem Konzil wie niemand sonst "das Problem des legitimen Autonomieanspruchs der zeitlichen Ordnung gegenüber dem Primatsanspruch des Spirituellen"[22] zum Thema gemacht. Und mit dem Konzil habe das angloamerikanische politische Denken endlich kirchliches Heimatrecht erhalten, wie Maier dankbar notiert. Insbesondere die Anerkennung der berechtigten '"Autonomie der irdischen Wirklichkeiten" von Politik und Gesellschaft (vgl. GS 36) habe die notwendige Unterscheidung zwischen Staat und Kirche festgeschrieben und damit den theokratisch-integralistischen Bestrebungen früherer Zeiten eine klare Absage erteilt. Von besonderer Bedeutung sei in diesem Zusammenhang, so Maier, auch die deutliche Unterscheidung zwischen kirchlichen Amtsträgern und den sogenannten Laien, denn das Konzil habe sich klar dazu bekannt, dass das öffentliche politische Engagement der Christen von jeder Bevormundung und Kontrolle durch das Amt freizuhalten sei. Es müsse, wie *Gaudium et spes* betont, "klar unterschieden" werden "zwischen dem, was die Christen als einzelne oder im Verbund im eigenen Namen als Staatsbürger, die von ihrem christlichen Gewissen geleitet werden, und dem, was sie im Namen der Kirche zusammen mit ihren Hirten tun" (GS 76). Damit sei, so Maier, erstmals das freie politische Engagement der katholischen Laien in Staat und

---

22 John Courtney Murray; zit. nach: Hans Maier, Staat und Kirche in Deutschland (1964), in: Schriften zu Kirche und Gesellschaft, Bd. 2, Freiburg i. Br.: Herder 1984, 11-27, 27 (ohne Belegangabe).

Keine religionsfreie tabula rasa.

Gesellschaft vorbehaltlos anerkannt worden, und nicht nur das: Zugleich sei auch ein legitimer katholischer Pluralismus *in politicis* legitimiert worden, da es auch unter Katholiken "berechtigte Meinungsverschiedenheiten in Fragen der Ordnung irdischer Dinge" (GS 75) geben könne. Damit habe das Konzil den Blick geöffnet für "neue Möglichkeiten einer nicht auf staatskirchliche Garantien, sondern auf freie gesellschaftliche Tätigkeit im Rahmen der [auf; HJGK)] Religionsfreiheit gestützten öffentlichen Stellung der Kirche"[23]. Allerdings ergebe sich dadurch auch, wie er anmerkte, eine neue "Schwierigkeit", denn nicht nur der Staat, sondern auch die Gesellschaft habe von nun an "zu dem von ihr freigegebenen Glaubens- und Gewissensbereich keine näher bestimmbare positive Beziehung" mehr - "wodurch einerseits das Freigegebene in Gefahr kommt, zu verfallen und bedeutungslos zu werden, andererseits die Gesellschaft selbst in ein pragmatisches Zweckdenken geraten kann oder gerade in der Desillusionierung für säkularisierte Heilslehren anfällig wird".[24]

Damit ist ein für Hans Maier typischer Wahrnehmungsbogen geschlagen, den er in den Folgejahren konsequent beibehalten wird: Einerseits verteidigt er – gegen alle Formen eines alten oder neuen integralistischen Denkens – die legitime Autonomie von Politik, Staat und Gesellschaft mit Nachdruck; zugleich befürchtet er aber, dass es diesen nun emanzipierten und religiös gleichsam allein gelassenen Sozialbereichen ohne die Kirche an der notwendigen moralischen Kraft und Stärke mangeln wird und dass auch Kirche und Christentum selbst ohne die institutionelle Stützung durch den Staat 'verfallen' und 'bedeutungslos' werden könnten. Bei aller echten Sympathie für den religiös neutralen Staat, für Demokratie, Pluralität und Meinungsfreiheit macht sich hier also zugleich auch ein Grundzug der Angst vor der von christlicher Religion und Kirche emanzipierten politischen Ordnung der Gegenwart bemerkbar. Und immer wieder klingt die Vorstellung durch, dass man den Menschen der Moderne ihren Staat und ihre Politik am Ende doch nicht einfach so überlassen dürfe. Deshalb plädiert Hans Maier auch in der Zeit nach dem Konzil immer wieder für das Modell der "Partnerschaft zwischen Kirche und Staat"[25], das nicht leichtfertig aufgegeben werden dürfe. Die Frage, inwiefern sich mit den Aufbrüchen des Konzils für die Kirche eine systematische Umstellung von einer obrigkeitlichen zu einer zivilgesellschaftlichen Politikperspektive anbietet – oder geradezu aufdrängt, hat Hans Maier in den Folgejahren deshalb nur sehr vorsichtig aufgegriffen. Wie der mainstream des bundesrepublikanischen Elitenkatholizismus blieb auch er bei den Wahrnehmungsmustern des bisherigen,

---

23 Hans Maier, Religionsfreiheit in den staatlichen Verfassungen (1966), in: Ders., Schriften zu Kirche und Gesellschaft, Bd. 3, Freiburg i.Br.: Herder 1985, 71-89, 88.
24 Ebd., 89.
25 Hans Maier, Gegenwartsaspekte des Verhältnisses von Kirche und Staat (1966), in: Ders., Schriften zu Kirche und Gesellschaft, Bd. 2, 28-44, 43.

den Kooperationsgedanken favorisierenden Staatskirchenrechts stehen, die er in den folgenden Jahrzehnten immer wieder verteidigen sollte.

Vor diesem Hintergrund griff Hans Maier seit den späten 1960er Jahren immer wieder sehr energisch in die durch das Konzil, vor allem aber auch durch die Studentenbewegung ausgelösten und oft hitzig geführten innerkatholischen Debatten um eine Neuprofilierung von Kirche und Christentum unter den Bedingungen der Gegenwart ein, wobei er sich insbesondere gegen die damals omnipräsenten Rufe nach Demokratisierung und Politisierung, nach Gesellschaftskritik und Emanzipation richtete.[26] So hat er etwa in einer viel beachteten Kontroverse mit dem Münsteraner Fundamentaltheologen Johann Baptist Metz eine scharfe Polemik vom Zaun gebrochen, in der es um die vermeintlichen Gefahren einer gesellschaftskritischen 'politischen Theologie' ging.[27]

Im Jahr 1968 hatte Metz sein Programm einer 'politischen Theologie' vorgestellt, mit dem er in den folgenden Jahrzehnten zu einem der weltweit wichtigsten theologischen Impulsgeber der Nachkonzilszeit werden sollte. Metz wollte eine politische Theologie "als kritisches Korrektiv gegenüber einer extremen Privatisierungstendenz gegenwärtiger Theologie" entfalten, die darauf zielt, "die eschatologische Botschaft unter den Bedingungen unserer gegenwärtigen Gesellschaft zu formulieren".[28] Die Entprivatisierung der Theologie sei, wie er betonte, von ähnlicher Relevanz wie das Programm der Entmythologisierung, das in der Gefahr stehe, "Gott und das Heil auf ein privates Existenzkorrelat zu reduzieren", wodurch den biblischen Verheißungen von Frieden und Gerechtigkeit "jede gesellschaftskritische Kraft geraubt" werde.[29] Die heute vorherrschenden Theologien in ihren transzendentalen, existenzialen und personalistischen Spielarten ignorierten nämlich, so Metz, die Tatsache, dass die Botschaft Jesu die Christen "immer neu in die gesellschaftlichen Verantwortung"[30] rufe. Deshalb komme es darauf an, die

---

26 Derartige Forderungen wies er in der Hitze der damaligen innerkatholischen Gefechtslagen gerne und denkbar schroff als antidemokratisch zurück: Die Forderung, die Kirchen "dürften sich nicht damit bescheiden, die Wunden der Welt zu heilen, sie müßten verhindern, daß Wunden überhaupt geschlagen werden", sei, so erklärte er im Handbuch des Staatskirchenrechts, nichts anderes als "ein offenkundiger Aufruf zur Errichtung einer Theokratie" (Hans Maier, Die politischen und gesellschaftlichen Grundlagen des Staat-Kirche-Verhältnisses in der Bundesrepublik Deutschland (1974), in: Ders., Schriften zu Kirche und Gesellschaft, Bd. 2, 45-64, 62).
27 Im Nachgang dazu dürfte es auch zu persönlichen Verletzungen gekommen sein, die man sicherlich hätte vermeiden können. So wurde Metz im Jahr 1979 vom bayerischen Kultusminister Maier auf den bloßen 'Wunsch' des damaligen Münchner Erzbischofs Josef Ratzinger hin – in vorauseilender Kirchlichkeit und ohne angemessene sachliche Begründung – ein Ruf an die Universität München verweigert; vgl. dazu den ausführlichen öffentlichen Protest von Karl Rahner: Ich protestiere (16.11.1979), in: Ders., Sämtliche Werke, Bd, 31, Freiburg i.Br.: Herder 2007, 464-475.
28 Johann Baptist Metz, Kirche und Welt im Lichte einer 'politischen Theologie', in: Ders., Zur Theologie der Welt, Mainz: Grünewald 1968, 99-116, 99.
29 Ebd., 102.
30 Ebd., 105

Keine religionsfreie tabula rasa.

Kirche, die bisher "ihr kritisches Wort gegenüber den Mächtigen unserer Welt zu leise oder zu spät"[31] spreche, als "Institution kritischer Freiheit gegenüber dem gesellschaftlichen Prozeß"[32] neu zu profilieren, wobei sie aber jeden "Anschein einer Machtreligion"[33] vermeiden müsse. Diese politische Theologie – der Begriff sei, wie Metz einräumt, "historisch belastet" und keinesfalls "unmißverständlich"[34] – habe dabei "nichts zu tun mit einer reaktionären Neopolitisierung des Glaubens; sie hat aber alles zu tun mit der Entfaltung der gesellschaftskritischen Potenz dieses Glaubens"[35].

Um "direkte Politisierungen der christlichen Verheißungen"[36], die in der Geschichte des Christentums immer wieder vorgekommen seien, zu vermeiden, müsse man, so Metz, in besonderer Weise den "eschatologischen Vorbehalt"[37] betonen, der jeden geschichtlich erreichten Zustand der Gesellschaft in seiner Vorläufigkeit kennzeichne und dadurch relativiere. Deshalb könne es nicht darum gehen, "eine positive Gesellschaftsordnung normativ zu proklamieren"[38] oder "eine bestimmte inhaltliche Vorstellung von der künftigen freien Gesellschaft der Menschen"[39] vorzugeben. Vielmehr könne und müsse es der Kirche um Sozial- und Gesellschaftskritik gehen, um den "kritischen Widerstand gegen das Grauen und den Terror der Unfreiheit und der Ungerechtigkeit"[40].

Hans Maier hat daraufhin beklagt, dass in Metz' politischer Theologie "die Kirche als Kirche zur Politik aufgefordert wird – und nicht mehr nur der einzelne Christ oder Gruppen von Christen in der Kirche"[41]. Das Konzil habe aber – gegen die integralistischen Tendenzen der ersten Hälfte des 20. Jahrhunderts – dafür gesorgt, "die Kirche aus einseitigen Verflechtungen in die Politik zu lösen, sie zur Freigabe des politischen Raumes zu bewegen und damit die Voraussetzungen zu schaffen für eine breite, vielfältige, verantwortliche Teilnahme der Gläubigen am politischen Leben"[42]. Und erst dadurch seien, wie Maier betonte, ein legitimer katholischer Pluralismus und eine eigenständige Rolle der katholischen Laien in der Politik anerkannt worden. Vor diesem Hintergrund sah er in den Forderungen nach einer Politisierung der Kirche die Gefahr, dass sich hier ein "neuer Integralismus"[43]

---

31 Ebd., 111.
32 Ebd., 108f.
33 Ebd., 111.
34 Ebd., 99.
35 Ebd., 104.
36 Ebd., 105.
37 Ebd., 110.
38 Ebd., 114.
39 Ebd., 115.
40 Ebd., 116.
41 Hans Maier, Politische Theologie? Einwände eines Laien (1969), in: Ders., Schriften zu Kirche und Gesellschaft, Bd. 1, 185-207, 185.
42 'Ebd., 186.
43 Ebd.

ausbreite, der im Blick auf das politische Engagement der Kirche den Eindruck erwecke, Politik sei "das Einherschreiten auf einer schnurgeraden, lehramtlich gepflasterten Straße und nicht vielmehr ein mühsames Wegsuchen im Dickicht von Interessen, Gruppenrivalitäten und Normkonflikten"[44].

Zudem stamme der Begriff der politischen Theologie, worauf Maier mit Recht hinwies, aus der griechisch-römischen Antike und bezeichne das damalige "Ineinander von Staatlichem und Göttlichem, Kult und Politik"[45]; jene politisch-religiöse Einheitswelt, die seinerzeit durch das Christentum aufgebrochen worden sei, auch wenn sich fortan immer wieder neue Formen einer solchen 'politischen Theologie' auch unter christlichen Vorzeichen zu etablieren vermochten. Für diese Form einer politischen Theologie habe sich in den 1930er Jahren vor allem der dezisionistische Machttheoretiker Carl Schmitt, der 'Kronjurist des Dritten Reiches' (Reinhard Mehring), mit Vehemenz stark gemacht, weshalb Maier leidenschaftlich dafür plädierte, auf diesen "untauglichen Begriff"[46] vollständig zu verzichten.[47] Er meine schließlich genau das, was auch Metz ablehne: die 'reaktionäre Neopolitisierung des Glaubens'[48]. Statt von' politischer' solle man lieber, so Maier, von 'öffentlicher' Theologie, von *théologie publique* reden, wobei er sich durchaus der Überzeugung anschloss, dass die Verkündigung "immer aufs neue in die gesellschaftliche Verantwortung zwinge und im Grenzfall in den Konflikt mit der existierenden Gesellschaft führen könne"[49].

Allerdings habe Metz seinen Programmbegriff wohl "nicht ganz zufällig gewählt"[50]. Letztlich sei bei ihm, so Maiers Vermutung, doch eine integralistische "Immanentisierung eschatologischer Heilsverheißungen" am Werke, die – anders als beim alten Rechtsintegralismus — "statt in Vergangenheit oder Gegenwart, jetzt in die Zukunft verlegt wird".[51] Man könne und dürfe aber die Kirche nicht insge-

---

44 Ebd.
45 Ebd., 188.
46 Ebd., 188.
47 Eine nähere Auseinandersetzung mit Carl Schmitt hat Maier nicht vorgenommen. So schrieb er kürzlich im Rückblick: "Seit ich 'Der Führer schützt das Recht' gelesen hatte, weigerte ich mich (und weigere mich bis heute), auf Schmitts Werk einzugehen." (Hans Maier, Schonzeiten, Kirchenärger, Kopftücher – Erinnerungen an Gespräche mit Ernst-Wolfgang Böckenförde, in: Der Staat 58 (2019), 471-473, 471) Um Schmitt ist Maier in den 1990er Jahren im Rahmen seiner Arbeiten zu den politischen Religionen dann aber doch nicht ganz herumgekommen.
48 Vgl. ebd., 191. Maier äußerte denn auch mehrfach sein Erstaunen darüber, dass Metz Carl Schmitt mit keinem Wort erwähnt hatte. Dieser Kontext scheine Metz, wie er erstaunt notierte, "weder bewußt noch bekannt zu sein" (ebd., 187).
49 Ebd., 190.
50 Ebd., 191.
51 Ebd., 194; dieser Integralismus-Vorwurf ist in der Sache allerdings nicht nachvollziehbar und lässt sich auch am Text von Metz nicht hinreichend belegen. Hans Maier hat ihn aber nie zurückgezogen, in späteren Schriften wohl aber deutlich relativiert. So sprach er im Jahr 2007 im Rückblick von 'jugendlichem Eifer' und erklärte, dass ihm Metz' theologische Intentionen durch dessen Buch zur *Memoria passionis* (Johann Baptist Metz, Memoria passionis.

samt auf Gesellschaftskritik verpflichten und sie "wie eine außerparlamentarische Opposition, eine öffentlich etablierte Dauerprovokation der Gesellschaft" betrachten, in der sich die alte *ecclesia triumphans* in eine neue "kritisch triumphierende Kirche" verwandle.[52] Eine solche Theologie müsste die Kirche "unvermeidlich als rivalisierende Kraft unter anderen Kräften in den politischen Kampf hineinziehen"[53].

Die Kirche könne sich aber, so Maier, von ihrem Selbstverständnis her nicht einfach als "ein *establishment* der Kritik"[54] begreifen. Sie kennzeichne sich nicht nur durch Weltveränderung, sondern auch durch Weltdistanz, durch "den *contemptus mundi* ebenso wie durch richterliche Weisung und Zurechtweisung"[55], wobei das kirchliche 'Es ist dir nicht erlaubt' "in Ausnahmesituationen durchaus gefordert und geboten" sei, allerdings nicht "in der Tagesmünze aktuell-politischer Erklärungen zu allem und jedem verausgabt und gewissermaßen veralltäglicht werden" dürfe.[56] Notwendig sei dies überall da, wo "elementare Rechte der Menschen" verletzt, "wo die bürgerliche Freiheit angegriffen und zerstört wird"[57], nicht aber, wenn es etwa um "Äußerungen zur Wahlrechtsreform, zur Lohnfortzahlung, zur Anerkennung der DDR, zum Atomwaffensperrvertrag"[58] gehe, in denen es zudem einen legitimen innerkirchlichen Pluralismus gebe. In diesem Sinne schrieb Hans Maier noch im Jahr 2003 nahezu wortgleich: "In der Tat kann Kirche ihren Weltdienst (und damit auch ihren Dienst am Staat) auf viele Weisen leisten: durch Weltdistanz ebenso wie durch Weltgestaltung; durch den *contemptus mundi* ebenso wie durch richterliche Weisung und Zurechtweisung."[59] Beide hätten ihre Berechtigung und ihre Grenzen, sodass sich hier "keine Kriterien ausmachen" ließen, die "mit absoluter Gewißheit gelten".[60] Damit stelle die Antwort auf die Frage, wie die Kirche eine "angemessene Haltung zum modernen – pluralistischen und demokratischen – Staat, zum westlichen 'civil government'" finden könne, eine besondere Schwierigkeit dar, denn dieser Staat sei "weder ein veritabler Gegner mit offenem Visier, noch ist er einfach ein Weggefährte oder gar ein Freund, mit dem man ständig

---

Ein provozierendes Gedächtnis in pluralistischer Gesellschaft, Freiburg i.Br.: Herder 2006) "noch deutlicher" geworden seien. "Mit seiner Kritik an einer 'privatistischen' Auslegung des Glaubens stimme ich völlig überein." (Hans Maier, Vorwort, in: Ders., Politische Religionen (Gesammelte Schriften, Bd. 2), München: Beck 2007, 9-12, 9f.)

52 Ebd., 200.
53 Ebd., 196.
54 Ebd., 196; Herv. i.O..
55 Ebd.; Herv. i.O.
56 Ebd., 199.
57 Ebd., 199.
58 Ebd., 200.
59 Hans Maier, Politische Theologie – neu besehen (2003), in: Ders., Politische Religionen. Mit einem Nachwort von Michael Burleigh (Gesammelte Schriften II), München: Beck 2007, 90-104, 101; Herv. i.O.
60 Ebd., 102.

rechnen kann".⁶¹ Und doch müssten die Christen diesem Staat mit Wertschätzung und aktiver Mitarbeit begegnen, wobei es darum gehen müsse, "die Politik – ohne sie beherrschen und vereinnahmen zu wollen – zu begleiten und zu erhellen"⁶².
Wie dieses Begleiten und Erhellen aussehen kann, bleibt aber unklar. Wenn Maier vor allem auf ein kirchliches 'Es ist dir nicht erlaubt' bei elementaren Menschenrechtsverletzungen setzt, fühlt man sich eher an die Kontexte staatlicher Gewaltherrschaft erinnert. Und in der Tat hat die katholische Kirche in den letzten Jahrzehnten gerade in der Auseinandersetzung mit diktatorischen Staaten ihre größten öffentlichen Erfolge erzielt, etwa bei den demokratischen Umbrüchen im Südamerika der 1980er Jahre, in denen die Wege von der Militärdiktatur zur Demokratie ohne das eindrucksvolle – und lebensgefährliche – Engagement vieler von der Befreiungstheologie inspirierter Vertreterinnen und Vertreter der Kirche nicht möglich gewesen wären; oder im nachdrücklichen öffentlichen Engagement Papst Johannes Pauls II. bei den welthistorischen Umbrüchen des globalen Demokratisierungsjahres 1989. Maier notierte denn auch treffend, "daß die Christen – bei allem Zögern, aller Unsicherheit, allem Mangel an Heroismus – ihre Haltung gegenüber den modernen Totalitarismen rascher und eindeutiger bestimmt haben als gegenüber dem pluralistisch-demokratischen Staat"⁶³.

In der Gesellschaft der Bundesrepublik kann die Kirche ihre Verantwortung für Staat und Gesellschaft aber wohl kaum in diesem autoritativen Gestus vorbringen, allein schon deshalb nicht, weil ein moralisch derart prunkendes Auftreten mit den eingelebten Plausibilitäten des 'öffentlichen Vernunftgebrauchs', des rationalen Diskurses und den Egalitätsbedingungen der demokratischen Meinungs- und Willensbildung nicht zu vermitteln ist. Hier kann sich die Kirche nicht als oberhalb der Gesellschaft angesiedelte und mit göttlicher Weisungsautorität ausgestattete Normierungsinstanz inszenieren, wenn sie ihre Glaubwürdigkeit nicht endgültig verlieren will. Sie muss sich vielmehr von allen moralischen Überlegenheitsansprüchen verabschieden, ihre gesellschaftliche Partikularität in Sachen Religion und Moral anerkennen und sich mit ihren politischen Stellungnahmen als Teil der demokratischen Zivilgesellschaft verstehen. Sie muss sich entwerfen als eine zwar partikulare, deshalb aber nicht primär an sich selbst und ihrem Fortbestand, sondern – wie andere Akteure der Zivilgesellschaft auch – vor allem am Gemeinwohl der Gesellschaft orientierte Erinnerungs- und Erzählgemeinschaft, die aus den spezifischen Optionen ihres christlichen Glaubens, vor allem aus der 'Option für die Armen', an den Diskursen über Recht und Moral, über Freiheit und Gerechtigkeit und die Prinzipien des sozialen Zusammenlebens wirkmächtig und nachhaltig teilnehmen will – und die für ihr öffentliches Wirken keinerlei staatskirchenrecht-

---

61 Ebd., 103.
62 Ebd., 104.
63 Ebd., 103.

liche Privilegien, sondern allein das 'Statut des Bürgerrechts' (Johannes Paul II.) beanspruchen will.

In diesem Rahmen haben sich immer wieder konkrete kirchliche Stellungnahmen zu aktuellen Problemfragen – also genau jenes öffentliche Artikulationsmuster, vor dem Hans Maier seine Kirche zumindest 1969 noch warnen zu müssen meinte – als besonders wertvoll erwiesen; und dabei kann und darf es durchaus auch um Fragen wie 'Wahlrechtsreform, Lohnfortzahlung, Anerkennung der DDR und Atomwaffensperrvertrag' gehen. Ein Papier etwa wie die berühmte 'Ostdenkschrift' der Evangelischen Kirche aus dem Jahr 1965 hat bekanntlich entscheidende Aufbrüche hin zur späteren Aussöhnung mit Polen inspiriert; ein Papier wie die gemeinsame kirchliche Erklärung zur 'sozialen Ordnung des Baubodenrechts' von 1973 konnte wichtige eigentumsrechtliche und wohnungsbaupolitische Entwicklungen der 1970er Jahre unterstützen und wäre gerade heute wieder brennend aktuell. Und nicht zuletzt hat im Jahr 1997 das große Sozialwort der Kirchen 'Für eine Zukunft in Solidarität und Gerechtigkeit' dazu beigetragen, dass sich das deutsche Wirtschafts- und Sozialmodell nicht wehrlos dem damals massiv vordrängenden anglo-amerikanischen Neoliberalismus geöffnet hat, auch wenn die gern kolportierte Behauptung, dieses Papier habe wesentlich zur Abwahl Helmut Kohls bei der Bundestagswahl 1998 beigetragen, maßlos übertrieben ist.

Fest steht jedenfalls, dass die Kirchen mit ihren öffentlichen Stellungnahmen – allen gesellschaftlichen Säkularisierungstendenzen zum Trotz – noch immer Gehör finden, auch wenn die Resonanz seit Jahrzehnten dramatisch abnimmt, was sicher auch an den oft allzu glatt gebügelten, allzu brav und bieder daherkommenden Inhalten liegt, die in der Regel niemanden wirklich aufregen. Dennoch: Wenn man danach fragt, was die Menschen heute noch von den Kirchen wollen, von denen sie sich immer mehr entfernen und entfremden, dann ist es nicht das religiöse 'Kernangebot', sondern das Engagement für die Benachteiligten und Zukurzgekommenen. Gerade auf diesem Feld wird von den Kirchen noch immer viel erwartet; gerade hier wird ihnen noch immer viel zugetraut; und gerade auf diesem Feld will man die Kirchen auf keinen Fall missen. Und in der Tat spricht vieles dafür, dass die Schwachen und Armen, die Notleidenden und Marginalisierten diesseits und jenseits der Grenzen der Bundesrepublik noch stärker aus dem Blick geraten, wenn die Kirchen als eine ihrer wirkmächtigen und organisationsstarken öffentlichen Fürsprecher ausfallen sollten.

3. Neue Herausforderungen der Berliner Republik

Hielt das Staatskirchenrecht der Bonner Republik die Frage der Trennung von Staat und Kirche, von Republik und Religion mit seiner Sympathie für die alten Partnerschaftsmotive noch in einer unklaren Schwebe, so bekam es die Berliner

Republik nach der Wiedervereinigung mit der bleibenden – und zunehmenden – Präsenz von vielen Millionen Staatsbürgerinnen und Staatsbürgern zu tun, die sich ganz selbstverständlich als konfessionslos verstehen und für die westdeutschen Nähe-Verhältnisse zwischen Kirche und Staat keinerlei Verständnis aufbringen können. Und in den Maße, wie darüber hinaus auch die Frage nach dem religionspolitischen Umgang mit den Muslimen in Deutschland auf die Tagesordnung drängt, sieht sich die Bundesrepublik endgültig genötigt, ihr überkommenes Staatskirchenrecht in ein modernes Religionsverfassungsrecht umzuformen.

Das erste große Fanal, das die überkommenen religionspolitischen Verhältnisse in einer heute kaum noch vorstellbaren Weise erschüttert hatte, war das Kruzifix-Urteil des Bundesverfassungsgerichts aus dem Jahr 1995, das "die Anbringung eines Kreuzes oder Kruzifixes in den Unterrichtsräumen einer staatlichen Pflichtschule" als Verstoß gegen Art. 4, 1 des Grundgesetzes untersagt hatte.[64] Wie für den gesamten westdeutschen Katholizismus bedeutete dieses völlig unerwartete Urteil auch für Hans Maier eine tiefe Erschütterung. Noch 25 Jahre später erklärte er: "Ich war schockiert, als ich davon hörte. Ich habe es zuerst gar nicht geglaubt. Ich habe in meiner Lebenszeit ja im Dritten Reich erlebt, wie die fanatischen Nationalsozialisten Kreuze abhängten. Und das war mein erster Gedanke. Haben die Richter in Karlsruhe denn diese fatale Nachbarschaft überhaupt nicht gekannt? Das war meine erste, spontane Reaktion."[65]

Der Erste Senat des Karlsruher Gerichts hatte gegen ein anderslautendes Urteil des Bayerischen Verwaltungsgerichtshofs beschlossen, dass Kreuze bzw. Kruzifixe abzuhängen seien, wenn – wie im hier behandelten Fall – Eltern befürchten, ihr Kind werde in seiner geistig-moralischen Entwicklung negativ beeinflusst, wenn es während der Unterrichtszeit mit der Darstellung eines 'sterbenden männlichen Körpers'[66] konfrontiert sei, wenn also, allgemein gesprochen, das Kreuz den weltanschaulichen, religiösen und pädagogischen Vorstellungen der Eltern widerspricht. Das Kruzifix als "Symbol einer bestimmten religiösen Überzeugung"[67] verletze dann das individuelle Recht auf Religions- und Weltanschauungsfreiheit, das als individuelles Grundrecht negativer Religionsfreiheit dem korporativen Recht der Religionsgemeinschaften auf öffentliche Artikulation und Selbstdarstellung vorgeordnet sei. Es versinnbildliche, wie das Bundesverfassungsgericht unter expliziter Berufung auf theologische Handbücher und Lexika formulierte, "die im Opfertod Christi vollzogene Erlösung des Menschen von der Erbschuld, zugleich aber auch den Sieg Christi über Satan und Tod und seine Herrschaft über die Welt"[68] und

---

64 Zit. nach: Peter Pappert (Hg.), Den Nerv getroffen. Engagierte Stimmen zum Kruzifix-Urteil von Karlsruhe, Aachen: Bergmoser und Höller o.J. (1995), 225-243, 226.
65 https://www.deutschlandfunk.de/das-kruzifix-urteil-wenn-der-staat-religion-und-freiheit.724. de.html?dram:article_id=476828. Sendung vom 20.05.2020 [letzter Zugriff: 15.09.2020].
66 Vgl. Urteil des Bundesverfassungsgerichts (Anm. 64), 227.
67 Ebd., 239.
68 Ebd., 239f.

Keine religionsfreie tabula rasa.

könne deshalb nicht zu einem "bloßen Ausdruck abendländischer Tradition"[69] herabgestuft werden, wie dies von den Befürwortern des Schulkreuzes durchgehend unternommen werde. Dieses Urteil, das die überkommenen Staat-Kirche-Verhältnisse der Bundesrepublik radikal aufkündigte, führte zu den bisher größten Protesten gegen ein Verfassungsgerichtsurteil in der Geschichte der Bundesrepublik. Es gab über 250.000 Protestunterschriften. Und im September 1995 fand in München eine Demonstration mit etwa 30.000 Teilnehmerinnen und Teilnehmern statt, die zum Widerstand gegen dieses Urteil aufrief. Hans Maier sprach in diesem Zusammenhang von einem aus Hektik und Unsicherheit geborenen Bruch, der leichtfertig "eine bewährte Rechtstradition in die Luft" wirble und für das Verhältnis von Kirche, Staat und Schule eine "neue laizistische Interpretation" zugrunde lege, die sich mit der Geschichte und Kultur Deutschlands nicht in Einklang bringen lasse.[70] Am Ende wurde dann, noch im Jahr 1995, eine pragmatische gesetzliche Lösung gefunden, nach der ein Kreuz in bayerischen Klassenzimmern so lange hängen bleiben darf, bis Schüler, Eltern oder Lehrer Protest anmelden und dessen Entfernung nachdrücklich einfordern. Dies kommt in der schulischen Alltagspraxis allerdings nur selten vor.

Wie sehr sich die Verhältnisse mittlerweile gewandelt haben, sieht man nicht zuletzt daran, dass im Jahr 2018 der Vorstoß des neu gewählten bayerischen Ministerpräsidenten Markus Söder, in jeder Behörde des Bundeslandes ein Kreuz aufhängen zu lassen, in der Öffentlichkeit nun auf deutliche Ablehnung stieß. Hatte die Landesregierung diesen Beschluss damit begründet, dass das Kreuz als "sichtbares Bekenntnis zu den Grundwerten der Rechts- und Gesellschaftsordnung" anzusehen sei und die "geschichtliche und kulturelle Prägung" Bayerns zum Ausdruck bringe, so hat der Münchner Kardinal Reinhard Marx dieses Vorgehen umgehend scharf kritisiert als eine Maßnahme, durch die "das Kreuz im Namen des Staates enteignet" werde: "Wenn das Kreuz nur als kulturelles Symbol gesehen wird, hat man es nicht verstanden."[71] Die Trennung von Kirche und Staat ist in den letzten beiden Jahrzehnten also auch im Alltagsbewusstsein der Bundesrepublik offensichtlich deutlich vorangeschritten, ohne dass dies von der katholischen Kirche als Gefahr und Bedrohung erlebt wird. Sie scheint von ihr eher als Entwicklung hin zu mehr Freiheit und Selbständigkeit wahrgenommen und entsprechend begrüßt zu werden.

Auch wenn Hans Maier angesichts der religionspolitischen Herausforderungen des 21. Jahrhunderts, d.h. angesichts religiöser Pluralisierung und massiver Ent-

---

69 Ebd., 240.
70 Hans Maier, Geschichtsblind und schulfremd. Zur kulturpolitischen Bedeutung der Kreuz-Entscheidung, in: Ders. (Hg.), Das Kreuz im Widerspruch. Der Kruzifx-Beschluß des Bundesverfassungsgerichts in der Kontroverse, Freiburg i.Br.: Herder 1995, 51-59. 51.
71 https://www.sueddeutsche.de/bayern/kreuz-erlass-kardinal-marx-wirft-soeder-spaltung-vor-1.3962223. 29.04.2018 [letzter Zugriff: 15.09.2020].

kirchlichung, kultureller Säkularisierung und zunehmender laizistischer Orientierungen in Recht und Politik, noch immer die früheren Nähe-Traditionen von Kirche und Staat zu verteidigen versucht, so gehört er keineswegs zu denen, die alarmistische Töne anschlagen und die Grundlagen unserer bisherigen freiheitsrechtlichen Verfassungsordnung für bedroht halten. Zu den Scharfmachern im Feld von Religion und Politik gehört er nicht. Im Gegenteil: Immer wieder äußert er sich zu den oft hitzig geführten religionspolitischen Debatten in einer betont nüchternen Sprache; und immer wieder plädiert er für behutsame Lösungen vor Ort, da sich hier viele Probleme einvernehmlich lösen lassen, die in akademischen Grundsatzdebatten zunächst unlösbar erscheinen.

In diesem Sinne betonte Hans Maier im Jahr 2013, dass im Zusammenleben der Religionen in der Bundesrepublik "das friedliche Miteinander (auch die respektvolle Neutralität, der sorgfältig gewahrte Abstand) die Regel sein"[72] dürfte. So seien die Muslime in Deutschland mit Anträgen auf die Zulassung öffentlicher Gebetsrufe im Blick auf das Immissionsschutzgesetz oft zurückhaltend, wodurch freilich auch die christliche Praxis des Glockenläutens ihre Selbstverständlichkeit verliere. Moscheebauten würden von den Kommunen zumeist unterstützt, nicht zuletzt auch von christlichen Gemeinden in der Nachbarschaft. Und zu den religiösen und kulturellen Unterschieden gesellten sich zunehmend auch entsprechende Gewöhnungseffekte. So müssten die verschiedenen religiösen Symbole etwa in der Kleidung, ein christliches Kreuz, eine jüdische Kippa oder ein islamisches Kopftuch, im Alltag "nicht trennen, sie können auch verbinden"[73]. Jedenfalls sei "ein ängstlicher Laizismus", der religiöse Symbole aus der Öffentlichkeit am liebsten ganz verbannen würde, nicht angezeigt: "Wir sollten uns in Deutschland hüten, diesen Weg des Kleinmuts zu beschreiten, wir sollten religiöse Symbole vielmehr respektieren und gelten lassen – notfalls nebeneinander und im unaufgelösten Widerspruch. Nichts nötigt uns dazu, den öffentlichen Raum zu einer religionsfreien tabula rasa zu machen – unsere Verfassung am allerwenigsten."[74] Auch zum einst so heftig kritisierten Kruzifix-Urteil erklärt er heute dankbar, dass man mit der aktuell geltenden Gesetzeslage eine praktikable und gangbare Lösung gefunden habe, zumal entsprechende Einsprüche "im ganzen atypische Einzelfälle"[75] geblieben seien und "auch kein Muslim die Abhängung von Kreuzen in Schulen verlangte"[76].

Die Stimme von Hans Maier ist in den religionspolitischen Debatten der Gegenwart nach wie vor von hoher Bedeutung, in vielen Fällen vielleicht sogar

---

72 Hans Maier, Die Kirchen in der Bundesrepublik Deutschland, in: Karlies Abmeier/Michael Borchard/Matthias Riemenschneider (Hg.). Religion im öffentlichen Raum, Paderborn: Schöningh 2013, 13-26, 16.
73 Ebd., 20.
74 Ebd.
75 Ebd., 24.
76 Ebd.

Keine religionsfreie tabula rasa.

unverzichtbar, um Brücken zu schlagen zwischen den kirchennahen liberal-konservativen Milieus der alten Bonner Republik und den neuen laizistisch-säkularen Selbstverständlichkeiten der Berliner Verhältnisse. Dies gilt auch und gerade, weil Hans Maier mit dem notwendigen Umstieg vom alten Staatskirchenrecht zu einem neuen Religionsverfassungsrecht erkennbar fremdelt.[77] Die Berliner Republik, die gerade dabei ist zu lernen, dass sich moderne Gesellschaften bei weiterlaufenden und sicher noch zunehmenden Säkularisierungstendenzen auf die bleibende Präsenz von Religion und Religionsgemeinschaften in ihrer Mitte einstellen müssen und einstellen können, braucht jedenfalls begleitende Stimmen, die weder Angst vor der Religion noch vor der Säkularisierung haben. Sie braucht die Stimme von Personen, die sich glaubwürdig und überzeugend, kritisch reflektiert und interdisziplinär dialogfähig zugleich als 'gläubig' und als 'demokratisch' verstehen. Und dass sich beides nicht widersprechen muss, hat Hans Maier Zeit seines Lebens immer wieder unter Beweis gestellt.

---

77 So verbinde sich, wie er notiert, "der Ruf nach einem 'Religionsverfassungsrecht' meist mit der Forderung nach grundsätzlicher Beseitigung überlieferter staatskirchenrechtlicher 'Privilegien'"; und genau dieser Tendenz kann er nichts abgewinnen (Hans Maier, Religionsfreiheit – alte und neue Fragen (2012), in: Ders., Christentum und Gesellschaft. Gesammelte Abhandlungen, hg. v. Ulrich Ruh, Freiburg i. Br.: Herder, 2016, 347-264, 355).

Hans Maier's Reflections on Church-State Relations: Lessons from the Liberal Tradition in France and the United States

Mark Edward Ruff

For a German Catholic audience, Hans Maier needs no introduction. Distinguishing himself as a journalist, scholar, politician, lay advocate, organist and musicologist, Maier became one of the most influential Catholic public intellectuals of his generation. His fecundity legendary and inexhaustible, Maier repeatedly entered the public eye through scholarly books and articles, public addresses, conference appearances and musical recordings. Throughout his long and rich life, Maier was guided by an agenda that might be thought of as threefold. Over many decades, he worked to legitimize and solidify democratic structures and norms in the Federal Republic. He strove to facilitate the Catholic church's rapprochement with modern democracy. Finally, he sought to establish the proper relationship between laity and clerics in both church and politics. All three goals were interrelated. For one, securing an unconditional Catholic affirmation of democracy and a proper balance in church-state relations was essential to the larger German embrace of a modern liberal democratic order. For another, these goals were consistent with the Renaissance ideal of promoting culture, of which freedom of conscience, tolerance and human dignity were an integral part.

In establishing and carrying out this agenda, Maier had fellow travelers. Like the constitutional theorist and public intellectual Ernst-Wolfgang Böckenförde and the pastoral theologian and Kirchenpolitiker Karl Forster, many were of his generation coming of age amid the collapse of National Socialism and the postwar reconstruction of German political institutions.[1] Maier, however, pursued his agenda in a manner distinct from compatriots. Almost from the very outset, his forays into the origins of Catholic illiberalism and search for antidotes to it were shaped by models and ideas from abroad. Though drawing parallels with its better-known German variant, his dissertation, *Kirche und Revolution*, probed the origins of

---

1 Simon Oelgemöller, Karl Forster (1928-1981), Katholizismus in der politischen Kultur der Bundesrepublik Deutschland, Paderborn, 2019. Mark Edward Ruff, Ernst-Wolfgang Böckenförde und seine kirchenpolitischen Schriften. In: Eigensinn und Bindung: Katholische deutsche Intellektuelle im 20. Jahrhundert: 39 Porträts, edited by Hans-Rüdiger Schwab, Berlin 2009, S. 599-616.

Christian Democracy in France.² His theoretical framework bore the thumbprint of thinkers from outside Germany, most importantly the Israeli political scientist Jacob Talmon, the American theologian and Jesuit John Courtney Murray, the French thinker Francois Mauriac, and the German émigré political scientist Eric Voegelin.³

Drawing on such a rich array of transatlantic and international influences was decidedly not the norm for German Catholic public intellectuals steeped in a humanist tradition that tended to look south to Rome or to the classical and medieval world for inspiration. It was indeed unusual for an emerging Catholic scholar, one of a conservative liberal disposition, to turn for inspiration to thinkers from the United States like Murray or even to French thinkers like De Tocqueville, the renowned commentator on democracy in America. In the conservative world of European universities, prejudice ran deep against the United States as a country whose thinkers lacked sophistication and whose history was too young to warrant substantial exploration.⁴ Even those non-Catholic scholars of Maier's generation, like the historian Hans-Ulrich Wehler, who had been profoundly shaped by sojourns in the United States as exchange students tended to draw selectively from American thought and culture.⁵ Of the left or center-left, they often gravitated to thinkers in the United States on the left or even on the margins. For Catholic intellectuals, renewing or establishing democratic values meant turning to currents rooted deeply either in Catholic or European tradition.

Maier's thought, like those of the contemporary thinkers to whom he was drawn, falls within the parameters of what in the United States is referred to as vital center liberalism or Cold War liberalism. Shaped by paradigms of "totalitarianism" that saw Soviet-style communism and European "Fascism" as stemming from the same roots, vital center liberalism sought from the late 1940s through the 1960s to fortify liberalism against resurgent challenges from both left and right. In the immediate postwar era, the antagonists were easy to identify – international communism on the one extreme and the unrepentant radical right still drawing

---

2 For the original version, see Hans Maier, Revolution und Kirche. Studien zur Frühgeschichte der christlichen Demokratie, 1789-1850, Freiburg 1959. For the second and expanded edition, see Hans Maier, Revolution und Kirche. Studien zur Frühgeschichte der christlichen Demokratie (1789-1901). Zweite, erweiterte Auflage, Freiburg 1965.
3 On Voegelin's influence, see Hans Maier, Böse Jahre, gute Jahre. Ein Leben 1931 ff, München 2011, S. 127-137. On Talmon, see Jacob Talmon and Totalitarianism Today: Legacy and Revision, in: History of European Ideas, Volume 34, No. 2 (2008), S. 133-238.
4 On the topic of the reception of American ideas in Europe, see Richard Pells, Not Like Us: How Europeans Have Loved, Hated and Transformed American Culture since World War II, New York 1997; Victoria De Grazia, Irresistible Empire: America's Advance through 20th Century Europe, Cambridge, MA 2005; Alexander Stephan, Hg., The Americanization of Europe: Culture, Diplomacy, and Anti-Americanism since 1945, New York 2006; Mary Nolan, The Transatlantic Century: Europe and America, 1890-2010, Cambridge 2012.
5 See Philipp Stelzel, History after Hitler: A Transatlantic Enterprise, Philadelphia 2018.

from the wellspring of Fascism on the other. By the late 1960s, however, vital center liberalism, like the liberal consensus in most Western nations, fragmented not least because of the threat posed by the New Left and over the questions over whether this new political movement was fueling democratic renewal or a resurgence of what Talmon labeled "totalitarian democracy," a form and ethos inspired by Rousseau. Maier argued for the latter and, like others of the center or center-right, confronted left-wing challengers of the centrist consensus. In his case, he targeted those arising from within the church itself, and in particular the progressive theologian Johann Baptist Metz, who called for a greater democratization within the church and for a new "political theology."

But Maier did not lurch to the right like his one-time comrade in-arms Joseph Ratzinger, with whom he had criticized calls to democratize ecclesiastical institutions.[6] By 1997, he found himself at odds with Ratzinger, who was by then the prefect for the Congregation for the Doctrine of the Faith, over whether the church should continue to advise women considering and seeking abortions.[7] Joining a group of Catholics with the name Donum Vitae seeking to continue the system in place since the 1970s of providing advice to women (in the hopes of dissuading them), Maier found himself pilloried by conservative Catholics in the coming decades and even barred from making public appearances on church property in the dioceses of Regensburg and Augsburg.

Maier's writings on Catholicism are thus characterized by a remarkable consistency, even as the political winds changed around him. Early explorations became lifelong projects. As with Beethoven sonatas, motifs and templates introduced in his dissertation and Habilitation were subjected to development and elaboration in later writings. This short chapter will examine formative influences on what became perennial topics of inquiry. While some of these influences stemmed from his experiences as a Catholic boy and teenager in a church facing persecution from the National Socialist state, others had a provenance from abroad. This chapter will analyze how the writings of Israeli political scientist Jacob Talmon and the American theologian John Courtney Murray, SJ, in particular shaped the thrust and methodology of his dissertation, which represented a call for Catholic renewal in the late 1950s and 1960s in the atmosphere leading up to the Second Vatican Council. It will then show, however, how these same formative impulses informed his public disagreement with Metz and representatives of a new "political theology" in the 1960s.

---

6 Peter Seewald, Benedikt XVI: Ein Leben, München 2020.
7 Hans Maier, Böse Jahre, gute Jahre, S. 368-372.

Formative influences in childhood and youth

There was little in Hans Maier's early life to suggest that he would become one of postwar Germany's most prominent Catholic public intellectuals. This early life was hardly conducive to the luxury of intellectual inquiry. He was born in 1931 into a modest family; his father, a commercial clerk, died of a lung infection when he was five months old. His surviving family members, mostly in rural occupations, were not well-off.[8] Yet the immediate and extended family resided in the Freiburg area near the French border; such close proximity awakened in him a sensibility for political and religious developments on the other side of the border. He was also acquainted with his American aunts, uncles, and cousins, some of whom paid visits to their German ancestral lands and after the war sent much needed CARE packets.[9] In his extended family, it is certainly tempting to see a source of Maier's openness to and interest in American political culture.

The family was, of course, Catholic, and its daily life revolved around the rhythm of the church year, a rhythm that remained steady even during the war and destruction.[10] But Maier discovered at an early age how profoundly the National Socialist regime had altered the church's ancillary and political life. In 1933, his grandfather, who had no sympathies for the Nazis, was deposed as mayor in Hausen an der Möhlin, a small village located between Freiburg and the Rhine. From his grandfather and behind closed doors, Maier learned of the rich political Catholic tradition and of prominent Center Party leaders like Brüning, Kaas and Schofer.[11]

Maier came to experience some of the same tensions between church and state as his grandfather through his involvement in Catholic youth work. Since almost all religious youth organizations had been dissolved by the Nazis in the 1930s, the only alternative lay in parish youth work, the *Pfarrjugendgruppen* that by default and out of necessity operated only in the cloistered world behind church walls.[12] For Maier, these activities represented both sanctuary and defiance, a forced inner retreat full of political significance in light of the competition with state-mandated youth groups like the Jungvolk and the Hitler Youth.

It is not difficult to see how this early confrontation with the "totalitarian state" of the 20th century shaped Maier's thinking on the church's political role. As Maier was to reflect years later on his membership from roughly 1938 in the parish of

---
8 Heinrich Oberreuter, Hans Maier (*1931), in Hans-Rüdiger Schwab, Hg., Eigensinn und Bindung. Katholische duetsche Intellektuelle im 20. Jahrhundert. 39 Portäts, Kevalaer 2009, S. 617-630, and in particular, S. 618.
9 Hans Maier, Böse Jahre, gute Jahre, S. 17, 50.
10 Hans Maier, Böse Jahre, gute Jahre, S. 17, 50.
11 Hans Maier, Böse Jahre, gute Jahre, S. 19.
12 Christoph Kösters, *Katholische Verbände* und *moderne Gesellschaft*: Organisationsgeschichte und Vereinskultur im Bistum Münster 1918 bis 1945, Paderborn 1996.

Mariahilf in Freiburg: „Einerseits war es ganz gewiß schon ein Stück Widerspruch und Widerstand, wenn in einem Raum eben kein Hitlerbild hing, sondern eine Madonna oder ein Dantevers; denn Widerstand, vergessen wir es nicht, beginnt mit kleinen Nonkonformitäten, mit dem Beharren auf Sphären und Lebensformen, die nicht gleichgeschaltet sind, die sich dem trommelnden Unisono des Totalstaats mit Beharrlichkeit entziehen ... Andererseits: der mühsam abgeschirmte, mühsam behauptete Raum privater Freiheit, persönlicher Selbstverfügung – konnte er nicht auch zum réduit einer ohnmächtigen Innerlichkeit werden, zu einem Rückzugsfeld, in dem das sogenannte Gute, die Moral, die Anständigkeit sich weniger erhielt und behauptete als versteckte, um nicht 'draußen' gegen die übermächtige Welt antreten zu müssen?"[13] This inward retreat, Maier argued, forced the church to discern and prioritize its core mission (innere Sendung), out of which arose its political responsibility to the world. Its existence threatened by political extremists on left and right, the church had no choice but to go public with its principles. It did so not only out of the need for self-preservation, but because the world was expecting the church to remain true to its principles and proclaim these to the world in its hour of need.[14]

The church in the west now free of the sword of Damocles hanging over it, Maier experienced the immediate postwar as liberation and excitement. Enjoying near parity with Protestants, Catholics in the western zones of Germany were no longer a beleaguered minority but a force wielding political power. With the CDU and CSU on a path to gaining a majority by 1957, faithful and gifted Catholics could launch and advance political careers without the same institutional discrimination of earlier eras. As was the case for gifted Catholics in the immediate postwar years and economic miracle of the 1950s, Maier's story was one of astounding upward mobility, even where his immediate family remained skeptical of his academic ambitions, likening his applying for external stipends to a homeless man's begging for food and shelter from a monastery.[15] His situation was not unlike that of a "first-generation" university student, that is, the first in the immediate family to attend college. Maier's interest in church-state relations, long predating his political career, was thus deeply personal, a mirror of his own ascent and lessons gleaned along the way.[16]

---

13 Thomas Labonté, *Exkurs: War* Kirchenlied *ein Buch des Widerstands?* In: *Die Sammlung "Kirchenlied" (1938). Entstehung, Korpusanalyse, Rezeption,* edited by Thomas Labonté, Tübingen 2008, S. 155–169, hier S. 168f.
14 Hans Maier, Unser Politischer Auftrag. In: Auf Dein Wort Hin. 81. Deutscher Katholikentag vom 13. Juli bis 17. Juli 1966 in Bamberg. Paderborn 1966, S. 15-182, and in particular, 154.
15 Hans Maier, Lebensthemen – und wie sie einem zufallen. In: Christ und Zeit. Hans Maier zum 75. Geburtstag, edited by Otto Seitschek, München 2007, S. 91-98, and in particular, 95-96.
16 Hans Maier, Böse Jahre, gute Jahre, S. 49.

While working towards his Abitur, which he received in 1951, Maier moonlighted as a journalist after 1948 for newspapers and magazines like *Der Fährmann* and *Die Wacht*. *Der Fährmann* was the first Catholic youth magazine for boys and girls to appear under the aegis of the Bund der deutschen Katholischen Jugend (BDKJ), the new Catholic youth organization created in 1947 out of existing Pfarrjugendgruppen and Catholic youth organizations (Verbände) resurrected after the war.[17] Even where he was writing reviews and features, Maier's journalistic endeavors almost by definition assumed political significance. For those reconstructing the network of Catholic youth organizations that had once boasted 1.5 million enthusiasts, their toils were contributing not just to Germany's long-awaited spiritual but political and national rebirth. Believing like many churchmen that Germany's collapse between 1933 and 1945 had been spiritual and moral, the architects of youth work believed that political regeneration could take place only on a sound spiritual foundation: their mission was both spiritual and political, the two inextricably linked. This conviction informed the first generation of youth leaders, a mixture of Gymnasiasten, students, and alumni of the Catholic youth movement of the Weimar and early National Socialist eras. The leadership of the BDKJ, in turn, proved to be a springboard into organized political Catholicism. The BDKJ's first Vorsitzender, Josef Rommerskirchen, served as a CDU delegate in the Bundestag, representing Neuss. For his part, Maier represented the organized Catholic youth in the Badish Youth Council (Landesjugendrat), which the French had allowed to be convened.[18]

In writing for these predominantly Catholic publications and working as a stringer for the youth radio service of the Südwestfunk, Maier encountered an influential ideologically diverse set of contacts that in hindsight reads as a who's who list of the German Catholic intellectual milieu, the media and political landscape of the early Federal Republic, and the postwar German literary world. From his domicile in Freiburg, he worked with Hans Magnus Enzensberger and Kurt Sontheimer.[19] He met Elisabeth Langgässer, Werner Bergengruen, and Georg Büchner, son of Franz Büchner. In the pages of *Der Fährmann,* Maier even came to the defense of the renowned German poet Reinhold Schneider after Schneider had signed off on a Communist call for a national referendum on rearmament.[20]

More importantly, Maier emerged as a witness and even as a bit-player in the process of political reconstruction as it unfolded first at the communal level, then under the directives of the French military government at the state level, and finally from afar nationally. In this regard, his formative experiences were broadly

---

17 See Mark Edward Ruff, The Wayward Flock: Catholic Youth in Postwar West Germany, Chapel Hill 2004.
18 Hans Maier to the author, 31 March 2021.
19 Hans Maier, Böse Jahre, gute Jahre, S. 52.
20 Hans Maier, Böse Jahre, gute Jahre, S. 63.

representative of the generation of German intellectuals born between 1923 and 1932, what the historian A. Dirk Moses has termed the "generation of 1945."[21] Having witnessed the collapse of National Socialism and the bankruptcy of its ideals, these "45ers" were keen on probing the reasons for the National Socialist rise to power and the implosion of the Weimar Republic. They sought above all to prevent a future republican collapse like that of 1933.

And yet the "45ers" were anything but monolithic, however committed they were to republican values and a democratic ethos. Within a liberal democratic consensus, some leaned left, others right. Predictably, they identified different forces, phenomena, structures and causes as responsible for the collapse of the Weimar Republic. For young Catholic intellectuals who by the mid-to-late 1950s and early 1960s were in their late twenties and early thirties, it was the role played by Catholic institutions, mentalities, and political parties that aroused the greatest interest. This was not because they necessarily believed that the Catholic church, the Center Party or the Bavarian People's Party (BVP) bore the lion's share of the responsibility for the fateful decisions of 1933: it was common knowledge that Protestants made up a disproportionate share of NSDAP voters through 1933 and that it was a practicing Lutheran, Paul von Hindenburg, who appointed Hitler as Chancellor. It was rather that many younger Catholics in this generation, immersed in the world of political Catholicism or in the Catholic milieu, were intrigued by the role that church institutions were playing in reconstructing German politics and society in the immediate aftermath of the National Socialist dictatorship. Was the church contributing constructively to democratic rebirth? Or was it an impediment? From there, it was only a short step to direct these questions towards the church's relationship to liberal democracy in the past. After publishing an article questioning whether German Catholics in the Federal Republic had truly embraced a democratic ethos, the young Catholic intellectual Ernst-Wolfgang Böckenförde, who was the same age as Maier, probed Catholic support for National Socialism in 1933.[22] In a similar vein, Maier opened his dissertation, *Revolution und Kirche*, with an extensive theoretical discussion of the nature of Christian democracy in the postwar era; only later did he redirect his focus to the French revolution to ask the same questions he had posed for the postwar era: Had the Catholic church undermined republican and democratic values in the century after the French Revolution or had it helped create and sustain them by founding Christian Democratic groups and movements?[23]

---

21 A. Dirk Moses, German Intellectuals and the Nazi Past, Cambridge 2007, and in particular, S. 56-57.
22 Mark Edward Ruff, The Battle for the Catholic Past in Germany, 1945 -1980, Cambridge 2017.
23 Hans Maier, Revolution und Kirche: Studien zur Frühgeschichte der christlichen Demokratie (1789 -1901), Zweite, erweiterte Auflage, Freiburg 1965.

Maier's Dissertation on the Origins of Christian Democracy in France

These questions preoccupied Maier for almost the entirety of his lengthy scholarly and political career, but he initially chose to explore the ambiguities of the Catholic relationship toward liberalism in neighboring France. The French military occupation had placed French at the top of the language pyramid, and Maier accordingly learned excellent French at school and later at university.[24] Unlike Böckenförde, whose trajectory to become one of Germany's most distinguished jurists, constitutional theorists and preeminent Catholic intellectuals seemed assured almost from the start, Maier's intellectual journey to become one of Germany's foremost scholars of the relationship between Catholicism and liberal democracy was anything but a given. Initially intending to become a high school teacher, Maier pursued his research into the origins of Christian Democracy in France only at the level required for a Staatsexamensarbeit.

Maier's two early mentors at the University of Freiburg, the renowned historian Gerhard Ritter and the political scientist Arnold Bergstraesser, were not even Catholic. Ritter was Protestant; so was Bergstraesser, though because of his family's Jewish origins he opted in 1937 to go into exile, which he spent mostly at the University of Chicago. Maier's efforts to study with Franz Schnabel, one of the few distinguished Catholic historians to be found at a German university, during a semester at the University of Munich were not entirely successful in part because of a bitter rivalry between Schnabel and Ritter dating back to the 1920s.[25] As Catholic scholars like Schnabel knew all too well, the German historical and political science professions were dominated by Protestants like Ritter, an imbalance that persisted into the 1970s. His appetite for historical research nonetheless whetted by his early forays into the history of Christian Democracy in France, Maier was given permission to pursue his Ph.D. work in political science in 1956 under the tutelage of Bergstraesser (1896-1964) and the distinguished historian Gerd Tellenbach (1903-1999), another Protestant.[26]

Intellectuals like Maier of the "Generation of 1945" typically found themselves taught and supervised by those from what has sometimes been labeled the "Generation of 1914." Born between the late 1880s and late 1890s, these almost exclusively male intellectuals had been forced to wrestle with the transition from an elitist world to mass democracy.[27] Not only had the First World War and the collapse of the bourgeois world from which they came served as tests for their aspirations for cultural and political renewal: so too did the National Socialist dictatorship, which combining a mass movement and a hatred for liberal democracy, put their

---

24 Hans Maier to the author, 31 March 2021.
25 Hans Maier, Böse Jahre, gute Jahre, S. 74-77.
26 Hans Maier, Böse Jahre, gute Jahre, S. 85.
27 See Robert Wohl, The Generation of 1914, Cambridge, MA, 1979, especially S. 235.

principles and courage on the line. But what stands out in both generational cohorts is political and ideological diversity. To be sure, the conservatism of many from the earlier generation crossed the line into an outright illiberalism and anti-republicanism. Yet even the anti-republicanism of many (but certainly not all!) took many forms; so too did the republicanism of those born on average forty to fifty years later. But what both cohorts witnessed was the obvious failure of illiberalism: on what sort of a political foundation, then, was one to rebuild?

There was no answer to this question to which members of either cohort could easily agree. Within the spectrum of republicanism, some of the "generation of 1945" like Ernst-Wolfgang Böckenförde found themselves already in the late 1950s gravitating toward the moderate left, others like Maier toward the center-right. The situation was even more complicated for the political scientists and historians of the older generation, some like Carl Schmitt bearing tainted pasts. Even German émigré academics were not entirely beyond reproach. One of the founders of postwar political science in the Federal Republic and a Weimar-era liberal, Bergstraesser was bedeviled by rumors of his sympathies for National Socialism already during his years in exile at the University of Chicago.[28] Turning to the foremost German intellectuals from earlier generations as mentors, as Böckenförde had done with Carl Schmitt, carried certain risks, as the former knew all too well.

Though there is no evidence to suggest that such concerns dictated Maier's choice of topics, methodologies, and mentors, there is no doubt that Maier found himself drawn to the intellectual frameworks of scholars and theologians outside the German tradition, more so than was the norm for young Catholic intellectuals. As many commentators have pointed out and Maier himself observed, he was particularly attracted to the writings from the late 1940s and 1950s of the Polish-born Israeli historian Jacob Talmon (1916-1980) and, above all, the American Jesuit theologian John Courtney Murray (1904-1967), whose writings he discovered while perusing the latest issues of the American Jesuit quarterly, *Theological Studies*, at the library while at work on his dissertation in 1956 and 1957.[29]

Both thinkers have been labelled "Cold War liberals," a term coined by New Left critics in the 1960s and meant pejoratively. The moniker of "vital center liberalism" is in many ways more fitting.[30] This sobriquet came from the title of a book from 1949, *The Vital Center*, an extended manifesto by the historian and future John F. Kennedy adviser Arthur Schlesinger, Jr. (1917-2007).[31] Associated with thinkers as diverse as the Protestant theologian Reinhold Niebuhr

---

28 Georg and Wilma Iggers, Zwei Seiten der Geschichte. Lebenserinnerungen aus unruhigen Zeiten, Göttingen 2002, S. 82.
29 Hans Maier to the author, 4 May 2021.
30 Alonzo Hamby, Beyond the New Deal: Harry S. Truman and American Liberalism, New York 1973; Jennifer Delton, Rethinking the 1950s: How Anticommunism and the Cold War Made America Liberal, Cambridge 2013.
31 Arthur M. Schlesinger, Jr., The Vital Center: The Politics of Freedom, Cambridge, MA 1949.

(1892-1971), the Italian Jewish émigré political scientist Max Ascoli (1898-1978), the editor Irwin Ross (1919-2005), and the journalist Leland Stowe (1899-1994), the so-called "vital center" represented an attempt to revitalize American liberalism – and indeed liberalism around the world – in the immediate postwar era. The immediate impulse behind this movement of elite east coast intellectuals was a widely-held perception that American liberals would be unable to mount an effective defense of liberalism against enemies from both left and right. Progressives like the former Vice President Henry Wallace lacked backbone and had become too "soft," and vital center liberals accordingly sought a new virility in public life. Their ranks swelled by former leftists like Niebuhr, many were profoundly shaped by ideological conversion experiences during the 1930s and 1940s. Having not just fought "Fascism" during the war but also seen the face of Soviet power first-hand, they now sought to prop up mushy liberal values and atrophying institutions against the totalitarian peril. The term "totalitarianism" itself had originated in 1923 in Italy, but it was not until the onset of the Cold War in the mid-1940s that this paradigm became a mainstream part of American political vocabulary. In equating the menace coming from both ideological extremes, it matched the political currents of the immediate postwar era.[32]

Seeing the world neatly divided into irreconcilable ideologies, vital center liberals were preoccupied with identifying the sources of democratic decay and honing the techniques necessary to revitalize the precarious liberal international order against the extreme left and right. As much as they could achieve consensus over the need to resuscitate liberalism, they could not always agree on the sources of decay. Some like Reinhold Niebuhr argued that original sin lay at the heart of the totalitarian appeal. As he put it in a famous epigram: "Man's capacity for justice makes democracy possible, but man's inclination to injustice makes democracy necessary."[33] Conservative liberals argued that the sources lay within mass democracy itself: frustrated by the inability of liberals and liberal institutions to realize their promises of equality, liberty and fraternity, the "masses" were vulnerable to the siren-calls of the extreme left and right. For Jacob Talmon, the Polish-born Israeli political scientist, this suspicion of mass democracy underlay his study of intellectual currents in prerevolutionary and revolutionary France, *The Origins of Totalitarian Democracy*. Though noting that totalitarianism of both the left and right necessarily rested on popular enthusiasm, he directed his attention almost exclusively to that of the left.[34] He sought to distinguish two schools of democratic thought, one liberal and pragmatic, the other totalitarian, politically Messianic and

---

32 Abbott Gleason, Totalitarianism: The Inner History of the Cold War, New York 1995, S. 70-71.
33 Reinhold Niebuhr, The Children of Light and the Children of Darkness, New York 1944, S. 40.
34 Reinhold Niebuhr, The Children of Light and the Children of Darkness, S. 6.

powerfully shaped by "the common stock of eighteenth-century ideas," most notably Rousseau's concept of the general will, and "based upon the assumption of a sole and exclusive truth in politics."[35] Above all, totalitarian liberalism constituted a secular religion, a desacralized version of the Gallican assumption of a mystical union between religion and the state. But it was now the general will – and not the monarchy – that provided that perfect and unifying function.

It is not difficult to see how Talmon's framework, chronologically rooted in eighteenth-century France, appealed to Maier as the latter pursued his research in Parisian archives into the early origins of Christian Democratic groups during and in the aftermath of the French Revolution. "Daß gerade Frankreich im neunzehnten Jahrhundert zum Versuchsfeld für die ersten Verbindungen von Kirche und Demokratie geworden, daß hier zum ersten Mal auch der Begriff *christliche Demokratie* auftrat, hat seltsamerweise seinen Grund darin, daß in keinem Land die öffentliche Stellung des Katholizismus so stark erschüttert worden war wie hier," Maier wrote.[36] For Maier, the vision of totalitarian democracy – a secular religion – that ultimately became the foundation of Jacobin monism was incompatible with Christianity. It was also correctly perceived as such by conservative opponents of the revolution, including many churchmen. As Maier expressed it: "Solange die Revolution „Kirche" blieb, war eine Verständigung mit dem Katholizismus ausgeschlossen."[37] As a result, early attempts to reconcile church to the revolution never bore fruit, even though a not insignificant number of churchmen had in 1789 believed that political change was necessary and were supportive of many revolutionary aims. It was, in fact, a French priest, politician and first "Constitutional Bishop" of Lyon, Antoine-Adrien Lamourette, who was the first to use the phrase "Christian Democracy" in the hopes of returning to the spirit of the pre-Constantine church. For such proponents of "Christian Democracy," God had sanctioned democracy.[38] While such hopes were dashed by both the Messianic secular religion that prevailed in the French Revolution and by the Restoration, a minority of Catholic laity and clergy continued to work toward a rapprochement with modern liberalism and democracy.

Christian Democracy thus emerged in France as a paradox: it represented both the fulfillment and the overcoming (Überwindung) of the revolution.[39] Here too, Maier drew on Talmon's work. Talmon's distinction between liberal and totalitarian liberalism also helped explain the heterogeneity of early Christian Democratic groups and movements in France, which lacked a common root. The seemingly

---

35 J.L. Talmon, The Origins of Totalitarian Democracy, London 1955, S. 1, 249.
36 Hans Maier, Revolution und Kirche (1965), S. 52.
37 Hans Maier, Revolution und Kirche (1965), S. 141. It was on these points that Maier drew most extensively from Talmon. See Maier, S. 140, footnote 158.
38 Hans Maier, Revolution und Kirche (1965), S. 119.
39 Hans Maier, Revolution und Kirche (1965), S. 272.

impermeable divide between liberal and social Catholicism, and between a democratic conception anchored in universal human rights and one attempting to secure freedoms and equality primarily for those of the faith, Maier argued, also had its origins in earlier fault lines between liberal and totalitarian liberalism.[40]

Even though movements and impulses towards a more liberal Catholicism and Christian Democracy initially could scarcely alter the deep hostility of the church toward the revolution and the modern liberal order, glimmerings of a rapprochement were already evident by the late 19th century. This was true even in France while the Third Republic's anticlericalism continued to gain momentum. Maier credited Pope Leo XIII's interest "at the last hour" in democracy with spurring on not just French Christian Democracy but the *Ralliement*, the reconciliation of French Catholics with the republic. Leo XIII helped articulate a doctrine that would characterize Catholic political thought until the Second Vatican Council: Catholics could and should adapt to any form of a state, including a democracy, as long as the church's religious liberties – and in particular the freedom to spread its religious teachings – were not infringed.[41] Such a recognition recognized a major step forward from the blanket rejection of republicanism in the aftermath of the French Revolution, but it always remained provisional. Republican allegiances were never unconditional: Catholics could embrace any form of government, even tyrannical forms, so long as they guaranteed the church its full array of religious liberties. As progressive as his social teachings might have been, Leo XIII continued to insist that tolerance of error had its limits.[42]

Maier's highlighting of the role played by Leo XIII was pronouncedly influenced by recent writings of John Courtney Murray, SJ, a Jesuit scholar and public intellectual whose countenance even graced the cover of *Time* magazine in 1960.[43] In his dissertation, Maier himself frequently cited Murray, who had noted that during the era of Leo XIII, the church had come to have "ever more perfect respect for the autonomy of the state" and therefore exercised its spiritual – and not necessarily political – power in the public sphere.[44]

Why did Maier draw on Murray, when other Catholic public intellectuals of the "generation of 1945" like Ernst-Wolfgang Böckenförde also keen on securing the church's approval and recognition of a pluralistic society and liberal political

---

40 Hans Maier, Revolution und Kirche (1965), S. 272, footnote 66. Here too, Maier cited Talmon extensively.
41 Hans Maier, Revolution und Kirche (1965), S. 277.
42 http://www.vatican.va/content/leo-xiii/en/encyclicals/documents/hf_l-xiii_enc_20061888_libertas.html
43 See the cover of *Time* from 12 December 1960. http://content.time.com/time/covers/0,16641,19601212,00.html (Accessed on 16 May 2021).
44 Hans Maier, Revolution und Kirche (1965), S. 270. Maier cited J.C. Murray, Contemporary Orientations of Catholic Thought on Church and State in the Light of History, in: Theological Studies 10 (1949), S. 177-234.

order were more prone to turning to German theorists and scholars including Josef Pieper, Joachim Ritter and Carl Schmitt in developing their theoretical frameworks? One reason is obvious: Murray and Maier were influenced by like-minded theorists. One was Jacques Maritain because of his reflections on how natural law could provide moorings for a democratic order.[45] Another was Talmon. Repeatedly making reference to Talmon's work, Murray published an article on the Catholic church and "totalitarian democracy" in which he too underscored that the French Revolution, "the prototype of all our modern and revolutionary and communitarian movements," proved to be "the decisive turning point in the relations between the state and the Christian church."[46] Murray also homed in on the role of Leo XIII who, though arguing that unbridled freedoms could lead only to anarchy and slavery, perhaps inadvertently provided a way out of the impasse between the church and liberal political institutions: he suggested that natural law did not require that the state assume any political form.[47] But there was another reason: Murray's analysis of the relationship between Catholic philosophical and theological teachings and the realities of American political life in the United States were relevant for Germany, where Catholics remained traumatized by the experience of the Kulturkampf as late as the 1960s.[48]

If one is permitted to generalize, Murray's writings bore a hallmark of the finest of Jesuit scholarship: seeking to live in this world and write for it, they aptly comment on a particular historical moment, entering into the major public moral debates of the day. In the aftermath of the Second World War in the United States, Jesuit commentators opined on questions of censorship, state aid to parochial (or religious) schools, and interfaith cooperation, all emotionally charged issues with historical baggage. In his commentaries, Murray was driven by the desire to ease two central concerns of the church since the 19th century, both centered on question of religious liberties.[49] The first was the concern over a constitutionally mandated separation of church and state: If severed from the state, the church could never enjoy the benefits of the law, even in nations where practicing Catholics constituted the overwhelming majority of the population. The second concern was of religious pluralism. Noting that it was impossible to return to the pre-Reformation era, Murray argued that Catholics needed to be prepared to live side by side with non-Catholics, including Protestants of all stripes, and Jews. Doing so, he

---

45 K. Healan Gaston, Imagining Judeo-Christian America: Religion, Secularism, and the Redefinition of Democracy, Chicago 2019, S. 155.
46 John Courtney Murray, SJ, The Church and Totalitarian Democracy, in: Theological Studies 14 (1952), S. 525-563, and in particular, S. 531.
47 John Courtney Murray, SJ, The Church and Totalitarian Democracy, S. 561.
48 Mark Edward Ruff, The Battle for the Catholic Past in Germany.
49 Keith J. Pavlischek, John Courtney Murray and the Dilemma of Religious Toleration, Kirksville, MO, 1994.

recognized, meant that the church would have to be tolerant of error and repudiate deeply-anchored claims that "error has no rights."

Ultimately, Murray insisted that the Catholic church should not be troubled by either the separation of church and state or religious pluralism. Why? He argued that a fuller appreciation of human dignity mandated that all people – and not the state – should enjoy the moral authority to determine their own peoples: the state should have no jurisdiction in spiritual matters, nor should it have ever possessed this capability. In this regard, it was the Lockean model of democracy in the United States – and not the radical Jacobin model of totalitarian democracy – which offered the possibility for the state to merely guarantee the free exercise of religion.

Seeing Catholics as in a position to become the true defenders of religious liberty, Murray's arguments appealed not only to American Catholics, a minority in a Protestant dominated American religious landscape, but also to Catholics in Communist states behind the Iron Curtain who were facing state-sanctioned persecution. But they proved controversial enough that an article of his slated for publication in 1955 in *Theological Studies* never was allowed to be published. But Murray nonetheless made his influence felt at the Second Vatican Council, and in particular in its declaration, *Dignitatis Humanae Personae*, even if Murray himself remained critical of the Council for "coming late, with the great guns of her authority, to a war that has already been won."[50] As was the case for other Catholic public intellectuals like Böckenförde, Maier followed the Second Vatican Council closely and even "with baited breath." Looking back at the Council in 2018, he observed: "wir fanden in ihm vieles, was unsere deutschen Wege bestätigte – einiges auch, was sie zu kreuzen schien."[51] For Maier, Murray was a trailblazer who helped achieve a breakthrough at the Council: in freeing the church from the trauma of the French Revolution and Jacobin democracy, the Council could finally turn to embrace the precepts of American constitutional democracy and its "self-evident truths."[52] The American system of separating church and state, in fact, was far more accommodating of the church's need for religious liberty because it made no Jacobin claims: its system of checks and balance and its Bill of Rights provide the possibility of protecting their interests.

---

50 J. Leon Hooper, SJ, ed., John Courtney Murray, Religious Liberty: Catholic Struggles with Pluralism, Louisville 1993, S. 13.
51 Hans Maier, Schonzeiten, Kirchenärger, Kopftücher: Erinnerungen an Gespräche mit Ernst-Wolfgang Böckenförde, in: Der Staat 58 (2019), S. 471-473.
52 Hans Maier, Der Wegbereiter: John Courtney Murray SJ und sein Beitrag zur Religionsfreiheitserklärung des Zweiten Vatikanischen Konzils.

Maier's Scholarly Contacts to John Courtney Murray and the University of Notre Dame

Appointed Professor of Political Science at the University in Freiburg in 1962, Maier established personal contact with Murray as a co-organizer of a symposium at the Catholic Academy in Munich in early October 1963 entitled "Das Verhältnis von Kirche und Staat – Erwägungen zur Vielfalt der geschichtlichen Entwicklung und der gegenwärtigen Situation."[53] Since Murray was already in Rome as an advisor for the Second Vatican Council, Maier and the Academy Director, Karl Forster, seized on this opportunity to invite him to travel north to speak about the lessons the model of American Catholicism might have for his German counterparts. After Murray spoke glowingly (in German!) about the unconditional acceptance of the democratic policy among American Catholics, Maier echoed the skepticism articulated in the preceding years by Ernst-Wolfgang Böckenförde about whether German Catholics had truly internalized a democratic ethos and democratic values.[54] That Catholics were still mired in authoritarian styles of thinking had hindered them from grasping and realizing their civic duties and responsibilities. Maier and Böckenförde both insisted that the way for the church to realize its aims lay not in using the power of the state to legislate and enforce, but in persuasion. But the target of persuasion was not just politicians in Christian Democratic parties but the broader public, since the actions of politicians, even in a Christian-dominated state, were not necessarily tied to the norms of the church.[55]

Maier thus championed the Second Vatican Council's call for greater participation of the laity in the affairs of the church. He had long argued that lay Catholicism had played an important role in the formation of Christian Democratic movements throughout Europe, fostering democratic norms and championing the dignity of the individual human. "Der moderne Vergesellschaftsprozeß setzt die Kirche in ein engeres Verhältnis zur Gesellschaft und zum Politischen," he publicly stated at the Katholikentag in 1966. „Die Demokratisierung fordert sie zur positive Stellungnahme unvermeidlich."[56] That was the reason, Maier concluded, that the church – and the Second Vatican in particular – should speak and take a public stance on questions of politics and society.

Maier's contacts with Murray did not cease after the close of the Second Vatican Council. Insisting that instilling an awareness of human dignity represented the only way to reduce the gap between the church hierarchy and the world, Murray was a featured speaker at a five-day conference on "The Condition of Western Man: The Problem of Freedom and Authority" at the University of Notre Dame

---

53 Simon Oelgemöller, Karl Forster, S. 166-168.
54 Hans Maier to the author, 4 May 2021. Simon Oelgemöller, Karl Forster, S. 167.
55 Simon Oelgemöller, Karl Forster (*1931), S. 167.
56 Hans Maier, Unser Politischer Auftrag, S. 154.

in South Bend, Indiana in the United States, a conference co-sponsored by the Catholic Academy of Bavaria.[57] Attending were 31 prominent German scholars and churchmen, including Maier and Archbishop Julius Doepfner, who served as a moderator, no doubt because of his leadership role at the Second Vatican Council. Maier himself presented a paper, "Freedom and Equality in the Political Theory of the European Enlightenment and Its Projection into the French Revolution," that elaborated on a theme central to vital center liberalism in the United States: freedom should never be unlimited. An emphasis on boundless freedom produced a counter-reaction in the form of an excessive egalitarianism. While freedom without equality could not endure, moreover, it can become "dangerously totalitarian" when it is made "the highest law of politics and pursued without regard to tradition and personal rights."[58] Freedom had to come with duties: "It is, in effect, the question of preserving both freedom and the obligation to aid one's fellow man under the conditions of a mass industrialized society."[59]

In this course of the symposium, Maier also took part in a meeting of Catholic émigrés, some of whom had come to the University of Notre Dame decades earlier at the behest of the Catholic political scientist Waldemar Gurian, an outspoken crusader against left-wing and right-wing totalitarianism.[60] At this reunion of German Catholic intellectuals, Maier met the Austrian-born and Jewish convert to Catholicism, Emily M. Schossberger (1905-1979). As the newly appointed director of the University of Notre Dame Press, Schossberger was expanding the press' output, particularly in the areas of Catholic history and theology.[61] Schossberger not only arranged for the publication of the second and revised German edition from 1965 of Maier's dissertation: she translated it herself.[62]

The American reviews of Maier's book were positive but nonetheless lamented the difficulties of rendering Maier's theoretical distinctions between various forms of Catholicism – social Catholicism, liberal Catholicism, Democratic Catholicism, Democratic-Catholicism, to mention but a few – into vivid English. Writing in *The American Political Science Review*, Guenter Lewy, the Breslau-born political

---

57 University of Notre Dame Archives, "Freedom vs. Authority: Geiger talks at Conference," in: The Voice of Notre Dame, Vol. 5, No. 4, 11 October 1966; Murray addresses Conference, in: The Voice of Notre Dame, Vol. 5, No. 5, 13 October 1966. For the conference proceedings, see George N. Shuster, ed., Freedom and Authority in the West, South Bend 1967. Those presenting included Döpfner, Murray, Michael Schmaus, Peter Meinhold, Hans Buchheim, Marshall Smelser, Matthew A. Fitzsimmons, Rudolf Morsey, Johannes Lotz and Ferdinand Hermens.
58 Maier, Freedom and Equality, in: Shuster, Freedom and Authority, S. 128-129, S. 140-141.
59 Maier, Freedom and Equality, in: Shuster, Freedom and Authority, S. 144.
60 Ellen Thümmler, Katholische Publizist und amerikanischer Politikwissenschaftler. Eine intellektuelle Biographie Waldemar Gurians, Baden Baden, 2011.
61 „Remembering Emily Maria Schossberger," in UNP Blog, 18 April 2016. https://unpblog.com/2016/04/18/remembering-emily-maria-schossberger/
62 Hans Maier, Revolution and Church: The Early History of Christian Democracy 1789-1901, Translated by Emily M.Schossberger, South Bend 1969.

scientist and author of a widely-publicized monograph from 1964, *The Catholic Church in Nazi Germany*, noted that the reader might wish to skip over Maier's theoretical reflections and concentrate on the core of his analysis – the encounters between the French Revolution and the Church and the efforts of some French Catholics to reconcile church and revolution in the coming century.[63] Echoing Maier's observation that it was political Catholicism in the low countries and Germany and not in France that paved the way to the Christian Democratic parties so central to the postwar Western European political Catholicism, Lewy concluded that Maier's work represented "less a contribution to the history of European Christian Democracy than the generally thoughtful treatment of an important chapter in the history of French Catholicism." For Rocco Caporale, an Italian-born sociologist and anthropologist at St. John's University in New York, Maier's work represented "a valuable analysis" of the changed position of the Church in the aftermath of the French Revolution and of how it inspired Christian Democratic parties, even if its narrative proceeded "at times discontinuously" with few references to events between 1850 and 1891.[64]

Maier's Criticisms of the New Political Theology

The American edition of Maier's revised dissertation appeared in print in 1969 as the American liberal consensus was disintegrating and vital center liberalism was fragmenting. Facing unrest on college campuses and a militant New Left attacking both "establishment" institutions and the liberal world order more broadly, many vital center liberals who had once called for the "end of ideology" were transformed into neoconservatives.[65] For them, the student movements, antiwar movements and the radical forms of the Civil Rights movement started to look less like movements for democratic renewal and more like Talmon's vision of totalitarian or Jacobin democracy. Most disconcerting was that these radical movements were arising not just outside of existing institutions but from within.

It was within this context that Maier publicly criticized both efforts to democratize the Church from within and the emerging political theology – the so-called "new political theology" – associated with no person more than Johann Baptist Metz, professor of fundamental theology in Münster. At first glance, Metz was

---

63 Guenter Lewy, Review of Hans Maier, Revolution and Church, in: The American Political Science Review, Vol. 64, (1970), S. 929-930. See Guenter Lewy, The Catholic Church in Nazi Germany, New York 1964.
64 Rocco Caporale, Review of Revolution and Church, in Political Science Quarterly, Vol. 87, No. 2 (1972) S. 299-301.
65 Michael Franczack, "Losing the Battle, Winning the War: Neoconservatives versus the New International Economic Order, 1974–82," in: Diplomatic History Vol. 43, No. 5 (2019), S. 867-889.

an unlikely target. He was scarcely two years older than Maier and in keeping with the ethos of the "generation of 1945" was seeking to chart a new theological path after the horrors of the National Socialist era. Schooled in Thomism, Metz was a student and friend of Karl Rahner, who, like Murray, played a significant role at the Second Vatican Council. But he was also sympathetic to liberation theology: as essayistic, lapidary and aphoristic as it might be, Metz's theology was not inconsistent with the liberation theology associated with Latin America.

Even if it is not entirely accurate to pigeonhole Metz as a progressive – his post-Auschwitz theology he would later develop was skeptical of the notion of progress – his new political theology was nonetheless, fairly or unfairly, associated with the Catholic left. Maier, indeed, placed it along with calls for church reform in the context of a left-wing insurgency. Should not Marx's philosophical body of thought, Maier quoted E. Höflich as saying, be used not just for a dialogue between Christians and Marxists but as a "Medizin für eine Verjüngungstherapie der Kirche."[66] The irony of such demands to politicize the church was not lost on Maier. Since the 1950s, left-wing Catholics had been calling for the church to become less politically active (and tied to Christian Democratic parties) and even withdraw from politics: suddenly, it was imperative for the church to not just become politically active but be transformed into a critical church, one serving as institutional opposition and as a societal gadfly.[67] In words dripping with sarcasm, Maier likened Metz's vision of a societally active church to that of "eine außerparlementarische Opposition mit kirchlichen Mitteln, eine öffentlich etablierte Dauerprovokation der Gesellschaft; nicht mehr die alte *ecclesia triumphans*, sondern ihre moderne Nachfolgerin – die *kritisch triumphierende Kirche*."[68]

Maier's criticism seemed to contradict the position he advanced little more than two years before in 1966 at the Katholikentag in Bamberg in which he had called for the church to make public its political positions and its support of democracy.[69] How do we explain this seeming about-face? In hindsight, it is clear that Maier in 1966, though recognizing that the religious and political landscape was in transition following the Second Vatican Council, had misread the nature of these changes. To be sure, he remained concerned that not all Germans had truly embraced and internalized a liberal democratic ethos, fearing that they might embrace the alternative model of totalitarian democracy. But he insisted that German democracy lay on a much stronger foundation in the mid-1960s than in the turbulent 1920s, when a dispute between Adenauer and Faulhaber about whether a monarchy or a democracy was the preferred form of government for Catholics indicated the fragility of democratic values in the German Catholic

---

66 Hans Maier, Kritik der politischen Theologie, Einsedeln 1970, S. 53.
67 Hans Maier, Kritik der Politischen Theologie, S. 13-14.
68 Hans Maier, Kritik der politischen Theologie, S. 36.
69 Hans Maier, Unser Politischer Auftrag, S. 154.

establishment. In a statement bearing the mark of vital center liberalism's fixation on mastering "technique," Maier observed:"Deutlichstes Zeichen dieses Ernüchterungs-und Genesungsprozesses, das nach dem zweiten Weltkrieg einsetzte, ist das Abschmelzen der politischen Utopien auf den Rechten und auf den Linken des deutschen Katholizismus, das Abschleifen der Ränder, die Konzentration auf praktikable Lösungen."[70]

But after 1968, the picture had changed. Having long argued that totalitarian democracy was a "derivative and distortion" of genuine democracy, Maier was apt to see in the calls for democratization within the church after 1968 the ideological heirs of Rousseau, Marx and other prophets of totalitarian democracy.[71] "So ereignet sich dann, ... daß rousseausche Demokratietheorien in dem Augenblick das Reich kirchlicher Ideen zu bevölkern beginnen, in dem die Wirklichkeit der modernen Demokratie endgültig von ihnen Abschied genommen hat."[72]

Maier's controversy with Metz, one of the most renowned Catholic theologians of his day, in fact, emerged out of a knee-jerk reaction against the term "political theology," because of its association with Carl Schmitt, the Catholic political theorist and prominent National Socialist jurist.[73] Whether Schmitt's tainted legacy was beyond redemption had already proven to be a bone of contention between Maier and Böckenförde, who had vehemently disagreed over whether Schmitt's work, including his "political theology," should be read. "Seit ich "Der Führer schützt das Recht" gelesen hatte, weigerte ich mich (und weigere mich bis heute), auf Schmitts Werk einzugehen," Maier wrote.[74] Even after learning and expressing astonishment that Metz had been unaware of Schmitt's earlier work, however, Maier did not relent. Insisting that the new political theology coming largely from the religious left was not dissimilar from the old political theology of the right, he transformed what had been a knee-jerk reaction into substantive criticism in keeping with the tenets of vital center liberalism skeptical of any Rousseauian notion of totalitarian democracy.[75] Did Metz not know, Maier wrote, "daß alle späteren Versuche einer politischen Theologie, ob sie nun auf ein „Heiliges Reich" oder auf eine „Heilige

---

70 Hans Maier, Unser Politischer Auftrag, S. 172.
71 Hans Maier, Unser Politischer Auftrag, S. 154.
72 Hans Maier, Kritik der politischen Theologie, S. 101.
73 The theological literature on Metz is too vast to be recounted here. For a succinct overview of Metz's theology, see Jan Rohls, Offenbarung, Vernunft und Religion. Ideengeschichte des Christentums, Band I, München 2012, S. 1040-1042 as well as Jan Rohls, Gott, Trinität und Geist. Ideengeschichte des Christentums, Band III/2, München 2014, S. 1367-1370.
74 Hans Maier, Schonzeiten, Kirchenärger, Kopftücher, S. 471.
75 Hans Maier, Politische Religionen, München 2007, S. 9-10. Maier was, in fact, not far from the mark in his criticism of the origins of Metz's political theology. Though derived far more thoroughly from the writings of the Frankfurt School, Metz's political theology indeed shared with Schmitt's political theology an apocalyptical tone. Kyle Gingerich Hiebert, The Architectonics of Hope: Political Theology in Carl Schmitt and Johann Baptist Metz, in: Telos 160 (2012), Online Edition.

Demokratie" ähnlich gescheitert waren" und „daß ein solcher Versuch notwendig in die Denkbahnen Carl Schmitts geraten mußte, der es unternahm, diese Tradition im 20. Jahrhundert zu erneuern, indem er die Begriffe des modernen Staatsrechts als Derivate der Theologie ausgab – und damit implizit ihre Autonomie und Eigengeltung bestritt?"[76]

Having been made aware of the tainted history of the term "political theology," Metz responded by distinguishing and separating the new from the old. The old identified itself with the existing political order, while the new sought to change and transform that order. Yet Maier insisted that the new political theology was not entirely dissimilar from the old: it bore the seeds of both a critical, dialectical theology and a theology of revolution.[77] Are not the two, Maier queried, simply different names for the same thing? The new political theology had the logical structure as the old. "Statt der Ordnung wird einfach die Veränderung, „God's action in history" theologisiert."[78] In calling for the church to become a societal critique, Metz, moreover, had left open pressing questions. To whom should it voice its criticism? Should it be directed at high-ranking politicians or to society at large? On which issues was the new "critical church" to opine? Was it to voice its opinions on the bread-and-butter questions of political life, including the minimum wage, election reform, or recognition of the DDR – and anger one of the constituencies that comprised the Catholic political base? Maier argued that such critical overreach risked undermining the prophetic function of the church, what Böckenförde also referred to more modestly as a Hüter und Wächteramt, an obligation to call individual leaders to task when they flagrantly violated religious liberties or fundamental human rights and dignity.[79]

Rejecting Metz's new political theology, Maier also expressed publicly his skepticism about calls for a democratization of the church. The two, he insisted, were intertwined: calls for "democratization" represented "eine diffusere Form der Politisierung der Kirche."[80] To be sure, Maier admitted, there were solid grounds for greater democracy within the church, including the principle of collegiality emerging out the Second Vatican Council, a convergence of the functions of the laity and the clergy (even where the difference could not be radically swept away), and not least changes in the church because of the political and societal functions it had assumed.[81] But the perils of democratizing church structures outweighed potential benefits. Not only did an overactive lay presence in administering the sacramental functions of the church risk diminishing the principle of sacramentali-

---

76   Hans Maier, Politische Religionen, S. 10.
77   Hans Maier, Kritik der politischen Theologie, S. 61-63.
78   Hans Maier, Kritik der politischen Theologie, S. 62.
79   Hans Maier, Kritik der politischen Theologie, S. 35.
80   Hans Maier, Kritik der politischen Theologie, S. 95.
81   Hans Maier, Kritik der politischen Theologie, S. 98.

ty by reducing priestly roles. Those calling for democratization were theologians operating in an ivory tower who lacked first-hand political experience. Their conceptions of democracy accordingly remained empty abstractions and their notions of "freedom," "autonomy," and "emancipation" inchoate: as a result, they could provide actual politicians with little that was substantive.[82] No doubt because of their lack of political experience, theological proponents of democratization were blind to the reality that democracy was complex, messy and above all fragile.[83] It required negotiation, compromise, and alliance formations at odds with the purity of abstract principle. Democracy "ist vielmehr ein sehr verletzliches, auch historisch auf Ausgleich, Kompromiß, politische Zwischenlagen angewiesenes Gebilde von geringer natürlicher Lebenserwartung – leicht nach der Seite des Anarchischen oder Diktatorischen umschlagend, stetiger Institutionalisierung bedürftig."[84] Rejecting teleological and Whiggish conceptions of history, Maier insisted that democracy was by no means the triumphant endpoint of a victorious and progressing "Ideenbewegung." Not only had democracy floundered or even perished almost everywhere in the 1920s and 1930s in Europe outside of its strongholds in Switzerland, the Netherlands and Scandinavia. Its vulnerabilities had actually increased rather than decreased since the Second World War as democratic forms spread across western and southern Europe.

While such a claim might be easily written off as hyperbole or as undue pessimism, it actually followed logically from Maier's understanding of democratic decay. The defense of liberalism required unceasing vigilance, which faith in Whiggish notions of democratic triumph undercut.[85] Maier also argued that forms of liberalism anchored primarily in individual emancipation and autonomy were the most likely to require correction. In the 19th century, it took the social movement to "correct" liberalism's failure to require individual responsibility toward one's fellow human beings. In the calls for "emancipation" and "autonomy" proliferating at the end of the 1960s, Maier saw a repeat of earlier understandings of liberalism, whose failure was apparent to all but now had no immediate corrective at hand.[86] In fact, Maier argued, demands for emancipation stood in contradiction to calls for greater political participation: it was delusional to imagine that one could have both. Here emerged the specter of Rousseau's totalitarian liberalism: the emancipatory liberalism of the late 1960s opened the door for everything to be defined as political. In contrast, Maier had long maintained that it was a characteristic of democracy "daß das Politische nicht exzessiv, sondern möglichst eng bestimmt,

---

82 Hans Maier, Kritik der politischen Theologie, S. 99-100.
83 Joseph Ratzinger/Hans Maier, Demokratie in der Kirche: Möglichkeiten, Grenzen, Gefahren, Limburg 1970, S. 61.
84 Joseph Ratzinger/Hans Maier, Demokratie in der Kirche, S. 61.
85 Joseph Ratzinger/Hans Maier, Demokratie in der Kirche, S. 62.
86 Joseph Ratzinger/Hans Maier, Demokratie in der Kirche, S. 62.

nicht als den ganzen Daseinssinn des Menschen füllend, sondern als beschänkt auf bestimmte Aufgaben seines geschichtlich-gesellschaftlichen Lebens."[87]

Conclusions

Maier's scholarly pursuits in the nature of totalitarianism culminated in the publication of three edited volumes, "Totalitarismus und Politische Religionen," which appeared in print between 1996 and 2003 and in English translation between 2004 and 2007.[88] They arrived in the English-speaking world when no doubt as a result of the end of the Cold War and the attacks of September 11, 2001, concepts of political religion dating back to Voegelin were undergoing a revival but still highly contested.[89] One American commentator, David D. Roberts, lauded the importance of Maier's work, labelling him as a "leader in the renewal" of the categories of both totalitarianism and political religions. As much as these volumes represented the fruits of a lifetime of work, it was his pessimistic reflections on the fragility of democracy, the dangers of unrestrained freedoms and the perils of "totalitarian liberalism" that were in many regards far more prescient than those writing in the 1990s and early 2000s could have recognized. Noting before an audience at the Zentalkomittee der deutschen Katholiken in 1964 that "die pluralistische Demokratie ist kein christlicher Staat," he warned that such recognition could represent „eine harte Nuß für uns alle." Easy to dismiss as hyperbole during the heady decades following the collapse of the Soviet satellite states in 1989 and even during the upheaval of the late 1960s and 1970s, Maier's pronouncements always were cold water for those on the right still nostalgic (even to this day) for an era where "error had no rights" and unwilling to commit to religious pluralism and for those on the left for whom the dismantling of hegemonic and establishment structures represented a necessary first step towards building a more equal society. It is no accident that the writings of vital center liberals like Reinhold Niebuhr and Arthur Schlesinger, Jr. in the United States once again found an audience in the United States by 2016.

Like that of most vital center liberals, Maier's agenda was never prescriptive. It was never an attempt to achieve equality, a word notably absent in much of

---

87 Maier speech from 1964 quoted in Thomas Grossman, Zwischen Kirche und Gesellschaft. Das Zentralkomitee der deutschen Katholiken, 1945 – 1970, Mainz 1991, S. 269.
88 Hans Maier, Hg., Totalitarianism and Political Religions, Vol. I, Concepts for the Comparison of Dictatorships, Vol. II, Concepts for the Comparison of Dictatorships, Vol. III, Concepts for the Comparisons of Dictatorships; Theory and History of Interpretation, London and New York, 2004-2007.
89 David D. Robert, ‚Political Religion' and the Totalitarian Departures of Inter-War Europe: On the Uses and Disadvantages of an Analytical Category. In: Contemporary European History, Vol. 18, Nr. 4 (2009): S. 381-414.

his writings. Nor could it be part of a rigorous ideological platform, something he would have resisted in any case. Instead, it sought consensus to forestall future crises of liberalism and thwart totalitarian temptations that would invariably emerge. It nonetheless entailed far more than pragmatism or even principled pragmatism: it represented an anti-utopian politics of freedom that required an unconditional acceptance of democracy while stressing its limits and restraints. To use a musical metaphor, Maier's thought, in many ways, represented a major-key variation on a dark Catholic narrative that had prevailed from the French Revolution through the Second Vatican Council and that asserted that liberalism could easily give way either to utopian extremism or to Fascist reaction. But in a contrast to papal positions of the 19th century, he argued that it did not automatically have to do so. For liberalism to survive and not implode in totalitarianism, it had to be cultivated, its excessive individualism or utopian zeal restrained. Maier had indeed learned much from how French and American Catholics came to terms with the modern liberal order, however belatedly their mental transformation had come.

Unlike his one-time comrades-in-arms like Joseph Ratzinger from the immediate aftermath of the Second Vatican Council, Maier's positions did not fundamentally change. To quote Maier from a speech delivered while a candidate for the chairmanship of the Central Committee of German Catholics: he had never kissed a bishop's ring before the Council, and he refused to bite the bishops in the leg after the Council.[90] Maier grasped that lay Catholicism had played a significant role in helping to minimize Catholic animosity toward the modern liberal democratic order – and ultimately in placing the Federal Republic on a more solid foundation. Yet he resisted calls for a laicization of priestly functions and freeing Catholicism from the strictures of hierarchy. "An die Stelle weltlicher Aktivität aus dem Glauben würde dann, wenn der Prozeß voranschreitet, die geistige Teilhabe der Laien an einer demokratisierten Kirche treten, und wir hätten eine soziologische Parallele zum Weltlich-Werden und zur zunehmenden Entsakralisierung des Priesteramtes: den Laien mit Anteil am kirchlichen Amt."[91] Nor did he share the desire amongst many in the hierarchy to centralize and diminish the power of the laity. Not wishing to see the ability of Catholics to influence decisions on abortions diminish, he could only shake his head at conservative accusations launched in a statement by the German bishops put together under duress from Rome that Donum Vitae stood "außerhalb der katholischen Kirche."[92] Forbidden from speaking publicly in church facilities in the diocese of Regensburg and Augsburg, Maier found himself in a situation redolent of John Courtney Murray, who because of his writings on religious liberty and the American First Amendment had been asked in 1955 to

---

90 Heinrich Oberreuter, Hans Maier (*1931), S. 617.
91 Hans Maier, Demokratie in der Kirche, S. 76.
92 Hans Maier, Gute Jahre, Böse Jahre, 372.

cease further publications on these subjects. In both cases, the hierarchies were divided over the need and wisdom for such a step. Bishop Reinhard Marx even publicly criticized his colleagues in a rare display of ecclesiastical disunity.[93]

All historical and philosophical pessimism aside, Maier pursued an ultimate end in both his political and scholarly career. That goal was the maintenance of human dignity, which in his eyes could ultimately only be upheld through a liberal, pragmatic, and non-totalitarian vision of democracy. Maier's reflections were ultimately the legacy of Christian humanism from the Renaissance era. They bore the hallmark of Erasmus, who asserted the dignity of the human being, promoted the sanctity of life, and eschewed both revolution and counter-revolution even after both had become fashionable.

---

93 Hans Maier to the author, 4 May 2021.

Hans Maier und Romano Guardini
Politische Vernunft – Historischer Verstand – Christliche Weltanschauung

Thomas Brose

Hans Maier, keine Frage, gehört zu den bedeutendsten Religionsintellektuellen der Gegenwart. Tatsächlich war die glanzvolle Laufbahn des jungen Wissenschaftlers, der 1962 Professor für Politische Wissenschaft an der Ludwigs-Maximilians-Universität wurde, von 1970 bis 1986 das Amt des Bayerischen Staatsministers für Unterricht und Kultus bekleidete und von 1988 bis 1999 an die Universität zurückkehrte, um dort am *Guardini*-Lehrstuhl für „Christliche Weltanschauung, Religions- und Kulturtheorie"[1] zu lehren, keineswegs durch seine Herkunft determiniert.

„In meiner weiten, meist bäuerlichen Verwandtschaft", lautet die Auskunft des am 18. Juni 1931 in Freiburg im Breisgau Geborenen, „gab es keinen Akademiker – und je mehr ich in der Universität verschwand, in Bibliotheken und Archiven, hinter Gedrucktem und Geschriebenem, desto kritischer wurden die Fragen. Meine Mutter, allein erziehend nach dem frühen Tod meines Vaters, mußte ihren Sohn jahrelang gegen den Verdacht verteidigen, er sei eigentlich eine gescheiterte Existenz. ‚Het er jetz endlich e Stell?'"[2]

1. Hans Maier: Lebensthemen

Das Kriegsende erlebte der junge Hans in seiner Heimatstadt. „Damals war ich 13 Jahre alt. Hinter mir lag – trotz ‚Drittem Reich' und Krieg – eine glückliche Kindheit bei meiner Mutter und Schwester (mein Vater war früh gestorben). Einige Jahre war ich in der Pfarrei Maria Hilf im Freiburger Osten Ministrant, bis mich mein Pfarrherr 1942 vom Altarraum auf die Orgel versetzte; denn der Organist war als Soldat eingezogen worden. Ich lernte Orgel spielen und bestritt Jahre hindurch

---

1 Bereits ein Blick ins Personenregister von Hans Maiers Autobiographie ist aufschlussreich: Romano Guardini nimmt dort – noch vor seine akademischen Lehrern Arnold Bergstraesser und Eric Voegelin – einen Spitzenplatz ein, der nur von Franz Josef Strauß übertroffen wird. Vgl. Hans Maier, *Böse Jahre, gute Jahre. Ein Leben 1931 ff.*, München 2011.
2 Hans Maier, „Lebensthemen – und wie sie einem zufallen", in: Hans Otto Seitschek (Hg.), *Christ und Zeit. Hans Maier zum 75. Geburtstag*, München 2007, 91-98, 95.

fast alle Gottesdienste in der Achttausend-Seelen-Gemeinde, Messen, Vespern, Andachten. Auch Totenmessen gehörten dazu."[3] Wer im Leben des Gelehrten, des Politikers und künstlerisch Hochbegabten, nach einer prägenden Kraft und Determinante sucht, für den wird offenbar: Die alemannische „Materie" erhielt die klare, feste „Form" vor allem durch ihre katholische Imprägnierung.

> „Da es keine Schule mehr gab," berichtet Maier über eine für ihn typische Konstellation, „wurde die Pfarrgemeinde in den letzten Kriegswochen ein Sammelplatz für unsere Aktivitäten. Die Männer waren im Krieg, und wir Halbwüchsigen hielten mit Frauen und Kindern die Gemeinde zusammen, unter den nachsichtigen Augen von Pfarrer und Vikar. Natur und Kirchenjahr bewegten sich mit majestätischer Unparteilichkeit durch die brodelnde Zeit".[4]

Wie bekanntlich schon Aristoteles, der in den Disputationen Thomas von Aquins stets als „der Philosoph" bezeichnet wird, lehrte, bietet allein formbare Materie dem Werdenden die Möglichkeit, zu sein oder nicht zu sein. Und der Student der Geschichte, Romanistik, Germanistik und Philosophie machte Zeit seines Lebens in überragendem Maß Gebrauch davon, seine Möglichkeiten auszuschöpfen: als Wissenschaftler, Kultusminister, Abgeordneter und Bildungspolitiker, Mitglied der Deutschen Akademie für Sprache und Dichtung, Vorsitzender des Zentralkomitees der Deutschen Katholiken, Herausgeber einer Wochenzeitung, als politisch-zeitgeschichtlicher Publizist und Guardini-Lehrstuhlinhaber.

Stets war der Intellektuelle, den Heinrich Oberreuter so schön wie zutreffend als „catholic man"[5] charakterisiert, von intellektueller und künstlerischer Neugier erfüllt; er war bestrebt, seine Fähigkeiten in universaler Weise auszuweiten: *Künstlerisch* durch seinen „ersten Beruf" als Organist, der ihn zu Rundfunkaufnahmen und Konzertreisen über Osteuropa bis in die Sowjetunion bzw. nach Russland führte, aber auch durch vielfältige Begegnungen mit Autorinnen, Schriftstellern, Bühnenleuten und bildenden Künstlern wie Joseph Beuys, Heinrich Böll, August Everding, Marieluise Fleißer, Günter Grass, Georg Meistermann, Hermann Lenz, Herbert Rosendorfer, Emil Wachter, Martin Walser und Eva Zeller; *publizistisch*, wie schon der früheste, im *Fährmann* veröffentlichte Text (1950) „In Fesseln

---

3 Hans Maier, „Kriegsende – Zeitzeugen berichten. Fastenpredigt am 1. März 2020 in St. Michael", Manuskript, 2.
4 Hans Maier, „Kriegsende – Zeitzeugen berichten" (Anm. 3), 6.
5 „Hans Maier ist in jeder Hinsicht ein *catholic man*, worunter man im Englischen einen weltoffenen Menschen mit weitgespannten Horizonten versteht, wie es ja in seinen vielfältigen Begabungen zum Ausdruck kommt. Er ist es aber auch in dem Sinne, dass sich diese Talente seit je eingebettet in eine existenzielle, den Alltag gestaltende selbstverständliche Katholizität entfalten, die ihm auch Kraftquelle für sein ‚reiches Leben' zu sein scheint." Heinrich Oberreuter, „Verantwortung in Gesellschaft, Staat und Kirche: Hans Maier", in: Hans-Rüdiger Schwab (Hg.), *Eigensinn und Bindung. Katholische deutsche Intellektuelle im 20. Jahrhundert. 39 Porträts*, Kevelaer, 2009, 617-630, 617.

frei. Pater Alfred Delp zum Gedächtnis"⁶ belegt, der in nuce eine ganze Welt des Wissens, Religion und Theologie, Politik und Philosophie, Zeitgeschichte und Jurisprudenz, aufbewahrt und ihn zeitgleich zur freien Mitarbeit beim Rundfunk qualifizierte; *wissenschaftlich* entdeckte Hans Maier schließlich mit „Kirche" und „Staat" zentrale Lebensthemen. Bereits die Beschäftigung mit den Quellen der Revolutionsgeschichte im Frankreich des 19. Jahrhunderts erlaubten es dem Erforscher politischer Vernunft in seiner klassisch gewordenen Dissertation (1959) *Revolution und* Kirche⁷, wegweisende Entdeckungen zu machen, indem er die Ursprünge und geistesgeschichtlichen Traditionen der christlich-demokratischen Parteien aufdeckte. „Im Schoß der Konstitutionellen Kirche [...] begegneten mir Gruppen, die eine ‚Démocratie fraternelle', eine ‚Démocratie chrétienne' (sowohl in der Kirche wie im Staat) anstrebten: Es war der bis heute älteste Beleg für Begriff und Bewegung der christlichen Demokratie. Ich verfolgte die Spuren und Fernwirkungen dieser Bewegung in den Revolutionen 1789, 1830, 1848 – bis hin zum Jahr 1892, als im Anschluss an die Enzyklika ‚Rerum novarum' in allen romanischen Ländern entsprechende Strömungen (unter diesem Namen!) auftauchten."⁸ Und wie sich politische Vernunft und historischer Verstand eindrucksvoll zu ergänzen vermögen, das zeigte der Wissenschaftler, indem er sich 1962 mit seinem opus magnum für politische Wissenschaft habilitierte: *Die ältere deutsche Staats- und Verfassungslehre – Polizeiwissenschaft*⁹.

2. Romano Guardini: Katholischer Intellektueller mit „Mehrwert"

2.1. Berliner Exposition: Ein Lehrstuhl wird begründet

„Sie kommen auf einen sehr glatten Boden. Man ist überzeugt, dass sie in kurzer Zeit am Ende sein werden.", notiert Romano Guardini (1885-1968) eine Einschätzung aus dem Preußischen Kultusministerium über seine Berufung auf den neugegründeten „Lehrstuhl für Religionsphilosophie und katholische Weltanschau-

---

6 Vgl. Hans Maier, *Bibliographie 1950 – 2020* [zusammengestellt von Angelika Mooser-Sainer], München 2021, 13. Die Bibliographie umfasst insgesamt 1.800 Einträge; alle verzeichneten Schriften sind im Druck erschienen.
7 Hans Maier, *Revolution und Kirche. Zur Frühgeschichte der christlichen Demokratie*, in: Ders., *Gesammelte Schriften*, Bd. 1 *Revolution und Kirche, mit e. Nachw. v. Bronislaw Gremek*, München 2006. Das mehrfach übersetzte Buch erlebte sechs Auflagen.
8 H. Maier, „Lebensthemen – und wie sie einem zufallen" (Anm. 1), 92.
9 Vgl. Hans Maier, *Die ältere deutsche Staats- und Verfassungslehre – Polizeiwissenschaft*, [1. Aufl. Berlin 1966] 3. Aufl. München 1986. „In aller Unbescheidenheit stelle ich fest: So wie Otto Brunner die ältere Ökonomik, das ‚ganze Haus', wiederentdeckte, so habe ich mit der ‚guten Polizei' (wie sie noch bei Goethe heißt) ein Stück ‚naturwüchsiger' Verwaltung des modernen States wiederentdeckt. Das ist nicht nur Geschichte, es wirkt bis heute fort". Hans Maier, „Lebensthemen – und wie sie einem zufallen" (Anm. 2), 93.

ung"[10]. Bereits der Weg in die deutsche Hauptstadt erwies sich für den Bonner Privatdozenten als Odyssee. Der 1922 frisch habilitierte Wissenschaftler benötigte einen Waschkorb voller Papiergeld, um die Fahrkarte zu lösen; seine Habseligkeiten mussten aus dem besetzten Rheinland ins Reich geschmuggelt werden. Seine neue Stelle trat er in einem prekären historischen Augenblick an: im Inflationsjahr 1923.

„Für die Universität war ich der vom Zentrum aufgezwungene Propagandist der Katholischen Kirche, welcher an der ‚Hochburg des deutschen Protestantismus' nichts zu suchen hatte, und sie zeigte mir das auf jede Weise. Auch als es im Lauf der Jahre jedem deutlich sein konnte, daß meine Vorlesungen nichts mit Propaganda zu tun hatten und das akademische Niveau hielten, habe ich nie auch nur das leiseste Zeichen einer Großmut empfunden, welche ihrer absoluten Übermacht gewiß angestanden hätte."[11], schreibt der Religionsphilosoph rückblickend über seine Anfänge.

Wie die Guardini-Biografin Hanna-Barbara Gerl-Falkovitz in erstmals edierten Materialien und Mitschriften zu zeigen vermag, war es vor allem Max Scheler, der den Theologen und Religionsphilosophen dazu ermutigte, seine umstrittene Professur formal und inhaltlich zu bestimmen: „Wie er denn wohl den Begriff ‚Weltanschauung' interpretiere, fragte ihn Scheler und schlug ihm gleich ein halbes Dutzend Möglichkeiten vor. Guardini, gar nicht belesen, war völlig eingeschüchtert. Uns Studenten schien es damals, als sei ein Menschenfresser auf den verwirrten Dozenten der Dogmatik zugegangen. Nachher aber zeigte sich Scheler bewegt davon, daß es dies noch gab: einen Menschen unserer Gegenwart, ungezwungen und weiten Herzens aus der Ordnung lebend."[12]

Der in Verona geborene, vielfältig begabte und sensible Guardini benötigte Zeit und Freiraum, ehe er sich nach zwei Semestern Chemie in Tübingen sowie drei Semestern Nationalökonomie in München und Berlin für das Studium der Katholischen Theologie entschied und im Jahr 1910 zum Priester geweiht wurde. Mit dem schmalen Band *Vom Geist der Liturgie*[13] gelang dem drei Jahre zuvor mit einer Arbeit über Bonaventura Promovierten 1918 der Durchbruch; sein Werk markiert den Beginn des liturgischen Aufbruchs. Die Schrift, die von Fest und Spiel redet, machte ihren Autor mit einem Schlag bekannt. Für junge Menschen, die nach dem Elend des Weltkriegs Orientierung suchen, wurde Guardini zur Leitfigur und zum hoffnungsvollen Führer der Liturgischen Bewegung.

Guardini erwies sich darin als wegweisend, dass er sich nicht hochspezialisierter Fachtheologe etablierte, sondern im engen Kontakt mit der katholischen Jugend-

---

10 Romano Guardini, *Berichte über mein Leben. Autobiographische Aufzeichnungen*, aus d. Nachlaß hrsg. v. Franz Henrich, Düsseldorf 1984, 389.
11 R. Guardini, *Berichte über mein Leben. Autobiographische Aufzeichnungen* (Anm. 10), 40f.
12 Hanna-Barbara Gerl-Falkovitz (Hg.), *Lauterkeit des Blicks. Unbekannte Materialien zu Romano Guardini*, Heiligenkreuz 2013, 25.
13 Romano Guardini, *Vom Geist der Liturgie*, „Romano Guardini – Ein Nachwort" v. Hans Maier, Freiburg /Basel / Wien 1983.

Kultur und Lebensbewegung seine Fähigkeit entwickelte, latente gesellschaftliche Gefährdungen zu Wort zu bringen. Er nutzte sein pädagogisches Talent, um Geistlicher Mentor des Quickborn auf der Burg Rothenfels am Main zu werden. Erst dieser „spirituelle Mehrwert" des katholischen Intellektuellen – von 1927 bis zur Konfiszierung durch die Nationalsozialisten im Jahr 1939 Burgleiter auf Rothenfels – befähigte ihn, seinen Weltanschauungs-Lehrstuhl in einzigartiger Weise zu prägen und dabei Grenzen von Herkunft, Konfession und Milieu zu überwinden. „[D]ieser Mann hat nicht nur in der Kirche, für die drinnen, gewirkt, sondern auch bei denen draußen vor der Tür: bei Agnostikern, Zweifelnden und Verzweifelten, bei Skeptikern und Ungläubigen, ja auch bei vielen, bei denen das Wort Kirche kaum mehr Gefühle, nicht einmal der Ablehnung, erregt – und sie dürften heute in der Mehrzahl sein."[14]

2.2. Katholische Weltanschauung

Es ist kein Zufall, sondern ein Zeichen der Zeit, dass Guardinis *Vom Geist der Liturgie* dem kulminierenden Wahn zur geistigen Mobilmachung ein anderes Ideal gegenüberstellte: das einer christlichen Lebenskunst, in der Kontemplation, Kultus und Spiel die Würde des Menschen als Geschöpf Gottes bewahren. Letztlich erinnerte Guardini mit seinen Gedanken an – für viele längst unzeitgemäße – Einsichten Thomas von Aquins. Dieser hatte davon gesprochen, dass die höchste Form menschlicher Aktivität nicht in unbegrenzter Aktivität bestehe, sondern sich vielmehr in der Art und Weise der Kontemplation vollziehe. Die höchsten Einsichten verdankten sich demnach nicht pausenloser Erkenntnis-Arbeit, sondern trügen stets den Charakter eines Geschenks: der Gnade.

Die Brisanz von Guardinis weltanschaulicher Alternative, die in den Jahren seiner Berliner Lehrtätigkeit immer offenkundiger wurde, erschließt sich schärfer, wenn man einen Blick auf ihren geistesgeschichtlichen Kontext wirft: Spätestens seit der Machterschleichung von 1933 prallten in der deutschen Metropole, Hitlers künftiger Welthauptstadt Germania, diametral entgegengesetzte Weltanschauungen aufeinander: einerseits die christlich geprägte Wirklichkeitsauffassung, für die menschliche Existenz stets etwas Unverdientes bleibt, andererseits die in der ersten Hälfte des 20. Jahrhunderts zur vollen Entfaltung gebrachte „Logik des

---

14 Hans Maier, „Romano Guardini – Ein Nachwort", in: Romano Guardini, *Vom Geist der Liturgie* (Anm. 13). 145-158, 154f. In seinem Nachwort macht Maier zugleich deutlich, dass sich „der gebürtige Romane" keineswegs zufällig dem Zweifel und dem „nördlichen Denken" verpflichtet fühlte. „[D]as spürt man nicht nur in seinen philosophischen und theologischen Schriften – man spürt es vielleicht am deutlichsten in seinem Essay über Raabes *Stopfkuchen*, einem Herzstück Guardinischen Denkens und Empfindens, in dem die unklassische, unharmonische rätselhafte Ornamentik des Nordens aus innerster Verwandtschaft geschildert wird." (148.)

Arbeiters", wonach der Einzelne jeden Tag neu in den Kampf zu ziehen habe, um sich Daseinsrecht und Lebensraum zu erkämpfen.

„Genau hinsehen!" Schelers Wort, das fast selbstverständlich klingt, wurde für den angehenden Lehrstuhlinhaber, der sich in Berlin mit der ganzen Bandbreite religiös-politischer Erwartungen konfrontiert sah, zum rettenden Imperativ: Nachdem Scheler dem jungen Kollegen den Rat gegeben hatte, seine „Stellenbeschreibung" formal ganz ernst zu nehmen, verstand der Professor, Priester und Pädagoge seinen „Weltanschauungslehrstuhl" fortan als einen Ort, um das Sehen und Verstehen des christlichen Glaubens im Dialog und Disput mit großen europäisch-abendländischen Denkern wie Sokrates, Augustinus, Dante, Pascal, Dostojewski und Nietzsche auf neue Weise einzuüben. „Das Kolleg läßt sich gut an. Ich habe etwa 200-250 in einem, 100 im andern, und sie hören zu. Ich spreche ganz positiv, vermeide alle Apologetik [...] ich möchte eine geistige Atmosphäre schaffen, in der die Dinge richtiger stehen, Perspektiven und Maße und Eigengesicht von allem deutlicher sind; eben katholisch."[15]

Ein Typus seiner Vorlesungen", kommentiert Hanna-Barbara Gerl-Falkovitz, habe sich in erstaunlicher Breite mit Gestalten der Geistesgeschichte „zwischen Sokrates und Rilke, ja mit dem Ausgriff auf Buddha" befasst. „Welt-Anschauung wird hier zur Gestalt-Anschauung, und zwar mittels der Sprache: des Gedichtes, des Textes. Die Gestalt aber wird Spiegel der Welt, mehr noch: jeweilige Mitte der Welt [...] Daß es diese neuartigen Vorlesungen waren, die am meisten Hörer anzogen, erweist ihren existentiellen, nicht musealen Charakter – nicht nur für das Auditorium, viel mehr noch für Guardini selbst."[16]

Mit seiner Antrittsvorlesung „Vom Wesen katholischer Weltanschauung" glückte Guardini dabei ein Auftakt, den er sechzehn Jahre bis zu seiner 1939 erfolgten Zwangspensionierung durch die Nazis[17] durchhielt: nämlich christlich inspiriertes Sehen vor einem bunt zusammengesetzten Auditorium, vor Agnostikern, Zweifelnden, Kirchgängern und Ungläubigen, einzuüben und damit mit dem Untergang der DDR eine neuartige Glaubenstheorie[18] zu inspirieren. Aber Guardini fand, wie

---

15 „*Ich fühle, daß Großes im Kommen ist.*" *Romano Guardinis Briefe an Josef Weiger 1908-1962*, hrsg. v. Hanna Barbara Gerl-Falkovitz, Ostfildern 2008, Brief vom 1.12.1923, 243f.

16 Hanna-Barbara Gerl-Falovitz, *Romano Guardini. Leben und Werk 1885-1968*, [dritte ergänzte Aufl.] Leipzig 1987, 229.

17 Nicht nur der Lehrstuhl, sondern die „Art und Weise", wie sein Inhaber ihn ausfüllte, passte den Machthabern nicht, erläutert Michael Höhle. „Ein Gestapo-Bericht von 1937 musste nach wie vor die Wirkung auf die Hörer feststellen: Guardini übe ‚vor allem auf Protestanten und weltanschaulich Bedürftige großen Einfluß aus. Seine schriftstellerischen und mündlichen Auslassungen sind scharfsinnig und stehen auf hohem Niveau.' Das Urteil aber ist negativ. Der Berliner Gast-Professor habe ‚seit Jahren versucht, die brennenden Gegenwartsfragen weltanschaulicher oder auch rein kultureller Art in katholischer Manier zu verwässern.'" Michael Höhle, „Romano Guardini in Berlin", in: Ders. (Hg.) *Wichmann-Jahrbuch des Diözesangeschichtsvereins Berlin. Neue Folge 11, 50./51. Jg. (2010/2011)*, 36-62, 60

18 Als *Berliner Ansatz* bezeichne ich eine *Theologie des Unglaubens*, deren Fortschreibung vom Autor dieses Beitrags seit der Friedlichen Revolution 1989 durch Studientage der Katholi-

Hans Maier erläutert, in der Zeit des Weltkrieges auch auf anderen Wegen weite Verbreitung „in Büchern und Drucken, mehr noch in Nachschriften, Abzügen, Kopien unter der Hand" – „nicht weniger als jene von Reinhold Schneider, Gertrud von le Fort, Theodor Haecker, Werne Bergenruen. In jener Samisdat-Literatur im braunen Reich nahem Guardinis Schriften einen besonderen Platz ein. Sie wirkten durch Form, ihren künstlerischen Rang – geschlossene runde Gebilde, fern allem teutonischen Sturm und Drang."[19]

2.3. Gegen den Totalitarismus des „Tausendjährigen Reiches" – Die Notwendigkeit der Ethik

In den jüngst vergangenen Jahren", beginnt Romano Guardini seine im September 1945 vorgetragene Analyse *Der Heilbringer in Mythos, Offenbarung und Politik*[20] sei etwas geschehen, „das ein scharfes Licht auf die geistig-religiöse Situation der Nach-Neuzeit" werfe, „darüber hinaus aber auch auf die des Menschen überhaupt".[21] Indem sich der Religionsphilosoph mit der kollektiven Wirkmacht des „Heilbringer"-Mythos auseinandersetzt, gelingt ihm etwas, das in der unmittelbaren Nachkriegszeit so klar, kompakt und analytisch zuvor nicht herausgearbeitet worden war: Mit Adolf Hitler habe sich der pseudoreligiöse Messias des „Tausendjährigen Reiches" gewaltsam jener religiösen Leerstelle bemächtigt, die der lange Abschied vom christlichen Bewusstsein hinterlassen habe. „Guardini" – urteilt dazu Hans Maier – „nimmt den „Heilbringer der zwölf Jahre" [...] als quasireligiöse Figur so ernst wie kein Autor vor ihm. Er ist für ihn der mythische Usurpator, der im Verblassen des christlichen Bewusstseins in der Gegenwart von der allgemeinen

---

schen Studentengemeinde an der Humboldt-Universität sowie die populären Guardini-Lectures (bis 2004) vorangetrieben wurde. Dieser Ansatz schließt Kirchenferne, Konfessionslose und Agnostiker nicht aus, sondern bezieht deren Existenzform bei dem Versuch mit ein, *Gott neu zur Sprache zu bringen*: Vgl. Thomas Brose (Hg.), *Gewagter Glaube. Gott zur Sprache bringen im Neuland*, Berlin 1998; vgl. Ders., *Kein Himmel über Berlin. Glauben in der Metropole*, Kevelaer 2014, zum *Berliner Ansatz* bes. 80-100.

19 Hans Maier, „Romano Guardini – Ein Nachwort" in: Romano Guardini, *Vom Geist der Liturgie* (Anm. 13). 145-158, 147.

20 Dieser Text ist Bestandteil bedeutender, bestens kommentierter Guardini-Vorträge aus den Jahren 1945/46 – teilweise bisher unveröffentlicht –, die in sieben Stücken um Wahrheit und Lüge, Offenbarung, Politik und Propaganda sowie die Verantwortung für die Sprache kreisen. Sie zeigen den Priester, Pädagogen und Wissenschaftler auf der Höhe seiner Wirksamkeit. Dass man den katholischen Denker in Nachkriegsdeutschland weit über das eigene Milieu hinaus wertschätzte, macht Herausgeber Alfons Knoll in seiner vorzüglichen Einleitung deutlich: Vgl. *Romano Guardini, 1945. Worte zur Neuorientierung*, hrsg. von Alfons Knoll unter Mitarbeit von Max A. Oberdorfer, mit einem Vorwort von Hans Maier. Grünewald /Schöningh 2015.

21 R. Guardini, *Der Heilbringer in Mythos, Offenbarung und Politik*, in: *Romano Guardini, 1945* (Anm. 20), 81-130, 83.

Sinnleere profitiert, der in einer krisenhaften, zur Entscheidung drängenden Zeit messianische Erwartungen der Massen auf sich zieht."[22]

Auf welche Weise sich dieser Tatbestand besonders manifestiert? Als spezifisches Beispiel kommt Guardini auf den „deutschen Gruß" zu sprechen. Bei dessen Interpretation erweist er sich auch als bedeutender Religionsphänomenologe: Mit dem Heil-Hitler-Gruß sei es dem Anti-Messias gelungen, bis tief hinein in die Alltagskommunikation einzudringen. „Nicht nur wurde Hitler Heil zugewünscht, sondern dem Begegnenden wurde gewünscht, Hitlers Heil solle über ihn kommen; Gegenbild und Verdrängung dessen, was der Gläubige meint, wenn er dem anderen die Gnade Jesu Christi wünscht."[23]

Nach der Niederlage des NS-Staates ergriff Guardini die Chance, in die Öffentlichkeit zurückzukehren und den religiös-moralischen Neuanfang des Jahres 1945 von einem christlichen Standpunkt zu interpretieren. Er setzte sich als Redner mit dem Nationalsozialismus auseinander und beschäftigte sich systematisch mit Fragen der Ethik, mit der Problematik von Freiheit, Demokratie und Menschenrechten – was auch den Anlass dazu gab, dass er am 4. November 1945 unter dem Titel *Die Waage des Daseins*[24] die Rede zum Gedächtnis von Sophie und Hans Scholl, Christoph Probst, Alexander Schmorell, Willi Graf und Prof. Dr. Kurt Huber hielt.

Zuvor hatte sich nämlich herumgesprochen, dass Guardini in Mooshausen bei seinem Studienfreund, Pfarrer Josef Weiger, wohnte. Katholische Jugendliche aus Memmingen besuchten ihn deshalb im Mai/Juni 1945, um ihn als Vortragenden für den ersten „Bekenntnistag der katholischen Jugend" nach dem Krieg zu gewinnen; zwei weitere Reden in Memmingen folgten (*Wahrheit und Lüge*: 05.08., *Die Vorsehung*: 28.10.). Aus Ulm kam Otl Aicher, der Freud von Hans und Sophie Scholl sowie der spätere Ehemann der Schwester Inge Scholl auf einem Motorrad nach Mooshausen, um Guardini für „Religiöse Ansprachen über christliche Weltanschauung" in der Ulmer Martin-Luther-Kirche zu gewinnen (16.08.). Seine in Memmingen formulierten Gedanken hat Guardini später vertieft, nicht zuletzt in der berühmt gewordenen Gedächtnisrede auf die *Weiße Rose* im Münchner Schauspielhaus. Er sah in den Hingerichteten junge Christen, die in einer Zeit des Unrechts am Recht festhielten; in einer Zeit der Unwahrheit der Wahrheit verpflichtet blieben. „Dieses Handeln" – so gab er deshalb zu bedenken – „ist aus irdischen Voraussetzungen allein nicht zu verstehen, weder aus einer Ethik der Selbstlosigkeit noch aus einer Philosophie des Schaffens und der Geschichte. Es

---

22 H. Maier, „Vorwort", in: *Romano Guardini, 1945* (Anm. 20), 7-9, 9.
23 R. Guardini, *Der Heilbringer in Mythos, Offenbarung und Politik*, in: *Romano Guardini, 1945* (Anm. 19), 123.
24 Vgl. R. Guardini, *Die Waage des Daseins*, in: *Romano Guardini, 1945* (Anm. 20), [mit einem Anhang: „Zum Geleit" von Alfred Machionini u. „Es lebe die Freiheit" von Inge Scholl] 147-162.

lebt aus dem Glauben an den neuen Anfang, der sich in Christus aufgetan hat, und ist ebenso ‚Ärgernis und Torheit', wie Jesu Handeln selbst es gewesen ist."[25]

„Ich meine" – fasste Hans Maier in einem 2016 in der Kirche St. Johann Baptist in Memmingen in einem erinnernden Vortrag zusammen –, „dass erst das Erlebnis des NS-Staates Guardini die Notwendigkeit vor Augen stellte, sich auf Menschenrechte, Freiheit, Demokratie eingehender einzulassen, und dies nicht nur in einem allgemeinen und theoretischen, sondern in einem lebenspraktischen Sinn. Ansätze finden sich schon in der [...] Gedenkrede auf die ‚Weiße Rose'. Eingehender wird die Beschäftigung dann in München, in den Vorlesungen der fünfziger Jahre. Hier tritt die Ethik – und damit die Politik – in den Vordergrund und wird zu einem zentralen Thema in Guardinis Theologie und Philosophie."[26]

3. Hans Maier interpretiert Romano Guardini

Um das Lebenswerk Romano Guardinis zu würdigen, wählten die Herausgeber seiner 1965 erschienenen Festschrift den Titel *Interpretation der Welt*[27]. Damit eröffneten Sie eine hermeneutische Perspektive, deren Fruchtbarkeit heute, im Jahr 2021, in dem sich Hans Maiers Geburtstag zum 90. Mal jährt, nochmals in prägnanter Weise hervortritt. Dass der Münchner Politikwissenschaftler damals „Der Mensch im Exil. Zum Sinneswandel der modernen Emigration" zum Thema seines eigenen Beitrags für die Guardini-Festschrift machte, erweist seine Sensibilität für die Zeichen der Zeit: „Im Krieg schrieb Thomas Mann an Karl Kerényi: ‚Das ‚Exil' ist etwas ganz andere geworden, als es früher war, es ist kein Wartezustand mehr, auf Heimkehr abgestellt, sondern spielt schon auf eine Auflösung der Nationen an und auf eine Vereinheitlichung der Welt.' In diesen Worten ist ein Strukturwandel der Emigration berührt, wie er sich in den letzten Jahren und Jahrzehnten vor allem in zwei Richtungen vollzogen hat: in der Umwandlung des Exils aus einem individuellen in ein Massenphänomen und in seiner Verfestigung zu einer ausgeprägten und dauernden Lebensform."[28] Maiers Essay über das Exil, zweifellos einer der schönsten und prägnantesten Texte des großen Stilisten, zeigt, dass das, was im alten Europa vor allem den Juden angetan wurde, „die Zerstreuung in aller Herren Länder und Sprachen", in der Gegenwart „nun das Schicksal auch anderer religiöser, nationaler und rassischer Minderheiten" geworden sei;

---

25 R. Guardini, *Die Waage des Daseins*, in: *Romano Guardini, 1945* (Anm. 20), 156.
26 Hans Maier, „Romano Guardini und das ‚Memminger Triduum' – eine Erinnerung an 1945 Vortrag am 23.09. 2016 in der Kirche St. Johann Baptist in Memmingen [Manuskript], 13.
27 Vgl. *Interpretationen der Welt. Festschrift für Romano Guardini zum achtzigsten Geburtstag*, hrsg. v. Heinrich Kuhn/Heinrich Kahlefeld/Karl Forster in Verbindung mit der Kath. Akademie in Bayern, Würzburg 1965.
28 Hans Maier, „Der Mensch im Exil. Zum Sinneswandel der modernen Emigration", in: Heinrich Kuhn/Heinrich Kahlefeld/Karl Forster (Hg.), *Interpretationen der Welt* (Anm. 27), 299-312, 299.

„und je mehr diese Entwicklung fortschritt, desto mehr näherte sich der Emigrant [...] dem Typ des verfolgten, gehetzten, heimat- und besitzlosen Flüchtlings an, der das Bild des zwanzigsten Jahrhunderts bestimmen sollte."[29]

Der mit der Festschrift geehrte Guardini, der sich nach einer Übergangszeit in Tübingen (1945-1949) fest an der Münchener Universität (1948-1962) etablierte und dem 1952 der Friedenspreis des Deutschen Buchhandels verliehen wurde, setzte sich nachhaltig für den Fortbestand seines Lehrstuhls ein. Auf ihn folgten Karl Rahner und Eugen Biser, ehe der langjährige Kultusminister an seine „alte Hochschule" zurückkehrte; er war dort von 1988 bis zu seiner Emeritierung 1999 tätig. Maier gelang es dabei, in vielfacher Weise an die „Interpretationen der Welt" seines Vorgängers anzuknüpfen: mit seinen Forschungen zur Problematik „Christliche Zeitrechnung", aber auch, indem er Guardini in Hinblick auf moderne Gewaltregime und Spielarten Politischer Religion weiterdachte.

Gänzlich anders – und hier wird ein Gegensatz zu Guardini deutlich – nutzte sein späterer Nachfolger akademische Möglichkeiten, indem er in bald vier Jahrzehnten als Universitätsprofessor sechsunddreißig Dissertationen betreute und an vier Habilitationen beteiligt war.[30] Dagegen habe jener „freiwillig auf das ‚Fach', die Fachtheologie verzichtet, obwohl er sich 1922 in der Bonner Theologischen Fakultät habilitiert hatte und anschließend zwei Semester als Privatdozent für Dogmatik in Bonn tätig gewesen war. Und er hatte unfreiwillig auf die normalerweise mit einem Ordinariat verbundenen akademischen Rechte, also die Teilnahme an der Selbstverwaltung, die Übernahme von Ämtern usw. verzichten müssen, da eine Berufung in eine Fakultät nicht möglich gewesen war. Guardini hat in Berlin niemals Studenten examiniert, war auch nie Dekan oder Rektor, nahm, soweit wir wissen, nie als Gast an einer Fakultätssitzung teil [...] Guardini hat nie den Versuch gemacht, an Universitäten sein Promotionsrecht wahrzunehmen – weder in Berlin, wo dies in der Tat schwierig gewesen wäre und ein Antrag wohl wenig Chancen gehabt hätte, noch später in Tübingen oder München, wo ihm dieses Recht als Fakultätsmitglied selbstverständlich zustand. Offensichtlich legte er auch keinen Wert auf einen ‚Stamm' von Doktoranden oder Habilitanden."[31]

Dass ihre (universitäts-)politischen Grundentscheidungen in deutlicher Weise divergieren, beruht für den früheren Kultusminister darauf, dass sich nach der Katastrophe des „Dritten Reiches" das Thema „Weltverantwortung" in ganz neuer Weise gestellt habe als in den Berliner Anfangsjahren der Weltanschauungs-Professur, aber zugleich erkennt Maier Ansatzpunkte, dass sich durch die Erfahrung der

---

29 Hans Maier, „Der Mensch im Exil. Zum Sinneswandel der modernen Emigration", in: Heinrich Kuhn/Heinrich Kahlefeld/Karl Forster (Hg.), *Interpretationen der Welt* (Anm. 27), 299-312, 306.
30 Hans Maier, *Bibliographie 1950 – 2020* (Anm. 6), 171-174.
31 Hans Maier, „Romano Guardini (1885-1968). Katholischer Theologe und Religionsphilosoph", in: *München leuchtet für die Wissenschaft. Berühmte Forscher und Gelehrte*, hrsg. v. Ulrike Leutheusser u. Heinrich Nöth, München 2007, 47-63, 56f.

NS-Zeit bei Guardini Grundlegendes in seinen „ethischen" Interpretationen der Welt verändert habe.

3.1. Die christliche Zeitrechnung

Dass wir in einer Sieben-Tage-Woche leben und die Zeit datieren vor und nach „Christi Geburt" – auf diesen keineswegs selbstverständlichen Umstand machte der Kenner der Französischen Revolution bei seiner Antrittsvorlesung für den Guardini-Lehrstuhl „Über revolutionäre Feste und Zeitrechnungen" am 4. Februar 1988 aufmerksam. Damit gelang es dem Politologen und Historiker, an seine Forschungen zur Gestalt von Kirche, Kultur und Gesellschaft im nachrevolutionären Zeitalter (*Revolution und Kirche*, 1959), anzuknüpfen. Bei seinen Recherchen im Kontext von „Christ und Zeit" stieß Maier nämlich auf die Beschlüsse im Erziehungs-Ausschuss des Konvents, wonach die Zählung der Jahre nach Christus zugunsten einer neuen, „republikanischen Zeitrechnung" aufzuheben sei. Diese hatte in Frankreich und dem von ihm eroberten Ländern von 1793 bis 1805 Bestand.

> „In den Mittelpunkt der Vorlesung", schreibt Maier in seiner Autobiografie, „stellte ich Jacques-Louis Davids berühmtes Bild des ermordeten Marat eine Ikone der Revolution." Auf der Holzkiste im Bild sei noch die „alte" Jahreszahl 1793 zu erkennen gewesen – sie wurde abgelöst von „L'An Deux, das Jahr Zwei – die neue Zählung des soeben eingeführten ‚republikanischen Kalenders' [...] Die Vorlesung wurde für mich zum Anstoß für weitere Forschungen."[32]

Tatsächlich ging aus der neu belebten Erforschung von 1789ff. und den daran anknüpfenden Diskussionen am Lehrstuhl die erste wissenschaftliche Publikation des Biser-Nachfolgers mit dem Titel *Die christliche Zeitrechnung*[33] hervor. Der Band erlebte sechs Auflagen und wurde in zahlreiche Sprachen übersetzt. Sogar die Pariser Sorbonne lud Maier 1999 zu einem Kongress über die christliche Zeitrechnung ein: Titel: „L'An 2000 – après quoi?" Es verdient Interesse, dass der Guardini-Lehrstuhlinhaber jedoch konstatiert, das wissenschaftliche Echo auf seine Forschungen sei vor allem unter Theologen, aber auch bei Historikern schwach geblieben. „Es fiel mir schwer, das zu begreifen. [...] Hatte hier nur die Politik ein Interesse? Speziell in Deutschland war noch in Erinnerung, dass die Nationalsozialisten überall, wo sie konnten, die Formulierung ‚nach Christus' durch die andere ‚nach der Zeitrechnung' ersetzt hatten".[34]

---

32 Hans Maier, *Böse Jahre, gute Jahre. Ein Leben 1931ff.*, München 2011, 322.
33 Vgl. Hans Maier, *Die christliche Zeitrechnung*, Freiburg/B. 1991.
34 Hans Maier, *Böse Jahre, gute Jahre* (Anm. 32), 323.

3.2. Guardini Weiterdenken: Über Demokratie, Totalitarismus und Politische Religion

Wer Guardini in den 1950er Jahren Guardini über Ethik sprechen hörte, berichtet Hans Maier – er selbst habe als Student dieses Glück noch gehabt –, gewann den Eindruck eines insistierenden, immer wieder neu ansetzenden Anlaufs. „Vom Wintersemester 1950/51 an hat Guardini nicht weniger als elfmal hintereinander über Fragen der Ethik gelesen (bis zum Wintersemester 1955/56); später taucht das Ethik-Thema erneut auf im Rahmen von Betrachtungen über die christliche Existenz. Es bleibt auf der Tagesordnung, bis im Wintersemester 1962/63 das Ende der Vorlesungen in München überhaupt erreicht ist."[35] Das Nachdenken über Ethik habe ihn, urteilt sein einstiger Hörer, nach der Zeit in Tübingen und später in München bis in seine letzten Lebensjahre hinein beschäftigt.

Über die Gründe, so sein stärker politologisch orientierter Nachfolger, könne man nur spekulieren. „War es das Gefühl, die zeitgenössische Philosophie (und Theologie!) sei dem Ethischen, Praktisch-Politischen etwas schuldig geblieben? Hat vielleicht auch Guardinis intensive Beschäftigung mit der ‚Weißen Rose' und mit dem Widerstand im Dritten Reich dazu geführt, entsprechende Defizite aufzudecken?"[36]

Mit der Europäischen Freiheitsrevolution von 1989/90 gewannen die vom Guardini-Lehrstuhl ausgehenden Impulse zur Erforschung von Demokratie, Totalitarismus und Politischer Religion an Einfluss und Überzeugungskraft. Hatte nicht bereits Namensgeber Guardini in seiner *Ethik*[37] an vielen Stellen von Kommunismus, Faschismus und Nationalsozialismus gesprochen? Überzeugend verknüpfte Maier den Ansatz aus Guardinis Text *Der Heilbringer* – „Der Mythos braucht einen Verkünder und Verkörperer. Er wird gefunden in Adolf Hitler." – mit Eric Voegelins religionsphänomenologischer Analyse, wonach die politischen Massenbewegungen des 20. Jahrhunderts „allesamt einen ‚gnostischen' Charakter" aufwiesen. „Sie beruhen auf der Annahme, der Mensch könne durch eigenes Handeln die Übel dieser Welt beseitigen. Die Gewissheit, die der Mensch vom Wesen her suche, boten ihm die gnostischen Systeme in einer Doktrin innerweltlicher Sinnerfüllung an."[38]

Dass der federführend von Maier entwickelte Forschungsansatz international von Philosophen, Juristen, Politologen, Historikern und Literaturwissenschaftlern

---

35 H. Maier, „Romano Guardini (1885-1968). Katholischer Theologe und Religionsphilosoph" (Anm. 31), 60.
36 H. Maier, „Romano Guardini (1885-1968). Katholischer Theologe und Religionsphilosoph" (Anm. 31), 60.
37 Vgl. Romano Guardini, *Ethik. Vorlesungen an der Universität München*, 2 Bde., aus d. Nachlass. herausgegeben v. Hans Mercker unter Mitarb. v. Martin Marschall. Mainz 1993.
38 Hans Maier, *Das Doppelgesicht des Religiösen. Religion – Gewalt – Politik*, Freiburg / Basel / Wien 2004, 71.

aufgegriffen wurde, illustriert der vielgelesene Sammelband *Wege in der Gewalt. Die modernen politischen Religionen.* Einleitend bemerkt sein Herausgeber: „Auf denkwürdige, historisch bisher kaum zureichend geklärte Weise verbindet sich mit der Entgrenzung der Gewalt eine zweite ‚leitende Tendenz' unseres Zeitalters: die Mobilisierung politischer Macht mit Hilfe ‚säkularer Religionen' (Raymund Aron). Wir finden uns einem neuen Typus von Politik gegenüber, der mit Heilserwartung und Erlösungshoffnungen operiert, der die christlichen – und modernen! – Trennungen von Religion und Politik auflöst".[39]

3.3. Die Guardini-Lectures 2000 an der Humboldt-Universität: „Die Kirchen und die Künste"

Schon wer einen kurzen Blick ins Foyer von Guardinis einstiger Wirkungsstätte, der heutigen Humboldt-Universität, wirft, wird dort an prominenter Stelle mit der Frage nach Welt-Interpretation und Welt-Anschauung konfrontiert: Direkt im Eingangsbereich des Hauptgebäudes ist nämlich – in goldenen Buchstaben auf rotem Marmor – weiterhin die berühmte „11. These ad Feuerbach" angeschlagen, mit der Karl Marx die Religionskritik von Ludwig Feuerbach verschärft und überbietet: *„Die Philosophen haben die Welt nur verschieden interpretiert, es kommt aber darauf an, sie zu verändern."*[40]

Wo also hätte es im Jahr 2000 einen geeigneteren Ort gegeben, um Guardini lebendig-aktualisierend weiterzudenken? Tatsächlich existiert kaum ein besserer Platz, um der säkularistisch-pluralistischen Gesellschaft den Puls zu fühlen als mitten in der deutschen Hauptstadt: an diesem von Guardini nach dem Ersten Weltkrieg mitgeprägten Ort. Hans Maier, immer streitbar, nahm die Herausforderung an, sich in einem durch Religionskritik, atheistische Propaganda, Agnostizismus und latente Ablehnung „westlicher" Bürgerlichkeit geprägten Platz für die wiederzubelebende Guardini-Tradition einzusetzen – und sich damit, wie sein Münchner Vorgänger, Eugen Biser, auf ein intellektuelles Abenteuer einzulassen.

Der Wissenschaftler, Religionsintellektuelle und „praktizierende" Organist[41] mit internationaler Konzerterfahrung wählte für die vierteilige Vorlesungsreihe ein

---

39 Hans Maier (Hg.), *Wege in der Gewalt. Die modernen politischen Religionen*, Frankfurt/M. 2. Aufl. 2002, Vorwort 7-9, 8. Vgl. auch die neuartige Konzeption des Diktaturvergleichs, die auf Anregungen von Hans Maier zurückgeht: Hans Maier/Michael Schäfer (Hg.), *„Totalitarismus" und „Politische Religionen". Konzepte des Diktaturvergleichs*, Bd. I. Paderborn u. a. 1996; Bd. II. Paderborn u. a. 1997.
40 Marx' „11. These ad Feuerfach" in der Fassung von Friedrich Engels wurde unter Denkmalschutz gestellt. Vgl. zur bewegten Diskussion dazu: Volker Gerhard (Hg.), *Eine angeschlagene These. Die 11. Feuerbach-These im Foyer der Humboldt-Universität zu Berlin*, Berlin 1996.
41 Dass Maier auch ein Orgel-Theoretiker von Graden ist, zeigt seine Einführung *Die Orgel. Instrument und Musik*, München 2015.

Thema mit großem zeitanalytischem Potential: „Die Kirchen und die Künste"[42]. In den im wöchentlichen Abstand gehaltenen Guardini-Lectures untersuchte Maier im Senatssaal der Lindenuniversität dabei Themen, die ihn bereits ein Leben lang bewegen: Die gegenwärtige Glaubens- und Kirchenkrise, so der Ansatz der Vorträge, dürfe nicht isoliert gesehen, sondern müsse im Zusammenhang einer fundamentalen Kulturkrise betrachtet werden, die jedoch wiederum spirituellen und künstlerischen Aufbrüchen Raum biete.

Seine meisterhaft-verknappende Darstellung langer Perioden einer symbiotischen Beziehung zwischen Kirchen und Kunst teilte Maier in vier Kapitel auf: „I. Spiel vor Gott – Liturgie als Kunstimpuls"; „II. Bibel, Wort und Ton"; „III. „Bilderstreit und Bilderfrieden"; „IV. Kann das Christentum schön sein?" Dabei bezog er sich in souveräner Kenntnis des historischen Kontexts auf eine Vielzahl von Kirchen und Denominationen, auf Katholiken, Evangelische, Orthodoxe und Anglikaner – und ließ dabei transparent werden, dass Liturgie und religiöse Überlieferung als „Urgrund der Künste" anzusehen seien. Er zeigte aber auch, dass die abendländische Tradition sich manchmal durch ein Nadelöhr zwängen musste, um überhaupt bis in der Gegenwart des Jahres 2000 zu gelangen: „Im Unterschied zum morgenländischen Entweder-Oder war im Westen der frühchristliche Streit um die Bilder auf einer mittleren Linie geschlichtet worden. Die karolingischen Theologen hatten die *Zeigefunktion* von Bild und Skulptur hervorgehoben. Fortan wandte sich die Kunst sowohl an die des Lesens unkundigen (Biblia pauperum) wie an jene, die lieber schauen als lesen".[43]

Wie der Vortragende seine Berliner Guardini-Lectures beendete, erscheint bezeichnend für den inneren Reichtum von Hans Maier: seine Intellektualität, seinen Humor, aber auch seine Humanitas christiana: „Manchmal aber, für einen Augenblick, darf auch im Christentum Schönheit sichtbar werden. Sie ist dann aber ein Fragment, ein winziger Farbschimmer, nichts Ganzes, Monumentales, Endgültiges, ein rasch aufblitzendes Licht, das über sich hinaus weist – wie in dem Gedicht ‚Gescheckte Schönheit' / ‚Pied Beauty' von Gerard Manley Hopkins, mit dem ich schließen will:

> *Gescheckte Schönheit* (Übersetzung von Ursula Clemen und Friedhelm Kemp)
> Ehre sei Gott für gesprenkelte Dinge –
> Für Himmel zwiefarbig wie eine gefleckte Kuh;
> Für rosige Male all hingetüpfelt auf schwimmender
> Forelle; [...]
> Alle Dinge verquer, ureigen, selten wunderlich;

---

42 Die Guardini-Reihe des Jahres 2000 wurde mit acht Jahren Verzögerung publiziert: Vgl. Hans Maier, *Die Kirchen und die Künste. Guardini-Lectures*, Regensburg 2008.
43 H. Maier, *Die Kirchen und die Künste* (Anm. 42), 19.

Was immer veränderlich ist, scheckig (wer weiß wie?)
Mit schnell, langsam; süß, sauer; blitzend, trüb;
Was er hervorgezeugt, dessen Schönheit wandellos:
Preis ihm."[44]

---

[44] H. Maier, *Die Kirchen und die Künste* (Anm. 42), 76f.

Hans Maiers Vorlesungen auf dem Guardini-Lehrstuhl

Hans Otto Seitschek

Hans Maier, der im Wintersemester 1987/88 auf den Guardini-Lehrstuhl berufen wurde, fand als Nachfolger von Eugen Biser einen Lehrstuhl mit eigenem Gepräge vor. Biser entwickelte in seiner Lehrtätigkeit auf dem Guardini-Lehrstuhl von 1974 bis 1986 eine universale Hermeneutik des Christentums, die über rein theologische Deutungsmuster weit hinaus ging. Auch die kulturgeschichtlichen Einflüsse und die philosophische Religionskritik waren Biser in seinem Ansatz wichtig, ebenso eine christliche Deutung der Welt und ihrer Phänomene. Schließlich arbeitete er, in Absetzung von Eugen Drewermann, den therapeutischen Charakter des christlichen Glaubens heraus, der dem modernen Menschen Halt, Orientierung und Hoffnung in einer immer unübersichtlicheren Zeit vermitteln kann.

Zwischen Biser und dem Gründer des Lehrstuhls, Romano Guardini, gab es neben Zeiten der Vakanz und der Vertretungen, nur noch einen festen Lehrstuhlinhaber: Karl Rahner SJ. Auch Rahner hielt Grundsatzvorlesungen über das Christentum, die später als Basis für seinen „Grundkurs des Glaubens" (1976) dienen sollten. Doch die verweigerte Kooptation in die Münchener Katholisch-Theologische Fakultät, die oft genug neidisch auf die akademischen Freiheiten und die weite theologische Ausstrahlung des Guardini-Lehrstuhls blickte, und die damit verbundene Unmöglichkeit theologischer Promotionen auf dem Guardini-Lehrstuhl ließen Rahner 1967 als Dogmatiker nach Münster wechseln.

Die langen Phasen der Vakanz zwischen den Berufungen auf den Guardini-Lehrstuhl fanden ihren Grund darin, dass der ursprünglich für Guardini *ad personam* geschaffene Lehrstuhl in der Philosophischen Fakultät kein engeres fachliches Profil hatte. Vielmehr bestand seine Aufgabe darin, eine Gesamtdeutung des Christentums in allen seinen Facetten und Phänomenen aus philosophischer und kultureller Sicht zu erarbeiten und umgekehrt eine Deutung säkularer Kultur und ihrer Erscheinungsformen aus christlicher Sicht zu leisten. Dieses *proprium* des Lehrstuhls ging auf Guardinis Berliner Jahre, 1923 bis 1939, zurück, in denen seine Professur die Widmung für „Religionsphilosophie und katholische Weltanschauung" erhielt. Guardini füllte diese Widmung exemplarisch aus und brachte später dieses von Max Scheler beeinflusste Programm nach Tübingen und München mit. In seiner Berliner Antrittsvorlesung führte Guardini über die Widmung seines Lehrstuhls aus, dass sie die „Ganzheit der Dinge" im Auge habe, durch die das „Wesen katholischer Weltanschauung"[1] gekennzeichnet sei. Ein Lehrstuhl dieser Art war also weniger am Curriculum einer Fakultät beteiligt und auch nicht so sehr an der Betreuung akademischer Abschluss- oder Qualifikationsarbeiten, sondern fand sein Ziel eher in der Formung einer Geisteshaltung, die mit der philosophischen Reflexion des christlichen Glaubens und einer christlichen Weltdeutung am ehesten zu bezeichnen ist. Gerade für einen solchen Lehrstuhl ist es keine leichte Aufgabe, geeignete Persönlichkeiten zu finden, die ihn ausfüllen können. Nach Bisers Emeritierung 1986 – er wirkte jedoch bis 2007 im von ihm gegründeten Seniorenstudium weiter – fand man 1987 in Hans Maier eine solche Persönlichkeit. Das entscheidende Gutachten für die Besetzung des Lehrstuhls durch Maier verfasste Dieter Henrich, der in Maier einen unabhängigen, die christliche Tradition kritisch reflektierenden Denker erkannte.[2] Nach Maier war von 2002 bis 2013 Rémi Brague der vorerst letzte Inhaber des Münchener Guardini-Lehrstuhls.

Große öffentliche Wirkung über die LMU hinaus haben die Lehrstuhlinhaber stets durch ihre Vorlesungen erzielt. Dies ist aufgrund des Profils des Lehrstuhls kaum verwunderlich. So war es auch bei Hans Maier, der nicht zuletzt durch seine Bekanntheit als ehemaliger Bayerischer Kultusminister von Anfang seiner Lehrtätigkeit auf dem Guardini-Lehrstuhl an gut besuchten Vorlesungen anbot. Maier setzte die Guardini-Tradition als christliche Weltanschauung *in concreto* fort. Themen des Geisteslebens und der Kultur in christlicher Deutung gehörten von Beginn an zu seinen Vorlesungsthemen. Der Lehrstuhl und das zugehörige Seminar trugen unter dem Historiker und Politikwissenschaftler Hans Maier die Bezeichnung „für christliche Weltanschauung, Religions- und Kulturtheorie".

Am 4.2.1988 hielt Hans Maier seine Antrittsvorlesung auf dem Guardini-Lehrstuhl. Das Thema lautete: „Über revolutionäre Feste und Zeitrechnungen". Mit dieser Thematik griff Maier auf seine frühen Forschungsarbeiten zu seiner Freiburger Dissertation „Revolution und Kirche" (1959)[3] bei Arnold Bergstraesser zurück. Ausgehend von Jacques-Louis Davids Gemälde vom ermordeten Jean Paul Marat, in dem sich sowohl die christliche (1793) als auch die revolutionäre Zeitangabe (*L'An Deux*, das Jahr Zwei) finden lässt, zeigte Maier, dass sich Revolutionen und totalitäre Regime – das Dritte Reich stand kurz vor der Etablierung einer eigenen Zeitrechnung – als eine Zeit in der Zeit darstellten. Sie bildeten folglich eine neue Ära und eine eigene Weltordnung, einen *novus ordo seclorum*. Nicht nur der Kalender der christlichen Zeitrechnung, sondern zuvor bereits die christliche Festordnung wurde in der Zeit der Französischen Revolution immer mehr säkulari-

---

1 Romano Guardini, Vom Wesen katholischer Weltanschauung (1923), in: Ders., Unterscheidung des Christlichen, Bd. 1: Aus dem Bereich der Philosophie (1935), Mainz, Paderborn 1994, S. 21-43, Zitat: S. 22.
2 Vgl. Hans Maier, Böse Jahre, gute Jahre. Ein Leben 1931 ff., München 2011, S. 314 f. u. 321.
3 Hans Maier, Revolution und Kirche. Zur Frühgeschichte der Christlichen Demokratie, 6. Auflage München 2006 (= Gesammelte Schriften, Bd. 1).

siert. Schließlich galt vom 22.9.1792 bis zum 31.12.1805 der Revolutionskalender, *calendrier révolutionnaire français*.

Mit diesem Thema, zu dem er in den Münchener Archiven und der Bayerischen Staatsbibliothek reiches Forschungsmaterial bearbeiten konnte, etablierte Hans Maier ein erstes großes Forschungsthema am Guardini-Lehrstuhl: die Zeitrechnung, insbesondere die christliche Zeitrechnung. 1991 erschien zu diesem Thema „Die christliche Zeitrechnung", ein Buch, das bis 2008 sechs Auflagen erlebte und in mehrere Weltsprachen übersetzt wurde. Vor Maier waren es besonders Anna-Dorothee von den Brincken, Arno Borst, Peter Rück und Shemaryahu Talmon, die sich mit dem Thema der Zeitrechnungen und des Kalenders wissenschaftlich beschäftigten. Im Jahr 2000 schließlich hat Maier zahlreiche Vorträge über das Thema Zeitrechnung gehalten, auch auf der internationalen Tagung „L'An 2000 – après quoi? (Das Jahr 2000 – nach was?)" in Paris. Diese weitreichenden Forschungen fanden ihren Ausgangspunkt in der Antrittsvorlesung Maiers auf dem Guardini-Lehrstuhl.

Auch die regulären Vorlesungen entfalteten eine fruchtbare Wirkung. Hans Maier hatte zwei bevorzugte Vorlesungszeiten in der Woche: montags, meist in der Großen Aula, 9:00 bis 11:00 Uhr c.t., und donnerstags, am Nachmittag, in der Kleinen Aula, aber auch im Auditorium Maximum, je nach Themenstellung. Neben Einzelthemen legte Hans Maier zwei große Vorlesungszyklen an, die mehrfach gelesen wurden: „Christentum", in drei Semestern, und „Grundzüge der Staatsphilosophie", in vier Semestern.

Die dreiteilige Vorlesung über das Christentum beschäftigte sich mit der Phänomenologie des Christentums, seiner gesellschaftlichen Umwelt sowie mit der Akkulturation des Christentums. Hier stand Maier nicht zuletzt in der großen Tradition der Religionsphänomenologie, wie sie von Gerardus van der Leeuw, Friedrich Heiler und Mircea Eliade ausging und auch bei Romano Guardini ihren fruchtbaren Niederschlag fand. Auch eine inhaltliche Nähe zur Religionswissenschaft ganz allgemein wurde hier deutlich, die schließlich in der Gründung des interfakultären Magisterstudiengangs Religionswissenschaft mündete.

Der Zyklus über Staatsphilosophie begann in der frühen Neuzeit bei Francisco de Vitoria und Jean Bodin und führte bis in die Gegenwart. Seine politikwissenschaftlichen Forschungen verband Hans Maier hier mit der christlichen Perspektive einer Politik- und Gesellschaftstheorie, die das Naturrecht und die Prinzipien christlicher Soziallehre berücksichtigte. Überdies konnte Maier darlegen, wie bedeutsam die aristotelische Denktradition für die politische Philosophie bis in die Gegenwart ist. Stützt sich die politische Philosophie doch auf eine breite Überlieferung der praktischen Philosophie des Stagiriten, die seit jeher die weiten Bereiche der Ethik, Ökonomik und Politik umfasst und in Beziehung zueinander setzt. Diese Traditionslinie brach jedoch in Neuzeit und Moderne mehr und mehr ab, so dass es zu einer Wiederbelebung und in manchen Punkten Neugründung der politischen

Philosophie in aristotelischem Geiste kommen musste. Diese Entwicklung wurde in den Vorlesungen Maiers stets deutlich.

Die Vorlesungen zur Staatsphilosophie beförderten nicht zuletzt ein großes Editionsprojekt auf dem Guardini-Lehrstuhl: die gemeinsam mit Michael Stolleis herausgegebene „Bibliothek des deutschen Staatsdenkens".[4] Diese Reihe umfasst Quellen einer Tradition des Denkens über den Staat, die für viele europäische Länder von großer Relevanz ist. Samuel von Pufendorf und Johannes Althusius gehören ebenso zu ihr, wie Justus Möser oder Christoph Besold. Auch Gottfried Wilhelm Leibniz und Christian Wolff sind in der Reihe vertreten. 2005 wurde das Projekt mit 15 Bänden abgeschlossen. Auch der Verfassungsschrift des jungen Hegel wurde 2002 ein Band gewidmet. Angeregt durch Kurt Rainer Meist, spürte Maier der Verfassungsschrift als einem theoretischen Leitfaden Hegels nach, den der Philosoph in der Zeit der Auflösung des Reiches seiner deutschen Heimat für die verfassungsrechtliche und politische Zukunft sowie bezüglich ihrer historischen Rolle an die Hand geben wollte: „In Hegels Verfassungsschrift tauchen Elemente seines späteren geschichtsphilosophischen Denkens auf – freilich noch ohne systematische Verknüpfung und theoretische Verdichtung. Die deutsche Geschichte wird in einen weltgeschichtlichen Kontext gestellt, der ziemlich genau dem später in der Philosophie der Weltgeschichte ins Auge gefaßten Vierten Zeitalter, der ‚germanischen Welt', entspricht."[5] Der akkurate theoretische Standort der zu seinen Lebzeiten unveröffentlichten Verfassungsschrift Hegels ist bis heute sowohl in der Hegelforschung als auch in der politischen Philosophie eine brisante Frage.

Einige der politisch-philosophisch orientierten Vorlesungen, die Hans Maier auf dem Guardini-Lehrstuhl hielt, galten dem Schwerpunkt „Totalitarismus und Politische Religionen". Ebenso in den regelmäßig angebotenen Doktorandenkolloquien war dieses Thema präsent. Im gleichnamigen Forschungsprojekt, das Hans Maier von 1994 bis 2001, anfangs gefördert durch die Volkswagen-Stiftung und später durch die Alfried Krupp von Bohlen und Halbach-Stiftung, am Guardini-Lehrstuhl leitete, trat das Spannungsfeld von Religion und Politik erneut in den Vordergrund. Bereits in seiner Dissertation erkannte Maier den großen Einfluss von Jean-Jacques Rousseau auf die Entwicklung der „démocratie chrétienne": „Die Grundmuster einer radikal-direkten und zugleich politisch-religiös geschlossenen Demokratieauffassung waren überall deutlich sichtbar."[6] In der Folge lud sich die Gesellschaft und das Politische mehr und mehr religiös auf, gipfelnd in der Verschmelzung von

---

4 Bde. 1-9: Frankfurt/M., Leipzig: Insel 1994-2000, Bde. 10-14, 19: München: C. H. Beck 2001-2005. Siehe dazu auch den Beitrag von Michael Stolleis im vorliegenden Band.
5 Hans Maier, Hegels Schrift über die Reichsverfassung, in: Georg Wilhelm Friedrich Hegel, Über die Reichsverfassung, hrsg. v. Hans Maier, nach der Textfassung v. Kurt Rainer Meist (= Bibliothek des deutschen Staatsdenkens, Bd. 10), München 2002, S. 183-205, Zitat: S. 199.
6 H. Maier, Revolution und Kirche (Anm. 3), S. 9.

Religion und Politik in der „totalitären Demokratie"[7] der Jakobiner. Diese Grundüberlegung kommt in einer weiteren Auseinandersetzung ebenso zum Tragen: Jede Art Politischer Theologie, diene sie der transzendenten Rechtfertigung von Zwang und Gewalt im Staat (Carl Schmitt)[8] oder einer Begründung für das Aufgehen der Kirche im Sozialen (Johann Baptist Metz)[9], steht in der deutlichen Kritik Maiers.[10]

Das Konzept der „Politischen Religionen" diente Maier vor allem zu seiner Totalitarismuskritik. Dabei rückten neben anderen in besonderer Weise Eric Voegelin und Raymond Aron in den Blickpunkt. Politik kann sich nie um die „letzten Dinge" kümmern, so eine zentrale Erkenntnis des Projekts. Es besteht sonst die Gefahr eines totalitären Kurzschlusses, der ein Paradies auf Erden schaffen will, das letztlich in Gewalt und Terror endet. Es ging Maier im Totalitarismus-Projekt um den ambivalenten Charakter der Religion: einerseits um ihre ideologiekritische Kraft, aber auch um das mögliche Gewaltpotential, das sich mit den Kräften der Religion entfesseln lässt.[11] So lassen sich „die modernen Totalitarismen als freiwillig-unfreiwillige Wiedergänger archaischer Religiosität"[12] beschreiben. Die Ergebnisse des Forschungsprojekts, die Maier auch in Vorlesungen vorstellte, wurden in drei Bänden beim Schöningh-Verlag von ihm und Michael Schäfer herausgegeben. Sie liegen auch in englischer Übersetzung von Jodi Bruhn bei Routledge vor.[13]

Wirkungsvoll widmete sich Hans Maier in seinen Vorlesungen auch immer wieder Einzelthemen, so dem neuzeitlichen Spannungsfeld von Kultur und Natur (Wintersemester 1990/91). Den immer stärkeren kulturkritischen Strömungen stelle

---

7   Jacob L. Talmon, Die Ursprünge der totalitären Demokratie, übers. v. Efrath B. Kleinhaus, Köln, Opladen 1961, S. 110-119 (Die jakobinische Diktatur): „Die jakobinische Diktatur ruhte auf zwei Säulen: der fanatischen Ergebenheit der Gläubigen und strenger Orthodoxie." (Ebd., S. 115) Siehe dazu Hans Otto Seitschek, Politischer Messianismus. Totalitarismuskritik und philosophische Geschichtsschreibung im Anschluß an Jacob Leib Talmon, Paderborn u. a. 2005, S. 70-73.
8   Vgl. Carl Schmitt, Politische Theologie [1922], München, Leipzig 2. Auflage 1934, S. 49-66. In „Politische Theologie II" (Berlin 1970) weist Schmitt explizit Maiers Kritik zurück, allerdings ohne die Argumentation von 1934 wesentlich zu ergänzen (S. 31-43, bes. 31-33).
9   Vgl. Johann B. Metz, Zur Theologie der Welt, Mainz, München 1968, S. 99-116 und Ders., Zum Begriff der neuen politischen Theologie. 1967 – 1997, Mainz 1997, S. 123-159.
10 Vgl. Hans Maier, Kritik der Politischen Theologie, Einsiedeln 1970 (auch in: Gesammelte Schriften, Bd. 2, S. 15-73, darin ebenso: „Erik Peterson und das Problem der politischen Theologie (1991)", S. 74-89 sowie „Politische Theologie – neu besehen" (2003), S. 90-104).
11 Vgl. Bernhard Welte, Vom Wesen und Unwesen der Religion, Frankfurt/M. 1952, S. 21-40 und Hans Maier, Das Doppelgesicht des Religiösen. Religion – Gewalt – Politik, Freiburg/Br., Basel, Wien 2004, S. 9-21.
12 Hans Maier, Zur Deutung totalitärer Herrschaft 1919 – 1989, in: Ders. (Hrsg.), ‚Totalitarismus' und ‚Politische Religionen'. Konzepte des Diktaturvergleichs, Bd. III: Deutungsgeschichte und Theorie, Paderborn u. a. 2003, S. 7-28, Zitat: S. 28 (auch in: Gesammelte Schriften, Bd. 2, S. 177-198, Zitat: S. 197).
13 Hans Maier/Michael Schäfer (Bd. II) (Hrsg.), ‚Totalitarismus' und ‚Politische Religionen'. Konzepte des Diktaturvergleichs, III Bde. (= Politik- und Kommunikationswissenschaftl. Veröffentl. der Görres-Gesell., Bde. 16, 17 u. 21), Paderborn u. a. 1996-2003; engl.: Totalitarianism and Political Religions. Concepts for the Comparison of Dictatorships, 3 vols., übers. v. Jodi Bruhn, London, New York 2004-2007.

Maier hier seine eigene Bestimmung von Kultur und Natur entgegen, die den schaffenden, schöpferischen Zug des menschlichen Wesens hervorhob, der im Schaffen der Kultur die Natur nachahmt: „Kultur ist das Hergestellte. Kultur schaffen heißt herstellen. Die herstellende Tätigkeit des Menschen tritt dem Nicht-Hergestellten, der Natur, gegenüber. Herstellen ist einerseits abgehoben von der Natur: Kulturschöpfungen sind Artefakte, sie ‚entstehen' nicht von selbst, sie werden gemacht. Andererseits ist ihre Entstehung doch nie ganz unabhängig von der Natur, denn auch das Herstellen orientiert sich an der Natur, ahmt sie nach oder vollendet sie (Aristoteles)."[14] Aber auch einzelne Intellektuelle oder philosophische Strömungen gehörten zu Maiers Vorlesungsthemen: Augustinus, Pascal, Rousseau, Nietzsche gehörten ebenso dazu wie die Französische Gegenwartsphilosophie. Letztere hat Maier einmal mit der launigen Kurzformel von Klaus Laermann „Lacancan und Derridada"[15] treffend skizziert. Doch auch Jean-Paul Sartre, Albert Camus, Simone Weil und Emmanuel Levinas stellte Maier in dieser vielseitigen Vorlesung in ihren Grundgedanken vor.

In den ebenfalls gut besuchten Seminaren betrat Hans Maier nicht selten akademisches Neuland. Über den „politischen Islam" hielt er im Sommersemester 1993 das wohl erste Seminar zu diesem Thema an der Münchener Ludwig-Maximilians-Universität. Harun Harry Behr, der später Professor für Islamische Religionslehre in Erlangen-Nürnberg werden sollte, gehörte damals zu den Teilnehmern. In den „Übungen zur Soziologie des Kirchenliedes" (Wintersemester 1994/95), die das fächerübergreifende Profil des Guardini-Lehrstuhls einmal mehr unter Beweis stellten, war Maria Luise Thurmair zu Gast. Sie hat die neuere sakrale Liedguttradition entscheidend mitgeprägt. In diesem Seminar wurde die langjährige Freundschaft und wissenschaftliche Kooperation mit dem blinden Musikwissenschaftler und Organisten Markus Zimmermann begründet.

In die Seminare und privat lud Hans Maier auch immer wieder Professorenkollegen ein, die aus ihrer Perspektive seine Themen ergänzten und erweiterten. So war u. a. der evangelische Neutestamentler Ferdinand Hahn mehrfach bei ihm im Seminar zu Gast und Wolfhart Pannenberg nahm in einer Vorlesung zum Katholischen Weltkatechismus Stellung. Mit Trutz Rendtorff erarbeitete Maier einen Entwurf für eine Gemeinsame Erklärung der EKD und der Deutschen Bischofskonferenz (DBK) im Jahr 1999 zum Thema „Fünfzig Jahre Grundgesetz". Einen interessanten Vortrag zur kritischen Analyse der Theologie der Religionen bot im Seminar zum Religionsbegriff der emeritierte Religionswissenschaftler und Theologe Horst Bürkle, der am Seminar für christliche Weltanschauung nach seiner Konversion zum katholischen Glauben vielbeachtete Seminare und Vorlesungen zu

---

14 Siehe dazu Hans Maier, Natur und Kultur [1992], in: Ders., Eine Kultur oder viele? Politische Essays, Stuttgart 1995, S. 9-34, Zitat: S. 32 f.
15 Vgl. Klaus Laermann, Lacancan und Derridada. Über die Frankolatrie in den Kulturwissenschaften, in: Kursbuch 84 (März 1986), S. 17-33.

religionswissenschaftlichen Themen angeboten hat. Er verdeutlichte, wie schwer, ja unmöglich es ist, den unterschiedlichen Kernpunkten verschiedener Religionen mit ähnlicher oder gleicher Begrifflichkeit gerecht zu werden. Er leistete damit aus seiner Fachperspektive einen substantiellen und orientierenden Beitrag zum Hauptseminar „Der Begriff der Religion" (Wintersemester 1996/97). Einen ebenso zentralen Beitrag zu diesem Seminar lieferte Ernst Feil, der zu Beginn des Semesters seine langjährigen Forschungen über den Begriff *religio* vorstellte.[16] In einem weiteren Hauptseminar widmete sich Hans Maier mit seinen Studierenden der vielschichtigen Welt der Ostkirchen im Verhältnis zur lateinischen Christenheit (Wintersemester 1998/99). Neben musikalischen, historischen und kulturellen Aspekten stand die reiche Liturgie der Ostkirchen im Mittelpunkt des Seminars. Karl Neuwirth, ursprünglich Hebraist, übernahm das lebendige Referat zu den Formen der Liturgie, insbesondere zu den Hymnen, und stellte dabei reich bebilderte liturgische Bücher vor, die einen eindrucksvollen Einblick in die göttliche Liturgie des heiligen Messopfers sowie in andere Liturgien der ostkirchlichen Traditionen gab.

Unter großer Beteiligung der akademischen und nicht-akademischen Öffentlichkeit hielt Hans Maier am 26.7.1999 in der bis auf den letzten Platz gefüllten Großen Aula der LMU seine offizielle Abschiedsvorlesung: „Von der Schönheit des Christentums".[17] Gut 600 Hörerinnen und Hörer besuchten an diesem heißen Julimontag die Vorlesung. In seiner Abschiedsvorlesung betrachtete Hans Maier nochmals das Verhältnis der Künste zum Christentum, das in bildender Kunst, aber auch in Literatur und Musik immer wieder neu seine Schönheit zeigt. Gerade die Deutung der Kunst aus christlicher Sicht ist ein Thema, das von Beginn an zur Tradition der Vorlesungen am Guardini-Lehrstuhl gehörte.

Nach einer Pause von sieben Jahren hielt Hans Maier von 2006/07 bis 2012/13 jeweils im Wintersemester, montags, 10:00 bis 12:00 Uhr c.t. (zum Teil einstündig, bis 11:00 Uhr) umfangreiche, nach wie vor gut besuchte Vorlesungen zu disziplinübergreifenden Themen: „Christentum – Knotenpunkte seiner Geschichte" (Wintersemester 2006/07), „Sprache, Philosophie und Politik im Deutschland der Nachkriegszeit" (Wintersemester 2008/09), „Religion und Demokratie" (Wintersemester 2009/10) sowie „Religion und Dichtung" (Wintersemester 2012/13). Auch als emeritierter Professor beteiligt sich Hans Maier nach wie vor aktiv am universitären Geschehen, vor allem mit Vorträgen im Seniorenstudium.

Hans Maier misst der Vorlesung in der universitären Lehre eine hohe Bedeutung zu: „Vorlesungen habe ich immer gerne gehalten – ich tue es noch heute. Sie zwingen den Dozenten zum lebenslangen Lernen, halten ihn auf der Höhe der

---

16 Ernst Feil, Religio, IV Bde., Göttingen 1986-2007.
17 Hans Maier, Von der Schönheit des Christentums. Abschiedsvorlesung gehalten am 26. Juli 1999 in der Großen Aula der LMU in München, in: Literatur in Bayern, Ausg. 57 (1999), S. 2-8. In überarbeiteter Fassung u. d. T. „Kann das Christentum schön sein?" auch in: Ders., Die Kirchen und die Künste. Guardini-Lectures, Regensburg 2008, S. 61-77.

Forschung – und erlauben ihm zugleich neue Vorstöße in ein noch unbekanntes Land. Man kann probieren, experimentieren, zur Diskussion stellen, ohne dass alles schon schwarz auf weiß belegt und gesichert sein muss."[18] Vorlesungen sind „eine Quelle von Grundinformationen für die Studierenden".[19] Hans Maier sieht sie als einen der Kernpunkte seine Lehre an. Sie hatten bei ihm stets einen offenen Charakter und zogen Interessierte aus den verschiedensten Wissenschaftszweigen und Generationen an. Der allgemeinbildende Grundton der Vorlesungen überdeckte dabei nie die Könnerschaft des Spezialisten, der sich als ausgewiesener Kenner des politischen Denkens, der christlichen Traditionen Europas und nicht zuletzt der Kirchenmusik zeigte. So brachte in einer Vorlesung über Nietzsche die wissenschaftliche Mitarbeiterin und Sopranistin Kathrin Mey einige Lieder des Philosophen zu Gehör, begleitet am Flügel von Hans Maier. In einer der letzten Vorlesungen setzte sich Maier an die Orgel und spielte ausgewählte Stücke der Kirchenmusik. Er bereicherte damit seine Vorlesungen nicht einfach nur mit praktischen Beispielen, sondern verknüpfte wissenschaftliche Erkenntnis mit ästhetischem Verstehen. Nicht zuletzt dadurch wurde der universale Charakter von Hans Maiers Vorlesungen auf dem Guardini-Lehrstuhl deutlich.

---

18   H. Maier, Böse Jahre, gute Jahre (Anm. 2), S. 330.
19   Ebd.

Kompetenz – Geradlinigkeit – Engagement
Hans Maiers Ausstrahlung als akademischer Lehrer

Heinrich Oberreuter

Dienst an Fach und Studium

Als der Ruf nach Heidelberg bekannt und das Gerücht verbreitet worden war, das Ministerium kümmere sich nicht so recht darum, ihn abzuwenden, machten sich Studierende auf zu einem Fackelzug. Sodann überbrachte eine kleine Delegation, der ein späterer SPD-Landtagsabgeordneter wie ein späterer CSU-Staatsminister angehörten, dem Kultusminister ein Unterschriftenpaket mit der Aufforderung, Hans Maier zum Bleiben zu bewegen. Karl Böck, Amtschef und graue Eminenz, der sich freundlich mit uns unterhielt, bis der Minister zum Empfang bereit war, zeigte auffälliges Interesse an der Person, um die es ging, und an unseren Motiven. Wollte er den Professor, den er eigentlich kennen musste, weil er Bayern im Deutschen Bildungsrat vertrat, noch besser kennenlernen? Wenig später hatte er beste Gelegenheit dazu, weil dieser zu seinem Minister, also zum Chef des Amtschefs, berufen worden war. Später ging das – letztlich bestätigte – Gerücht um, er sei an der Idee zu dieser Berufung nicht ganz unbeteiligt gewesen. Nehmen wir einfach an, dass ihn Einsatz und Wertschätzung der Studenten darin bestärkt haben!

Zuvörderst aber war es für das Lehrangebot allerdings bedeutsam, dass Hans Maier in München blieb und zur Abwendung dieser Berufung eine breite Stellenausstattung für das Institut ausgehandelt hatte, die es konkurrenzfähig zum Otto-Suhr-Institut an der Freien Universität Berlin machte. Mit nun fünf Ordinarien und einigen zusätzlichen Stellen auf der Ebene darunter waren die Studienbedingungen komfortabel geworden. Maier hatte erheblich mehr für das Institut als für seinen Lehrstuhl verhandelt.

Warum war das für das Studium wichtig? Weil es zuvor gerade zwei Lehrstühle gewesen waren – mit sehr unterschiedlicher Ausrichtung. Gründer war Eric Voegelin mit seinem umfassenden theoretisch-philosophischen, die weltweiten Kulturbegriffe umfassenden Verständnis einer Wissenschaft von der Ordnung des Menschen in der Gesellschaft, ein intellektuelles Faszinosum, für welches das aktuelle Institutionengefüge und das sich in ihm entfaltende politische Handeln keineswegs unwesentlich, aber doch eher nachrangig waren. Letzteres, inclusive seiner normativen Bezüge, lag aber mehr im Focus einer wachsenden Zahl von

Studierenden. Es gewann nicht zuletzt in die Gesellschaft hineinstrahlende Anwendungsorientierung: z.B. durch verstärkte Anstrengungen politischer Bildung und die nun aufkommende – und endlich fachspezifische – Ausbildung künftiger Sozialkundelehrer. So trat zunächst neben die Arbeit an der hohen Geistesgeschichte die erdgebundenere, oder, wie Maier es selbst beschreibt, neben dem „König" arbeitete nun er als „Kärrner"[1].

Das heißt, für einen Großteil der Studierenden war Maiers Angebot „praktisch". Es öffnete Türen zur Berufswelt in Schule, Erwachsenenbildung und Journalismus, ergänzend auch für interessierte Juristen und Ökonomen. Auf dem Boden der früheren gesamten Staatswissenschaften, der (aristotelischen) praktischen Philosophie und der politischen Ideengeschichte (die durch zwei Bände auch hilfreich erschlossen wurde[2] ruhend), war auch diese Lehre alles andere als theoretisch-normativ abstinent. Auch für Maier gilt die Relevanz einer philosophischen Politik als Voraussetzung für den Anspruch, Grundlagenwissenschaft des Politischen zu sein. König und Kärrner, aufeinander bezogen, ergaben ein spannendes Lehr- und Studienangebot, das durchaus aufwühlende Denk- und Frageprozesse anzuregen vermochte.

Zusätzlich sah Maier aber auch die Notwendigkeit kooperativer Öffnungen zu Nachbardisziplinen, die wiederum einen breiteren Studentenkreis erschlossen, zugleich aber auch den Politikstudenten weite Perspektiven wiesen. Auf diesem Hintergrund bemühte Maier sich, in seiner Lehre selbst die politikwissenschaftliche Dreifaltigkeit von Theorie, Systemen und internationaler Politik zu erschließen. Mitte der 60er-Jahre gab er in all diesen Bereichen Vorlesungen und Seminare – auch solche mit zeitgeschichtlichen und aktuellen Bezügen. Das Interesse an „eigenen" Themen und Forschungen (Staatskirchenpolitik z.B. verliert sich geradezu in jener Zeit mit einer einzigen Veranstaltung!) tritt zurück hinter die Studieninteressen: in die Gegenwart führende Überblicke über die deutsche Politik seit 1914, die als frühe Annäherung an die Forschung zur politischen Kultur gelten dürfen, moderne Staatsbildung, politikwissenschaftliche Perspektiven der Zeitgeschichte, europäische Regierungssysteme, Föderalismus, Parlamentarismus und Parteiensystem – um nicht das Ganze, sondern einschlägig wichtige Beispiele zu nennen. Warum? Jenseits des Verantwortungsgefühls wirkten wohl auch die praktischen Erfahrungen im Bildungsrat motivierend, auf dessen Tagesordnung Schulreform und Lehrerbildung prominent standen. So war es dieses, natürlich kompetent und eindrucksvoll vorgetragene Angebot der Politikwissenschaft in ihrer Breite und in ihrer praktischen Relevanz für die Zeit nach dem Studium, das Hans Maier für eine große Zahl der Studierenden unverzichtbar erscheinen ließ: daher Fackelzug und

---

1 Siehe „Als Kärrner bei Voegelin", in: Hans Maier, Böse Jahre, gute Jahre. Ein Leben 1931ff., München 2011, S. 127-151.
2 Hans Maier, Heinz Rausch, Horst Denzer (Hrsg.), Klassiker des politischen Denkens, 2 Bde., München 1968 u. ö.

Unterschriftensammlung über persönliche Sympathien hinaus. Sein Erfolg bei den Rufabwendungsverhandlungen hat dann die notwendige Infrastruktur für das Fach institutionalisiert, repräsentiert durch spezifische, die Teildisziplinen abdeckende Lehrstühle – und mehr als die.

Jenseits dieses Verfahrens hatte Hans Maier noch mehr gewollt: ein Zentrum für politische Forschung und Lehre unter Einbeziehung der Hochschule für Politik, der Institute für Zeitgeschichte, Kommunikationswissenschaft, Amerikanistik und Osteuropakunde. Welch eine interdisziplinäre Perspektive! Der damalige Kultusminister Ludwig Huber hatte es 1965 auch angekündigt, aber dann doch nicht verwirklicht. Die neue Struktur des Geschwister-Scholl-Instituts lässt sich immerhin als Ausfluss dieses Vorhabens interpretieren. Aber auf dem Hintergrund der vielfältigen und grundsätzlich positiven Gespräche dazu schon in der Zeit zuvor, erscheint das damalige Gerücht einigermaßen unwahrscheinlich, der Freistaat hätte den regen Wissenschaftler leichtfertig ziehen lassen, das dem einen oder anderen jedoch durchaus Anlass war, sich schon nach einem anderen Studienort umzusehen oder dem Professor nach Heidelberg folgen zu wollen. Aber ist es nicht bemerkenswert, wie dieses Gerücht die Solidarität der Studierenden provoziert hat, die im Grunde eine Antwort auf seine Solidarität mit ihnen und ihren Interessen gewesen ist? Lehre ist ihm jedenfalls so wichtig gewesen, dass er sie gerne noch im Ministeramt weitergeführt hätte, was aber notgedrungen zur Episode schrumpfte. Umso freudiger hat er sich ihr dann auf dem Guardini-Lehrstuhl wieder zugewandt.

Wissenschaftlichkeit als Maßstab ehrlicher Offenheit

Eric Voegelin umgab eine Aura, eine Gemeinde. Hatte man als Student einmal Zugang gefunden, war sie erheblich weniger exklusiv als es von außen schien. Gleichwohl verhielt es sich bei Hans Maier fast umgekehrt. An seiner Zugänglichkeit bestand kein Zweifel, im nächsten Schritt aber auch nicht im Geringsten am Respekt ihm gegenüber. Gleichwohl gab es eine Zeit überbordender Kärrnerarbeit, in der wohl eigene Skepsis hinsichtlich der Belastungsgrenzen wuchs, aber trotzdem niemand abgewiesen wurde. Für seinen „Stab" und das Internverhältnis insgesamt war das nicht anders. In den Assistentenbesprechungen hatten auch die studentischen Hilfskräfte ihren Platz und ihre freie Meinung, Widerspruch eingeschlossen: ein außergewöhnliches Klima im universitären Geflecht von Abhängigkeitsverhältnissen. Charakter lässt Autorität wachsen. Menschlichkeit erst recht!

Ein Widerspruch war dieses Klima zu manchen gegenteiligen Beobachtungen sowie zu Erlebnissen in Gremien, in denen „Kollegen" ihre Abneigung gegen einen anderen an dessen Schülern und deren Qualifizierungsarbeiten auszulassen suchten. Hans Maier habe ich in einer solchen Situation in einem intensiven

Schlagabtausch einmal die entlegensten Arbeiten eines berühmten modernen Theoretikers beredt und präzise zitieren hören, von denen ich nicht unbegründet zweifelte, ob es sie überhaupt gab. Er siegte. In einem anderen Fall stellte jemand die Zustimmung zu einer Habilitationsschrift unter die Bedingung der Zuwendung von Hilfskraftgeldern aus dem Lehrstuhletat. Das scheiterte. In einem dritten beeindruckte ein renommierter Kollege die Fakultät, indem er das mit Sicherheit ohne dessen eigener Lektüre formulierte (und bestellte) vernichtende Urteil eines höchst angesehenen amerikanischen Kollegen schwenkte, das, wie ich sah, in der Realität aus einem einzigen, sperrig gedruckten Satz auf ebenfalls einer einzigen Seite bestand. Man folgte ihm. Nebenkriegsschauplätze akademischer Lehre?

Maier kennzeichnet ehrliche Offenheit: die Fähigkeit z.B. sich auf begründete Alternativen oder auch auf Neues einzulassen. Zugespitzt: Standpunkte gibt es in Forschung und Lehre nicht, nur Erkenntnis und Begründung, sicher auch Neugier. Diese Offenheit wurde durch außerwissenschaftliche Positionen nie verbarrikadiert. Katholisches oder konservatives Milieu umlagerten den Lehrstuhl nicht im Entferntesten – im Personal nicht und unter den Studierenden ohnehin nicht. Maier hat davon nie Zuwendung abhängig gemacht oder daran ein differenzierendes Interesse erkennen lassen, an der eigenständigen wissenschaftlichen Qualifikation dagegen sehr wohl: gelebter Pluralismus, von dem man gelegentlich immer noch betonen muss, dass er alles andere als wertneutral ist. Hans Maier weiß und praktiziert das, im akademischen Kontext und Anspruch immer das Leistungsprinzip im Auge, so umstritten es auch damals gewesen war. Jedenfalls vermittelte er 1970 in seinem Seminar, von einer Informationsreise des Bildungsrats in die Sowjetunion zurückgekehrt, mit gewisser Süffisanz dessen Relevanz im Bildungssystem des Sozialismus, der zu jener Zeit unter Studierenden ziemlich populär gewesen ist. An dieser Respektierung wissenschaftlicher Eigenständigkeit mag es liegen, dass sich keine Schule im üblichen Sinn gebildet hat, wenn es auch ein gemeinsames Fundament und politikwissenschaftlich deutliche Schwerpunkte in Forschungen zur älteren Staatslehre und zur politischen Repräsentation gibt: Freiheit der Wissenschaft im ursprünglichen Sinn! Wobei diese persönliche weltanschauliche Zurückhaltung dann auch zur glaubwürdigen Waffe gegen generelle Ideologisierungstendenzen im Wissenschaftsbetrieb geworden ist - und nicht nur dort.

In die Zeit am politikwissenschaftlichen Lehrstuhl fällt auch der Siegeszug des Behaviorismus, der mit seiner Absage an das Normative die Lehre Maiers wie Voegelins herausforderte – und natürlich nicht nur sie. Lassen sich politische Ziele unter Umgehung von Wertorientierung klären? Verzichtete die Politikwissenschaft dann nicht auf ihre kritische Dimension? Wäre eine derartige Lehre angesichts der historischen Erfahrungen gegenüber der nachwachsenden Generation in Wissenschaft wie Gesellschaft überhaupt zu verantworten? Fragen, die es für das Studium zu beantworten galt. Die Antwort kann nur darin liegen, Normativität und Empirie zu verbinden und die These zurückzuweisen, beide seien miteinander nicht kommunikationsfähig. Strittig bleibt dabei das Verständnis der Empirie und ihre Reduktion auf Messungen und Daten zur Erfassung der politisch-sozialen Wirklichkeit, die sich darin gerade nicht erschöpft, wie eine recht verstandene politische Kulturforschung weiß. Praxisorientierung wird diese neuen Ansätze zu Hilfe nehmen müssen, wenn die Frage nach der guten Ordnung die Kenntnis der politisch-sozialen Wirklichkeit voraussetzt. Hans Maiers praktische Sache waren sie nicht – mussten sie im Sinne akademischer Arbeitsteilung und gegenseitiger Befruchtung auch nicht sein. Aber er hat sie als Hilfsmittel und Erkenntnisquelle akzeptiert.

Zu erinnern ist an die erste mit modernen sozialwissenschaftlichen Methoden durchgeführte Untersuchung des Deutschen Bundestages zu seinem Selbstverständnis und zur Parlamentsreform Ende der 60er Jahre unter seiner Verantwortung: in einer zeitgeschichtlichen Situation übrigens, in der im akademischen Betrieb Unkenntnis und ideologische antiparlamentarische Ansätze dominierten. Aber für sinnvolle Fragestellungen und Interpretationen bedurfte auch dieses Projekt des Rückgriffs auf Theorie und Beobachtung. Populär sind seinerzeit Ergebnisse, die zu Korrekturen dieses Antiparlamentarismus geeignet waren, nicht gewesen[3], in der Öffentlichkeit und an den Universitäten nicht. Aber sie waren eine von zwei Urquellen der Gründung der Deutschen Vereinigung für Parlamentsfragen samt ihrer Zeitschrift als Versuch, Wissenschaft, Politik und Publizistik zusammenzuführen, um das öffentliche und akademische Klima informatorisch zu verändern. (Berühmte andere Kollegen fanden diese methodische Modernisierung übrigens überflüssig, weil man die Befunde intuitiv ja ohnehin kenne.) Daraus entwickelte sich ein ungemeiner Aufschwung der Parlamentsforschung: ein Erfolg akademischer Forschung und Lehre im Sinne ihrer Zugewandtheit zur Praxis und zugleich die Erschließung eines wichtigen, zuvor vernachlässigten Arbeits- und Studienfeldes.

Haltung

Erschöpft sich das Bild eines akademischen Lehrers allein am Katheder? Eigentlich nicht einmal heute, obwohl es sich in der über die Jahrzehnte gewachsenen Unübersichtlichkeit eher im Funktionalen verunschärft. Hans Maiers Kompetenz und Integrität waren jedenfalls nicht zu übersehen und sein Faible für institutionelle und gesellschaftliche Verantwortung ebenso wenig. Es waren herausfordernde Zeiten, am Lehrstuhl wie im Ministeramt. Allzu viele Kollegen haben sich ihnen nicht gestellt. Dabei hätten sie auch in diesem Kontext den Studierenden Orientie-

---

3 Hans Maier, Böse Jahre, gute Jahre, S. 136f. Siehe Hans Maier, Heinz Rausch, Emil Hübner, Heinrich Oberreuter, Parlament und Parlamentsreform, Bonn 1969 (München ²1979).

rung stiften können, so anstrengend es auch war, allein, um die Freiheit der Lehre zu verteidigen, der sich nicht wenige Demonstrationen entgegenstellten.

Natürlich setzte der Zeitgeist den Politik- und Sozialwissenschaften nicht nur besonders zu, sondern eine Reihe von Fachvertretern fütterten ihn auch. Man darf sagen: nicht wissenschaftlich, sondern ideologisch durch erstaunliche Interpretationen des bundesrepublikanischen Politik- und Gesellschaftssystems. Hans Maier hat diese Situation und seinen individuellen Umgang mit ihr intensiv beschrieben.[4] Fragen wir einmal, was man von ihm als akademischem Lehrer über das Fach hinaus lernen konnte, wenn man wollte:

1. In der Krise ist es keine Lösung, sich der Kommunikation zu entziehen, auch wenn sie schmerzt und von der anderen Seite missbraucht wird. Nach einem SDS-Tribunal, dem er sich gestellt hatte, geißelte er zu Recht mangelnden Mut und überbordenden Opportunismus mit seiner Diagnose, in der Deutschen Universität seien zu viele tätig, die nur dort etwas hätten werden können. Es war im Kern ein vernichtendes Urteil über Defizite an persönlicher Courage und zutreffender Problemerkenntnis, letztlich über den Zustand der Institution Universität überhaupt und ihre Reformbedürftigkeit (allerdings gewiss nicht im Sinne der Revolution). Im Team, Prominente und Studenten eingeschlossen, arbeitete er an entsprechenden detaillierten Ansätzen, begleitet vom Appell an den Staat, seinerseits reformorientiert zu agieren und zu investieren. Komme der Staat seinen Verpflichtungen nicht nach, „wird das Ergebnis nicht die Beseitigung des Bildungsnotstands, sondern eine soziale Katastrophe sein"[5].
2. Die Universität beruht auf Wissen und Intellekt, nicht auf Gesinnung und Ideologie. Die damals in Studentenkreisen üblichen „Schulungen" stellten die Universitätsidee in Frage. Strittigen Materien ist vielmehr mit Information zu begegnen, die zur Urteilsbildung befähigt. Also widmet man z.B. eine Vorlesungsstunde, auch wenn sie unter einem ganz anderen Thema steht, der Vermittlung solider Kenntnisse über die Notstandsgesetzgebung, wegen der im gleichen Augenblick Emotionalisierte auf die Straßen getrieben werden. Wissensvermittlung bleibt eine Aufgabe von Priorität, auch wenn ideologisierter Widerspruch ihr größeren Widerstand entgegensetzt als ohnehin schon.
3. Die Gefahr institutioneller Aushöhlung verlangt die Aktivierung institutioneller Verantwortung und praktischen Engagements, und zwar gegen studentischen Radikalismus wie gegen politische Ignoranz, nicht zuletzt auch gegen innerinstitutionelle Feigheit und Opportunität. Was lässt sich lernen? Die Erkenntnis, dass es erforderlich sein kann, im Lebensablauf unkonventionelle

---

4 Hans Maier, Böse Jahre, gute Jahre, S. 152-175.
5 Siehe Arbeitskreis für die neue Universität München: Leitsätze zur Hochschulreform, 1968.

Prioritäten zu setzen und auch Mut zu fassen, um das Eigentliche zu bewahren.
4. Keineswegs nur als Politikwissenschaftler, sondern als Bürger trägt man Verantwortung für das Gemeinwesen im Sinne der freiheitlich-demokratischen Grundordnung, die jedermann das Recht und die Chance gewährleistet, sich zu entfalten und nach persönlichen Vorstellungen zu verwirklichen. Verantwortung tragen erschöpft sich nicht im Begrüßen und Betrachten des historischen Fortschritts angesichts zeitgeschichtlicher Entgleisungen. Es verlangt Handeln, wenn, unterstützt von Unkenntnis und Gleichgültigkeit, neue Entgleisung droht. Maier zitiert den Kabarettisten Werner Finck mit seiner zeitgerechten Bemerkung: „Eine Widerstandsbewegung für das Grundgesetz – so etwas wird man ja wohl noch gründen dürfen..."[6]. Für Maier: müssen!

Hinter dem Katheder wurde also ein Mensch mit Haltung sichtbar – wahrnehmbar für seine Schüler, auch Orientierung stiftend. So schließt sich der Kreis vom wissenschaftlichen Werk zur Person und ihrem Engagement. In beiden zeigt sich, dass zentrale Kategorien des politischen wie persönlichen Lebens, mit denen wir im Alltag umgehen, „an einem Wertsystem ausgerichtet sind"[7]. Ein voraussetzungsfreier Diskurs kann nicht der Kitt sein, der das Gemeinwesen zusammenhält. Zu finden ist er in einigen wichtigen regulativen Ideen, wie z.B. Menschenwürde, Legitimität der Herrschaft, in der Orientierung an Amtsgedanken und Gemeinwohl. Die Bedeutung dieser Ideen und wie sie zu begründen sind, wie auch „Haltung" im Leben sie begleitet, das hat man bei Hans Maier lernen können.

---

6 Böse Jahre, gute Jahre, S. 174.
7 Hans Maier, Das Freiheitsproblem in der deutschen Geschichte, Karlsruhe 1992, S. 52.

Auf der Tonspur
Hans Maiers Schriften zur Musik[1]

Markus Zimmermann

Hans Maiers Schriften zur Musik wären nicht denkbar, würde sich unser Jubilar nicht lebenslänglich mit Tönen beschäftigen. Gestatten Sie mir deshalb, dass ich den Untertitel etwas weite und den Begriff „Schriften" durch „Schaffen" ersetze. Die stetige persönliche und intensive Übung in der Tonkunst bilden für Hans Maier den wichtigsten Rohstoff, aus dem in reichlich acht Jahrzehnten Orgelimprovisationen, Liturgiebegleitung, Reden und eben auch geschriebene Texte entstanden sind. Ich darf Sie einladen, dieser höchst abwechslungsreichen Tonspur zu folgen, die Hans Maier dankenswerterweise mit seinem vielfältigen musischen Engagement auf hohem Niveau gelegt hat. – Wie sehr er insbesondere auch heute noch mit der Kirchenmusik verbunden ist, zeigt schon die heutige Terminwahl: Kein Organist oder Chorleiter, auch kein Kirchgänger, hätte an einem Wochenende zu dieser Feierlichkeit kommen können!

> „Mein Vater hatte für seine Töchter ein Klavier gekauft. Das war eine teure Anschaffung, mühsam abgestottert in Inflations- und Rentenmarkzeiten. Aber ein Klavier in der Nähe und ein wenig Hausmusik für die Familie und für Besucher, das gehörte sich einfach, das war man sich schuldig. Meine Mutter bewahrte und pflegte das kostbare Möbel nach dem Tod des Vaters treulich; meine Schwestern, Klavierschülerinnen, malträtierten es nicht übermäßig. Mir, dem Jüngsten, fiel es sozusagen in die Hände. Ich lernte darauf zu klimpern, mit den Fingern herumzuwandern und schließlich ordentlich zu spielen. Klavierlehrerinnen brachten mir später das Nötige bei: Tonleitern, Fingersätze, das Spiel mit beiden Händen. Noten lernte ich mit *Mozarts kleiner Notenschule in Versen* von Annemarie Neubacher, einem 1934 erschienenen Buch mit einer Setztafel und vielen Notenplättchen, die man in Kartons einstecken konnte. Es gab halbe, ganze und Viertelnoten, dazu die Violin- und Bassschlüssel, es gab Pausenzeichen jeder Länge, breit daliegende und von oben herabhängende – am schönsten waren die kleinen schwarzen Kobolde der Viertel- und Achtelpausen. Meine Schwestern schenkten mir das Buch, als ich die ersten Klassen der Volksschule besuchte."[2]

---

1 Es handelt sich um die überarbeitete Fassung eines Vortrags beim Symposium anlässlich des 85. Geburtstags von Hans Maier, gehalten am Donnerstag, 23. Juni 2016 im Orff-Zentrum München.
2 Hans Maier, *Böse Jahre, gute Jahre. Ein Leben 1931ff.*, München 2011, S. 22–24.

Diese häuslichen Übungen in der Freiburger Oberau nahe der Dreisam mündeten in den Ministrantenunterricht, in dem der kleine Hans die Lieder am Harmonium in merkwürdig entlegenen Tonarten begleiten durfte. Das fiel ihm nicht immer leicht, war aber ein vorzügliches Training.

Maria Hilf

Begeben wir uns an jenen Arbeitsplatz, an dem Hans Maier um 1942 buchstäblich in seinen ältesten Beruf hineingeworfen wurde: in die Pfarrkirche Maria Hilf im Freiburger Stadtteil Oberwiehre, errichtet im Stil des Neobarock nach Vorstellungen des damaligen Stadtpfarrers Karl Hausch, eines gebürtigen Elsässers.

„Ich hatte inzwischen den Chorraum mit der rückwärtigen Empore vertauscht und war Organist geworden. Karl Hausch, der Stadtpfarrer von Maria Hilf, hatte gehört, dass ich Klavier spiele, und bat mich, das Orgelspiel zu lernen. Er brauchte dringend jemanden, der das noble Instrument bedienen konnte; denn Organist Joseph Hagenunger war im Krieg. In der Gemeinde mit 8000 Seelen waren viele Gottesdienste zu spielen, trotz des kriegsbedingten Ausfalls der Männer (umso eifriger gingen die Frauen zur Kirche). Am Sonntag fanden vormittags zwei, manchmal drei Messen statt, eine Vesper am frühen Nachmittag und eine Andacht am Abend. Ich nahm Stunden …, und bald durfte ich auf der neuen, viermanualigen Mönch-Orgel in Maria Hilf spielen. Das Instrument, neobarock, ein Vorzeigestück der Orgelbewegung, klang herrlich; nur manchmal blieb der Strom aus, dann fiel der Ton in sich zusammen. Ich übte und übte, meine Hände und Füße glitten über Manuale und Pedale, während ich im Rückspiegel den Altar und den Geistlichen suchte und die roten Punkte der Ministranten auf den Stufen. Ein Hochamt, eine Vesper mit fünf Psalmtönen, ein Requiem, gar mit einem unmusikalischen Zelebranten, der keinen Ton abnahm und keinen hielt – das war beileibe nicht einfach! Und dann: Die Kirchendiener wurden immer weniger. Zwei Oberministranten waren in Russland gefallen, und die Tenöre und Bässe des Kirchenchors waren fast alle zur Wehrmacht eingerückt. Nur ein paar Frauenstimmen hatten wir noch für die Totenmessen am frühen Morgen, die im Lauf der Zeit immer häufiger gesungen werden mussten. […]
Mir blieb noch Zeit, meine Musikkenntnisse zu vervollständigen. Meine Klavierlehrerin Maria Walterspiel meldete mich in der Musikschule in der Werderstraße an. Dort führte mich die Pianistin Edith Picht-Axenfeld anhand der *Silberstiftzeichnungen* von Julius Weismann in die spätromantische Moderne ein. Ich lernte Arpeggien spielen und Glissandi sowie mit dem Pedal umzugehen. Kurt Boßler, ein kleiner verwachsener Mann, Komponist und Improvisator, ein begnadeter Lehrer, brachte uns Musikschülern Harmonielehre bei, ließ uns Melodien mehrstimmig aussetzen, spielte uns Akkorde und Tonfolgen vor, die wir auf Notenpapier festhalten mussten. Durch solche ‚Gehördiktate' lernte ich Musik nicht nur hören, sobald sie erklang, sondern schon, wenn sie in Noten vor mir lag – ein Gewinn fürs ganze Leben.
Unter den Mitschülerinnen war auch die Tochter des Musikprofessors Wilibald Gurlitt, der in den 1920er Jahren in Freiburg den Nachbau der Orgel nach dem *Syntagma musicum* (1619) des Michael Praetorius veranlasst und sich damit einen Namen gemacht

hatte, ehe er im Dritten Reich „aus rassischen Gründen" sein Amt an der Universität verlor. Sie erzählte von einem Kreis, der sich jede Woche ‚beim Dichter Reinhold Schneider' in der Mercystraße treffe. Das waren wohl Nazi-Gegner, vermutete ich – doch das verriet sie, erschrocken abbrechend, natürlich nicht."[3]

Die Orgel der Freiburger Kirche Maria Hilf[4] wurde unter anderem von Ernst Kaller und P. Winfried Ellerhorst OSB geplant; ersterer wurde durch seine Orgelschule bekannt, letzterer durch sein Lehrwerk zum Orgelbau. Das 1935/36 entstandene Instrument existiert bis heute und hat sich – dank regelmäßiger Pflege – ähnlich gut gehalten wie unser Jubilar!

Auf einer Tonspur finden sich nicht nur reine und festliche Klänge; unschöne Störgeräusche gehören ebenso zum Alltag des Technikers. Ein solcher wäre Hans Maier übrigens fast geworden; in Jugendjahren interessierte er sich für den Beruf des Elektrikers. Vorerst verdarben jedoch penetrante Marschmusik, schrille Kommandos bei den Pimpfen der Hitler-Jugend, hässliche Töne aus dem Volksempfänger und die immer öfter aufjaulenden Sirenen die Musikpflege. Auch diese Erfahrungen sind Teil der Musik-Erziehung: lernen, was man vermeiden sollte.

Aufbau

„Auf meine Musik-Einnahmen wirkte die Währungsumstellung sich freilich dämpfend aus. Alle Gemeindepfarrer, alle Hochzeitspaare, alle Tauf- und Trauergruppen drehten plötzlich den kostbaren neuen Pfennig dreimal um, ehe sie ihn springen ließen. So auch der als sparsam bekannte Stadtpfarrer Hausch in Maria Hilf: Als Gemeindemitglieder anregten, mir nach einem arbeitsreichen Sonntag ein ordentliches Honorar zukommen zu lassen, gab er die klassische Antwort: ‚Bub spielt so schön – kann man nicht bezahlen!' Damit war ein für allemal klargestellt, dass in der Kirche die Ästhetik den Vorrang hatte vor der schnöden Ökonomie. Ich aber begann mich ernstlich zu fragen, ob man für die geliebte Kirchenmusik ein Leben lang allein auf ‚das Schöne' bauen konnte. Ich sah die katholischen Organisten in Freiburg mit ihren Familien darben, ja manchmal Hunger leiden – und den evangelischen Kantoren (darunter meinem Lehrer Kurt Boßler) ging es in ihren Ämtern nur wenige Grade besser."[5]

Ja, sonst wäre Hans Maier vielleicht gar Kirchenmusiker geworden. Doch die Jahre der jungen Bundesrepublik und des Wiederaufbaus hatten ein anderes Übungsfeld für den ambitionierten Gymnasiasten und späteren Studenten bereit: das Radio. Oder besser: den Radio, wie es im Badischen heißt. „De Radio het Gwitter brocht". Aus dem verhassten Volksempfänger war eine, wenn nicht *die*, Bildung verheißen-

---

3 *Böse Jahre, gute Jahre*, S. 35–37
4 Hierzu Hans Musch, „Ein Orgelbau am Scheidepunkt zweier Epochen. Zum Werden der Orgel in der Maria-Hilf-Kirche zu Freiburg i. Br. (1935)", in: *Acta organologica* 29 (2006), S. 237–266.
5 *Böse Jahre, gute Jahre*, S. 54.

de Institution geworden, und der junge Südwestfunk (inzwischen leider Geschichte geworden) war eine Autorität – nicht nur für den Wetterbericht. Dort bot sich dem angehenden Schreiber, Redner und Journalisten mit Essays und Gesprächsrunden die Gelegenheit, den Satz im doppelten Sinn zu üben: Erste Manuskripte wurden gesendet, und Live-Aufnahmen sorgten nebenbei für eine solide Sprech-Erziehung. Diese Auftritte trugen dazu bei, dass Hans Maiers Texte stets von Atem getragen, gut lesbar und nie zu lang sind. Nebenbei: Die Einnahmen waren weitaus nahrhafter als die warmen Worte obgemeldten Stadtpfarrers.

Wir müssen es heute als Glücksfall ansehen, dass die Bibliothèque Nationale in Paris sonntags geschlossen war. Denn so blieb für den Studiosus Zeit, sich in die Kirche Sainte-Trinité zu begeben und den liturgischen Orgelimprovisationen Olivier Messiaens zu lauschen. Diese Erlebnisse dürften zu den nachhaltigsten Eindrücken Hans Maiers zählen; Französische Orgelmusik des 20. Jahrhunderts zählte fortan zu den beliebtesten Punkten in eigenen Orgelmusik-Programmen, und das Gedankengut Messiaens zieht sich wie ein roter Faden durch die Schriften von Hans Maier.

Apropos Orgelmusik-Programme: Es muss bis heute ein Rätsel bleiben, wann und wo ein Mensch, der mit Studium, Promotion, Beiträgen für Zeitschriften und Funk mehr als ausgelastet gewesen sein dürfte, so intensiv Klavier und Orgel übte, dass öffentliche Auftritte irgendwann zum ständigen (Begleit)Programm wurden. Einschlägige Anfragen bei Musikhochschulen verliefen bisher ergebnislos. Eine Vielzahl von Plakaten, darunter solche in Hebräisch, dokumentieren Hans Maiers Engagements und Gastspiele ebenso wie die regelmäßigen Aktivitäten bei diversen Musik-Festivals, wie etwa des Kissinger Sommers. – Fest verbürgt ist dagegen auch in München das nach dem Zweiten Vaticanum regelmäßig ausgeübte sonntägliche Organistenamt des Jubilars:

> „Im Gotteshaus Maria Immaculata zu München-Harlaching spielt der Minister zuweilen die Orgel, daheim vor Frau Adelheid glänzt er sonntags am Cembalo."[6]

Ob Gemahlin (und Kinder) sonntägliche Darbietungen am Kielflügel genossen oder ertrugen? Urkundlich belegt ist die Anschaffung eines Cembalos; zur Überraschung der jungen Gattin soll diese Investition gegenüber im frisch gegründeten Hausstand notwendigeren Gegenständen Vorrang gehabt haben. – Die Frage, ob es sich beim Musik-Phänomen Hans Maier um einen dilettierenden Laien oder einen verkappten (verkannten) Profi handelt, müssen künftige Forschungen klären. Bereits heute können wir aber mit Verweis auf photographische Dokumentation versichern, dass sich der Hochschuldozent und spätere Kultusminister nicht nur in Kirchenräumen musikalisch betätigte. Auch die seriöse Presse will ihn selbst bei Künstlerfesten, zu vorgerückter Stunde, in verrauchten Etablissements gesehen

---

6 *Der Spiegel*, 22. 11. 1971.

haben. Es ist dabei nicht auszuschließen, dass manches Ave Maria dabei ein paar blue notes abbekam, ohne deshalb Schaden zu nehmen.

Dass die Hausmusik im Hause Maier buchstäblich – räumlich – eine zentrale Rolle spielte, zeigt das mittlerweile ebenfalls historische Bild aus der Münchner Meichelbeckstraße. Inmitten des ersten Obergeschosses im Treppenhaus, vertikal wie horizontal im Brennpunkt des familiären Geschehens und des temporären Hotelbetriebs stand der große Flügel, umgeben von einer beachtlichen Auswahl an Noten und Musikbüchern. Ein, zwei Schritte – und man landete im Arbeits- oder im „Kirchenväterzimmer". Allein diese Nähe musste zu unzähligen Themenverbindungen führen. Sie bewirkte auch, dass viel musiziert wurde, allerdings nicht im Sinn biederer Hausmusik. Es sei dahingestellt, ob die Hausgenossen es immer genossen, wenn schwere Kost für alle hörbar erarbeitet wurde. Und auch für den Übenden ist es nicht immer leicht, ständig Ohrenzeugen für seine Mühen zu haben.
– Eine Etage tiefer befand sich die Lese-Ecke, wo des Morgens abwechselnd die Süddeutsche oder die FAZ studiert wurden. Auf die Frage eines Reporters, welche von beiden Hans Maier bevorzuge, lautete seine diplomatische Antwort: „Ich erhole mich bei der einen von der anderen."

Gradus ad parnassum

Es empfiehlt sich ausnahmsweise, den Titel dieses Fugen-Lehrwerks aus der Feder des österreichischen Barock-Komponisten Johann Joseph Fux, badisch, resp. vorderösterreichisch zu deuten; das Alemannisch, das Johann Peter Hebel einst literaturfähig machte und dafür von Goethe gelobt wurde, ist auch die mundartliche Heimat von Hans Maier und seinen Vorfahren. Sie gehört damit ebenfalls zu den musikalischen Früh-Erfahrungen: *„Grad uus"* heißt hier nicht Stufe für Stufe, sondern geradeaus. Demnach schritt Hans Maier ohne Umschweife auf der akademischen, gesellschaftlichen und nach wie vor musikalischen Karriereleiter fürbass – um nicht zu sagen: für Generalbass. Unvermeidlich stellten sich zunehmend Erfahrung in der Komposition von Texten ein, in der Wahl ihrer Themen und in ihrem Vortrag. Wir sind nun beim „Hauptstück" angekommen: bei den musikalischen Schriften. Ich erspare es Ihnen und mir, all die Buchtitel, Artikel, Aufsätze und Reden aufzuzählen, in denen sich Hans Maier der Musik zuwendet. Ich will mich vielmehr auf einige wenige besondere Güte-Merkmale, auf Unverwechselbarkeiten beschränken.

Interdisziplinär

Hans Maier versteht es, dieses in der akademischen Welt so inflationär gebrauchte Moment geradezu spielend zu beleben. Sein profundes Fachwissen, fern aller Berufskrankheiten und Kurzsicht-Brillen des Musikwissenschaftlers, wirkt stets erholsam, hat man sich zuvor an den oft detailverliebten Erzeugnissen mancher Kollegen abgemüht.

Bereits die Thematik lässt den Blick und das Herz weit werden. Auf Sujets wie „Händels Internationalität"[7] oder „Der eine Gott und die Vielfalt der Klänge"[8] muss man erst einmal kommen. Frei Haus liefert Hans Maier in seinen Betrachtungen als eine Art permanente Zugabe ein wahres Feuerwerk an kulturgeschichtlichen Aspekten. Ein paar Straßenschilder genügen, um während einer Taxifahrt ein Privatissimum zum Humanismus und den Folgen für die Kirchenmusik zu starten. Gut möglich, dass daraus bereits wieder eine neue Glosse, ein Essay oder ein Funkbeitrag entsteht.

Zur fächerübergreifenden Betrachtung gehören vor allem neugierige, dennoch präzise Fragestellungen. Der folgende Ausschnitt mag dies verdeutlichen:

> „Welcher Art ist Händels Internationalität? Ist sie nur ein Zufallsprodukt seines an Wechselfällen und überraschenden Wendungen so reichen Lebens – oder hat er sie zielstrebig kultiviert? Man darf gewiss bei Händel noch nicht an einen modernen Internationalismus denken. Schließlich gab es ja im 18. Jahrhundert kein internationales Publikum wie heute – keine Musik-Events, die von Millionen gesehen und gehört werden, keine Stars auf „globalisierten" Plätzen, Bühnen oder in Manegen. Doch wenn Händel als Musikunternehmer Kastraten, Sängerinnen, Virtuosen aus Italien und anderen Ländern nach London holte, dann markiert dies schon die Anfänge dieser Bewegung. Und ähnlich verhält es sich mit Händels Musik. Sie ist von Anfang an Öffentlichkeitsmusik – geeignet, einer Vielzahl von Menschen die Macht der Töne eindrücklich vor Augen und Ohren zu führen. Sie rührt an, lädt ein, reißt mit, tut Wirkung, schafft sich ihre Gemeinde. In der Kunst der Verschmelzung, der geschmeidigen Assimilation von Altem und Neuem, Fremden und Eigenem war Händel ein unübertroffener Meister. Seine Festmusiken mögen zu ihrer Zeit ebenso in die Breite gedrungen und zu vielen Hörern gelangt sein wie heute die unüberhörbaren, wenn auch bei weitem trivialeren Laute und Geräusche globaler Musikübung: Songs und Schlager, die Bands der Rock- und Popszene, die Tanzrhythmen vieler Länder, das Stampfen und Zucken der ‚Love Parade' und anderer Massenereignisse."[9]

---

7 Hans Maier, *Cäcilia. Essays zur Musik. Erweiterte Neuausgabe*, Frankfurt am Main und Leipzig 2005, S. 59–80.
8 Veröffentlicht in: Michael Gassmann (Hg.), *Der eine Gott und die Vielfalt der Klänge. Sakrale Musik der drei monotheistischen Religionen. Vorträge des Symposiums im Rahmen des Musikfestes Stuttgart*. Schriftenreihe der Internationalen Bachakademie Bd. 18, Stuttgart 2012, S. 11-31.
9 *Cäcilia*, S. 60.

Oft versteckt Hans Maier auch Musik, wo thematisch gar keine zu vermuten wäre, etwa in Texten zu Theologie oder Rechtsgeschichte. Allein deshalb ist es unmöglich, hier mit Anspruch auf Vollständigkeit über seine „Schriften zur Musik" zu referieren: Wie wären sie von seinem übrigen, nur schwer überschaubaren Œuvre abzugrenzen?

Leichtigkeit

Wie komplex die Sachverhalte und Zusammenhänge auch sein mögen: Texte von Hans Maier sind nicht nur allgemein verständlich, sondern auch stets von der Leichtigkeit im Sinn eines *Andante* beseelt. Das liegt nicht nur an ihrem durch und durch musikalischen Aufbau, sondern auch an ihrer Präzision. Die Kunst in der Musik – sowie eben auch beim Schreiben und Reden – liegt in den Pausen bzw. im Weglassen. Genitiv-Serien, Wortungetüme, Kaskaden von Fremdwörtern sind ebenso selten wie ausladende Fußnoten; letzteres womöglich eine Folge des geübten Pedalspiels auf der Orgel? – Und als Redakteur und Helfer darf ich verraten: Sollte doch hie und da ein Satz etwas lang geraten sein, weil der Autor vielleicht zuvor gerade Thomas Manns *Buddenbrooks* gelesen haben könnte, so verhält sich der Urheber äußerst unkompliziert.

Mit Leichtigkeit meine ich keineswegs ein oberflächliches *parlando*. Oft bezieht der Autor geradezu holzschnittartig, provozierend Position, wie hier über Carl Orff anlässlich seines 100. Geburtstags (1995). Die krassen Gegensätze in scherenschnittartiger Darstellung helfen hier, klarere Sicht zu bekommen:

> „O Fortuna velut luna! In seinem langen Leben ist Carl Orff oft gezeichnet und auch verzeichnet worden, doch kaum je so böswillig-vereinfachend wie in diesem Fest- und Jubeljahr. An Zerrbildern, an mutwilligen Steckbriefen für den Vielgestaltigen, Proteushaften hatte es schon früher nicht gefehlt. Schon in Weimarer Zeiten war Orff den Konservativen als Anti-Traditionalist und Tabubrecher verdächtig gewesen, hauptsächlich seiner Aufführungspraxis wegen, aber auch als Musikpädagoge: Von ‚Hottentottenrhythmik' sprach Alexander Berrsche im Hinblick auf das *Schulwerk*. Solche Urteile hallten kräftig nach in der Nazizeit, in der Orffs Werk sich trotz aller Widerstände durchsetzte, aber auch einige höchst offiziöse Bannsprüche überstehen mußte; so bezeichnete Goebbels' Musikberater Heinz Drewes die *Carmina Burana* kurzerhand als ‚bayerische Niggermusik'. Nach dem Krieg geriet Orff erst recht zwischen die Stühle: Für die an der Wiener Schule orientierte Musikästhetik wurde er – ebenso wie sein Altersgenosse Paul Hindemith – jahrzehntelang zur Unperson. In den 1970er Jahren lockerten sich die Tabus. Orffs Name tauchte erneut in musikwissenschaftlichen Seminaren und in Kritikerrunden auf. Seinem Werk hatte der Theorie-Boykott kaum geschadet. Es hatte sich durch Aufführungen jung erhalten. Heute wird für Orff in musikgeschichtlichen Darstellungen vielfach das versöhnlich gemeinte Etikett ‚Populismus' bemüht – in Handbüchern erscheint der Meister als Direktor eines musikalischen Volksparks, in dem auch Leute wie Prokofjew und Gershwin ein- und ausgehen, wo

Kinder eifrig an Xylophonen üben, musikalische Freilichtaufführungen für ein großes Publikum veranstaltet werden und die Zäune zwischen E- und U-Musik niedriger sind als anderswo. Ob das sein endgültiger Ort ist, steht freilich dahin."[10]

Lust an der Sprache

Musik als Klangrede[11] heißt ein lesenswertes Buch des am 5. März 2016 verstorbenen Dirigenten Nicolaus Harnoncourt. Wer sich ein Leben lang so aktiv mit Musik und unterschiedlichen Genres der Literatur beschäftigt, hat die besten Chancen, eine farbenfrohe, reiche und heitere Sprache zu entwickeln. Es darf in Jean-Paulschen Wortschöpfungen geschwelgt oder in parodistischen Tönen persifliert werden. Historisierendes muss nicht antiquiert wirken, Heimat ist kein Schimpfwort, und vergessene Konjunktive sind willkommen. Ausgefallene, manchmal fast verschüttete Klangfarben halten Lesern und Hörern die Texte von Hans Maier in Erinnerung. Und last but not least: Vieles ist mit Hintersinn und einer gesunden Prise Humor gewürzt.

Nicht immer sind es Lobeshymnen auf die edle Musica. Hier ein Beispiel für Hans Maiers Kunst des distanzierenden Zuspitzens:

„Wir erleben zurzeit eindrücklich, wie Musik als Stimulanz, als Wellness-Bad, als Muntermacher vom Dienst gebraucht und oft missbraucht wird. Die Banalisierung der Volksmusik in optisch-akustischen Großaktionen im Fernsehen ist ein trauriges Beispiel – wo ist die Intimität und Feinheit der ‚Stubenmusi' geblieben? Ein anderes Beispiel, subtiler und weniger leicht erkennbar, ist die Verwandlung archaischer Musiktraditionen, vom gregorianischen Choral bis zu den Werken der heiligen Hildegard, in sanft narkotisierende Esoterik. Aber auch die Klassik ist vor auswählender Emotionalisierung nicht sicher – ‚schöne Stellen' werden aus ihrem Zusammenhang gelöst und dienen als Stimmungsreiz: Bachs *Air*, Chopins *Trauermarsch*, Mussorgskis *Großes Tor von Kiew*. Alles wird konsumiert wie musikalisches Softeis.[12]"

Decrescendo

Dass sich ein Mensch bis heute so natürlich über Erfolge, Neuauflagen und das Gelingen eigener Werke freuen kann, mag zwar politisch nicht immer korrekt erscheinen, ist aber aus psychologischer Sicht ein (mittlerweile rar gewordenes) Phänomen und zeugt von innerer Gesundheit und Souveränität. Zu ihr gehört auch, den Zeitpunkt zu erkennen, nach einem Fortissimo behutsam das Decrescendo einzulei-

---

10 *Cäcilia*, S. 130f.
11 *Wege zu einem neuen Musikverständnis. Essays und Vorträge*, Kassel u. a. [7]2014.
12 „Wenn Musik uns überschwemmt", in: *Reisen durch die Zeit. Glossen*, Kevelaer 2012, S. 148–150, das Zitat S. 149.

ten. Vor einem Orgelkonzert im Freiburger Münster am 14. September 1999 erlebte ich, wie selbst der Routinier noch aufgeregt sein kann. Auf dem Programm standen unter anderem Paul Hindemiths 1. Orgelsonate und *Incantation pour un jour saint* von Jean Langlais. Letzteres war nicht nur der klangliche Höhepunkt des Abends, sondern auch eine Art Schlussstein. Die Nachfeier habe ich noch in genauer Erinnerung, als Hans Maier im kleinen Kreis sagte, dass er nun keine öffentlichen Konzerte mehr spielen möchte. Ein wahrer Meister, der weiß, wann Schluss sein muss. Freilich dachte er keineswegs daran, den Orgeldeckel für immer zu schließen.

Und erst recht scheinen seither die musikalischen Gedanken neu in Schwung gekommen zu sein. Die nicht mehr benötigte Übezeit floss in Neuauflagen der Anthologie *Mit Herz und Mund. Gedanken zur Kirchenmusik*[13], der *Cäcilia*[14] und in ein komplett neues Bändchen der Reihe Beck Wissen zur Orgel[15]. Allein diese wertvolle Öffentlichkeitsarbeit für das geliebte Instrument verdient hohe Aufmerksamkeit – und erhält diese in Form einer gebundenen Zweitauflage – nach der vergriffenen Taschenbuch-Ausgabe! Denn Kirche, Kirchenmusik und Orgel drohen aus dem kollektiven Gedächtnis und Empfinden herauszufallen, übrigens oft befördert von amusisch agierenden Vertretern der Kirchen. Übersehen wird aber auch vielfach, dass das Thema Orgel keineswegs auf die christliche Kirche begrenzt ist. – Doch all das ist schon wieder eine andere, themenübergreifende Kulturgeschichte – lieber Hans Maier, bitte übernehmen Sie!

Conclusio

Wir sind in der jüngsten Geschichte angekommen. Deshalb zeige ich Ihnen die vor wenigen Wochen abgebaute Orgel in Hans Maiers Münchner Pfarrkirche Maria Immaculata. Sie hat mit ihren nie auszukurierenden Kinderkrankheiten – wohl eine Art Impfschaden – der Gemeinde und unserem Jubilar gut ein halbes Jahrhundert hindurch gedient. Um ein Haar wäre sie noch zum Denkmal erklärt worden, wäre nicht die Elektrik so heikel – Hans Maier ist eben doch nicht Elektriker geworden... Vorbei – vorbei!

Es ist ein besonderes Glück, an einem Geburtstag nicht nur zurück blicken zu müssen. Unsere Tonspur ist nämlich nicht zu Ende; wir wünschen uns vielmehr, sie sei endlos. So sei hier ein wenig Zukunftsmusik erlaubt, durchaus musique concrète: Die neue Orgel für die Harlachinger Pfarrkirche nimmt Gestalt an. Vor wenigen Wochen konnte ich deren Teile in der Vorarlberger Werkstätte Rieger Orgelbau be-

---

13 Kevelaer 2009.
14 Vgl. Anm. 7.
15 *Die Orgel*, München 2015, erweiterte Ausgabe München 2016.

sichtigen und anfassen. Nach Aufbau und Intonation wurde das neue Werk am Kirchweih-Sonntag, 16. Oktober 2016 durch H.H. Bischofsvikar Rupert Graf zu Stolberg gesegnet. Wenn auch leicht verspätet, so denke ich doch, dass es für Sie, lieber Hans Maier, kaum ein schöneres Geburtstagsgeschenk geben kann als eine neue, gute Orgel!

So darf ich Ihnen als Wunsch jenes Wort weiterreichen, das der bekannte und geschätzte Organist Harald Vogel seinen zahlreichen Schülern mitzugeben pflegt: „Sie können nur einen Fehler machen: aufhören!" Dies gilt auch für das Schreiben – nicht nur für Musik.

Lieber Hans Maier, lassen Sie also bitte die Hände auf der Tastatur- sowohl derjenigen der Orgel als auch der des Computers!

Nachtrag anno 2021

Hans Maier hat Wort gehalten: Er spielt zwar keine Orgelkonzerte mehr, dafür aber gerne im kleinen Kreis und noch lieber regelmäßig in der Liturgie. Selbst mit gebrochener Rippe ließ er es sich an Weihnachten 2019 nicht nehmen, auf die Orgelempore der Immaculata-Kirche in Harlaching zu steigen, um die Festgottesdienste musikalisch zu bereichern.

Als es in der Corona-Krise galt, bei der Demonstration „Aufstehen für Kultur" am 24. Oktober 2020 auf dem Münchner Königsplatz die Stimme zu erheben, war Hans Maier mit Gehhilfe zur Stelle: wie ehedem mit einer geschliffenen und aufmunternden Rede.[16]

---

16   Manuskript im Archiv des Autors.

Hans Maier: Nestor und Mentor der bayerischen Politik

Theo Waigel

Hans Maier hat in seinem ungewöhnlich reichen Leben verdientermaßen viele Würdigungen erfahren. Auch ich habe mich bereits vor 25 Jahren in einem Festschriftbeitrag zu Hans Maier geäußert.[1] Doch Hans Maier ist eine faszinierend schöpferische Gestalt, der auch an seinem 90. Geburtstag noch viel zu sagen hat und zu dem einem immer wieder auch etwas einfällt.

Ende der sechziger Jahre war ich Tutor des Pater-Rupert-Mayer-Heims am Kaiserplatz in München. Ich hatte es mit über 100 Studenten aus allen Disziplinen und der ganzen Welt zu tun. Mitten in Schwabing erlebte ich die Unruhen und Protestdemonstrationen einer jungen Generation. Als in dieser Zeit vor über 1000 Studierenden im Auditorium Maximum der Universität München eine Diskussion über Kirche und christliche Werte stattfand, glaubte niemand, diese Veranstaltung werde störungsfrei vor sich gehen. Es war der junge Professor Hans Maier, der in überlegter und überlegener Art das Niveau bestimmte und adäquate Antworten auf die Fragen der Zeit gab. Kaum einer der damaligen Professoren hätte sich ein ähnliches Wagnis zugetraut. Er gehörte zu den wenigen, die über Sprache, Intellektualität und Gelassenheit verfügten, um eine solche Situation erfolgreich zu bestehen. Als einige Zeit später gewaltsame Proteste und Besetzungen auch seinem Institut drohten, war ein kampfstarker Kreis aus seinen Zuhörern bereit, sein Institut notfalls auch körperlich zu verteidigen. Ich wurde gefragt, ob ich notfalls mitmachen würde, was ich gerne bejahte. Es ist dann zum Sturm auf sein Institut doch nicht gekommen.

Das bayerische Staatsministerium für Unterricht und Kultus hatte von 1946-1970 unruhige Zeiten erlebt. Alois Hundhammer musste 1970 den Sessel räumen, weil die SPD nicht bereit war, seine konservative Kulturpolitik mitzutragen. Sein Nachfolger Josef Schwalber hatte es bis 1954 auch nicht leicht. In der Vierer- Koalition gelang es Professor Rucker nicht, die entgegengesetzten Kräfte in Bayern zusammen zu führen. Theodor Maunz unternahm dann 1957 die notwendigen Schritte zur Entkonfessionalisierung von Lehrerbildung und Schulen. Er musste das Amt verlassen, weil Schriften von ihm aus der Nazizeit bekannt

---

1 Waigel, Theo: Begegnungen. Hans Maier zum 65. Geburtstag, in: Stammen, Theo/Oberreuter, Heinrich/Mikat, Paul (Hg.): Politik-Bildung-Religion. Hans Maier zum 65. Geburtstag, 1996, S. 12-18.

wurden. Auch sein späterer Weg mit heimlichen Artikeln für die Nationalzeitung war unerfreulich. Der starke Mann der CSU-Fraktion, Ludwig Huber, übernahm 1964 zusätzlich das Amt des bayerischen Kultusministers. Nach anfänglichen Erfolgen, nicht zuletzt durch eine starke Mittelerhöhung für sein Ressort, geriet er in der unruhigen Zeit der späten sechziger Jahre in die Defensive. Als Überlegungen laut wurden, wer ihm folgen könne, war keiner der hoffnungsvollen jüngeren CSU-Politiker bereit diese Position zu übernehmen. Anton Jaumann wechselte lieber in das Ministerium für Wirtschaft und Verkehr und Max Streibl betrat ein neues Ministerium für Umwelt und Landesplanung, das sich den Auseinandersetzungen im wissenschaftlichen und kulturellen Bereich nicht so sehr aussetzen musste. Unerwartet und überraschend erfolgte die Benennung von Professor Hans Maier, einem politischen Neuling, nicht einmal Mitglied der CSU auf diesen Schleudersitz. Niemand hat damals erwartet, dass er dieses Amt 16 Jahre trotz aller Widerstände und trotz aller Angriffe erfolgreich gestalten würde. Seine intellektuelle Überlegenheit, seine persönliche Bescheidenheit, sein badischer Widerstandsgeist und seine christliche Verankerung bildeten die Grundlage seines erfolgreichen politischen Wirkens. Obwohl mit der politischen Cliquenwirtschaft nicht vertraut, fand er eine starke Unterstützung in der Landtagsfraktion und in der Partei. Als er einige Jahre später der CSU beitrat, wurde er jedes Mal mit überwältigender Mehrheit in den Parteivorstand der CSU gewählt. 1977 sah er sich nach einem Stimmkreis um, weil er eine stärkere Verankerung in der Landespolitik suchte. Zuvor hatte er in einer bewegenden Debatte des Bundestags über Grundwerte und ihre Relevanz in der Politik einen bemerkenswerten Beitrag geleistet. Er verwies damals Bundeskanzler Helmut Schmidt, der politische Visionen für die Psychiatrie vorsah, in die Schranken. Ich kann mich noch erinnern, wie ich begeistert auf Fritz Zimmermann zuging und ihm sagte, dies sei doch der beste Nachfolger für Ministerpräsident Alfons Goppel. Dazu ist es nicht gekommen, weil Franz Josef Strauß selbst die Chance ergriff und von der Bundespolitik in die Landespolitik überwechselte, weil er nicht glaubte, CDU und CSU würden in absehbarer Zeit Regierungsverantwortung übernehmen. Schon zuvor waren wir uns in der Grundsatzkommission der CSU näher begegnet. Hans Maier war bereit, in diesem Gremium unter meiner Leitung mitzuarbeiten und den wichtigen Bereich Wissenschaft und Bildung zu übernehmen. Als die Arbeit abgeschlossen war, bat ich den Literaturkritiker Paul Konrad Kurz um eine sprachliche Überarbeitung des Entwurfs. Sein Fazit lautete der Beitrag von Hans Maier ist nicht nur sprachlich, sondern auch inhaltlich der beste.

Seit 1974 war ich Kreisvorsitzender der CSU im Kreisverband Günzburg. Unser bewährter Stimmkreisabgeordneter Bruno Merk, erfolgreicher Bayerischer Innenminister und Wegbereiter der Gebietsreform hatte sich entschlossen aus der Politik auszuscheiden und das Amt des Sparkassenpräsidenten anzutreten. Wir waren daher in Günzburg auf der Suche nach einem Landtagsabgeordneten. 13 Kandidaten kamen infrage und ich tat mir schwer, einen Favoriten zu bestimmen. Auf einem Parteitag der CSU sah ich Hans Maier sitzen und hörte wieder einmal einen klugen Beitrag von ihm. Plötzlich kam mir der Gedanke, ob dies nicht der beste Landtagskandidat für Günzburg sei. Auch der neben mir sitzende Landrat, Georg Simnacher, war von dem Gedanken angetan. Unvermittelt ging ich auf Hans Maier zu und fragte ihn, ob er dazu bereit wäre. Seine Antwort lautete, in der Gesellschaft von Bruno Merk, Anton Jaumann und Theo Waigel könne er sich eine politische Arbeit in Günzburg und Schwaben gut vorstellen. Mit dieser Zusage ging ich in eine harte Diskussion des Kreisverbands und setzte trotz heftiger Diskussion durch, dass Hans Maier letztlich einstimmig nominiert wurde. Der anfängliche Widerstand war nicht gegen ihn persönlich gerichtet, doch wir hatten verschiedene Persönlichkeiten, die dieses Amt ebenfalls gut hätten ausfüllen können und schon über eine beachtliche kommunale Erfahrung verfügten. Hans Maier gelang es schnell, die Herzen des Kreisverbandes für sich zu gewinnen. Aufgeschlossen und bescheiden nahm er sich der neuen Aufgabe an. Es war für ihn ungewohnt sich plötzlich mit Handwerk und Mittelstand, mit Straßenbau und Baugenehmigungen, mit allen Problemen der Menschen in ihrer Heimat zu beschäftigen. Damals sagte ich zu ihm: „Lieber Hans, Du beherrscht das große Einmaleins wie kein zweiter und wir lernen viel von Dir. Doch für das kleine Einmaleins der örtlichen Probleme ist es notwendig auch unseren Rat anzunehmen." Ich vergesse nicht, wie er damals die Ortsvorsitzenden zu Theaterfahrten nach München einlud und wir danach im Franziskaner mit den wichtigsten Darstellern, die ihrem obersten Chef die Ehre erwiesen, zusammenkommen durften. Bei Weihnachtsfeiern verteilte er seine neuesten Bücher und Aufsätze und die Basis freute sich einen so klugen Mann in ihren Reihen zu wissen. Die politischen Freunde in seiner neuen Heimat hielten auch zu ihm, wenn er bisweilen die unausweichlichen Konflikte mit dem Ministerpräsidenten und dem Parteivorsitzenden zu bestehen hatte. Als er einmal seinen Rücktritt anbot, organisierten wir über den Kreis- und Bezirksverband die notwendige Unterstützung in der Partei und in der Staatsregierung. Das hat damals Franz Josef Strauß nicht gepasst. Von Hans Maier stammt der Satz, man dürfe den Mächtigen den notwendigen Widerspruch nicht versagen. Diese geistige politische Freiheit hat er sich herausgenommen und sich auch gegenüber einem so willensstarken Mann wie Franz Josef Strauß bewahrt. Es war konsequent von ihm, aus der Staatsregierung nach 16 Jahren auszuscheiden, als Ministerpräsident Franz Josef Strauß 1986 das Ministerium aufteilen wollte. Es war ein Fehler von Franz Josef Strauß auf diesen hervorragenden Geist in seiner Regierung zu verzichten. Doch Hans Maier verfiel nicht in Resignation oder beleidigte Reaktion. Er wandte sich wieder der Wissenschaft zu und blieb ein souveräner Kopf in der politisch-philosophischen Auseinandersetzung. Er war auch als überzeugter Katholik nicht bereit, alles zu akzeptieren, was Rom den deutschen Katholiken vorschreiben wollte.

Theo Waigel

2015 entwickelte sich ein ernsthafter Konflikt zwischen der Führung der CSU und Bundeskanzlerin Angela Merkel wegen der Behandlung und dem Umgang mit der Flüchtlingsproblematik. Diese Auseinandersetzung war auf dem Parteitag der CSU sichtbar, als der Parteivorsitzende Horst Seehofer die neben ihm stehende Bundeskanzlerin minutenlang belehrte, was zu tun sei. Der Streit setzte sich fort und Spitzenvertreter der CSU sprachen von der größten Krise zwischen den beiden Unionsparteien seit dem Trennungsbeschluss von Kreuth 1976. Aus einem berechtigten Anliegen, den Flüchtlingsstrom ordnungspolitisch zu steuern, wurde eine Negativstrategie, die den Grünen nützte, die AfD stärkte und die CSU schwächte. In dieser Situation traf ich mich mit Hans Maier, Alois Glück, Christa Stevens, Erwin Huber, Michael Glos, Gabriele Bauer und vielen anderen, um diesen Konflikt zu entschärfen und die Bundeskanzlerin im Hinblick auf die Bundestagswahl zu unterstützen. Letztlich hat sich dieser Kurs durchgesetzt, der dann vom neuen Parteivorsitzenden und Ministerpräsidenten Markus Söder fortgesetzt wurde.

Das Ansehen von Hans Maier im politischen Bereich bleibt in starker Erinnerung, er ist ein Nestor und Mentor der bayerischen Politik mit nationalem, europäischem und internationalem Ansehen.

Erinnerungen eines Weggefährten an Hans Maier

Bernhard Vogel

Hans Maier hat Maßstäbe gesetzt. Als Wissenschaftler, als Politiker, als Publizist und als Katholik hat er für Jahrzehnte entscheidenden Einfluss auf die deutsche Politik genommen.

In Freiburg geboren, hat er dort und in München als Stipendiat der Studienstiftung des deutschen Volkes Geschichte, Germanistik, Romanistik und Philosophie studiert und bei Arnold Bergstraesser promoviert und sich habilitiert. Die Themen seiner Promotion „Demokratie und Kirche: Studien zur Entwicklungsgeschichte der christlichen Demokratie in Frankreich" und seiner Habilitation: „Die ältere deutsche Staats- und Verwaltungslehre" sollten ihn über Jahrzehnte begleiten und Teil seines Lebenswerkes werden.

1962 folgte er einem Ruf als Professor für Politische Wissenschaft an das später nach den Geschwistern Scholl benannte Institut der Ludwig-Maximilians-Universität München. Acht Jahre erfolgreicher wissenschaftlicher Lehre und Forschung begannen. Einen Ruf nach Heidelberg auf den Lehrstuhl von Carl Joachim Friedrich lehnte er zu meinem Leidwesen ab.

Ein Freiburger Freund hatte mich auf Hans Maier aufmerksam gemacht. Ich besuchte ihn – Assistent wie er – 1961 in seinem kleinen Freiburger Dachzimmer, um ihn zur Mitarbeit an dem vom Heinrich Pesch Haus in Mannheim geplanten Jahrbuch für christliche Gesellschaftsordnung „Civitas" zu gewinnen. Er empfing mich freundlich, aufmerksam zuhörend, selbstbewusst und ein wenig neugierig. Der erste Beitrag im ersten Jahrgang (1962) stammt aus seiner Feder: „Politischer Katholizismus, sozialer Katholizismus, christliche Demokratie". Über siebzehn Jahre hat er „Civitas" begleitet, ab dem 4. Band als Mitherausgeber. Seit unserer ersten Begegnung – seit über sechzig Jahren – sind wir uns freundschaftlich verbunden.

1970 berief ihn der bayerische Ministerpräsident Alfons Goppel zur allgemeinen Überraschung als Kultusminister in sein Kabinett. Als Politiker des zweiten Bildungsweges, wie er selbst von sich zu sagen pflegte. Parteilos, ohne Landtagsmandat, ohne Hausmacht. Für sechzehn Jahre wandte er sich der „res publica" zu und hörte doch nicht auf, Wissenschaftler zu bleiben. Ich begrüßte den neuen Kollegen telegrafisch: „Willkommen im Kreis der Prügelknaben der Nation".

Die bildungspolitische Debatte beherrschte die deutsche Innenpolitik. Georg Picht hatte sie mit seinem Schlachtruf von der deutschen Bildungskatastrophe angestoßen. Ein weltweiter Aufbruch, der in den USA seinen Ausgang nahm und zu einem bis dahin nicht gekannten Generationenkonflikt führte, erreichte die Bundesrepublik. Die „68er" bestimmten die Diskussion. An vielen Universitäten herrschten chaotische Zustände, offener Rechtsbruch war an der Tagesordnung, viele Professoren wussten weder ein noch aus, Go-ins, Sit-ins störten jeden geordneten Vorlesungsbetrieb. Eine Revolte, keine Revolution. Es gelang den revolutionären studentischen Gruppen nicht, weitere Bevölkerungskreise, wie die Arbeiterschaft für ihre Ziele zu mobilisieren. Vieles von dem, was im Rückblick als Verdienst der 68er erscheinen mag, war in Wahrheit das Ergebnis der Kritik an ihnen. „68" hat uns gelehrt, was auf dem Spiel stehen kann, wenn Mängel zu spät erkannt und Reformen zu spät in Angriff genommen werden.

Die Bildungspolitik der Union stand im Ruf der Rückständigkeit. Sie hat sich anfangs nur zögerlich der Diskussion gestellt. Sie bedurfte dringend der Neuorientierung. Eine intensive Reformdebatte war notwendig. Auch wir wollten Veränderungen. Wir wollten mit der Gegenwart Schritt halten und uns der Zukunft öffnen. Aber wir wollten nicht mit der Tradition brechen, dem Zeitgeist hinterherlaufen und möglichst viele Veränderungen um ihrer selbst willen durchsetzen. Wir befanden uns in der Defensive, wir mussten Alternativen formulieren. Es ging uns um die Wiederbelebung der Schule als Ort von Bildung und Erziehung, um die Neugestaltung des Gymnasiums und die Stärkung der Realschule. Die auch von Picht sträflich vernachlässigte berufliche Bildung musste aufgewertet und reformiert werden. Wir traten für ein gegliedertes Schulwesen ein und kämpften gegen eine profillose Einheitsschule, gegen die Gesamtschule. In der Bund-Länder-Kommission für Bildungsplanung rangen wir monatelang um einen einvernehmlichen Bildungsgesamtplan. Es ging um eine Reform des Hochschulwesens. Das Grundgesetz war im Mai 1969 geändert worden. Dem Bund war eine Rahmengesetzgebung im Hochschulbereich eingeräumt worden. Der jahrelange Kampf um ein Hochschulrahmengesetz begann. Die Hochschulgesetzgebung stand im Mittelpunkt des öffentlichen Interesses. Auch die Position der unionsgeführten Länder war nur mit Mühe auf einen Nenner zu bringen. Schließlich musste der Vermittlungsausschuss das letzte Wort haben, um eine Mehrheit in Bundestag und Bundesrat zu sichern.

Wir – die Kultusminister der Union – befanden uns in der Kultusministerkonferenz in der Minderheit. Auch die sozialliberale Bundesregierung stand gegen uns. Wir, Hans Maier, Wilhelm Hahn (Baden-Württemberg), Werner Scherer (Saarland), später auch Werner Remmers (Niedersachsen), Hanna-Renate Laurien (Rheinland-Pfalz) und ich, mussten uns gegen den parteilosen Bundeswissenschaftsminister, den Professor aus Karlsruhe, Hans Leussink, dem bald Klaus von Dohnanyi nachfolgen sollte zur Wehr setzen. Gegen unsere beiden adligen Kollegen von Friedeburg (Hessen), von Oertzen (Niedersachsen) und gegen Hildegard Hamm-Brücher. Heftige Kontroversen zwischen den A- (SPD) und B- (CDU) Ländern beherrschten die Tagesordnung. Wir waren der Kritik von allen Seiten ausgesetzt. Wir Kultusminister galten als die unbeliebtesten und angefeindetsten Politiker. In allen Stockwerken unseres Ressorts brannte es lichterloh. Unsere durchschnittliche Verweildauer betrug 2,4 Jahre.

In dieser Situation sollte sich Hans Maier sehr bald als Fels in der Brandung erweisen, zumal er sich auf eine absolute CSU-Mehrheit im bayrischen Landtag stützen konnte. Wir dagegen mussten auf unsere jeweiligen Koalitionspartner Rücksicht nehmen und darum eher zu Konzessionen bereit sein und sahen uns darum gelegentlich dem Vorwurf zu großer Nachgiebigkeit ausgesetzt.

Auch Helmut Kohl erkannte frühzeitig, schon in den 60er Jahren, die wachsende Bedeutung der Bildungspolitik. In einer Serie von Konferenzen rangen wir, die Bildungspolitiker der CDU und der CSU, unter seinem Vorsitz im pfälzischen Deidesheim um gemeinsame Positionen und gemeinsame Initiativen. In langen Beratungen, aber mindestens ebenso ausdauernden feuchtfröhlichen Abenden und Nächten.

Jahre später fand sich in Deidesheim unter Hans Maiers und meiner Stabführung ein kleiner Beraterkreis von vornehmlich aus der Freiburger und der Heidelberger Schule stammenden Politischen Wissenschaftlern und Unions-Politikern zusammen, um eine Brücke zwischen Wissenschaft und Politik zu schlagen. Seit fast vierzig Jahren treffen wir uns zweimal im Jahr.

Hans Maier hat als Kultusminister immer den Kurs eines besonnenen Bewahrers gesteuert, der verteidigte, was sich bewährte, aber Neues zu übernehmen bereit war, wenn es sich als Fortschritt erweisen sollte. In seiner sechzehnjährigen Amtszeit hat er mit einer Fülle von Gesetzen Eckpfeiler in den Boden der bayerischen Bildungs- und Kulturpolitik gerammt, die sich bis heute bewähren. Schon 1970 hatte er, zusammen mit Kollegen aus dem Umfeld der Universitäten, aber auch mit aktiven Sozialdemokraten wie Herman Lübbe und Herman Schmitt-Voggenhausen, zur Verteidigung der bedrohten Lehr- und Forschungsfreiheit den „Bund Freiheit der Wissenschaft" gegründet.

1986 scheidet er aus der bayerischen Landesregierung aus. Die von Franz Josef Strauß beabsichtigte Aufspaltung des Kultusministeriums in ein Ministerium für Unterricht und Kultus und ein Ministerium für Wissenschaft und Kunst wollte er nicht akzeptieren. Nach 16 Jahren kehrt er an die Universität zurück; ohne Bitterkeit, als ob nichts geschehen wäre und übernimmt für elf Jahre – bis zu seiner Emeritierung – in der Nachfolge von Karl Rahner und Eugen Biser den Guardini Lehrstuhl für christliche Weltanschauung. Er forscht und lehrt, schreibt Bücher, bereist Europa und Afrika und widmet sich passioniert dem Orgelspiel. Seinem „ersten und ältesten Beruf". Nicht Broterwerb, aber das schönste Nebenamt der Welt, wie er selbst sagt.

1976 wählte ihn das Zentralkomitee der deutschen Katholiken in meiner Nachfolge zu seinem Präsidenten. Auch dieses Amt hat er geprägt und weit über die zwölf Jahre seines Wirkens hinaus Maßstäbe gesetzt und Weichen gestellt, die bis heute die Richtung bestimmen. Er hat im nachkonziliar neue Impulse und den Laien neues Selbstbewusstsein gegeben. „Ich habe vorkonziliar nie einem Bischof den Ring geküsst. Ich weigere mich aber auch, die Bischöfe nachkonziliar ins Bein zu beißen". Er übernahm von mir die Gewohnheit, jede Vollversammlung mit einem Lagebericht zu eröffnen, einen Überblick über wichtige Vorgänge und Themen in Kirche und Gesellschaft zu geben und unsere Position zu markieren. Sie lesen sich heute wie eine kurzgefasste Geschichte der katholischen Laienbewegung in den 70er und 80er Jahren.

Gemeinsam mit Klaus Hemmerle, dem späteren Bischof von Aachen, und Friedrich Kronenberg, dem Generalsekretär des ZdK, nahmen wir an den „Dienstbesprechungen" teil, die regelmäßig mit dem Berliner Bischof und Angehörigen der Berliner Ordinarienkonferenz im Schatten der Hedwigskirche stattfanden. Von der Staatssicherheit gewissenhaft protokolliert.

Nach dem Essener-Katholikentag von 1968 hatten Beteiligung und öffentliches Interesse zunächst deutlich nachgelassen (Trier 1972). Danach aber schien die Krise überwunden zu sein. Die jugendlichen Teilnehmer nahmen zu, die „Kirchenmeile" in der Fußgängerzone, gewann an Bedeutung. Der erste von Hans Maier zu verantwortende Katholikentag, Freiburg 1978 – „Ich will Euch Zukunft und Hoffnung geben" – setzte neue Akzente und schlug neue Töne an. Mutter Teresa und Roger Schulz begeisterten die Teilnehmer, Bundeskanzler Helmut Schmidt, der belgische Ministerpräsident Leo Tindemans und Kardinal Höffner sprachen auf einer Europakundgebung. Erstmals gab es ein „Geistliches Zentrum". Hans Maier rief mit Blick auf den Terror der RAF dazu auf, die Grundwerte der Bundesrepublik im täglichen Leben geduldig und offensiv zu verteidigen. Die hohe Arbeitslosigkeit und die Notwendigkeit zu Gunsten der dritten Welt auf Konsum zu verzichten, bildeten die zentralen Themen.

Zum Berliner Katholikentag (1980) – „Christi Liebe ist stärker" – hatte Kardinal Bengsch kurz vor seinen Tod eingeladen. Nur etwa tausend Teilnehmer aus der DDR konnten den Westen der geteilten Stadt besuchen. Dass zehn Jahre später der nächste Berliner Katholikentag nach dem Fall der Mauer zu einem Freudenfest im Zeichen der Wiedervereinigung werden sollte, ahnte niemand. Hans Küng, Johann Baptist Metz, Hanna-Renate Laurien, Gerhard Eppler und Hans Rosenthal kamen zu Wort. Ein „Katholikentag von unten" begleitete die offiziellen Veranstaltungen. Hans Maier resümierte: „Und wenn Gottes Heil von oben kommt, so war dies doch kein Katholikentag von oben, so wenig es einen von unten gibt. Es gibt nur einen Katholikentag von unterwegs."

Zwei Jahre später, auf dem Katholikentag von Düsseldorf (1982) – „Kehrt um und glaubt – erneuert die Welt" –, ist das Thema Frieden allgegenwärtig. Zum ersten Mal dürfen wieder polnische Gäste teilnehmen. Der neue polnische Primas, der Erzbischof von Gnesen und Kardinal Höffner werden stürmisch begrüßt. Die Nachrüstungsdebatte prägt das Treffen. NATO-Doppelbeschluss, Kriegsrecht in Polen, Krieg in Afghanistan. Helmut Schmidt und Helmut Kohl sprechen. Wieder artikuliert sich lautstarker Protest.

Den Katholikentag München 1984 – „Dem Leben trauen, weil es Gott mit uns lebt" – bestimmen der Umweltschutz, die Arbeitslosigkeit, vor allem aber beherrscht die Schwangerschaftsberatung die Diskussion. Kardinal Ratzinger – zuvor Bischof von München – zählt zu den Gästen.

Aachen 1986 – „Dein Reich komme" – die Diskussion um den Paragraphen 218 beherrscht den Katholikentag. Rita Waschbüsch, die bald darauf Hans Maier als Präsidentin den Zentralkomitees folgen sollte, engagiert sich für den Schutz des ungeborenen Lebens. Weil die Grünen für die vollständige Abschaffung des Paragraphen 218 eintreten, lädt Hans Maier keinen Grünen-Politiker ein. Das Tischtuch sei zerschnitten. Erstmals lädt ein „ökumenisches Zentrum" zum Besuch ein.

Allen diesen fünf Katholikentagen hat Hans Maier seinen Stempel aufgedrückt. Heute ist die Botschaft der Katholikentage nicht mehr so eindeutig. Er ist vielfältiger, vielstimmiger, mitunter auch kontroverser geworden.

Natürlich war Hans Maier Mitglied der Würzburger Synode (1971–1975), zu der es nach dem Essener Katholikentag kam, um das Konzil für die Kirche in Deutschland umzusetzen. Natürlich kämpften wir Seite an Seite gegen die vatikanische Ostpolitik unter Paul VI., die die Einheit der Katholiken Deutschlands zu gefährden droht. Sein polnischer Nachfolger, Johannes der XXIII. war überzeugt, dass der Osteuropa beherrschende Kommunismus vor seinem Zusammenbruch stand.

Natürlich gehörte er der aus der Würzburger Synode hervorgegangenen gemeinsamen Konferenz zwischen der Deutschen Bischofskonferenz und dem Zentralkomitee an. Sie sollte allerdings bedauerlicherweise über viele Jahr hinweg nur ein Schattendasein führen. Erst jetzt hat sie in der Vorbereitung des synodalen Weges wieder an Bedeutung gewonnen.

In seinem letzten „Lagebericht" mahnt er den Staat, seine verfassungsmäßigen Verpflichtungen, wie den Schutz des ungeborenen Lebens, ernst zu nehmen. Die unserer Verfassung zu Grunde liegende Werteordnung müsse mehrheitsfähig bleiben. Die Kirche müsse sich vor der Versuchung zum Integralismus hüten. Das Zentralkomitee müsse als Institution des Laienapostolats die Eigengesetzlichkeit der weltlichen Sachbereiche ernst nehmen und mit langem Atem „alles dafür tun, dass überzeugte Christen sich aus dem Glauben heraus in Gesellschaft und Politik engagieren". Es müsse die Einigung des freien Europas fördern und immer wieder daran erinnern, dass Deutschland geteilt sei und dass diese Teilung unnatürlich ist.

Hans Maier hatte bereits 1976 zu Kohls Wahlkampfmannschaft gehört und war auch 1980 von Franz Josef Strauß in sein Schattenkabinett aufgenommen worden.

Es überraschte darum nicht, dass Helmut Kohl ihn mehrfach als Bundespräsident in Erwägung gezogen hat. Schon 1978, als es um die Nachfolge Walter Scheels ging, fiel der Name Hans Maier zum ersten Mal. Karl Carstens wurde schließlich gewählt. Aber Hans Maier blieb für das höchste Staatsamt im Gespräch. 1984 – Karl Carstens hatte auf eine Wiederwahl verzichtet – brachte ihn Helmut Kohl erneut in Vorschlag. Aber Franz Josef Strauß wollte nicht. Er wollte in Bonn keine Konkurrenz. Er wollte seinen nicht mehr geschätzten Kultusminister nicht als Bundespräsidenten sehen. Hans Maier aber wollte sich nicht von sich aus bewerben. Zu Recht war er der Überzeugung, um das Amt des Bundespräsidenten bewirbt man sich nicht. 1999 – kurz vor seiner Emeritierung – vom CSU-Vorsitzenden Theo Waigel erneut gefragt, wollte er nicht mehr in die Politik zurück. Bis heute kommt kein Bundespräsident aus Bayern, bis heute gehört kein Bundespräsident der Katholischen Kirche an.

Mit seinen Lebenserinnerungen – „Böse Jahre, gute Jahre" – hat Hans Maier uns sein schönstes Geschenk gemacht. Ein sprachliches Meisterwerk, feinsinnig und geistreich, nicht ohne Hintersinn, gelegentlich ein bisschen spöttisch, nie verletzend.

Hans Maier hat ein ungewöhnliches Leben geführt. Er hat Macht und Geist versöhnt. Vielen ist er zum Lehrmeister geworden. Er hat sich um Wissenschaft und Politik und um unsere Kirche verdient gemacht. Und er hat die nachfolgende Generation auf ihren Weg in die Zukunft begleitet und ihr Mut gemacht. Möge ihm beschieden sein, auch nach seinem 90. Geburtstag seinem Leben noch weitere Kapitel hinzuzufügen.

Dank aber auch an seine Frau Adelheid, die ihn fast 60 Jahre auf seinem Lebensweg begleitet hat und an seine Töchter, die stets zu ihrem Vater gestanden haben, auch wenn das nicht immer einfach gewesen sein mag. Sie und wir wissen, was wir ihm zu verdanken haben.

Bibliographie

Ein vollständiges Schriftenverzeichnis in 1745 Nummern liegt vor in: Hans Maier, Bibliographie 1950-2020, zusammengestellt von Angelika Mooser-Sainer, München 2021. Ferner sei hingewiesen auf Hans Maier, Schriften zu Kirche und Gesellschaft, Bd. 1-3, Freiburg (Herder) 1983-1985 (KG); Hans Maier, Gesammelte Schriften, Bd. 1-5, München (Beck) 2006-2010 (GS).

Die folgende Auswahl aus seinen Schriften hat Hans Maier getroffen.

1. Selbständige Schriften

Revolution und Kirche. Studien zur Frühgeschichte der christlichen Demokratie, Freiburg (Rombach) 1959. Weitere Auflagen 1965, 1973 (München, Kösel), 1975 (München, dtv), 1988 (Freiburg, Herder), 2006 München, GS). Übersetzungen engl. London 1969, frz. Paris 1992, tschech. Brünn 1999.

Die ältere deutsche Staats- und Verwaltungslehre (Polizeiwissenschaft). Ein Beitrag zur Geschichte der politischen Wissenschaft in Deutschland, Neuwied-Berlin (Luchterhand) 1966. Weitere Auflagen 1980 (München, Beck), 1986 (München dtv), 2009 (München, GS).

Ältere deutsche Staatslehre und westliche politische Tradition. Münchner Antrittsvorlesung, Tübingen (Mohr Siebeck) 1966.

Die NPD. Struktur und Ideologie einer „nationalen Rechtspartei", München (Piper) 1967; 2. erw. Auflage mit Hermann Bott, 1968

Politische Wissenschaft in Deutschland, Aufsätze zur Lehrtradition und Bildungspraxis, München (Piper) 1969, erw. Neuausgabe 1985.

Kritik der politischen Theologie, Einsiedeln (Johannes) 1970; erw. Neuausgabe München (GS) 2007.

Demokratie in der Kirche (mit Joseph Ratzinger), Limburg (Lahn) 1970; erw. Neuauflage 2000 (topos); Übersetzungen engl., frz., span., portug., ital., poln.

Kirche und Gesellschaft, München (Kösel) 1972, gek. Neuauflage Freiburg (Herder) 1979.

Zwischenrufe zur Bildungspolitik, Osnabrück (Fromm) 1972, 2. Auf. 1973.

Die Grundrechte des Menschen im modernen Staat, Osnabrück (Fromm) 1973, 2. Aufl. 1974; jap. Übs. 2002; erw. Neuausgabe unter dem Titel: Menschenrechte. Eine Einführung in ihr Verständnis, Kevelaer (Lahn topos) 2015.

Kulturpolitik. Reden und Schriften, München (dtv) 1976; erw. Neuausgabe unter dem Titel: Kultur und politische Welt, München (GS), 2008.

Sprache und Politik. Essay über aktuelle Tendenzen. Briefdialog mit Heinrich Böll, Zürich (interfrom) 1977.

Anstöße. Beiträge zur Kultur- und Verfassungspolitik, Stuttgart (Seewald) 1978.

Streiflichter zur Zeit. Was bringen die 80er Jahre? Freiburg (Herder) 1980.

Hilfe, ich bin normal! Neue Streiflichter zur Zeit, Freiburg (Herder), 1981, Aufl. 2-4 1982-1986.

Bibliographie

Ihr Chöre, lobet den Herrn! Heiteres und Besinnliches allen Freunden der musica sacra dargeboten von Hans Maier, Freiburg (Herder) 1982; erweiterte Neuausgabe unter Mitarbeit von Markus Zimmermann, Kevelaer (Butzon & Bercker) unter dem Titel: Mit Herz und Mund. Gedanken zur Kirchenmusik, 2009.

Wenn Mozart heute zur Schule ginge. Streiflichter zur Zeit, Freiburg (Herder) 1983; Neuauflage 2006.

Katholizismus und Demokratie, Freiburg (KG Bd. 1), 1983.

Staat – Kirche – Bildung, Freiburg (KG Bd. 2), 1984.

Religion und moderne Gesellschaft, Freiburg (KG Bd. 3), 1985.

Niederlage und Befreiung – Défaite et libération (zweisprachig). Der 8. Mai 1945 und die Deutschen), Bonn (Bouvier) 1996.

Die Deutschen und die Freiheit. Perspektiven der Nachkriegszeit, Stuttgart (Deutsche Verlags-Anstalt) 1985; Taschenbuchausgabe München (dtv) 1987.

Die christliche Zeitrechnung, Freiburg (Herder). Aufl. 1-6 1999-2013). Übersetzungen: it. 2000, 2014; jap.1999; estn. 2006.

Das Freiheitsproblem in der deutschen Geschichte, Heidelberg (C.F. Müller), 1991.

Politische Religionen. Die totalitären Regime und das Christentum, Freiburg (Herder), 1995; tschech. Übs. 1999.

Eine Kultur oder viele? Politische Essays, Stuttgart (Reclam) 1995.

Cäcilia unter den Deutschen und andere Essays zur Musik, Frankfurt / Leipzig (Insel) 1998; erw. Neuausgabe unter dem Titel: Cäcilia. Essays zur Musik, 2005.

Welt ohne Christentum – was wäre anders? Freiburg (Herder). Aufl. 1-6 1999-2016; tschech. Übs.2014.

Historische Voraussetzungen des Sozialstaats in Deutschland, Heidelberg (C.F.Müller) 2002.

Das Doppelgesicht des Religiösen. Religion – Gewalt – Politik, Freiburg (Herder) 2004.

Keine Demokratie? Laienmeinungen zur Kirche, Freiburg (Herder) 2006.

Die Deutschen und ihre Geschichte, München (GS Bd.5), 2010.

Die Kirchen und die Künste. Guardini-Lectures an der Humboldt-Universität Berlin, Regensburg (Schnell & Steiner), 2008.

Böse Jahre, gute Jahre. Ein Leben 1931 ff., München (Beck), 2011 Aufl. 1-3; 2013 Paperback.

Die Orgel. Instrument und Musik, München (Beck) 2015. Erw. Ausgabe 2016.

Christentum und Gegenwart. Gesammelte Abhandlungen, Freiburg (Herder) 2016.

Deutschland. Wegmarken seiner Geschichte, München (Beck) 2021.

2. Herausgeberschaft

POLITICA. Abhandlungen und Texte zur politischen Wissenschaft, hg. von Wilhelm Hennis und – ab Bd. 14 ff. – Hans Maier, Neuwied/Berlin (Luchterhand) 1963 ff.

Deutscher Katholizismus nach 1945. Kirche – Gesellschaft – Geschichte, München (Kösel) 1964.

Zeitschrift für Politik, Köln/Berlin (Heymanns), Mitherausgeber 1965-2001.

Politische Bildung. Beiträge und Materialien zur wissenschaftlichen Grundlegung und zur Unterrichtspraxis, hg. von Walter Gagel, Rolf Schörken. Wanda Kampmann und Hans Maier, Stuttgart (Klett) 1967 ff.

Bibliographie

Klassiker des politischen Denkens (mit Heinz Rausch und Horst Denzer), Bd.1 Von Plato bis Hobbes; Bd. 2 Von Locke bis Weber, Aufl. 1-6 beider Bände München (Beck) 1968-2001; Taschenbuchausgabe 2001. Übs. kroat. 1999, ukrain. 2002, korean. 2008.

Politiker des 20. Jahrhunderts (mit Rolf K. Hocevar und Paul-Ludwig Weinacht), Bd 1 Die Epoche der Weltkriege; Bd. 2 Die geteilte Welt, München (Beck) 1970.

Bund Freiheit der Wissenschaft. Der Gründungskongress in Bad Godesberg am 18. November 1970 (mit Michael Zöller), Köln (Markus) 1970

Christlicher Friede und Weltfriede. Geschichtliche Entwicklung und Gegenwartsprobleme (mit Alexander Hollerbach), Paderborn (Schöningh) 1971.

Staatskirchenrechtliche Abhandlungen (mit Ernst Friesenhahn und Alexander Hollerbach, Berlin/München (Duncker & Humblot), 1971 ff.

Internationale Katholische Zeitschrift (COMMUNIO) mit Hans Urs von Balthasar, Albert Görres, Franz Greiner, Karl Lehmann, Joseph Ratzinger, Köln (Communio-Verlag), 1972 ff.

Rheinischer Merkur, mit Otto B. Roegele, Bonn 1972-2006.

Revolution – Demokratie – Kirche (mit Winfried Becker und Manfred Spieker), Paderborn (Schöningh) 1975.

Konrad Adenauer. Seine Deutschland- und Aussenpolitik 1945-1963 mit Klaus Gotto, Rudolf Morsey, Hans-Peter Schwarz, München (dtv) 1976.

Kirche, Wirklichkeit und Kunst, Mainz (Grünewald topos) 1980.

Politik- und kommunikationswissenschaftliche Veröffentlichungen der Görres-Gesellschaft (mit Otto B. Roegele, nach 2010: Heinrich Oberreuter und Manfred Spieker), Paderborn (Schöningh) 1984 ff.

Wie eine Revolution entsteht. Die Französische Revolution als Kommunikationsereignis (mit Eberhard Schmitt). Paderborn (Schöningh) 1988.

Vorderösterreich in der frühen Neuzeit (mit Volker Press unter Mitarbeit von Dieter Stievermann), Sigmaringen (Thorbecke) 1989.

Bibliothek des deutschen Staatsdenkens (mit Michael Stolleis), Frankfurt am Main (Insel) 1994-2000; München (Beck) 2001-2005 (Einzelheiten im Beitrag von Michael Stolleis).

Totalitarismus und politische Religionen. Konzepte des Diktaturvergleichs, Bd 1, Paderborn (Schöningh) 1996; Bd.2 (mit Michael Schäfer) Paderborn (Schöningh) 1997; Bd. 3, Paderborn (Schöningh) 2003. Engl. Übs. Totalitarianism and political Religions, London/NewYork (Routledge). vol.1. 2004, vol. 2, 3 2007.

Wege in die Gewalt. Die modernen politischen Religionen, Frankfurt am Main (Fischer), 2001, 2. Aufl. 2002.

Christlicher Widerstand im Dritten Reich (mit Hans Günter Hockerts, Anweiler (Plöger) 2003.

Die Freiburger Kreise. Akademischer Widerstand und Soziale Marktwirtschaft, Paderborn (Schöningh) 2014.

Profil und Prägung. Historische Perspektiven auf 100 deutsche Katholikentage (mit Christoph Kösters und Frank Kleinehagenbrock), Paderborn (Schöningh) 2017.

3. Aufsätze, Artikel

Romane wie sie noch nie geschrieben wurden (Hemingway). In: Der Fährmann, Freiburg (Herder) 1949, Heft 10.

In Fesseln frei. Pater Alfred Delp zum Gedächtnis. In: Der Fährmann, Freiburg (Herder) 1950, Heft 8.

Bibliographie

Dienst am Geoffenbarten. Zum 50. Geburtstag Reinhold Schneiders. In: Der Fährmann, Freiburg (Herder) 1953, Heft 5.

Die Arbeiterpriester in Frankreich. In: Antares 4 (1956).

Historismus. In: Staatslexikon, hg. von der Görres-Gesellschaft, 6. Aufl. Freiburg (Herder) 1959 ff.

„Die Demokratie belehren, ihre Sitten läutern". Zu Aufgabe und Lage der Politischen Wissenschaft als Universitätsdisziplin in der Bundesrepublik. In: Frankfurter Allgemeine Zeitung vom 26. Mai 1965.

Die Lehre der Politik an den deutschen Universitäten, vornehmlich vom 16.-18. Jahrhundert. In: Wissenschaftliche Politik, FS Bergstraesser, hg. von Dieter Oberndörfer, Freiburg (Rombach) 1962, 2. Aufl. 1966.

Zur Lage der politischen Wissenschaft in Deutschland. In: Vierteljahrshefte für Zeitgeschichte 10 (1962).

Der Mensch im Exil. Zum Sinnwandel der modernen Emigration. In: Interpretation der Welt, FS Romano Guardini, hg. von Helmut Kuhn, Heinrich Kahlefeld, Karl Forster, Würzburg (Echter) 1965.

Max Weber und die deutsche politische Wissenschaft. In: Max Weber. Gedächtnisschrift der Ludwig-Maximilians-Universität München zur 100. Wiederkehr seines Geburtstages, hg. von Karl Engisch u.a., München (Piper) 1966.

Nationalsozialistische Hochschulpolitik. In: Die deutsche Universität im Dritten Reich. Eine Vortragsreihe der Universität München, München (Piper) 1966.

Religionsfreiheit in den staatlichen Verfassungen. In: Karl Rahner, Hans Maier, Ulrich Mann, Michael Schmaus: Religionsfreiheit. Ein Problem für Staat und Kirche, München (Hueber) 1966.

Faschismus. In: Politik für Nichtpolitiker. Ein ABC zur aktuellen Diskussion, hg. von Hans Jürgen Schulz, Bd. 1, Stuttgart/Berlin (Kreuz) 1969.

Die Musik in der deutschen Bildungsdiskussion. In: Musik und Bildung 1 (1969).

Schule und Erziehung in der Sowjetunion. Eindrücke von einer Studienreise. In: Rheinischer Merkur vom 6. und 13. November 1970.

Zur neueren Geschichte des Demokratiebegriffs. In: Theory and Politics – Theorie und Politik. FS Carl Joachim Friedrich, hg. von Klaus von Beyme, Den Haag (Nijhoff) 1971; auch in: Geschichtliche Grundbegriffe. Historisches Lexikon zur politisch-sozialen Sprache in Deutschland, hg. von Otto Brunner, Werner Conze, Reinhart Koselleck, Bd. 1, Stuttgart (Klett) 1972.

Sprache und Politik. Können Begriffe die Gesellschaft verändern? In: Sprache und Politik, Protokoll Nr. 42, hg. vom Bergedorfer Gesprächskreis, Bergedorf (Körber-Stiftung) 1972.

Einige historische Vorbemerkungen zu Hegels politischer Philosophie. In: Das älteste Systemprogramm (Hegel-Studien, Beiheft 9), Bonn (Bouvier) 1973.

Der zeitgeschichtliche Ort des Vaticanum II. In: Internationale Katholische Zeitschrift (Communio) 4 (1975).

Zum 100. Geburtstag von Thomas Mann. In: Thomas Mann 1875-1975. Vorträge in München – Zürich – Lübeck, hg. von Beatrix Bludau, Eckart Heftrich, Helmut Koopmann, Frankfurt am Main (Fischer) 1977.

Laudatio auf die deutschen Thomas-Übersetzer. In: Deutsche Akademie für Sprache und Dichtung, Jahrbuch 1978, Heidelberg (Schneider) 1978.

Der Humanist und der Ernstfall. Thomas Morus 1478-1978. In: The Philosophy of Order, FS Eric Voegelin, hg. von Peter J. Opitz und Gregor Sebba, Stuttgart (Klett-Cotta) 1979.

Das Grundgesetz in der deutschen Verfassungsgeschichte. In: Politische Vierteljahresschrift, Opladen (Westdeutscher Verlag) Jg. 20, Heft 4 (1979).

Bibliographie

Rhabanus Maurus. Apostel und Lehrer der Deutschen. In: Frankfurter Allgemeine Zeitung vom 5. April 1980.

Franz Josef Strauß als Rhetor. Redekunst und Parlamentarismus heute. In: Anspruch und Leistung. Widmungen für Franz Josef Strauß, hg. von Friedrich Zimmermann, Stuttgart (Seewald) 1980.

Christiane Lavant: Seit heute, aber für immer. In: Frankfurter Anthologie, Gedichte und Interpretationen, hg. von Marcel Reich-Ranicki, Bd. 7, Frankfurt am Main (Insel) 1983.

Es lebe der Prophet! Abschied vom Orwell-Jahr. In: Süddeutsche Zeitung vom 29./30. Dezember 1984.

Aspekte des Föderalismus in Deutschland und Frankreich, In: Jahrbuch des öffentlichen Rechts N.F. Bd. 35, Tübingen (Mohr) 1986.

Ein Gejagter, der nicht zum Jäger wurde. Laudatio auf Władysław Bartoszewski zum Friedenspreis 1986. In: Friedenspreis des Deutschen Buchhandels, Reden und Würdigungen 1986-1998, Frankfurt am Main (Buchhändler-Vereinigung) 1999.

Europa und sein Osten. In: Osteuropa und die Deutschen. Vorträge zum 75jährigen Jubiläum der Deutschen Gesellschaft für Osteuropakunde, hg. von Oskar Anweiler, Eberhard Reißner, Karl-Heinz Ruffmann, Berlin (Berlin-Verlag A. Spitz) 1987; gek. u.d.Tit. Osteuropa tritt aus dem Schatten der Geschichte. Eine erstarrte Welt beginnt sich zu verändern, in: Frankfurter Allgemeine Zeitung vom 22. Oktober 1987.

Augustins Civitates und die Welt von heute. In: Säkulare Welt und Reich Gottes, hg. von Paulus Gordan, Graz (Styria) 1987.

Politik. In: Staatslexikon, hg. von der Görres-Gesellschaft, 7.Aufl. Bd. 4, Freiburg (Herder), 1988.

Aus den Vätern kam ihm alle Kraft. Hans Urs von Balthasar zum Gedächtnis. In: Rheinischer Merkur vom 1. Juli 1988.

Die vielen Sprachen und die Eine Welt. Vortrag, hg. von der Robert-Bosch-Stiftung, Stuttgart (Scheufele) 1980.

Erfahrungen mit Johann Sebastian Bach. In: In rebus musicis, FS Richard Jakoby, hg. von Andreas Eckhardt und Rudolf Stephan, Mainz (Schott) 1990.

Derr Föderalismus – Ursprünge und Wandlungen. In: Archiv des öffentlichen Rechts 115 (1990).

Kein bloßes Traditionsgut. Zur Situation der Kirchenmusik heute. In: Herder-Korrespondenz Jg. 45 (1991) Heft 11, Freiburg 1991.

„Rerum novarum" et la doctrine sociale de l'Église 1891-1991. In: Une terre pour tous les hommes. La destination universelle des biens. Colloque international „Justice et Paix", Paris (Centurion) 1992.

Robert Schuman und die Anfänge der französisch-deutschen Versöhnung als Voraussetzung der europäischen Einigung. In: Reflexionen über Europa, hg. von Bernhard Beutler, München (mvg Verlag) 1992.

Squlibri fra cattolici e protestanti a partire dal XVIII secolo. Un preludio al „Kulturkampf". In: Il „Kulturkampf" in Italia e nei paesi di lingua tedesca, hg. von Rudolf Lill und Francesco Traniello, Bologna (Mulino) 1992.

Nach dem Sozialismus – eine neue Ethik des Sozialen? In: Internationale Katholische Zeitschrift (Communio) 21 (1992).

Die Katholiken und die Aufklärung. Ein Gang durch die Forschungsgeschichte. In: Katholische Aufklärung – Aufklärung im katholischen Deutschland, Hamburg (Meisner) 1993.

Sozialdisziplinierung - ein Begriff und seine Grenzen (Kommentar). In: Glaube und Eid, hg. von Paolo Prodi, München (Oldenbourg) 1993.

Deutsche Musikpoesie vor Thomas Mann – ein Versuch. In: Thomas Mann Jahrbuch 7, Frankfurt am Main (Klostermann) 1994.

Bibliographie

Aufklärung, Pietismus, Staatswissenschaft. Die Universität Halle nach 300 Jahren. In: Historische Zeitschrift, München (Oldenbourg) 1995.

Die Gemeinde in der Theologie des Christentums. In: Theorien kommunaler Ordnung in Europa, hg. von Peter Blickle (Schriften des Historischen Kollegs, Kolloquien 36), München (Oldenbourg) 1996.

Görres (Johann) Joseph von. In: Deutsche Biographische Enzyklopädie, hg. von Walther Killy und Rudolf Vierhaus, München (Saur) 1996.

Philipp Melanchthon – Praeceptor Germaniae. In: Melanchthon und Comenius heute, hg. von Fritz Hähle, Hans Maier und Werner Korthaase, Dresden (Company) 1997.

Ein Zug aus dem Englischen Garten. In: Ingolstädter Zeitung vom 19. Juni 1997.

Ein ICE für Marieluise Fleißer. In: Rheinischer Merkur vom 4. Juli 1997.

Leidlose Welt? Zwölf Thesen aus katholischer Sicht zu Kreuz, Konfession und Schule. In: Der Streit um das Kreuz in der Schule, hg. von Winfried Brugger und Stefan Huster, Baden-Baden (Nomos) 1998.

Wälder, Menschen, Kulturen: Historie und Gegenwart. In: Forst und Holz, Hannover (Schlüter) 53 (1998).

Deutschland – Kulturnation? Eine Nachfrage. In: Leitmotive. Kulturgeschichtliche Studien zur Traditionsbildung (FS Dietz-Rüdiger Moser), Kallmünz (Lassleben) 1999.

1848 und die deutschen Katholiken. Festvortrag in der Paulskirche in Frankfurt beim 93. Deutschen Katholikentag in Mainz 1998, Kevelaer (Butzon & Bercker) 1999.

Eric Voegelin and German Political Science. In: The Review of Politics, University of Notre Dame, Indiana 62 (2000).

Erik Peterson und der Nationalsozialismus. In: Vom Ende der Zeit. Geschichtstheologie und Eschatologie bei Erik Peterson, hg. von Barbara Nichtweiß, Münster (LIT) 2001.

La chronologie chrétienne, un temps dans le temps? In: Christianisme, Héritages et Destins, ed. Cyrille Michon, Paris (Librairie Générale Française) 2002.

Der Dichter und sein „schleichend Volk". Jean Paul nach 175 Jahren. In: ausblicke, Dokumentationsschrift des Zentrums Seniorenstudium der LMU, München (Selbstverlag LMU) 2002.

Über kirchenförmige Religion. In: Verfassung im Diskurs der Welt. Liber Amicorum für Peter Häberle zum 70. Geburtstag, hg. von Alexander Blankenagel, Ingolf Pernice und Helmuth Schulze-Fielitz, Tübingen (Mohr Siebeck) 2004.

Forschen als Leidenschaft. Ein Brief an Eberhard Schmitt. In: Barrieren und Zugänge. Die Geschichte der europäischen Expansion (FS Eberhard Schmitt zum 65. Geburtstag), hg. von Thomas Beck, Marilia dos Santos Lopes, Christian Rödel, Wiesbaden (Harrassowitz) 2004.

Barocke Transparenz. Über den Schriftsteller Peter Lerche. In: Peter Lerche, Ausgewählte Abhandlungen, hg. von Rupert Scholz, Dieter Lorenz u.a., Berlin (Duncker & Humblot) 2004.

Die Ära Goppel. In: Bilanz eines erfüllten Lebens. Alfons Goppel zum 100. Geburtstag, hg. von Hans Zehetmair, München (Hanns-Seidel-Stiftung) 2005.

Die Kabinettsregierung. Entstehung, Wirkungsweise, aktuelle Probleme. In: Bayerische Akademie der Wissenschaften, Philosophisch-Historische Kl., Sitzungsberichte 2006.

Apotheose und Denkmalsturz. Diktatoren im 20. Jahrhundert. In: Bayerische Akademie der Wissenschaften. Jahrbuch 2006.

Proteus im Staatsgewand. In: Franz Graf Pocci (1807-1876), Schriftsteller, Zeichner, Komponist unter den Königen, München (Allitera) 2007.

Romano Guardini (1885-1968). In: München leuchtet für die Wissenschaft. Berühmte Forscher und Gelehrte, hg. von Ulrike Leutheusser und Heinrich Nöth, München (Allitera) 2007.

Bibliographie

Umgang mit Wundern. Frömmigkeits- und verwaltungsgeschichtliche Anmerkungen, hg. von Klaus Fitschen und Hans Maier, Anweiler (Plöger) 2007

Gibt es ein christliches Menschenbild? In: Biblische Theologie und historisches Denken. Wissenschaftsgeschichtliche Studien aus Anlass der 50. Wiederkehr der Basler Promotion von Rudolf Smend, hg. von Martin Kessler und Matin Wallraff, Basel (Schwabe) 2008.

Dialekte und Hochsprachen im künftigen Europa. In: Une germanistique sans rivages (Mélanges en l'Honneur de Frédéric Hartweg, ed. Emmanuel Béhague et Denis Goeldel), Straßburg (Presses Universitaires) 2008.

Symphonia – Zweigewaltenlehre – Trennung: Drei Modelle des Staats- kirchenverständnisses. In: Kirche und Revolution. Das Christentum in Ostmitteleuropa vor und nach 1989, hg. von Hans-Joachim Veen, Peter März, Franz-Josef Schlichting, Köln/Weimar/Wien (Böhlau) 2009.

Bildungsreformen in Ost und West – Versuch einer Bilanz. In: Bildung als Mittel und Selbstzweck, hg. von Axel Hutter und Markus Kartheininger, Freiburg/München (Karl Alber) 2009.

Pius XII. im Urteil der Nachwelt. In: Eugenio Pacelli – Pius XII. (1876-1958), hg. von Peter Pfister, Regensburg (Schnell & Steiner) 2009 (engl. 2012).

Die Katholiken und die Demokratie. Wahrnehmungen demokratischer Entwicklungen im modernen Katholizismus. In: Religionsfreiheit und Pluralismus, hg. von Karl Gabriel, Christian Spieß, Katja Winkler, Paderborn (Schöningh) 2010.

Der Bund Freiheit der Wissenschaft – Ende und Auftrag. In: Freiheit – Bildung – Zukunft. Der Bund Freiheit der Wissenschaft e. V. 1970-2015, Hamburg 2016.

Gott als Grund von Verfassungen. In: Umstrittene Religionsfreiheit, hg. von Thomas Brose und Philipp W. Hildmann, Frankfurt am Main (Peter Lang) 2016.

Compelle intrare. Zur theologischen Rechtfertigung des Glaubenszwangs. In: Internationale Katholische Zeitschrift (Communio) März-April 2017; frz. und kroat. Übs. 2017.

Aufrecht und ohne Falsch: Zum Heimgang von Karl Lehmann. In: Internationale Katholische Zeitschrift (Communio) Mai-Juni 2018.

Hitler und das Reich. In: Vierteljahrshefte für Zeitgeschichte 67 (2019).

Das „Dritte Reich" im Visier seiner Gegner. In: XXX. Königswinterer Tagung, Augsburg (Wißner) 2019.

Magische Bildauffassung. Erinnerung an den Kruzifixbeschluss des Bundesverfassungsgerichts vor 25 Jahren. In: Frankfurter Allgemeine Zeitung vom 23. Mai 2020.

Zur Bedeutung Eugen Bisers. In: Eugen Biser. Die Hauptwerke im Diskurs, Freiburg (Herder) 2020.

Spätes Doppelleben – Mächtige ohne Macht. In: Politiker ohne Amt. Von Metternich bis Helmut Schmidt, hg. von Michael Epkenhaus und Ewald Fried, Paderborn (Schöningh) 2020.

Der eine Gott und die Vielfalt der Klänge – die Musikentwicklung in den monotheistischen Religionen. In: Monotheismus. Interreligiöse Gespräche im Umfeld moderner Gottesfragen im Anschluss an Hermann Stiegleicker, Paderborn (Schöning – Brill) 2021.

Erfahrungen in und mit der Zeit. Ein Interview von Tibor Görföl mit Hans Maier. In: Internationale Katholische Zeitschrift (Communio) 50 (2021).

4. Rezensionen

Arnold A. T. Ehrhardt: Politische Metaphysik von Solon bis Augustin, Bde. 1 u. 2. In: Neue Politische Literatur 5 (1960).

Bibliographie

Zur Frühgeschichte des Rechtsstaats in Deutschland (Vorträge über Recht und Staat von Carl Gottlieb Svarez. Gerd Kleinheyer: Staat und Bürger im Recht. Hermann Conrad: Die geistigen Grundlagen des Allgemeinen Landrechts für die preußischen Staaten von 1794). In: Neue Politische Literatur 7 (1962).

Karl Buchheim: Ultramontanismus und Demokratie. Der Weg der deutschen Katholiken im 19. Jahrhundert. In: Der Staat 7 (1968).

Christopher Jencks: Inequality. In: Süddeutsche Zeitung vom 30./31. März 1974.

Michael Stolleis: Geschichte des öffentlichen Rechts in Deutschland, Bd. 1: Reichspublizistik und Policeywisenschaft 1600-1800. In: Frankfurter Allgemeine Zeitung vom 2. August 1988.

Klaus Gotto und Konrad Repgen: Die Katholiken und das Dritte Reich. In: Frankfurter Allgemeine Zeitung vom 3. Mai 1990.

Barbara Nichtweiß: Erik Peterson. Neue Sicht auf Leben und Werk. In: Frankfurter Allgemeine Zeitung vom 14.4. 1993.

Kurt Meier: Kreuz und Hakenkreuz. Die evangelische Kirche im Dritten Reich. In: Zeitschrift für Kirchengeschichte 1994.

Josef Pieper: Werke in acht Bänden, hg. von Berthold Wald. In: Frankfurter Allgemeine Zeitung vom 24. August 1995.

Jan Ross: Der Papst (Johannes Paul II.). In: Frankfurter Allgemeine Zeitung vom 17. November 2000.

Michael Burleigh: Die Zeit des Nationalsozialismus. In: Süddeutsche Zeitung vom 27. November 2000.

Barbara Schüler: Im Geiste der Gemordeten. Die „Weiße Rose" und ihre Wirkung in der Nachkriegszeit. In: Historische Zeitschrift 274 (2002).

Stefanie von Schnurbein und Justus H. Ulbricht (Hg.): Völkische Religion und Krisen der Moderne. Entwürfe „arteigener" Glaubenssysteme seit der Jahrhundertwende. In: Historische Zeitschrift 276 (2003).

Daniel Deckers: Der Kardinal (Karl Lehmann). In: Stimmen der Zeit 2003, Heft 7.

Ernst-Wolfgang Böckenförde: Kirche und christlicher Glaube in den Herausforderungen der Zeit. In: Stimmen der Zeit 2005, Heft 9.

Gerhard Ringshausen: Widerstand und christlicher Glaube angesichts des Nationalsozialismus. In: Süddeutsche Zeitung vom 13. Juni 2007.

Hans Küng: Umstrittene Wahrheit. Erinnerungen. In: Süddeutsche Zeitung vom 22. Januar 2008.

Gerhard A. Ritter: Föderalismus und Parlamentarismus in Deutschland. In: Historische Zeitschrift 286 (2008).

Diarmaid MacCulloch: Die Reformation 1490-1700. In: Die Welt vom 11. Oktober 2008.

Hubert Wolf: Papst und Teufel. Die Archive des Vatikans und das Dritte Reich. In: Neue Zürcher Zeitung vom 13. Oktober 2008.

Volker Reinhardt: Die Tyrannei der Tugend. Calvin und die Reformation in Genf. In: Literarische Welt (Beilage der Welt) vom 2. Mai 2009.

Andrzej Olechnowicz (Ed.): The Monarchy and the British Nation 1780 to the Present. In: Historische Zeitschrift 288 (2009).

Heinrich Oberreuter: Wendezeiten. Zeitgeschichte als Prägekraft politischer Kultur.. In: Forum Politikunterricht vom 10 Juli 2010.

Benedikt XVI. / Joseph Ratzinger: Jesus von Nazareth, Bd. 2. In: Christ und Welt 11 (2011).

Robert Spaemann: Schritte über uns hinaus. Gesammelte Reden und Aufsätze. In: Literarische Welt (Beilage der Welt) vom 16. Juli 2011.

Bibliographie

1. Jan Eike Dunkhase: Werner Conze; 2. Christoph Cornelißen (Ed.): Geschichtswissenschaft im Geist der Demokratie. In: Jahrbuch Extremismus & Demokratie, Baden-Baden (Nomos) 2011.
Alfons Schweiggert: Karl Valentin und die Politik. In: Stimmen der Zeit 2012, Heft 9.
Heinz Schilling: Martin Luther. Rebell in einer Zeit des Umbruchs. In: Literarische Welt (Beilage der Welt) vom 24. November 2012.
Hans Zender: Waches Hören. Über Musik (hg. von Jörg Peter Hiekel). In: Stimmen der Zeit 2015, Heft 5.
Heinrich August Winkler: Geschichte des Westens, 4 Bde. In: Stimmen der Zeit 2016, Heft 1.
Ahmet Cavuldak: Gemeinwohl und Seelenheil. Die Legitimität der Trennung von Religion und Politik in der Demokratie. In: Neue Zürcher Zeitung vom 2. April 2016.
Heinz Scheible: Melanchthon – Vermittler der Reformation. Eine Biographie. In: Internationale Katholische Zeitschrift (Communio) 45 (2016).

Autorenverzeichnis

Dr. Dr. h.c. Udo Bermbach, Jg. 1938, ist emeritierter Professor für Politische Wissenschaft an der Universität Hamburg. Studium der Germanistik, Geschichte, Politischen Wissenschaft und des Völkerrechts in Marburg und Heidelberg.

Dr. Thomas Brose, Jg. 1962, Studium der Theologie und Philosophie in Erfurt, Berlin und Oxford, seit 2018 Professor für Philosophie an der Päpstlichen Universität Gregoriana in Berlin, Bildungsreferent der Katholischen Hochschulgemeinde Berlin und Koordinator für Religion und Werteorientierung bei der Konrad-Adenauer-Stiftung.

Dr. Ahmet Cavuldak, Jg. 1977, ist Wissenschaftlicher Mitarbeiter an der Humboldt-Universität zu Berlin.

Dr. Horst Dreier, Jg. 1954, Studium der Rechtswissenschaften, nach Stationen in Heidelberg und Hamburg seit 1995 Inhaber des Lehrstuhls für Rechtsphilosophie, Staats- und Verwaltungsrecht an der Bayerischen Universität Würzburg, Mitglied des Nationalen Ethikrates 2001 bis 2007, seit 2003 Mitglied der Bayerischen Akademie der Wissenschaften, seit 2007 der Leopoldina.

Dr. Peter Graf von Kielmansegg, Jg. 1937, war von 1985 bis zu seiner Emeritierung im Jahr 2002 Professor für Politische Wissenschaft an der Universität Mannheim und von 2003 bis 2009 Präsident der Heidelberger Akademie der Wissenschaften.

Dr. Hermann-Josef Große Kracht, Jg. 1962, apl. Prof., theol.habil., Akademischer Oberrat am Institut für Theologie und Sozialethik der TU Darmstadt.

Dr. Jens Hacke, Jg. 1973, derzeit Vertretungsprofessor für Vergleichende Politische Kulturforschung an der Universität der Bundeswehr München. Letzte Veröffentlichungen: Existenzkrise der Demokratie (2018), Liberale Demokratie in schwierigen Zeiten (2021).

Dr. Oliver Hidalgo, Jg. 1971, Studium der Volkswirtschaftslehre, Politikwissenschaft, Recht und Kommunikationswissenschaft an der Ludwig-Maximilians-Universität München. Derzeit apl. Professor am Institut für Politikwissenschaft der Universität Regensburg.

Dr. Hans Günter Hockerts, Jg. 1944, hatte bis 2009 den Lehrstuhl für Zeitgeschichte am Historischen Seminar der Ludwig-Maximilians-Universität München inne und ist Mitglied der Historischen Kommission bei der Bayerischen Akademie der Wissenschaften.

Dr. Patrick Horst, Jg. 1964, Diplom-Politologe, Wissenschaftlicher Mitarbeiter am Institut für Politische Wissenschaft und Soziologie der Rheinischen Friedrich-Wilhelms-Universität Bonn.

Dr. Dr. h.c. mult. Horst Möller, Jg. 1943, ist emeritierter Professor für Neuere und Neueste Zeitgeschichte an Ludwig-Maximilians-Universität München. Studium der Geschichte, Philosophie und Germanistik in Göttingen und Berlin, von 1992 bis 2011 Direktor des Instituts für Zeitgeschichte.

Dr. Dr. h.c. Heinrich Oberreuter, Jg. 1942, Studium der Politik- und Kommunikationswissenschaft, Geschichte und Soziologie an der Ludwig-Maximilians-Universität München, von 1980 bis 2010 Inhaber des Lehrstuhls für Politikwissenschaft an der Universität Passau, von 1993 bis 2011 Direktor der Akademie für Politische Bildung in Tutzing.

Dr. Henning Ottmann, Jg. 1944, Professor für Philosophie an den Universitäten Augsburg, Basel und München. Emeritiert seit 2009. Neueste Veröffentlichung (hrsg. zus. mit M. Kühnlein): Religionsphilosophie nach Hegel. Über Glauben und Wissen nach dem Tode Gottes (2021).

Dr. Mark Edward Ruff, Jg. 1969, Professor of History, Saint Louis University, USA.

Autorenverzeichnis

Dr. Hans Otto Seitschek, Jg. 1974, Studium der Philosophie, Psychologie und Katholischen Theologie, seit 2018 apl. Professor für Philosophie an der Ludwig-Maximilians-Universität München. Gründungsmitglied der internationalen Voegelin-Gesellschaft für Politik, Kultur und Religion e.V.

Dr. Michael Stolleis, Jg. 1941, verst. am 18. März 2021. Studium der Rechtswissenschaft, Germanistik und Kunstgeschichte in Heidelberg. Von 1974 bis 2006 Professor für Öffentliches Recht und Rechtsgeschichte an der Goethe-Universität Frankfurt am Main, von 1991 bis 2009 Direktor des Max-Planck-Instituts für europäische Rechtsgeschichte.

Dr. Bernhard Vogel, Jg. 1932, Studium der Politischen Wissenschaft, Geschichte, Soziologie und Volkswirtschaft in Heidelberg und München. 1965–1967 MdB. 1967–1976 Kultusminister und 1976–1988 Ministerpräsident von Rheinland-Pfalz, 1971–1988 MdL Rheinland-Pfalz. 1972–1976 Präsident des Zentralkomitees der deutschen Katholiken. 1992–2003 Ministerpräsident von Thüringen. 1994–2004 MdL Thüringen. 1989–1995 und 2001–2009 Vorsitzender und seit 2010 Ehrenvorsitzender der Konrad-Adenauer-Stiftung.

Dr. Theo Waigel, Jg. 1939, Studium der Rechts- und Staatswissenschaften in München und Würzburg, Promotion zur verfassungsmäßigen Ordnung der bayerischen Landwirtschaft. Von 1988 bis 1999 Vorsitzender der CSU, 1989–1998 Bundesminister der Finanzen. 2009 Ernennung zum Ehrenvorsitzenden der CSU.

Dr. Markus Zimmermann, Jg. 1963, Studium der Musikwissenschaft, Germanistik, Lateinischen Philologie des Mittelalters und Christlichen Philosophie, Chefredakteur der Fachzeitschrift „Organ – Journal für die Orgel", freier Fachautor und Lektor u.a. diverser Schriften von Hans Maier.